suhrkamp taschenbuch 657

W0236152

1901 in Straßburg geboren, überwiegend autodidaktisch ausgebildet, wurde H. H. Stuckenschmidt nach längerer Tätigkeit als Komponist 1928 Musikkritiker. Neben anderen Büchern schrieb er 1958 *Schöpfer der Neuen Musik* (st 183) und 1966 *Maurice Ravel. Variationen über Person und Werk* (st 353).

Seit ihrem Erscheinen im Herbst 1951 hat Stuckenschmidts *Neue Musik zwischen den beiden Kriegen* auf eine ganze Generation deutscher, französischer und italienischer Musikschriftsteller formend eingewirkt. Obwohl in den seither vergangenen Jahren viele neue Komponisten, Satztechniken und ästhetische Anschauungen die Weltmusik verändert haben, ist das Werk fast unvermindert aktuell geblieben. Von den Spätwerken Richard Strauss' bis zu Kurt Weills *Dreigroschenoper*, von Arnold Schönbergs zwölftönigen Arbeiten und Igor Strawinskys Neoklassik bis zu Hanns Eislers sozialistischen Funktionsliedern werden die Wurzeln einer Entwicklung freigelegt, die bis heute nicht abgeschlossen ist.

„Stuckenschmidts *Neue Musik* ist für jeden, der in der Auseinandersetzung um die einschlägigen Fragen steht, unentbehrlich. Als Studien- und Nachschlagebuch!"   *Die Zeit*

H. H. Stuckenschmidt
Neue Musik

Mit einem Vorwort von
Carl Dahlhaus

Suhrkamp

suhrkamp taschenbuch 657
Erste Auflage 1981
© 1951 by Suhrkamp Verlag, Berlin
© des Vorworts Suhrkamp Verlag
Frankfurt am Main 1981
Suhrkamp Taschenbuch Verlag
Alle Rechte vorbehalten, insbesondere das
des öffentlichen Vortrags, der Übertragung
durch Rundfunk und Fernsehen
sowie der Übersetzung, auch einzelner Teile.
Satz: LibroSatz, Kriftel
Druck: Nomos, Baden-Baden · Printed in Germany
Umschlag nach Entwürfen von
Willy Fleckhaus und Rolf Staudt

NEUE MUSIK

VORWORT

Die Neue Musik zwischen den beiden Kriegen – die Moderne der Zwanziger Jahre, die man von 1918 bis 1933, aber auch von 1924 bis 1929 zählen kann – war 1951, als H. H. Stuckenschmidts Buch erschien, nah und fern zugleich: nah durch die Chronologie und als einzige Tradition, an die man nach der Katastrophe sinnvoll anknüpfen konnte; fern durch die Kluft, die Naziherrschaft und Weltkrieg in Deutschland gerissen hatten. Stuckenschmidts Darstellung, ergänzt durch beredte Dokumente, war demnach ein Versuch, der Öffentlichkeit der musikalisch Interessierten eine zwar unmittelbare, aber entfremdete Vergangenheit zugänglich zu machen, eine Vergangenheit, die man sich als Vorgeschichte der Gegenwart, in der man lebte, aneignen mußte, wenn nicht das musikalische Bewußtsein in die Abstraktion der Geschichtslosigkeit geraten sollte.

Gegenüber den Jahren um 1950 ist die Situation, aus der heraus die Neue Musik – als Idee und als Institution – heute begriffen werden muß, so fundamental verändert, daß man geradezu zweifeln kann, ob es überhaupt noch sinnvoll ist, von Neuer Musik als geschlossener, in sich zusammenhängender Entwicklung zu sprechen, die sich durch sieben Jahrzehnte von 1907 – dem Jahr des Schönbergschen Durchbruchs zur Atonalität – bis zur Gegenwart erstreckt. Die „Institution Neue Musik", die um 1950 noch gefährdet war – so daß die um Statistiken wenig bekümmerte Stützung durch den Rundfunk dringlich erschien –, ist inzwischen längst zu einem fait accompli geworden, dessen Daseinsrecht niemand ernstlich bestreitet, mag er auch als Privatperson die tönenden Gebilde, die dabei zutage treten, meiden oder verabscheuen. (Die Neue Musik gehört für viele zu den Unbequemlichkeiten, mit denen sie in einer pluralistischen Ge-

sellschaft zu leben gewohnt sind: auf Distanz, aber ohne Polemik.) Daß die Existenz der Neuen Musik selbstverständlich
geworden ist, zeigt sich einerseits an der nicht geringen Anzahl
von Werken, mit denen sich die „Klassiker der Moderne" im
Konzert- und sogar im Bühnenrepertoire behaupten, andererseits an der öffentlichen Duldung eines verzweigten Systems
von subventionierten Musikfesten, Rundfunkaufträgen, Prei-
sen und Stipendien, das es der jeweils neuesten Musik erlaubt,
ein Dasein zu fristen, durch das sie, um in New Yorker Theater-
kategorien zu reden, aus dem Bereich des „off-off" in den des
„off" gelangt.

Daß die Neue Musik lediglich einen Teil – und zwar den
quantitativ geringeren Teil – der Kompositionsgeschichte des
20. Jahrhunderts umfaßt, ist zwar niemals verkannt oder ge-
leugnet, aber auch niemals zum Prinzip der Musikgeschichts-
schreibung gemacht worden. Und die apologetisch auftrumpfende Meinung, sie bilde ästhetisch den einzig „authentischen"
Teil, gehört zu den publizistischen Thesen, die zwar im musikalischen Parteienstreit, der Entschiedenheit fordert, manchmal
eine nützliche Funktion erfüllen, aber schwerlich zur Maxime
einer rückblickenden Geschichtsschreibung taugen.

Andererseits wäre es verfehlt, den Begriff der Neuen Musik,
nachdem er zur Prestigevokabel geworden ist, an der auch
Zurückgebliebene teilhaben möchten, allzu großzügig zu hand-
haben und auf Phänomene auszudehnen, die als „gemäßigte
Moderne" – wie der verwaschene Ausdruck für eine verwaschene Sache lautet – zwar einige Merkmale avancierter Musik
übernehmen, sich aber auf das Wagnis der Rückhaltlosigkeit,
durch das Neue Musik überhaupt erst zu dem wird, was sie ist,
nicht im Ernst einlassen.

Neue Musik ist weniger ein Reservoir von Materialien und
Techniken, deren Gebrauch oder Vermeidung darüber ent-
scheidet, ob ein Komponist „dazugehört" oder nicht, als vielmehr eine Idee und eine Institution. Der sie tragende Gedanke,
daß Musik erst dann, wenn sie sich zu extremer Individualisie-

rung. vorwagt – zur „Freiheit der Axiomsetzung", wie Ernst Krenek sagte –, eine Chance erhält, dem geschichtlichen Augenblick gerecht zu werden und die „Forderung des Tages" zu erfüllen, mag paradox erscheinen. Daß jedoch eine Idee ein Paradox einschließt, könnte eine der Bedingungen sein, unter denen sie sich, statt sich rasch zu verschleißen, am Leben erhält.

Die Behauptung andererseits, daß die Neue Musik eine Institution sei, besagt nichts anderes, als daß eine Bewußtseinsverfassung, eine soziale Gruppierung und ein Bündel von Einrichtungen zusammenwirken und ineinandergreifen, um ein musikalisches „fait social", wie Emile Durkheim sagen würde, zu konstituieren: die Bewußtseinsverfassung, die, wie gesagt, im Wagnis der Rückhaltlosigkeit eine Chance musikalischen Gelingens sieht, wie es der Ängstlichkeit verwehrt ist; ferner soziale Gruppierungen, die ein genügend festes – weniger einzelnen Ereignissen oder Werken als der Idee der Neuen Musik im Ganzen anhängendes – Publikum bilden; und schließlich Einrichtungen, die das Unternehmen Neue Musik, dessen Selbstverständlichkeit vielleicht ein täuschender Schein ist, vor der Auslieferung an kommerzielle Rücksichten schützen.

Wer nun im Hinblick auf die Idee und die Institution Neue Musik die Werke, Ereignisse und Tendenzen der Nachkriegszeit, die als „avantgardistisch" verstanden wurden, „geschichtlich" zu betrachten versucht – auch unmittelbare, gerade eben noch gegenwärtige Vergangenheit gerinnt unversehens, wenn man sich ihrer im Rückblick vergewissern möchte, zu einem Stück „Geschichte" –, fühlt sich unwillkürlich, wenn er sich nicht bei einer Häufung von Daten und Fakten bescheidet, zu dem Verfahren gedrängt, Zeitgeschichte aus der Perspektive der gerade aktuellen Probleme zu sehen. Welche Züge an der Musik nach den Kriegen hervor- und welche anderen zurücktreten, was ins Licht rückt und was im Schatten bleibt, hängt zu einem nicht geringen Teil von den Auseinandersetzungen ab, die gegenwärtig, am Ende der 1970er Jahre, die Neue Musik prägen und weitertreiben, eine Musik, deren Selbstpreisgabe es wäre, wenn sie konfliktlos würde. Jede Kategorie, mit der die musikalische Zeitgeschichtsschreibung operiert, ist bewußt oder wider Willen durch die Diskussion gefärbt, die über die Gegenwart und Zukunft der Musik geführt wird. Und statt einer Schilderung der Nachkriegsentwicklung selbst, die allzu fragmentarisch geraten würde, sind es die Prämissen einer solchen Schilderung, die zur Sprache kommen sollen.

Von Problemen, in denen die eigentliche Erbschaft der unmittelbaren Vergangenheit an die Gegenwart besteht, und nicht von Personen, Werken oder Institutionen soll bei dem Versuch, die Musik nach den Kriegen zu charakterisieren, die Rede sein. Angesichts des Grades an Detailliertheit, der in kompetenter Literatur über Neue Musik – in der chronikalischen ebenso wie in der analytischen – längst erreicht worden ist, wäre das Unterfangen, auf wenigen Seiten flüchtige Notizen über Boulez, Stockhausen, Nono, Henze, Berio, Zimmermann, Penderecki, Ligeti und Kagel zusammenzustücken, ebenso zur Trivialität verurteilt wie der Versuch, die Entwicklung von der dodekaphonen zur seriellen, stochastischen und aleatorischen Musik als zwingende geschichtliche Kontinuität nachzuzeichnen oder die Strukturen und Funktionen der die Neue Musik tragenden Einrichtungen – vom Musikfest bis zum Ferienkurs und von den Rundfunkanstalten in der Bundesrepublik bis zu den Universitäten in den Vereinigten Staaten – zu beschreiben und zu analysieren.

Zu den auffälligsten neuen Tendenzen der letzten Jahre – den Tendenzen, durch deren Kontrastwirkung sich die charakteristischen Merkmale der 1950er und 60er Jahre schärfer abzeichnen – gehört eine seltsame Unbekümmertheit um Geschichte, oder genauer: um Historizität. Frühere Neue Musik war fast immer, so weit sie sich auch vorwagte und von der Tradition entfernte, von „geschichtlichem Bewußtsein" getragen: dem Bewußtsein, Teil einer tragenden Kontinuität zu sein, die sogar durch einen Traditionsbruch, wie ihn Schönbergs Klavierstücke opus 11 und Strawinskys „Sacre du printemps" markierten, nicht aufgehoben wurde. Noch der Riß, der die Epochen voneinander trennte, wurde als Konsequenz aufgefaßt, die eine spätere Zeit aus ungelösten Problemen zog, die ihr von der früheren hinterlassen worden waren.

So ist denn auch die Entwicklung von der dodekaphonen zur seriellen und schließlich zur aleatorischen Musik geradezu nach dem Modell eines Stücks Wissenschaftsgeschichte konstruiert worden, und zwar nicht erst nachträglich, sondern bereits von den Beteiligten: Aus der Lösung eines Problems resultieren andere Probleme, deren Lösung wiederum kein Ziel und Ende, sondern eine bloße Station im Entwicklungsprozeß darstellt. Daß in Schönbergs Zwölftontechnik das Reihenprinzip ausschließlich die Tonhöhen, aber nicht die Tondauern und die übrigen Toneigenschaften (Parameter) regulierte, wurde als Widerspruch zwischen avancierter Tonhöhen- und zurückgebliebener Tondauernstruktur aufgefaßt; und die Überzeugung von der „geschichtlichen Notwendigkeit", den Widerspruch aufzuheben, diente zur Rechtfertigung des seriellen Verfahrens, die Reihentechnik auf sämtliche Eigenschaften des Tonsatzes zu übertragen. (Ob es sich unter den Voraussetzungen von Schönbergs musikalischem Denken überhaupt um einen Widerspruch handelte, ob nicht vielmehr die Zwölftontechnik als Inbegriff engster motivischer Beziehungen ein Korrelat zur traditionellen Rhythmik als einer Bedingung großer Form darstellte, wurde gar nicht erst gefragt.)

Auch das serielle Verfahren aber bildete im geschichtlichen Bewußtsein derer, die es praktizierten, keine letzte Stufe, sondern einen Übergang. Läßt sich die serielle Musik als Lösung eines offenen Problems der Dodekaphonie verstehen, so erscheint wiederum die aleatorische Methode – die Methode, den Zufall einzubeziehen und einzelne Eigenschaften oder Dimensionen des Tonsatzes der Entscheidung des Interpreten zu überlassen – als Konsequenz aus der Erfahrung, daß gerade strengste serielle Determination des Tonsatzes insofern partiell „Zufälliges" hervorbringt, als sie das tönende Ergebnis zum Teil der

Entscheidung und sogar der Voraussicht des Komponisten entzieht. Die sozusagen losgelassene Mechanik des Seriellen produziert also selbst – gemessen an der Idee, daß jede Note einer Komposition vom Komponisten verantwortet werde – ihr Gegenprinzip: das der Aleatorik, des Zufalls.

Geschichtliches Bewußtsein lag auch, obwohl es erst spät formuliert wurde, den Reflexionen zugrunde, mit denen die elektronische Musik den Anspruch, überhaupt Musik zu sein, behauptete und rechtfertigte. Man kann die – oft genug rhetorisch gemeinte – Frage, ob es sich „noch um Musik handle", als borniert und lästig abtun, kann jedoch auch, statt den Fragenden zum Banausen zu stempeln, nach einer Antwort suchen, die er zu akzeptieren vermag, sofern er guten Willens ist. Das elektronische Verfahren, Klangfarben zu „komponieren", statt sie als durch Instrumente gegeben hinzunehmen, das Verfahren also, sie aus Sinustönen zusammenzusetzen oder aus weißem Rauschen herauszufiltern, mußte in den 1950er Jahren, um eine musikalische Technik zu werden und keine bloße Sache von Ingenieuren zu bleiben, an aktuelle Probleme der Komposition anknüpfen können. (Musik zu sein, ist keine Natureigenschaft von Klängen, sondern Klänge werden dadurch Musik, daß sie deren Geschichte angehören.) Daß die Herstellung von Klangfarben im Kölner elektronischen Studio in den 1950er Jahren nach seriellen Prinzipien geschah und daß es umgekehrt durch die Elektronik möglich wurde, sich des Parameters Klangfarbe bis in dessen innere Zusammensetzung hinein seriell zu bemächtigen, war die Vorbedingung, unter der sich das technische Prinzip, das in die Geschichte der Erfindungen gehörte, in ein musikalisches verwandelte, das einen Platz in der Musikgeschichte beanspruchen konnte. Die scheinbar geschichtslose, aus der Kontinuität herausfallende elektronische Musik ist gerade durch die geschichtliche Situation, in die sie geriet, überhaupt erst Musik geworden.

Wenn sich demgegenüber in den letzten Jahren ein Schwund des geschichtlichen Bewußtseins fühlbar macht, so besagt das,

pointiert ausgedrückt, daß sich die Überzeugung auszubreiten scheint, in der Kunst sei, entgegen einem Diktum Heinrich Wölfflins, zu allen Zeiten alles möglich. Nicht, daß die „neue Tonalität", deren Anhänger so unbefangen mit Konsonanzen umgehen, als wäre niemals von Arnold Schönberg ein Konsonanzenverbot verhängt worden, ein bloßer Aufguß der alten Tonalität wäre: ein Versuch also, in einem Augenblick, wo Gestriges schal geworden ist, Vorgestriges hervorzuholen, um es als Surrogat des Künftigen, für das es an Phantasie mangelt, zu präsentieren. Was sich jedoch bei den Adepten einer „New Simplicity" unverhohlen zeigt, ist wachsende Gleichgültigkeit und Unempfindlichkeit gegenüber einer zentralen These Theodor W. Adornos, die jahrzehntelang gewissermaßen Musikgeschichte gemacht hat: gegenüber der These, daß Musik, die etwas taugt, „durch und durch geschichtlich" sei, so daß ein Komponist, um nicht Überflüssiges zu produzieren, der „Tendenz des Materials" gehorchen müsse, einer Tendenz, die gewissermaßen diktiert, was die geschichtliche Stunde musikalisch fordert. Man ist es, grob gesagt, leid, sich vom Materialbegriff tyrannisieren zu lassen; und es scheint, als stecke in dem gelassenen Widerstand, den man den Ansprüchen eines ins Extrem getriebenen geschichtlichen Denkens entgegensetzt, etwas vom Geist der amerikanischen Westküstenkultur, einer Kultur, aus der manche der Tendenzen und Methoden stammen, die sich europäische Komponisten in den letzten Jahren zu eigen gemacht haben. (Die Erfahrung, daß „Außenseiter" der musikalischen Westküstenkultur, Komponisten wie La Monte Young mit „Dream House" und Terry Riley mit „In C", in Europa Furore machten, scheint übrigens vor einigen Jahren für die etablierten Komponisten der New-England-Staaten, die „University Composers", ein nicht geringer Schock gewesen zu sein.)
Mit der Abkehr von einem geschichtlichen Bewußtsein, dessen extreme Ausprägungen man als Tyrannei zu empfinden begann, hängt nun, wie es scheint, eine Veränderung des musikalischen

Hörens, die sich als Übergang von einer historisierenden zu einer kontemplativen Wahrnehmungsweise beschreiben läßt, eng zusammen. (Wiederum fällt von der aktuellen Problematik, von der Diskussion über die unmittelbare Gegenwart und Zukunft, Licht auf charakteristische Züge der 1950er und 60er Jahre.) Man kann ohne Übertreibung behaupten, daß sich nach dem Zweiten Weltkrieg in den Zirkeln der Eingeweihten, von denen die Institution Neue Musik getragen wurde, allmählich die Attitüde durchsetzte, sich in tönende Gebilde nicht um ihrer selbst willen zu versenken – und sich zu verhalten, als gäbe es, solange sie dauern, nichts anderes auf der Welt –, sondern statt dessen nach dem geschichtlichen „Stellenwert" zu fragen, den sie haben oder – im Falle des Mißlingens – nicht haben: also nach dem „Stand des Materials", den ein Stück Musik ausprägt, nach den Problemen, deren Lösung es darstellt, und nach den Zukunftschancen, die in seiner technischen Beschaffenheit stecken. Die ästhetische Wahrnehmung, die tendenziell den musikalischen Gegenstand isoliert, wurde durch ein historisierendes Hören abgelöst, das Werke, statt sie als solche hinzunehmen, als Dokumente einer geschichtlichen Situation behandelt und zu entziffern versucht. Man hörte, schroff ausgedrückt, weniger Musik, als daß man sich über den Stand der Musikgeschichte informierte.

Demgegenüber ist die Ausbreitung einer kontemplativen Wahrnehmung, die sich gewissermaßen vor der Welt verschließt, nicht einfach ein Rückgriff auf die traditionelle ästhetische Kontemplation, wie sie im 19. Jahrhundert am eindringlichsten von Arthur Schopenhauer beschrieben wurde. Obwohl sich 1978 bei den Darmstädter Ferienkursen für Neue Musik sogar der Begriff des Schönen, der jahrzehntelang im Namen einer Wahrheitsästhetik verpönt war, wieder hervorwagen konnte, ohne am Protest zu ersticken, handelt es sich bei der ästhetischen Versenkung, die man sucht, offenbar weniger um eine Affinität zur Kunstphilosophie der Renaissance und des Klassizismus als um eine Anlehnung an asiatische (entweder indische oder ostasiatische, über Kalifornien vermittelte) Vorstellungen und Praktiken. Die auftrumpfende Rationalität, die im Serialismus der 1950er Jahre herrschte, ist in der post-seriellen Musik – zu der John Cage 1958 in Darmstadt das Signal gab – allmählich einem Hang zum Irrationalen gewichen, der sich als musikästhetische Tendenz zwar durch eine lange Vorgeschichte rechtfertigen kann, jedoch in den letzten Jahren nicht selten ins Sektiererische geriet (ohne daß mit der Kennzeichnung behauptet werden soll, die soziologische Kategorie des Sektenhaften genüge bereits, um ein ästhetisches Urteil zu begründen).

Die Distanzierung von der Geschichte, deren Kontinuität nicht als Rückhalt, sondern als Zwang empfunden wird, kann ein Extrem erreichen, als dessen Markierung sich die Idee einer voraussetzungslosen Musik abzeichnet. Zu Adornos bereits zitierter These, das musikalische Material sei „durch und durch geschichtlich", ist kaum ein schrofferer Gegensatz denkbar als die geradezu besessene Anstrengung John Cages, sämtliche Zusammenhänge zwischen tönenden Phänomenen aufzulösen – gewissermaßen die Fäden zwischen den Klängen zu zerschneiden –, um statt der Beziehungen, die von Komponisten gemacht und durch Geschichte geprägt sind, die reinen Phänomene selbst – gleichsam als Naturlaute – zum Sprechen zu bringen und zu ihrem Recht kommen zu lassen. Der Zufall in der Musik, wie Cage ihn versteht, ist ein Vehikel des Versuchs, musikalische Formen und Strukturen und sogar die Erinnerung an sie zu zerbrechen, um den durch sie versperrten Zugang zur „eigentlichen" Musik zu finden, einer Musik, deren Idee – wie flüchtig auch immer – im Augenblick der Zerstörung von Systemzwängen aufleuchtet.

Im Prinzip der Aleatorik, das um 1960 die Phantasie der Komponisten fesselte und das musikalische Denken geradezu verhexte, treffen demnach Voraussetzungen zusammen, deren Ursprünge weit auseinanderliegen: einerseits die Erfahrung, daß die serielle Mechanik, wenn sie einige Parameter des Tonsatzes lückenlos reguliert, einige andere – etwa die aus der Determina-

tion von Tonhöhe und Tondauer resultierenden Zusammenklänge – notwendig einem Zufall überläßt, in dessen Ergebnisse
der Komponist nicht eingreifen kann, ohne die Prämissen der
seriellen Methode anzutasten; andererseits der Drang, die Last
abzuwerfen, als die der überlieferte Form- und Strukturbegriff
erscheint, ein Begriff, an dem jedoch nichts Geringeres als die
Vorstellung von musikalischem „Sinn" haftet, so daß manche
Neue Musik strenggenommen – ohne daß die Kennzeichnung
pejorativ gemeint wäre – „sinnlos" ist. (Man könnte auch, um
den Eindruck von Geringschätzung gar nicht erst aufkommen
zu lassen, von „absurder" oder „negativer" Musik reden.) Ist
die eine Tendenz in einem rigoros geschichtlichen Denken
begründet, das die musikalische Entwicklung nach dem Modell
einer Wissenschaftsgeschichte als Dialektik von Problemlösun-
gen und -entstehungen begreift, so entstammt die andere einer
Bewußtseinsverfassung, die der Geschichte zutiefst mißtraut
und dem Zwang zur Konsequenz – einer geschichtlichen ebenso
wie einer strukturellen Konsequenz – entgehen möchte. Gerade
die doppelte Motivierung aber, die Platz für die Teilnahme
durchaus gegensätzlicher Temperamente ließ, gehörte, wie es
scheint, zum Wesen der Faszination, die jahrelang von der Idee
des Zufalls ausging.
Die Neue Musik der 1950er und 60er Jahre war in einem Grade
international geprägt und von ethnischen Voraussetzungen nahezu unabhängig (wenige Komponisten, etwa Isang Yun, ausgenommen), wie es die Musik früherer Epochen niemals gewesen ist, mag auch von Zeit zu Zeit, wie im 16. und im 18.
Jahrhundert, ein „vermischter goût" das Ziel gewesen sein, an
dem sich die Komponisten orientierten. Der Internationalismus
aber, der es zu einem müßigen Unterfangen macht, in der (nach
1956 entstandenen) Musik von Ligeti das Ungarische oder in der
von Kagel das Argentinische entdecken zu wollen, ist heute
offenbar nicht mehr so selbstverständlich, wie er jahrzehntelang
zu sein schien. Nicht, daß der Nationalismus, der sich im politischen Bewußtsein allenthalben ausbreitet, auch die Neue Mu-

sik bereits ergriffen hätte: Nationale Emphase, die an der heimischen Folklore Rückhalt sucht, bleibt vom Begriff der Neuen
Musik im strengen Sinne immer noch ausgeschlossen, und
Schönbergs Spott über die „folkloristic symphonies" ist unver-
gessen. Was sich jedoch unter einer immer dünner werdenden
Decke von Internationalismus abzeichnet, ist ein Regionalis-
mus, der insofern ernst genommen werden muß, als der Wider-
part zur regionalen und lokalen Musikkultur, das System der
untereinander zusammenhängenden Zentren, in denen sich der
Internationalismus der Neuen Musik konstituierte, allmählich
zu zerfallen scheint.

Von einem „Hauptstrom" der musikalischen Entwicklung zu
sprechen, war in den 1950er und 60er Jahren noch durchaus
unverfänglich. Man konnte zwar wie Henze der Meinung sein,
daß die ästhetische Chance eines Komponisten, der primär fürs
Theater schreibt, darin liege, sich dem „Hauptstrom" gerade
nicht anzuvertrauen; doch war es kaum zu bezweifeln, daß die
serielle Musik den „Hauptstrom" darstellte (gleichgültig, ob
man das ästhetische Urteil vom geschichtlichen trennte oder
sich Adornos These, daß der ästhetische Rang musikalischer
Werke von deren Angemessenheit an den geschichtlichen
„Stand des Materials" abhängig sei, zu eigen machte). Demgegenüber scheint es in den letzten Jahren, als könne von Zentren
der Neuen Musik, an denen die Grundlinien der Entwicklung
lesbar hervortreten, kaum noch mit gleichem Nachdruck die
Rede sein. Und mit der Regionalisierung – die man erst dann als
Provinzialisierung verdächtigen dürfte, wenn es wieder Zentren
gäbe – hängt offenbar die Tatsache zusammen, daß es immer
schwieriger geworden ist, einen Konsensus darüber zu erreichen, welche jüngeren Komponisten als herausragend gelten
sollen. Sich einen Namen zu machen, der über regionale Grenzen hinausdrang, glückte in den 1950er und 60er Jahren rascher
als heute.

Die Neue Musik droht in regionale Gruppierungen auseinan-
derzufallen, die wenig oder nichts voneinander wissen: eine

Entwicklung, die sich in der elektronischen Musik – aus technischen und administrativen Gründen – seit langem abzeichnete. (Die ungezählten Komponisten, die sich bei den Darmstädter Ferienkursen für Neue Musik versammeln – weniger um zu hören als um gehört zu werden –, streben zwar immer noch nach dem Prestige, das eine Aufführung während der Kurse verschafft; doch dient die Bemühung primär dem Ziel, sich in der heimischen Region, in Rumänien oder Argentinien, fester zu etablieren.)

Im gleichen Maße, wie die Zentren der Neuen Musik an Bedeutung verlieren, scheint ein Begriff zu verblassen, der jahrzehntelang zu den Prestigekategorien gehörte, an denen sich die Komponisten ebenso wie die Publizisten orientierten: der Begriff der Avantgarde. Die Vokabel, ohnehin wegen ihres militärischen Ursprungs und wegen ihrer leninistischen Konnotationen ein wenig anrüchig, wurde allerdings in manchen Zirkeln gemieden, seit Hans Magnus Enzensberger von „Aporien der Avantgarde" gesprochen hatte, davon also, daß erst eine spätere Zeit, in der sich die Folgen zeigen, überhaupt wissen könne, wer in unserer Gegenwart „vorn" gewesen ist und wer nicht. An der Idee aber, an der man – kaum beirrt durch Enzensbergers Einwurf – nach wie vor festhielt, änderte sich nichts, wenn man den Ausdruck „Avantgarde" fallen ließ und statt dessen von „fortgeschrittener" oder „avancierter" Musik redete.

Der Begriff des Fortschritts wiederum, der zum Austausch mit dem der Avantgarde bereitzuliegen schien, war insofern prekär, als er einerseits dem Postulat des historischen Denkens, daß keine Epoche und keine Entwicklungsstufe am Maß einer anderen gemessen werden dürfe, widersprach und andererseits vom Marxismus, der die Musikgeschichte als Teil der Sozialgeschichte begriff, also musikalischen Fortschritt an den gesellschaftlichen knüpfte, gewissermaßen okkupiert worden war. So konnte, in einem politisch gefärbten Diskurs, der Begriff der Avantgarde geradezu in Gegensatz zu dem des Fortschritts geraten. Die musikalische Ost-West-Diskussion, zu deren Mar-

kierungszeichen die Vokabeln geworden sind, ist allerdings
selten in der Form geführt worden, daß man beiderseits die
Voraussetzungen offenlegte, von denen man ausging: nämlich
– um es schroff auszudrücken – die Prämisse vom Vorrang der
Komposition einerseits und die vom Primat der Rezeption
andererseits.

Die Neue Musik im emphatischen Sinne wird – als Idee und als
Institution – von der Überzeugung getragen, daß der Stand
einer Musikkultur daran zu messen sei, was sich im Bereich der
Komposition – als dem Zentrum im Geflecht der Zusammenhänge – ereignet oder nicht ereignet. Die Interpretation, auch
die von älterer Musik, müsse sich in letzter Instanz an den
Kategorien und Kriterien orientieren, die, in der Entwicklung
der Komposition begründet, unmittelbar oder indirekt das musikalische Bewußtsein einer Epoche prägen. Und musikalische
Rezeption sei gleichfalls, sobald sie restlos adäquat gerate, nichts
anderes als ein Nachvollzug der Komposition im Bewußtsein
der Veränderungen, die sich musikgeschichtlich seit der Entstehungszeit des Werkes zugetragen haben. So sei etwa eine ange-
messene Bachinterpretation und -rezeption von der Durchdringung polyphoner Strukturen mit dem motivischen Denken des
19. und des frühen 20. Jahrhunderts abhängig, einer Durchdringung, die in Weberns Instrumentation von Bachs sechsstimmi-
gem Ricercar sozusagen tönende Gestalt angenommen habe.

Daß die tragende Überzeugung vom Vorrang der Komposition
mit dem Postulat, Musik sei autonom oder müsse es werden,
eng zusammenhängt, ist offenkundig; und es war denn auch die
Autonomieästhetik – die Maxime, daß Musik dazu da sei, um
ihrer selbst willen gehört zu werden –, die den Widerspruch der
Marxisten unter den Musiktheoretikern und -historikern her-
ausforderte. (Der Streit über das Autonomieprinzip ist allerdings hoffnungslos, weil man niemand verwehren kann, den
Terminus so zu definieren, wie er ihn braucht, um die ästhetische Autonomie entweder zur schlichten Tatsache oder zum
trügerischen Schein erklären zu können.) Die Gegenthese aber,

daß Musikgeschichte erst als Teil der Sozialgeschichte überhaupt Geschichte sei – statt ein bloßes Bündel von Werken und
Vorgängen zu bleiben –, legt die Konsequenz nahe, den Akzent
von der Komposition auf die Rezeption von Musik zu verla-
gern. Der Adornoschen Behauptung, daß der Stand des Materials über die Avanciertheit oder Zurückgebliebenheit des
Komponierens und damit der Musikkultur im ganzen entscheide, setzte man die Vorstellung von einem Stand der Musikkultur entgegen, der weniger nach kompositionstechnischen als
nach sozialen Kriterien zu beurteilen sei. (Eine Händel-Renaissance, die nahezu sämtliche Schichten einer Gesellschaft errei-
che, sei ein ästhetisch-sozialer Fortschritt – und zwar ein ästhetischer als Indiz eines sozialen –, wie er unter der Prämisse, daß
sich eine Musikkultur primär am aktuellen Stand des Komponierens orientieren müsse, überhaupt nicht möglich gewesen
wäre.) Ein Ende der Diskussion, das in einem Resultat bestünde, ist einstweilen nicht absehbar, zumal die Verquickung
der Kontroverse mit Politik ungezwungene Argumentations-
formen erschwert. Aber es wäre immerhin manches erreicht,
wenn man erkennen würde, daß es keineswegs genügt, auf der
einen Seite auftrumpfend von zurückgebliebener Kompositionstechnik und auf der anderen mit ähnlicher Attitüde von
täuschender Autonomieästhetik zu sprechen. Im Grund versteht man sich wahrscheinlich besser, als man zugibt.

Der Streit über politisch engagierte Musik, um 1970 der zentrale
Konflikt, in dem sich der „Zeitgeist" manifestierte, ist zu einem
nicht geringen Teil als Kontroverse über Hanns Eisler ausgetra-
gen worden, wobei der Theoretiker Eisler, dessen Hinterlassen-
schaft in aphoristischen Äußerungen bestand, vom Prestige des
Komponisten zehrte, dessen Werke allerdings erst allmählich
bekannt wurden. Auf der einen Seite wurde argumentiert, daß
jeder Komponist engagiert sei, ob er es wisse oder nicht; und
wisse er es nicht, so sei er es wahrscheinlich für die falsche Sache.
Auf der anderen Seite ging man von der Erfahrung aus, daß
politisches Engagement, das auf Wirkung zielt, und Neue Mu-

sik, die dem Anspruch ihres Namens gewachsen ist, nahezu
unvermeidlich in Widerspruch zueinander geraten, weil entweder die avancierten musikalischen Mittel die politische Wirkung
auslöschen oder umgekehrt die Wirkung dadurch erzwungen
wird, daß man ihr die Avanciertheit der Mittel opfert. Die Idee
einer Musik, die das politische Bewußtsein verändert, ohne die
ästhetisch-kompositionstechnischen Prinzipien der Avantgarde
preiszugeben, war, wie es schien, ein Trugbild, das jedoch
gerade in seiner Unerreichbarkeit die Phantasie der Komponisten fesselte, deren Wachtraum es war, zugleich und in eins
politisch und musikalisch avanciert zu sein.

Der Versuch, unter Berufung auf Eisler zwischen musikalischem Material und musikalischer Technik zu unterscheiden –
zwischen einem Material, das um der Massenwirkung willen
konventionell sein müsse, und einer Technik, die ohne Schaden
für die Popularität so avanciert sein dürfe, wie es die Idee der
Neuen Musik fordert –, war bestechend, schlug jedoch insofern
fehl, als die Trennung zwischen Material und Technik in der
stilistischen Situation der Zeit um 1930 – der Zeit eines Neoklassizismus, der sogar in den Werken der Schönberg-Schule Spuren hinterließ – begründet war und sich nicht auf die Neue
Musik nach dem Kriege, eine Musik, in deren Strukturbegriff
Material und Technik unlöslich verquickt waren, übertragen
ließ. Außerdem zeigte sich allmählich, daß die Erwartung, in
jedem Takt des Eislerschen œuvres – auch dann, wenn Massen-
wirkungen erzielt werden sollten – müsse sich das technische
Niveau des Schönberg-Schülers fühlbar machen, oft genug ent-
täuscht wurde.

Zu den Ideen, deren politische Implikationen unverkennbar
sind, gehört außer der Utopie einer avancierten Musik, die
zugleich dem Sozialismus nützt, auch der Gedanke einer Kompositionsweise, in der sich musikalische Weltgeschichte manife-
stiert. Der Satz, daß Musikgeschichte Weltgeschichte sei oder zu
werden beginne, ist allerdings nicht unmißverständlich. Er
kann erstens besagen, daß auch Völker, die man früher als

„geschichtslos" gewissermaßen draußen hielt, nicht selten eine
Geschichte haben, deren sie sich bewußt sind. Zweitens kann
der Begriff der musikalischen Weltgeschichte als Titel und Eti-
kett für den Versuch dienen, zwischen Musikkulturen, die sich
im wesentlichen unabhängig voneinander entwickelten, wie die
europäische, die arabische und die chinesische, immerhin einige
Zusammenhänge, sozusagen kleine Stücke von Weltgeschichte,
zu entdecken. Drittens aber ist es längst zu einer Trivialität
geworden, daß politische Geschichte im 20. Jahrhundert unaus-
weichlich Weltgeschichte geworden ist, so daß es naheliegt, sich
die musikalischen Konsequenzen, die daraus erwachsen, bewußt zu machen.

Vom Internationalismus der Neuen Musik, der es schwierig
macht, japanische Dodekaphonie von schwedischer zu unterscheiden, war bereits die Rede, auch vom Kränkeln des Internationalismus. Und daß Komponisten des 20. Jahrhunderts,
von Debussy über Messiaen bis zu Boulez, sich immer wieder zu
„Exotismen" hingezogen fühlten – daß sie in asiatischen Skalen,
Rhythmen oder Klangfarben ein Material entdeckten, dessen
kompositorische Aneignung ohne Stilbruch möglich erschien –,
gehört zu den charakteristischen Merkmalen der Epoche, einer
Epoche, von der es scheint, als sei sie aus ästhetischen wie aus
kompositionstechnischen Gründen für die Aufnahme fremder,
außereuropäischer Einflüsse offener, als es irgendein anderes
Zeitalter, dessen Musik wir kennen, gewesen ist.

Weniger auffällig, aber vielleicht geschichtlich bedeutender als
die Aneignung und Umformung musikalischer „Exotismen" ist
ein Vorgang, der sich seit einigen Jahren anbahnt und den man,
wenn man nach einem Stichwort sucht, als Durchlässigwerden
der Grenzen zwischen außereuropäischer und Neuer Musik
bezeichnen kann. Was musikalisch in einem Winkel Indiens
oder Afrikas geschieht, gerät manchmal, wenn es entdeckt wird,
unversehens in eine innere Nähe zur neuesten Musik in Europa,
ohne daß die Affinität als Einfluß in der einen oder der anderen
Richtung zu erklären wäre. Aus der Aneignung als Material ist

ein Nebeneinander der Phänomene geworden. Und je weniger es, wie erwähnt, vom Diktat weniger Zentren abhängt, was überhaupt als Neue Musik im emphatischen Sinne gelten soll und was nicht, desto zugänglicher wird die Kategorie für Phänomene, die man früher, wenn man sie „exotisch" nannte, zwar als fremdartig-reizvoll empfand, aber nicht eigentlich ernst nahm, sondern mit der Sphäre von Jahrmarkt oder gar Zoo assoziierte.

Die Kehrseite der Tendenz, den Begriff der Neuen Musik offenzuhalten, ist allerdings, wie es scheint, ein Rückgang der musikalischen Rationalität, ein Verlust, durch den sich die 1970er Jahre schroff von den früheren Jahrzehnten der Nachkriegszeit, besonders von den 1950er Jahren, unterscheiden. In den Zirkeln der musikalisch Avancierten, zu deren Schauplätzen die Darmstädter Ferienkurse und die Donaueschinger Musiktage gehören, breitet sich immer fühlbarer eine Unlust an Theorie aus, die als Rückschlag auf das Übermaß von Reflexion, das die Musik der 1950er und 6oer Jahre begleitete, verständlich sein mag, jedoch auf der anderen Seite die Gefahr einschließt, daß das meditative Hören, in das man sich zurückzieht, in ein bloß dumpfes übergeht. So begreiflich die Versuchung ist, die Last eines Denkens, das dem Gesetz der fortschreitenden, sich steigernden Reflexion gehorcht, endlich einmal abzuwerfen, also Musik zu machen, die nicht aus Ideen, sondern aus Tönen, aus nichts als Tönen besteht, so prekär ist die Situation, in die man dadurch gerät: Musik beginnt gleichgültig zu werden, weil sich der glückliche Augenblick einer Negation, die noch vom Negierten zehrt, nicht festhalten läßt.

Die Funktion der Theorie in der Musik der 1950er und noch der 6oer Jahre war zu kompliziert, als daß die Phrase vom Überwuchern einer Theorie, die manchmal die Sache selbst erstickt habe, zulässig wäre. War der Gemeinplatz, daß die Theorie der Praxis nachhinke, immer schon fragwürdig – Theorie und Praxis entwickeln sich über weite Strecken partiell unabhängig voneinander, und Einflüsse zeigen sich in der einen wie der anderen Richtung –, so ist er in der Neuen Musik nach dem Zweiten Weltkrieg vollends fragwürdig geworden. (Stockhausens Abhandlung „. . . wie die Zeit vergeht" entstand gleichzeitig mit Werken wie „Gruppen" und „Kontakte", deren Theorie sie darstellt.) Im gleichen Maße, wie die festen kompositionstechnischen und ästhetischen Überlieferungen, an denen ein Komponist Rückhalt finden konnte, allmählich zerbröckelten, wuchs die Notwendigkeit, theoretische Konstruktionen als Stütze für kompositorische Entwürfe zu benutzen, die sich ins Unbekannte und Unwegsame vorwagten. Entfernt man sich von der Tradition – als dem Inbegriff dessen, was sich von selbst versteht, ohne daß man darüber nachzudenken braucht –, so wuchert das Bedürfnis nach Reflexion, die durch bewußte Anstrengung ersetzen soll, was an Selbstverständlichkeiten, mit denen man unwillkürlich operierte, verlorengegangen ist.

Theorie, wie sie etwa in der Kölner Publikationsserie „die reihe" zu Worte kam – einer Serie, deren Herausgeber den Mut aufbrachten, im rechten Augenblick abzubrechen –, diente demnach primär weder wissenschaftlichen noch didaktischen Zwecken, sondern stellte ein Instrument der Verständigung von Komponisten über Prämissen der eigenen Arbeit dar. Der logische Status aber, den sie dadurch einnahm, ist zwiespältig, und die Probleme, die sich daran knüpfen, erscheinen nahezu unlösbar. Manche der Theoreme nämlich, die eine Funktion im kompositorischen Prozeß erfüllten, erwiesen sich – wissenschaftlich betrachtet – als brüchig, ohne daß unmißverständlich feststünde, was das Dilemma bedeutet und welche Konsequenzen aus der Unstimmigkeit gezogen werden sollen. So ist etwa die Behauptung, man könne die Parallelkonstruktion von Tonhöhen- und Tondauerreihen – also ein zentrales Moment der seriellen Verfahrensweise – dadurch rechtfertigen, daß man die Proportion 2:3 des Rhythmus Viertelnote/punktierte Viertelnote und die Proportion 2:3 der Quinte gleichsetze oder als strikte Analogie behandle, durchaus fragwürdig, weil die rhythmische Proportion als solche hörbar, die intervallische dagegen

unhörbar ist. (In der Wahrnehmung einer Quinte ist von einem
Zahlenverhältnis der Frequenzen nichts enthalten.) Die extreme
Folgerung aber, das Theorem sei eine bloße Hilfskonstruktion,
durch deren Mangelhaftigkeit die ästhetische Legitimität der
Musik selbst nicht im geringsten angetastet werde, wäre ebenso
bedenklich wie die schroff entgegengesetzte Konsequenz, daß ein
Irrtum in der fundierenden Theorie auch die dadurch fundierte
Praxis gleichsam zum Einsturz bringe. Die unmittelbar mit
kompositorischer Praxis verquickte Theorie ganz ernst zu nehmen, ist offenbar ebenso unmöglich, wie sie nicht ernst zu
nehmen. Daß einem Komponisten die haltlosesten Spekulationen erlaubt seien, wenn nur das musikalische Resultat, zu dem
er dadurch gelangt, ohne Reflexionszwang einleuchtet, ist ebensowenig eine taugliche Maxime moderner Ästhetik wie die
umgekehrte Vorstellung, daß es Sache der Wissenschaft sei,
durch Kontrolle der theoretischen Prämissen über die Authen-
tizität kompositorischer Resultate in letzter Instanz zu entschei-
den.
Man wird das vertrackte Problem, wenn überhaupt, wohl nur
dann lösen können, wenn man die Alternative, in die man sich
verrannt hat, als irreführend erkennt und einem Typus von
Theorie sein Recht läßt, der weder der musikalischen Technik
als bloßes Vehikel dient noch ausschließlich dem Kriterium,
entweder wahr oder falsch zu sein, unterworfen ist. Daß sich der
Typus einstweilen nicht präzise bestimmen oder umschreiben
läßt, ist jedenfalls kein genügender Grund, sich eine der extremen Behauptungen zu eigen zu machen, die den Vorzug, fest
umrissen zu sein, mit dem Nachteil erkaufen, daß sie Schaden
anrichten.
Wenn in dem Versuch, Grundzüge der Neuen Musik nach dem
Zweiten Weltkrieg zu skizzieren, ausschließlich von generellen
Problemen die Rede war – von Problemen und Konflikten, die
das Leben einer in die Zukunft drängenden Sache ausmachen –
so vor allem darum, weil sich die individuellen Werke, auf die es
eigentlich ankommt, einer zusammenraffenden Schilderung

entziehen. Andererseits liegt am Ende die Frage nahe, ob die Neue Musik nach den Kriegen auch Gegenstand einer in sich lückenlos zusammenhängenden Geschichtsdarstellung sein könnte, ob also das, was in den letzten drei Jahrzehnten musikalisch geschehen ist, in einer Form erzählbar wäre, in der es den Eindruck von Kontinuität hervorruft, ohne den die Geschichtsschreibung zur bloßen Zusammenstückung von Daten und Fakten mißrät. Es scheint, als ob unter musikalischen Zeithistorikern – sofern sie sich nicht hinter geschichtsphilosophischer Naivität verschanzen – die Skepsis und der Zweifel überwiegen. Das Vertrauen in die Erzählbarkeit von Geschichte ist generell immer geringer geworden; und je bedrängender die chronologische Nähe eines Geflechts von Vorgängen, Werken und Tendenzen ist, desto schwieriger erscheint es, ein Muster zu erkennen, das ihm zugrunde liegt.

Carl Dahlhaus

DER RADIKALISMUS
DER ÄLTEREN GENERATION

Ohne den Begriff des Radikalismus ist die Entwicklung der neuen Musik im 20. Jahrhundert nicht vorstellbar. Er ist es, der – wohl aus der politischen Terminologie des 19. Jahrhunderts übernommen – aller Produktion außerhalb des Akademischen Farbe und Charakter gibt. Das Zurückgehen auf die radix, die Wurzel, auf die künstlerischen und technischen Grundlagen, über denen völlig neue Gebäude errichtet werden sollen, ist vor allem für die Jahrzehnte typisch, in denen die Erbschaft der Romantik und Hochromantik noch verwaltet werden wollte, ohne daß doch die Erben mit dem Besitz sehr glücklich gewesen wären. Das Unbehagen, eine Tradition brechen zu müssen, der man doch gründlich verfallen war, lebt auf dem Grund aller legitimen, d. h. eben gegen die Konventionen gerichteten Musik seit dem Tod Wagners und Brahms'. Längst freilich ist die Antithese zwischen diesen beiden zur Synthese geworden; es gibt kein Entweder-Oder mehr zwischen der Nachfolge des Parsifal und der des Deutschen Requiems, und in der Zusammenfassung dessen, was die Antipoden technisch, durch die Erweiterung harmonischer und formaler Kategorien kreiert haben, liegt die Formel für alles lehrbare Komponieren um die Jahrhundertwende. Die Spannungen, die eine junge Musikergeneration nach 1900 vorfindet, sind nicht mehr definiert durch die Schlachtrufe „Hie Musikdrama" und „Hie absolute Musik". Sie liegen tiefer, liegen in der kritisch gewordenen Situation des musikalischen Materials selbst.
Krise ist es, Entscheidung im dialektischen und schöpferischen Sinne, was den Schaffenden beschieden ist, schmerz-

lichere und schicksalvollere Entscheidung als für irgendeine
Generation seit der Geburt des klassischen Stils im 18. Jahrhundert, ja, vielleicht seit der Entstehung der Monodie um
1600. Denn zum erstenmal in der Geschichte der neueren
Musik wird die rationale Gesetzlichkeit, auf der sie gewachsen ist, als solche in Frage gestellt. Alle bedeutende
Musik des 20. Jahrhunderts ist zunächst Auflehnung gegen
die Harmonielehre, die ja schon den Akkordphänomenen in
Wagners „Tristan" nicht mehr gerecht wurde. Das gilt
durchaus nicht nur für die avantgardistischen Musiker, für
die experimentierenden Ästheten, die Künstler der Retorte,
denen es nicht darauf ankam, Erfolg zu haben, aufgeführt
zu werden, die ehrenvolle Bahn bürgerlich legitimierten
Fortschritts zu gehen. Auch im Bereich der Musik, die unmittelbare Resonanz anstrebt, der italienischen Opernmusik
zum Beispiel, treten sehr früh schon harmonische Phänomene
auf, die an die Grenzen der Tonart führen. Giacomo
Puccinis „Tosca" zeigt Strecken reiner Akkordik, anein-
andergerückter Dreiklänge, die keine harmonische Funktion
im traditionellen Sinne mehr erfüllen. Aber diese Phänomene
haben hier Affektbedeutung, die sie über den Spiegel des
vorherrschenden harmonischen Zustandes innerhalb der
Oper heraushebt; mit ihnen will das Besondere einer ephemeren Bewußtseinslage, will eine theatralische Situation
gleichsam plakatiert werden. Sie treten als grell klingende
Farbflecke hervor, leben von der Bedeutung des Exzeptio-
nellen, das sie symbolisieren und das sie rechtfertigen. Sie
sind Akzidentien, tragen auf ihre Weise zwar zum Gesamtbild
des Stils bei, in dem sie aufleuchten, ohne es aber im Wesen
zu definieren.

Der theatralische Affekt hatte schon mehrfach in der Geschichte der Musik zu Erfindungen geführt, die in der absoluten Musik erst viel später übernommen wurden und möglicherweise in dieser und durch diese gar nicht allein entwickelt worden wären. Immer wieder hat das Prinzip des

„Ausdrucks" – eines sehr umstrittenen und fragwürdigen Prinzips, soweit es die Musik angeht! – harmonische, melodische und formale Erfindungen herbeigezwungen, die sich nachträglich auch aus der Entwicklung des musikalischen Materials zurückverfolgen ließen. Die durch chromatische Veränderung der leitereigenen Töne hervorgerufenen Wirkungen spielen im ausdrucksgesättigten Madrigal des 16. Jahrhunderts eine ganz ähnliche Rolle wie dreihundert Jahre später in der Musik der Romantiker, bei Frédéric Chopin, Robert Schumann und Richard Wagner. Und ist es nicht bezeichnend, daß diese Romantik der Musik einen programmatischen Hintersinn oktroyieren mußte, um dieses gesteigerte Ausdruckswesen ästhetisch zu rechtfertigen?

Noch unter einer anderen Flagge wurden mitunter Neuerungen eingeführt, zu denen man die Kühnheit sonst nicht aufgebracht hätte. Man verkleidete sie als Scherze, als groteske Abirrungen vom richtigen Wege, als lächerliche Regellosigkeiten, deren scheinbare Sinnlosigkeit aber aus konsequentem Denken abgeleitet worden war. Das Merkwürdige daran ist, daß diese scherzhaft gemeinten Dinge in ihrer Substanz ganz ernsthafte Entwicklungen voraussahen; dasselbe Phänomen, das 1787 nur als Witz verstanden werden konnte, geht hundert Jahre später in die Technik des musikalischen Impressionismus über, wo es schwärmerischmystische Wirkungen auslösen hilft. Mozart schreibt in seinem „Musikalischen Spaß" in der Kadenz des langsamen Satzes eine ansteigende Schlußwendung, bei der dem Geiger alle Maße und diatonischen Gewichte abhanden kommen und er, von C herabgesprungen, die Töne G–A–H mit immer neuen chromatischen Leittönen übergipfelt, Cis–Dis–Eis, dann das höhere G erreicht und weitersteigt bis zum Cis. So ist unversehens die Ganztonskala niedergeschrieben worden, dieselbe Leiter, die um 1900 in der Musik Claude Debussys so bedeutsam, ja geradezu zum Symbol einer gewissen kurzen Epoche der neueren Musikgeschichte wird.

Debussy, aus dem Kreise der wagnerhörigen Pariser Symbolisten um Stéphane Mallarmé hervorgegangen, ist der erste Radikalist der Neuen Musik. Als Konservatorist schon liebt er es, Lehrer und Mitschüler durch utopische Theorien zu erschrecken. Er sagt den Untergang der bisher üblichen Tonalitäten voraus, betrachtet Wagner als Klassiker und seine harmonischen Reformen als harmlosen Beginn einer neuen Ära des Unerhörten. Sein Musikdrama „Pelleas und Melisande", 1902 nach dem Drama Maurice Maeterlincks beendet, der die Komposition seines Werkes öffentlich verflucht, schafft einen radikal neuen Opernstil, ein Pathos des Antipathetischen gleichsam, eine Tonsprache, die sich materiell nur noch mit hauchender Andeutung begnügt, aber unter dem Sammetgriff ihres Pianissimo das Äußerste an künstlerischem Aufruhr verbirgt. Die Melodik wird aphoristisch zusammengedrängt und oft mit dreitönigen Motiven gestaltet. Polyrhythmik und häufiger Wechsel von Zweier- und Dreiermetren paralysieren das Gefühl für den Ablauf der Zeit. Akkorde treten fast ausschließlich ohne Funktion im Sinne der Tonalität auf, als reine Klangphänomene von statischer Wirkung. Obwohl es mit Vorliebe „Dissonanzen" sind, also Akkorde, die im Sinne der Harmonielehre nach einer Auflösung in Konsonanzen verlangen (die ihnen aber Debussy vorenthält): Septimenvierklänge, Nonenfünfklänge, übermäßige und verminderte Dreiklänge, ist das Klangbild niemals schroff; es herrscht eine weiche, wollüstige Promiskuität der Akkordbeziehungen, vergleichbar den spektral zusammengetupften Farben auf einem pointillistischen Bild, die erst der synthetischen Arbeit der Netzhaut bedürfen, um als Einheit zu wirken. Der Septimenakkord der zweiten Mollstufe in allen seinen denkbaren Umkehrungen und enharmonischen Beziehungen, weit über die Vieldeutigkeit des Tristanakkords hinaus als Allklang empfunden, herrscht auf großen Strecken. Aus der Ganztonskala wird eine Reihe von Akkorden entwickelt, die nur äußerlich

solchen der traditionellen Harmonielehre wie dem übermäßigen Dreiklang und dem alterierten Terzquartakkord
entsprechen.

Auf dieser „Pelleas"-Harmonik baut Debussy weiter; die
„Nocturnes" für Orchester setzen den Stil der assoziierenden
Andeutung fort. In den beiden Heften „Préludes" für
Klavier, 1910 und 1913, wird er satztechnisch und ästhetisch
auf einen Höhepunkt geführt. Debussy hat das harmonische
und rhythmische Neuland, das er in diesen Arbeiten betritt,
später mehr und mehr verlassen. Seine Spätwerke streben
einer neuen Klassizität zu, und nur einmal noch, in den
Klavierduetten „En Blanc et Noir", nimmt er den ahnungs-
vollen Aufrührergeist seiner Jugend wieder auf.

Der Radikalismus dieses impressionistischen Stils liegt
nicht allein in seiner Entschlossenheit, Tiefenschichten des
assoziierenden Bewußtseins zu erschließen, das Stimmungs-
haft-Vage über das Konkret-Regelhafte zu stellen, sondern
mehr noch in einem wissenschaftlichen Forschergeist, der
das Reich des Klangs systematisch durchstreift und auch
vom Physikalischen, von der Akustik der Obertongesetze
her die musikalische Substanz vermehrt. Debussys Nachfolger auf dem Wege der Klang-Entfunktionalisierung,
Maurice Ravel vor allem, sind darin sehr erfinderisch
gewesen.

Nichts ist diesem Stil der träumerischen Konturenauflösung
mehr entgegengesetzt als die Kunst der deutschen musikalischen Fortschrittspartei, die sich um Richard Straußens
dominierende Figur bildet. Die Kühnheit, bei den französischen Zeitgenossen so ängstlich verborgen, tritt hier
blank, prall und explosiv ins Bild. Alles Tönende ruft den
Hörer auf, das Ungewöhnliche, Neuartige wahrzunehmen.
Seit den symphonischen Dichtungen vor der Jahrhundertwende, „Don Juan", „Till Eulenspiegel", ist dieser Stil im
Werden. Mit der „Salome" und „Elektra" erreicht er 1905
und 1908 den Gipfel der kühnen Aggressivität.

Auch bei Strauß ist es vorwiegend das Harmonische, das einer Revision unterzogen und radikal umgedacht wird. Aber das Ziel einer Überwindung der festen Tonalität, Strauß und Debussy gemeinsam, wird bei ihm auf einem ganz anderen Wege angegangen. Strauß treibt die Harmonik des Wagnerschen Tristan, d. h. die chromatische Veränderung gängiger Akkordtypen bis zur völligen Unkenntlichkeit der Urgestalt weiter, reiht sie aber funktionell aneinander, verzichtet also weniger als Debussy auf die Stütze der Tonart, ja der Diatonik als dieser. Gleichzeitig arbeitet er mit einer Art Akkordpolyphonie oder Polyharmonik, indem zwei oder mehr voneinander unabhängige Akkordbewegungen gegeneinandergeführt werden. Die Resultate sind Zusammenklänge von sechs, acht und mehr Tönen, die nicht mehr aufeinander bezogen werden können. Als satztechnisch wichtigstes Ergebnis entsteht wenigstens streckenweise und noch sozusagen zufällig Polytonalität, das gleichzeitige Fortschreiten von Stimmen in mehreren Tonarten. So verschmelzen im Judenquintett der „Salome" Des-dur und d-moll, im Leitklang der „Elektra" die Toniken E-dur und Des-dur.

Die Fremdartigkeit und rücksichtslose Schärfe dieser Stellen ist bei Strauß nun allerdings wieder jeweils durch den dramatischen Affekt hervorgerufen, im Falle des Judenquintetts sogar mit der Nebenabsicht der komischen Wirkung. Klanglich sind die Ergebnisse viel aufreizender als bei Debussy, um so mehr als sie mit einer ungemein kräftigen Orchesterfarbe vorgetragen werden, die nicht ausgleichend und verschleiernd wirkt, sondern im Gegenteil die Schärfe noch unterstreicht.

Indem Strauß die funktionelle Gesetzlichkeit der Akkorde intakt hält, läßt er den Mechanismus der Tonalität auch da gelten, wo er Dur und Moll längst hinter sich geworfen hat. Die Macht, die tonales Denken über ihn ausübt, wird manifest, wo er — abermals aus Gründen der dramatischen Wirksamkeit — bewußt simplifiziert. Die Dur-Sexten Jochanaans

in der „Salome", die süße As-dur-Melodie der „Elektra"
zeigen, wie sehr der Zustand sinnlichen Behagens für
Straußens musikalische Konzeptionen maßgebend und formgebend ist. Sein Radikalismus tritt explosiv auf, mit schock-
hafter Wirkung und der Absicht des Schreckens; aber aus-
gleichende Kräfte sorgen, daß dem Ohr nicht unablässig
zugesetzt werde, und das Übermaß an krachender Dissonanz
wird kompensiert durch Klänge von einer Süße, die nur in
den späteren Partituren nostalgischer Filmmusik ihre Über-
trumpfung findet.

Unmittelbar nach „Elektra" setzt bei Strauß selbst die Reaktion ein. Dem Radikalismus, mit dem er gewisse Techniken
der Alteration und der Polyharmonik entwickelt hatte, stellt
er die Gefälligkeit wienerischer Walzerrhythmen entgegen.
Beruhigten Blutes kehrt er zu Mozart zurück, und der ge-
walttätige Psychologismus der einaktigen Musikdramen wird
durch die geschlossenen Formen der Oper besänftigt, durch
archaistische Wendungen, Stilkopien des musikalischen Ba-
rocks. Mit dieser entgegenkommenden Ästhetik tritt siegreich
1911 der „Rosenkavalier" auf die Opernbühne; selbst die
Akkorde der Silberrose, deren polytonale Spaltklänge noch
die Konservativen verdrießen, sind eitel Wohlklang für ein
Publikum, das an Wagner gewöhnt war.

In der Straußischen Musik aber lebt noch eine Energie besonderer Art, die sie von der impressionistischen für immer
absondert. Es fehlt ihr die Lust am statischen Verweilen bei
aushallenden Klängen; sie ist ihrem ganzen Wesen nach
„unterwegs", treibt vorwärts, hat eminente kinetische Kräfte.
Sie ist weniger akkordisch als polyphon; in ihr herrscht, auf
moderne Sprachmittel übertragen, das Prinzip des Durch-
imitierens und einer oft rücksichtslosen, um den Zusammenklang wenig bekümmerten Kontrapunktik. Strauß selbst hat
gelegentlich (im Vorwort zu seiner autobiographischen Oper
„Intermezzo", 1923) seine Neigung zu kontrapunktischem
Denken als ein deutsches Erbübel beklagt, obwohl er davon

weniger stark befallen war als einige seiner wichtigsten Zeitgenossen.

Am lebhaftesten wirkte das Erbe der vorklassischen Polyphonie in Max Regers Musik nach, die, von der Orgel getragen und entscheidend inspiriert, Fuge und Kanon als krönende Formen pflegt. Reger ist viel mehr dem traditionellen Komponierhandwerk verpflichtet als Strauß oder Debussy. Er ist eigentlich gar kein Modernist oder Avantgardist, steht literarischen Strömungen durchaus fern, ist oft wahllos in seinem Geschmack, hinterwäldlerisch in der Maßlosigkeit seiner Formen und seines zyklopischen Produzierens. Regers Erscheinung hat nichts Großstädtisches, nichts wirkt up to date an seiner Musik, und nur bei Anton Bruckner noch war soviel Naivität gepaart mit so fortschrittlicher Arbeit am musikalischen Material. „Uferlose Chromatik" war die Formel, die von Theoretikern und Kritikern immer wieder gegen Regers Musik in die Debatte geworfen wurde. In der Tat ist seine Harmonik von einer chromatischen Unruhe, die aus der Flucht vor einfachen harmonischen Wirkungen geboren scheint. Der Klangstil der Hochromantik, des Wagnerschen „Tristan" vor allem, wird hier verschmolzen mit Bachscher Vielstimmigkeit. Zudem tritt ein Phänomen auf, das in der späteren modernen Musik legislative Macht gewinnen sollte: die sogenannte komplementäre Harmonik, die Vorliebe für Folgen von Akkorden ohne gemeinsame Töne, für Klänge, die zueinander in der Beziehung einer Art chromatischer Osmose zu stehen scheinen. In seinen großen Orgelwerken, der Introduktion, Passacaglia und Fuge in e-moll, in den Mozartvariationen für Orchester, der Violinsonate opus 72, dem fis-moll-Streichquartett ist dieses panchromatische Denken fast Takt für Takt nachzuweisen. Auch in seiner theoretischen Schrift „Beiträge zur Modulationslehre" hat Reger das Prinzip einer chromatisch erweiterten Harmonik verfochten.

Durch diese Regersche Harmonik wird das Tonmaterial weit

über die Siebenstufigkeit der Dur- und Moll-Tonalität hinaus erweitert. Der Radikalismus, mit dem das noch unformulierte Gesetz einer Sprengung der diatonischen Schranken befolgt wird, ist erstaunlich. Noch in den einfachsten melodischen Gebilden seiner „Schlichten Weisen" für Singstimme und Klavier werden oft acht, neun, zehn oder elf Töne verwendet, und zwar ohne nennenswerte Wiederholungen. So entsteht bei ihm nur selten das Übergewicht eines einzelnen Tons, der etwa als Grundton einer Tonalität wirken könnte. Die verschiedenen Bausteine eines melodischen und eines harmonischen Vorgangs werden mehr und mehr gleichwertig. So konservativ Reger als Gesamterscheinung, so ungeistig er im Vergleich mit Zeitgenossen wie Debussy und Strauß sich ausnehmen mag, für die Erweiterung des chromatischen Materials, für die Emanzipation des Dissonanzwesens hat er Außerordentliches geleistet. Und seine Leistung ist um so bemerkenswerter, weil sie sich ganz in den Formen der absoluten Musik vollzieht. Orgel, Orchester, Kammermusik, Lied und Chor sind die Klangmedien, die sein Schaffen ausschließlich tragen. Von der Bühne hat sich Reger so fern gehalten wie von der Lyrik bedeutenderer moderner Dichter. Debussy und Reger sind im ersten Weltkrieg gestorben; Strauß hat sie um mehr als drei Jahrzehnte überlebt, ohne mit seiner späteren Produktion merklich auf die Neue Musik nach 1910 Einfluß genommen zu haben. Als einziger hat Reger mehrere Generationen von Schülern herangebildet, unter ihnen so erfolgreiche wie den bayrischen Kirchenmusiker Joseph Haas und so fortschrittliche wie den ungarischen Avantgardisten Alexander Jemnitz. Bei aller Divergenz ihrer Stile, Schicksale und Charaktere bilden Debussy, Strauß und Reger doch eine zusammenhängende Phalanx, wenn man ihre Produktionen vom Standpunkt der Sprachbereicherung aus betrachtet. In der Harmonik leiten sie alle drei über von der romantischen zur modernen Klangsprache. Ohne Debussys „Préludes", Straußens „Salome" und

Regers Kammermusik ist der Radikalismus der zweiten Neutöner-Generation so wenig vorstellbar wie die Moderne der französischen und der deutschen Malerei ohne Paul Cézanne, Vincent van Gogh und Max Liebermann. Auch was als Reaktion gegen die ältere Modernistengruppe entsteht, darf noch als negativ von ihr beeinflußt gelten.

1908 ließ sich in Brüssel ein russischer Musiker von etwa 36 Jahren nieder, der schon zwölf Jahre vorher mit einem Klavierabend dort Aufsehen erregt hatte. Er hieß Alexander Nikolajewitsch Skrjabin. Sein passioniertes, nervöses, farbenreiches Spiel hatte ihm in ganz Europa und seit 1906 auch in Amerika Ruhm gebracht. Er galt als exzentrischer, grüblerischer Mensch, der metaphysischen Spekulationen nachging und seit Kindheit zum Mystizismus neigte. So betrachtete er es als ein Zeichen besonderer Berufung, daß seine Geburt auf den russischen Weihnachtstag fiel. Während der drei Jahre seines Brüsseler Aufenthaltes ging eine starke innere Veränderung mit Skrjabin vor sich. Er begann sich für Theosophie zu interessieren, und bald bestimmte diese Lehre seine ganze menschliche und künstlerische Existenz.

In seinen zahlreichen Kompositionen hatte Skrjabin anfangs zwei dominierende Einflüsse verschmolzen: den Chopins und den Wagners. Sein Lehrer war der Komponist Sergej Tanejew in Moskau gewesen, ein Schüler und Nachfolger Tschaikowskys. Aber die Einflüsse dieser Meister streifte Skrjabin bald ab; er entwickelte nun eine tiefe Abneigung gegen die Musik Tschaikowskys, die ihm als der Inbegriff schlechter Volkstümlichkeit erschien. Jede Volksmusik war ihm fremd und konträr; er hielt Kultur für eine Sache der höchsten Sublimation. Allmählich entrückte er schöpferisch den Bereichen Chopins und Wagners immer mehr. In den Brüsseler Jahren kristallisiert er seinen eigenen, in der Harmonik und der Melodiebildung radikal persönlichen Stil. Das erste Meisterwerk dieser endgültigen Wendung ist die „Prometheus"-Symphonie. Sie ist für einen großen Orchester-

apparat geschrieben, und Skrjabin hat die Partitur gleichzeitig in Tönen und in Farben konzipiert. Bei der Aufführung sind vorgeschriebene Farben-Sequenzen auf eine
Leinwand zu projizieren; jede Farbe entspricht in der Vorstellung des Komponisten einem bestimmten Akkord. Es
war überhaupt Skrjabins Ziel, eine Art von modernem Ge-
samtkunstwerk, allerdings in ganz anderer Weise als es
Richard Wagner realisiert hat, zu schaffen; er starb über den
Vorarbeiten zu einem Mysterium, das die Mittel der einzelnen Künste synthetisch zusammenfaßte.
Aber seine schöpferische Leistung war nicht auf so spe-
kulative Unternehmungen beschränkt. Er versuchte auch der
Musik selbst eine neue Grundlage zu geben. Seine „Prometheus"-Symphonie ist über die idée fixe eines sechstönigen
mystischen Akkords aufgebaut, der auch in späteren Werken
Skrjabins verwendet wird, so in der 7. Klaviersonate,
opus 64. Der Akkord lautet: C–Fis–B–E–A–D. Er bildet,
vermehrt um den Ton G, auch eine Skala, wenn die Töne
in anderer Anordnung auftreten: C–D–E–Fis–G–A–B.
Aber der „mystische Akkord" hat noch eine andere Eigen-
tümlichkeit, die ihm prophetischen, zukunftsweisenden Sinn
gibt. Er ist anders konstruiert als die Akkorde der Harmonielehre. Seit dem 18. Jahrhundert, seit Jean-Philippe Rameau
hatte man alle diatonischen Akkorde auf die Dreiklänge und
Septimenakkorde zurückgeführt, d. h. auf Gebilde, die sich
in kleinen und großen Terzen aufbauten. Skrjabins Prometheus-Akkord ist nicht in Terzen, sondern in Quarten
aufgebaut, und zwar in zwei übermäßigen Quarten C–Fis und
B–E, einer verminderten Quarte Fis–B und zwei reinen
Quarten E–A und A–D. Die Möglichkeit einer tonalen
Deutung und somit einer Auflösung bestünde zwar, wenn
man Fis und A als Vorhalte zu G ansähe, wodurch der
Dominantnonakkord von F-dur erreichbar wäre. Aber
Skrjabin ist weit entfernt, so konventionell zu denken. Er hat,
beginnend mit seinem opus 58, die Tonart völlig aufgegeben;

seine Werke tragen nun keine vorgezeichneten Kreuze oder
Bee mehr. Der mystische Akkord ist nicht durch Alteration
eines tonalen Fünfklangs gewonnen, sondern auf physi-
kalischem Wege. Er ist eine Summierung des 8., 9., 10., 11.,
13. und 14. Obertons.

Diese Neigung, die Sprachmittel der Musik durch wissenschaftliche Methoden zu erweitern, ist schon bei Debussy
festzustellen, der ebenfalls die höheren Obertonbereiche in
die Welt des Konsonierenden einbezog; sie entspricht genau
den optischen Studien der impressionistischen Maler, die jede
Farbe spektral auflösen und es dem Auge überlassen, den
synthetischen Eindruck herbeizuführen. Das Bewußtsein, daß
mit fortschreitender Entwicklung die Zahl der Akkorde, die
keiner Auflösung bedürfen, zunimmt, ist bei den Musikern
des 19. und vor allem des frühen 20. Jahrhunderts fast allgemein herrschend. Es stammt aus dem Progressismus einer
vorwiegend naturwissenschaftlich orientierten Ära. So bedenklich es erscheint, wenn man künstlerische Mittel durch
wissenschaftliche Methoden substituieren will, hat doch
dieses wissenschaftliche, systematische Denken in Fragen der
Kunsttechnik zu erstaunlichen Resultaten geführt, ohne die
gerade die wesentlichsten Kunstwerke der neueren Zeit nicht
mehr vorstellbar wären.

Skrjabin ist als schöpferischer Musiker eine höchst eigen-
artige Mischung von schwärmerischer Exaltation, metaphysischer Spekulation und präziser Methodik. Er ist in
Fragen der Satztechnik ein konsequenter und radikaler
Denker; seine späten Klavierwerke, vor allem die Sonaten
und Etüden sind faszinierende interessante Beispiele eines
nervösen, unruhigen, von einer überfeinerten Phantasie getriebenen Modernismus. Wie er für ganze Werke einen
einzigen Akkord als Träger aller Themen und Motive festsetzt, geht er auch mitunter von einem einzigen Intervall aus,
das den Aufbau des ganzen Stückes bestimmt. Seine späten
Etüden, über Intervalle wie die Quint, die Septime, die

None, sind darin von einer großartigen Konsequenz. Er zeigt sich darin als Künstler, dem das musikalische Material in seiner Ordnung und Neuordnung von überragender Wichtigkeit ist, vergleichbar den gleichzeitig mit ihm auftretenden Kubisten, denen sich die sichtbare Welt ähnlich geometrisch ordnet wie ihm die der Töne.

Von ihm sind in die russische Musik zwischen 1911 und 1921 zahlreiche Anregungen eingegangen. Komponisten wie Alexander Mjaskowsky und Samuel Feinberg sind in ihren Anfängen ungemein stark von Skrjabin beeinflußt. Die Imitation seines Stils ging in der russischen Moderne eine Zeitlang bis zur sklavischen Abhängigkeit, und ähnlich wie der Tristanakkord in der spätromantischen Musik hat der Prometheusakkord bei diesen Skrjabinisten tausendfaches Echo gefunden. Es zeigte sich dabei, daß seine Persönlichkeit solche Nachfolge nicht ganz trug, daß die Kraftströme seiner im Grunde überzarten und schwachen Natur nicht ausreichten, eine Schule zu begründen, die über ihn hinaus lebenskräftig wäre. Eine gewisse Morbidezza der geistig-künstlerischen Gesamtstimmung wurde überdies von den Nachfolgern übersteigert und einem lamentierenden Weltschmerz zugetrieben, der zwar der russischen Tradition genau entsprach, sich aber bald einer starken ideologischen Front gegenüber sah. Die konsequente Individualisierung der Skrjabinschen Musik und ihre geflissentliche Volksfremdheit konnten bei einer sozialistischen Regierung nicht auf Verständnis rechnen, die in ihr notwendig die letzte krankhafte Blüte des bourgeoisen Geistes sah. So trat der Skrjabinismus schon seit Mitte der zwanziger Jahre in Sowjetrußland in den Hintergrund gegenüber anderen, leichter zugänglichen Richtungen. Auch seine überzeugtesten Anhänger, an der Spitze Mjaskowsky, haben sich inzwischen längst zu völlig anderen Wegen und künstlerischen Idealen bekannt, und der repräsentative Komponist der Sowjetunion, Dmitri Schostakowitsch, hat wiederholt geäußert, er sehe in Skrjabin den gefährlichsten, bekämpfenswertesten Vertreter des musikalischen Bürgertums. Erotizismus und Mystizismus sowie die Neigung zu metaphysisch-religiösen Vorstellungen sind die bösesten Abweichungen, deren sich ein Künstler im heutigen Rußland schuldig machen kann.

In Deutschland, wo die Neue Musik ihre wesentlichsten Anregungen gefunden, ihre radikalsten Ergebnisse hervorgebracht hat, wurde Skrjabins Musik, zumindest in dem Kreis der Avantgardisten, schon früh geschätzt und weitergetragen. Als 1912 mit dem „Blauen Reiter" die erste und wichtigste Sammelpublikation im Geist der Moderne herauskam, fand man darin einen Aufsatz Leonid Sabanejews, des ausgezeichneten russischen Musikwissenschaftlers und Theoretikers, der sich eingehend mit Skrjabin und seinen musikalischen Theorien befaßte. Auch Skrjabins eigene Schriften wurden ins Deutsche übersetzt und erschienen, herausgegeben von Oskar von Riesemann, unter dem Titel „Prometheische Phantasien".

Derselbe „Blaue Reiter" brachte zwei Aufsätze, die sich mit dem Problem der musikalischen Freiheit oder, wie es der eine Verfasser nannte, der Anarchie in der Musik auseinandersetzten. Ohne bedeutend zu sein, spiegeln sie doch die Opposition, die sich damals aller europäischen fortschrittlichen Musiker gegen alle akademische Gesetzlichkeit bemächtigt hatte. Der eine registriert die neuen Mittel, die man für die Gestaltung einer neuen Musik erwartet. Merkwürdigerweise geht der Verfasser von einem naturalistischen Ausgangspunkt aus; da die Naturlaute, der Gesang der Nachtigall usw. sich nicht nach den Noten der jetzigen Musik richten, so verwende auch der freie Künstler Viertel- und Achteltöne. Die Vorzüge dieser freien Musik seien: neuer Genuß der ungewohnten Zusammensetzung der Töne; neue Harmonie mit neuen Akkorden; neue Dissonanzen mit neuen Lösungen; neue Melodien. Die Auswahl der möglichen Akkorde und Melodien wird vergrößert, ebenso die darstellende Fähigkeit der Musik. Enge Verbindungen der Töne sind möglich.

Der Verfasser, ein gewisser Kulbin, wußte offenbar nicht, daß Versuche mit Vierteltönen bereits durchgeführt waren, daß Wischnegradsky und Richard H. Stein sich praktisch mit ihnen beschäftigt hatten und daß schon 1906 Ferruccio Busoni in seinem „Versuch einer neuen Ästhetik der Tonkunst" die Forderung nach Viertel- und Sechsteltönen aufgestellt hatte. Es sollte indessen noch einige Zeit dauern, bis diese utopisch erscheinenden Wunschträume schöpferische Wirklichkeit finden würden. Das hatte gute Gründe.

Fortschritte in der Musik pflegen im allgemeinen erst dann gemacht zu werden, wenn sich die überlieferten Mittel der Materialbehandlung erschöpft haben. Alle Entwicklung der abendländischen Musik seit dem 19. Jahrhundert deutet auf einen latenten Überdruß an der Harmonielehre hin. Mit anderen Worten: die Funktionen der Akkorde, die ja noch alle von der Tonart her verstanden werden sollten, genügen nicht mehr; die Tonalität des seit etwa 1500 stabilisierten Dur und Moll ist zu eng geworden, um der Phantasie der Komponisten Spielraum zu geben. Der erste Schritt auf dem Wege fort von der Tonalität ist die zunehmende chromatische Veränderung, Alterierung der Akkorde; in dieser Linie verläuft die Entwicklung von Chopin und Liszt über Wagner bis zu Strauß und Reger. Der zweite, davon zunächst ganz unabhängige Schritt ist die Entdeckung des Klangwertes eines Akkordes unabhängig von seinen tonalen Zusammenhängen; er wird, vorbereitet durch Chopin, Grieg und Mussorgsky, in der impressionistischen Musik Debussys, Maurice Ravels und Cyril Scotts vollzogen.

In allen diesen Kompositionen aber zeigt sich, daß zwar die Gewichtsverteilungen über einem als konstant empfundenen Grundton (also der psychologische Zustand wahrgenommener Tonalität) für die avancierteren Komponisten keine Reize mehr bieten und Akkordfunktionen tonaler Art nicht

mehr erwünscht sind, daß aber die Möglichkeiten einer frei-
zügigen Chromatik außerhalb der Tonart noch sehr bedeutend sind. Das Skrjabinsche Experiment einer neuen
Grundharmonie auf Basis einer Skala, die der Naturtonreihe
abgelauscht ist, zeigt, wie schon ein winziger Ausschnitt aus
dem unbegrenzten Reich noch nicht benutzter methodischer
Möglichkeiten fruchtbar werden kann. Auch diesen Weg
hatte theoretisch schon Busoni in seinem Entwurf vorge-
zeichnet, als er versuchte, im Oktavraum siebentönige
Skalen zu erfinden, die nicht mit den Kirchentönen oder der
Dur- und der Mollskala identisch sind.
Den radikaleren Weg einer grundsätzlichen Aufhebung der
Tonart war etwa gleichzeitig schon ein anderer Musiker
gegangen, der Wiener Arnold Schönberg. Auch er gehört
zu den Autoren des „Blauen Reiters", und zwar nicht nur als
Komponist, sondern auch als Essayist. Aber der literarische
Beitrag „Das Verhältnis zum Text" sagt über die Wege der
neuen Musik so gut wie nichts aus, bestätigt nur die Be-
ziehungen zwischen der abstrakten Malerei und den ästhetischen Überzeugungen des Wiener Neutönerkreises.
Um so wesentlicher ist das große Lied „Herzgewächse"
(Text von Maurice Maeterlinck) für hohen Sporan, Celesta,
Harmonium und Harfe, das dem Band im Faksimile angehängt ist. Im Dezember 1911 komponiert, ist es charakteristisch für die höchste Stufe tonaler, rhythmischer und
melodischer Freiheit, zu der die Musik um 1910 gelangt ist.
Der Satz ist polyphon und poly-akkordisch, aber ganz ohne
kanonische oder imitatorische Elemente. Immer neue Motive
und Gedanken, meist von aphoristischer Kürze, lösen einander ab. Selbst Wiederholungen von Rhythmen werden
vermieden; das einmal Gesagte wird nicht wiederholt, nicht
einmal in variierter Form. Die Akkordphänomene sind von
allen tonalen Zusammenhängen befreit. Schon der erste, auf
unbetontem Taktteil einsetzende Klang A–C–Gis, zu dem im
Baß die Töne D, F und Des treten, läßt keine Grundtonvor-

stellung aufkommen. Der Schlußakkord Fis–C–Es–B–D–G schlösse funktionale Deutung aus, auch wenn nicht ein Sechzehntellauf des Harmoniums alle fehlenden Töne der chromatischen Skala dazu ertönen ließe. Dreiklänge treten nur in polytonaler Kombination mit anderen Akkorden auf, so im 5. Takt der e-moll-Klang über D–F–Cis oder im 6. Takt E-dur mit Es-dur. Aber auch in dieser entfunktionalisierten Form werden sie kaum verwendet. Die vorherrschenden Akkordtypen sind solche mit stark gespannten Intervallen, namentlich dem Tritonus und der großen Septime. Ebenso werden in den realen Stimmen Oktavverdopplungen ausgeschaltet; wo sie auftreten, hat es rein klangfarbliche Gründe. Die Melodik der Singstimme entspricht diesen Eigenschaften der Harmonik und des polyphonen Satzes. Sie entbehrt jeder Symmetrie; nichts wird wiederholt. Außergewöhnliche, schwer singbare Intervalle wie große Septimen, Dezimensprünge, Tritonus folgen einander in einem Tonraum, der den mächtigen Umfang vom kleinen Gis bis zum dreigestrichenen F voraussetzt.

Schönberg war zu diesem Sprachbild in langsamer, konsequenter Entwicklung vorgedrungen. Autodidakt, unter dem doppelten Einfluß Wagnerscher und Brahmsscher Musik in Wien aufgewachsen, begann er in einem hochromantischen Idiom, das tristanische Enharmonik mit Brahmsscher thematischer Arbeit vermählte. Nach der höchsten Übersteigerung orchestraler Mittel in der symphonischen Dichtung „Pelleas und Melisande" und den „Gurreliedern" reduzierte er den Klangapparat in der Kammersymphonie opus 9 auf 15 Instrumente. Quartenakkorde, schon in der symphonischen Dichtung angedeutet, werden hier bewußt eingeführt und bis zur Sechsstimmigkeit erweitert. Im Gegensatz zu Skrjabins Prometheus-Akkord setzt sich der Kammersymphonie-Akkord aus fünf reinen Quarten zusammen. Was aber stilistisch noch entscheidender ist: Schönberg, anders als Skrjabin, deutet ihn tonal und löst ihn in einen Dur-Dreiklang auf. Doch im Zusammenwirken mit Ganztonakkorden und Ketten tonal schillernder Akkorde wird hier doch der Bereich des vorgezeichneten E-dur nachdrücklich verlassen. In seinem 2. Streichquartett opus 10, namentlich in den beiden letzten Sätzen (wo eine Sopranstimme hinzugezogen wird), geht die Auflösung der funktionellen Harmonik noch weiter. Schließlich, in den fünfzehn Stefan-George-Liedern aus dem Buch der Hängenden Gärten, ist das unbewußt angesteuerte Ziel erreicht. Die Tonart fällt; keines der Lieder hat mehr eine Vorzeichnung, und die spärlich auftretenden Dreiklänge und kadenzartigen Vorgänge haben nur noch akzessorische Bedeutung. Sie nehmen im ganzen keinen größeren Raum als die Andeutungen von Gegenständen in den Bildern kubistischer Maler. Dieser Schritt wird 1908 getan, und Schönberg erkennt ihn als so schicksalhaft für die Entwicklung der Musik, daß er für das Programm der Uraufführung eine bekenntnisartige Erklärung schreibt.

In den kurz danach entstandenen Werken, den drei Klavierstücken opus 11, den Fünf Orchesterstücken opus 16 und vor allem in dem Monodram „Erwartung" wird die so erreichte neue Klangwelt methodisch erforscht und zugleich die immer größere Emanzipation von allen Gesetzen der Harmonik, der Form und der thematischen Krücke vollzogen. Kadenzen im tonalen Sinne werden völlig ausgeschaltet, Konsonanzen treten kaum noch auf; es gibt keine Wiederholungen und keine Variation, ja nicht einmal motivische Verwandtschaften mehr.

Das Monodram ist die eigentliche, die legitime Fortsetzung des Weges, den Strauß nur versuchsweise in „Salome" und „Elektra" begangen hatte. Alles dramatische Geschehen ist hier auf eine Person konzentriert, die ihr Seelenleben in einem Moment höchster Leidenschaftsspannung entblößt und aussingt. Die Frau, einzige Trägerin der Handlung, ist eine Sopranpartie des jugendlich-dramatischen Fachs. Ihr Schicksal, ihr Erlebnis ist es, den Geliebten im nächtlichen Wald zu suchen und im Mondlicht seinen Leichnam zu finden. Die tausend Stationen der Hoffnung, Verzweiflung und Ungewißheit, der Furcht, der liebevollen Erwartung und des Todesgrauens, als Tragödie einer Nacht geplant und zu einer Expressionsdichtung von halbstündiger Dauer komprimiert, bilden ein Seelendrama, wie es in so blitzhaftem Ablauf nur unter höchstem psychischem Druck möglich ist. Das Stück wirkt wie eine Fiebervision; es ist im Text (die Dichtung von Marie Pappenheim hat, ohne alle literarischen Ambitionen, den Vorzug des echten Psychogramms) ein hektisches Kaleidoskop von Affektausbrüchen, verbrämt durch Landschaftseindrücke, unterbrochen von lyrischer Betrachtung und sehnsüchtiger Litanei.

Schönbergs Partitur, für den gewaltigen Orchesterapparat der Spätromantik konzipiert, der aber hier ganz im Sinne expressionistischer Klangbuntheit und Antisymmetrik behandelt ist, entsteht rauschhaft in zwei Arbeitswochen. Sie gehört zu den spontansten, die er geschrieben hat, und zu den Schlüsselwerken für alle Opernversuche der folgenden Epoche. Die thematische Arbeit, ja die gesamte Formkonstruktion ist auf ein einziges, ohne erkennbaren Plan wiederkehrendes Dreitönemotiv D–F–Cis zusammengeschrumpft, das als Sukzession ebenso wie als Akkord verwendet und auch transponiert wird. Harmonisch ist der Status der freien Atonalität erreicht, mit der unbegrenten und unbegreiflichen Vielfalt neuartiger Akkordgebilde, die einander in schöpferischer Willkür abwechseln. Klänge, die sich aus zehn realen (d. h. verschiedenen) Tönen zusammensetzen, erscheinen in der verwirrendsten Instrumentation. Der mächtige Bläserchor (17 Holz- und 12 Blechbläser) wird in Verbindung mit dem äußerst stark besetzten Streichquintett (mindestens 30 Geigen, 10 Bratschen, 10 Celli und 8 Kontrabässe) sowie Harfe und Celesta zu Mischfarben von seltsamster Leuchtkraft herangezogen.

In der Melodik herrschen dieselben Intervalle wie im Vertikalen: kleine Sekunden und Nonen, große Septimen, alterierte Terzen und Sexten, Tritonus, verminderte Quart. Der expressive Hochdruck des Stils zwingt im Melodischen die Durchmessung weiter Räume herbei, so daß die Stimme häufig vom höchsten ins tiefste Register geführt wird und umgekehrt. Tonverdopplungen zwischen Stimme und Orchester werden vermieden, so daß die gesungene Melodie meist ohne Beziehung und Stütze im Raum schwebt.

Ein derart hochgepeitschter Affekt führt notwendig zu dynamischen Extremen. Die Ausdruckskurve der „Erwartung" läßt sich am Diagramm ihrer dynamischen Bezeichnungen anschaulich machen. Wir wählen eine der höchstgespannten Szenen, wenn die Frau mit dem Fuß an „etwas" stößt, den Gegenstand ans Licht zerrt und als den toten Geliebten erkennt. Der Vorgang umfaßt genau dreizehn Takte in einem Tempo, das zwischen Vierteln gleich 54 MM und 104 MM fluktuiert. (Siehe Anhang.) Hier das Schema der Dynamik:

Takt 144	145	146		147	148	149		150
pp	ppp	mf f sfz ppp pp		pp	pp mf	p sf f p sf		pp poco cresc

Takt	151		152	153		154	155		156	157
	mf cresc		mf	ff pp ff cresc		fff	fff cresc		fff	fff sf

Auch wenn man in Rechnung stellt, daß dynamische Bezeichnungen relativ, d. h. von dem Instrument abhängig sind, für das sie gelten, ist diese Folge von Kontrasten, etwa in Takt 149 (sie entdeckt Blut an ihrer Hand) und 153 (bückt sich; mit furchtbarem Schrei „Das ist er!"), doch bezeichnend für einen explosiven Ausdrucksstil, der selbst über die Paroxysmen der Straußschen Einakter und die Orgeldynamik Regers radikal hinausgeht.

Das entscheidende Stilmerkmal aber ist die grundsätzliche Asymmetrie aller Elemente, des rhythmischen, des harmonischen und des melodischen sowie des klangfarblichen, das Schönberg hier in Richtung der später von ihm postu-

lierten „Klangfarbenmelodien" entwickelt. Sie ergibt sich
aus dem satztechnischen Zwang, nichts einmal Gesagtes zu
wiederholen, einem Zwang, der nur für kleinste motivische
Einheiten hie und da abgeschüttelt wird. Ungemein bezeichnend für den von aller Bindung gelösten Geist des
Werkes ist auch der Schluß, eine chromatische Terzenfolge
von Sechzehnteln in Gegenbewegung, die eine Kette in
höchste Regionen steigend und ppp gleichsam in der Luft
verschwindend, die andere gleichzeitig in Baßtiefen sinkend.
In dem einige Jahre später vollendeten zweiten musikdramatischen Versuch Schönbergs „Die glückliche Hand" werden
die im Monodram aufgestellten Grundsätze noch ausgebaut.
Ähnlich wie Skrjabin im „Prometheus" läßt Schönberg hier
simultan mit der Szenenhandlung und der Musik eine Licht-
partitur laufen; die Beleuchtungsvorschriften dienen einer
Kette von Farbenwechseln und Crescendi des farbigen Lichts,
die in Verbindung mit den übrigen sichtbaren und hörbaren
Elementen eine künstlerische Wirkung von großer asso-
ziativer Kraft hervorrufen.
Die völlige Abstraktion, die als ästhetisches Gesetz die Werke
dieser Epoche beherrscht, läßt eine Schwierigkeit aufkommen,
wie sie in überlieferter Musik nicht bekannt war. Wo sind in
einer solchen Partitur wie der „Erwartung" die Gewichte
hinzusetzen, welche Töne, welche Linien in den oft so ungemein komplizierten Stimmgeweben hat der Dirigent her-
vorzuheben, welche haben untergeordnete Funktion? Läßt
man ihn ganz ohne Fingerzeig, so ist er – wenn seine Beziehung zu diesem Stil nicht durch jahrelange Studien ge-
festigt wurde – der Partitur gegenüber etwa in der Situation
des naiven Betrachters, der ein kubistisches oder ein ab-
straktes Bild, eine Komposition Pablo Picassos oder eine
Impression Kandinskys auf dem Tisch liegen sieht und
nicht weiß, wo oben und unten ist. Schönberg liefert deshalb
(und zwar seit der Komposition der Fünf Orchesterstücke
opus 16) einen solchen Fingerzeig, indem er die Hauptstimmen

jeweils mit einem H̄, die Nebenstimmen mit einem N̄ bezeichnet.

Die Wirkung der Schönbergschen Musik auf die Umwelt war
damals sehr unterschiedlich. Von der konservativen Fach-
welt und der Kritik wurde sie fast ausnahmslos abgelehnt, ja
in gehässigster Weise bekämpft und entweder als Ausgeburt
eines kranken Hirns oder als freche Spekulation eines
Schwindlers diffamiert. Das erste Argument hat sich bis zum
heutigen Tage erhalten; gerade in den letzten Jahren mehrt
sich die Gegnerschaft gegen Schönberg (und häufig gegen
moderne Musik überhaupt) unter der Devise, man habe es
hier mit Phänomenen aus dem Bereich der Schizophrenie zu
tun. Man vergißt dabei, daß der Vorwurf der Psycho-
pathologie schon gegen Beethoven erhoben wurde, daß ein
Kritiker nach der Uraufführung der Siebenten Symphonie
schrieb, die Extravaganzen dieses Genius hätten nun ihren
Höhepunkt erreicht, Beethoven sei nun ganz reif fürs Irrenhaus. Auch gegen Chopin, Schumann, Wagner, Debussy und
Strauß wurden solche Bedenken vorgebracht. Hingegen ist
die Verdächtigung Schönbergs als eines Schwindlers und
Spekulanten seit Jahren verstummt und wohl zuletzt nur
noch von nationalsozialistischer Seite erhoben worden.

Je vernichtender sich die Majorität der Zeitgenossen gegen
Schönberg stellte, desto größer wurde die Bewunderung, die
er in einem zunächst kleinen, dann immer wachsenden Kreise
von Schülern und Freunden fand. 1912 erschien als schönes
Denkmal solcher Liebe das Sammelbuch „Arnold Schönberg"
bei R. Piper in München, dem Meister „in höchster Ver-
ehrung" gewidmet. Die ungeheure geistige Kraft, die von
seiner Musik und seiner kompromißlosen Persönlichkeit aus-
strahlte, ist noch heute ungemindert aus dem Tenor dieser
Aufsätze, Analysen und Bekenntnisse zu spüren. Es ist bezeichnend für den Phalanx-Geist, der damals alle Avantgardisten beseelte, daß auch in diesem Buch nicht nur
Musiker sich zum Wort meldeten, sondern auch ein Maler

wie Kandinsky; später gehörte zu Schönbergs Kreis auch der geniale Architekt Adolf Loos, einer der Schöpfer des neuen ornamentlosen Baustils.

In einer ähnlichen pan-ästhetischen Umwelt erscheint um 1910 in Paris Igor Strawinsky. Sergej von Djaghilew hat um sein Russisches Ballett, das vor allem in Westeuropa einen neuen Stil der Tanzbühne inauguriert, eine Anzahl moderner Musiker, Maler und Dichter versammelt. Schon damals beginnt seine Freundschaft mit Pablo Picasso und Henri Matisse. In St. Petersburg hat Djaghilew 1908 zwei Orchesterstücke des 26jährigen Strawinsky gehört, „Scherzo Fantastique" und „Feuerwerk". Er spürt in den noch fast unpersönlichen, allerdings genialisch orchestrierten Jugendwerken die Klaue des Löwen und erbittet von Strawinsky die Instrumentierung zweier Chopinscher Klavierstücke für das Ballett „Die Sylphiden". Und bald danach bestellt er bei Strawinsky eine eigene Ballettkomposition, den „Feuervogel".

Strawinsky kommt aus einem ganz anderen musikalischen Milieu als Schönberg, und beide haben sich durchaus konsequent ihren Jugendeindrücken gemäß entwickelt. Der acht Jahre jüngere Russe ist Sohn eines Opernsängers. Er lernt in früher Kindheit Klavier spielen, macht sich mit den Klavierauszügen der väterlichen Bibliothek vertraut und hört die Werke, die ihm so ans Herz gewachsen sind, auch bald im Theater. Es sind zunächst vor allem die Opern Michael Glinkas. Später wird Tschaikowsky ihm zum entscheidenden Erlebnis. Dann tritt er in den persönlichen Kreis Nikolas Rimsky-Korssakows, der seinen Unterricht in Komposition und Instrumentation übernimmt. Gleichzeitig lernt er die neuere französische Musik Bizets, Gounods, Chabriers und Debussys kennen, deren verfeinerter Klang seinen Neigungen entgegenkommt. Durch Rimsky-Korssakow ist die unmittelbare Verbindung mit einer Welt geschaffen, die ihn schon vorher mit ihrer Musik fasziniert hatte: die Welt der „Fünf", der russischen Programm-Musiker, die um 1860 eine Gruppe in der Art der Neu-deutschen bildeten. Zu ihnen gehörten neben Rimsky selbst der geniale Modest Mussorgsky, Mily Balakirew, Alexander Borodin und Caesar Cui. Ästhetisches Credo dieser Gruppe war die Schaffung einer Kunstmusik auf Basis der russischen Volksmusik. Die Quellen, die dadurch erschlossen wurden, erwiesen sich als ebenso fruchtbar wie interessant. Da man nicht nur die Folklore des europäischen Rußlands sammelte und verwertete, sondern auch die mannigfachen asiatischen Quellen öffnete, ergaben sich vielerlei orientalische, per-sische, mongolische, kaukasische Einflüsse, die mit ihren vielfach fremden Tonalitäten der abendländischen Harmonik ganz neue Aufgaben stellten. Die Wurzel dieser ganzen folkloristischen Bewegung in der Musik des 19. Jahr-hunderts ist die deutsche Romantik. Herder hatte als erster nachdrücklich auf die Bedeutung der slawischen Volks-poesie und Volksmusik hingewiesen, und seine Theorien waren namentlich in den slawischen Randgebieten wie Böhmen und Südslawien auf fruchtbaren Boden gefallen. So entstand in Osteuropa seit etwa 1850 ein musikalischer Nationalismus, dessen Ausläufer bis in die jüngste Zeit reichen.

Strawinsky hat in seiner Jugend die russische National-musik, den Volkstanz und das Volkslied durchaus elementar und als unauslöschlichen Eindruck erlebt. Der Gesang von Dorfbewohnerinnen wirkt auf ihn als Kind in der Sommer-frische so stark, daß er ihn lebenslang nicht vergißt. Viel später finden diese Kindheitsimpressionen unmittelbaren Ausdruck in Liedern, die er „Souvenirs de mon Enfance" nennt. Aus einem der genialsten Wortführer des russischen Folklorismus hat sich Strawinsky dann allerdings später in einen grundsätzlichen Gegner aller Kunstmusik verwandelt, die sich auf das Volkslied stützt.

Von deutschem Einfluß ist Strawinsky lange Zeit völlig frei

geblieben. Wagner empfindet er als sich genau entgegengesetzt. Zu Beethoven hat er erst sehr spät Zugang gefunden. Mit Debussy teilt er allerdings die große Bewunderung für Carl Maria von Weber – er, der Antipode des romantischen Geistes in der Musik! Zu Johann Sebastian Bach bekennt er sich schöpferisch erst 1923 im Oktett.

Der „Feuervogel", mit dem Strawinsky Einzug in das europäische Musik- und Theaterleben hält, ist kein radikales Werk. Dem russischen Märchen ist die Handlung vom bösen Zauberer Kastschei mit seinen Zaubergärten, der schönen Prinzessin, dem Zarensohn und dem Feuervogel mit der magischen Feder entnommen. Aber die Musik zu diesem Sujet, das so tief in die Gründe der slawischen Phantasie leuchtet, ist nicht in höherem Grade russisch als etwa die Opern Rimsky-Korssakows. Stärker als die heimatliche Folklore wirkt in der Partitur der Geist der neufranzösischen Oper. Ein Stück wie die Berceuse ist ohne Georges Bizet nicht zu denken, und in den Klangorgien des Feuervogeltanzes lebt die farbige Orchestertechnik Chabriers und Debussys, gewürzt durch die Leuchtkraft Rimskyschen Bläsersatzes. Nur in dem Tanz Kastscheis mit seinen tobenden Synkopen ist das Stampfen russischer Volkstänze übersteigert und sublimiert zugleich.

Ein Jahr darauf öffnet sich angelweit das Tor in die ureigene Welt Strawinskys. Mit dem tragischen Hanswurstballett „Petruschka" wird die Brücke geschlagen zwischen der Vulgärmusik russischer Jahrmärkte und den avantgardistischen Parolen einer Pariser Kennerschicht. Der „Feuervogel" ist noch in Petersburg komponiert, in einer völlig russischen Atmosphäre, die den Komponisten übersättigt; der Blick ist nach Westen gerichtet, auf den Klangrausch des französischen Orchesterstils, auf Glanz und kulinarische Verfeinerung des Welttheaters. „Petruschka" wird in Rom beendet; Strawinsky lebt geistig und physisch schon in Westeuropa, ein Emigrant und Wandermusiker höheren Stils. Das Heimatliche erscheint in der Phantasie-Fixierung eines exotischen Praters, dem man den Rücken gekehrt hat, ohne ihn vergessen zu wollen oder zu können. Petruschka, der Hanswurst des russischen Puppentheaters, die Puppe, die er liebt, der Mohr, der sie ihm abspenstig macht und ihn im Schlußduell tötet; dazu der alte Zauberer (ein naturalistischer Nachhall des Kastschei), das Getümmel der Kutscher, Ammen, Kaufleute, Zigeunerinnen, Bärenführer. Das ist, trotz Mussorgskys „Jahrmarkt von Sorotschintzy", ein neues, frisches Milieu auf der Musikbühne. Es ist die Commedia dell'arte mit russischem und zudem mit städtischem Einschlag; die Lieder, die in den Jahrmarktsbildern des „Petruschka" zitiert werden, sind Schlager der Väterzeit, Leierkastenmelodien wie das sehnsüchtige „Auf der Petersburger Straße". Und doch lebt in der Melodie auch die russische Volksmusik, die hier, in der Unterhaltungskunst der Jahrhundertwende, ihre glattere, eben die städtische Form annimmt. In dieser Strawinskyschen Neigung, Vulgärmusik seiner Kunstmusik einzuverleiben, steckt ein gutes Stück Naturalismus, ein Mut zum Banalen und Alltäglichen, der schon vorher bei Gustav Mahler und, mit bajuvarischem Akzent, bei Richard Strauß vorkommt. Naturalistisch ist auch die Porträtierung des Jahrmarktsklangs mit seinen durcheinander spielenden Leierkästen und Orchestrions. Ganz analog war um die gleiche Zeit die Forderung der Futuristen nach „Simultanität", d. h. nach gleichzeitiger Registrierung mehrerer Objekte oder mehrerer künstlerischer Vorgänge.

Satztechnisch findet der Simultanklang zwei Möglichkeiten der Anwendung, die oft gekoppelt erscheinen: Polyrhythmik und Polytonalität, bzw. Polyharmonik. Die Polyrhythmik, besser noch Polymetrik genannt, wird bei Strawinsky seit dem „Petruschka" zu einem Stilmerkmal ersten Ranges. Sie tritt als konsequente Parallelführung zweier oder mehrerer metrischer Handlungen in Erscheinung, z. B. wird ein Taktmaß durch unablässige, symmetrische, pulsartige Wiederholung einer Viertelnote zur Grundlage gemacht. Darüber wird ein Motiv aus fünf Achtelnoten gespielt und dauernd wiederholt. Durch die Grundierung mit Vierteln verändert sich die Gewichtsverteilung der Akzente in dem Fünfachtelmotiv sozusagen automatisch; fielen beim ersten Abspielen die Eins, die Drei und die Fünf mit einer der Viertelnoten im Baß zusammen, so sind es beim zweiten Abspielen die Zwei und die Vier. Polymetrische Experimente haben übrigens in der Musik aller Zeiten existiert; das berühmteste Beispiel ist die Ballmusik in Mozarts „Don Giovanni", wo drei Kapellen gleichzeitig drei Tänze in verschiedenen Taktarten aufspielen.

Polytonalität, schon bei Strauß und Debussy nachweisbar, wird bei Strawinsky als eine Synthese sehr primitiver und sehr raffinierter Mittel eingeführt, wenn er in der zweiten Petruschka-Szene zwei Klarinetten gleichzeitig die Dreiklänge Fis-dur und C-dur arpeggieren läßt, so daß c mit ais, e mit cis, g mit fis zusammenfällt. Der Eindruck ist durchaus der einer Simultanmusik, d. h. zweier getrennter melodischer Vorgänge, die aber als kontrapunktisch zusammenhängend empfunden werden, wobei (im Gegensatz zum schulmäßigen Kontrapunkt) die Diskrepanz der zerlegten Akkorde, die hier Motive werden, als Bindemittel wirkt, ganz so wie in monotonaler Musik die Konsonanz.

Dieses Beispiel der Bitonalität ist durch seinen Radikalismus auffallend. Die beiden Tonarten Fis und C sind die am wenigsten verwandten; sie stehen im Quintenzirkel am weitesten auseinander, also im Verhältnis des Tritonus, eben Fis–C, in der übermäßigen Quart, die zu allen Zeiten als vollkommenste Dissonanz und in der mittelalterlichen Musiktheorie als „Diabolus in Musica" galt. Durdreiklänge im Tritonusabstand nehmen in der „Petruschka"-Partitur einen gewissen Raum ein; auch in der dritten Szene des Balletts, beim Kampf Petruschkas mit dem Mohren, läßt Strawinsky Es-dur- und A-dur-Akkorde miteinander tremolieren, eine bitonale Symbiose von Extremen, wie sie die bisherige Musik nicht kannte.

Für die Verbindung von Akkorden im Tritonusabstand gibt es allerdings in der russischen Musik seit dem 19. Jahrhundert eine Tradition. In der Krönungsszene des „Boris Godunow" erreicht Modest Mussorgsky einen sehr suggestiven Glockeneffekt durch Verkopplung zweier Dominantseptakkorde, die das Intervall des Tritonus gemeinsam haben; denn in den Septakkorden der fünften Stufe sind Tonarten im Tritonusabstand zu 50% identisch. (Der Dominantseptakkord von C-dur heißt G–H–D–F, der von Fis-dur Cis–Eis–Gis–H, oder, wenn man ihn auf Gis aufbaut Gis–H–Cis–Eis, oder, wenn man statt Eis F schreibt: Gis–H–Cis–F, was ja nur eine zweifache chromatische Alteration von G–H–D–F bedeutet!) Und in Rimsky-Korssakows „Scheherazade" erklingen die Fanfaren unvermittelt hintereinander auf Molldreiklängen im Abstand des Tritonus.

Die Vorliebe für Tritonuskopplungen wird im „Petruschka" noch mehrfach manifest. Im „Tanz der Ammen" des vierten Bildes, Takt 96 bis 99, tritt ein populäres Thema ganz in Tritonusparallelen geführt auf. Der Schluß des ganzen Werkes ist ein verminderter Quint-Sprung: c–fis. Ins Gebiet der Polyharmonik, in diesem Fall sogar ohne polytonale Schärfe, gehören auch Stellen, die Tonika- und Dominant-Akkorde gleichzeitig erklingen lassen, oder die impressionistischen Klangflächen des vierten Bildes (Volksfest) etwa in der Einleitung, wo eigentlich Allgegenwart sämtlicher Töne der D-dur-Skala herrscht; was Beethoven mit einem berühmten, als „Vorhalt" gerechtfertigten siebentönigen Akkord im Chorsatz der Neunten Symphonie blitzschnell vorübergehen läßt, ist hier über 21 Takte festgehalten.

Der ästhetische Radikalismus des „Petruschka" erscheint in Strawinskys nächstem Werk erheblich gesteigert, ja zu einem Höhepunkt getrieben, von dem aus rückläufige, stilistisch revidierende Wege beschritten werden. Mit dem „Sacre du Printemps" wird 1913 dem jungen Jahrhundert ein schockhaftes Trauma versetzt, von dessen schöpferischen Anregungen gerade die französische Musik jahrzehntelang profitieren sollte. Das Stück, ein Ballett für die Truppe Sergej von Djaghilews, führte bei seiner Uraufführung 1913 im Pariser Théâtre des Champs Elysées zu einem Sturm des Publikumsprotestes, wie ihn Frankreich seit den Tagen des Tannhäuser-Skandals nicht erlebt hatte; die Aufführung wurde überbrüllt von Pfiffen und Schreien des Publikums, die selbst das Riesenorchester unhörbar machten, so daß die Tänzer sozusagen taub agieren mußten. Strawinsky floh aus dem Theater, irrte durch die nächtlichen Straßen von Paris und erkrankte infolge der Aufregung so, daß er mehrere Wochen im Hospital verbringen mußte. Über die Premiere schreibt Jean Cocteau, der ihr als junger Mensch beiwohnte: „Das Publikum spielte die Rolle, die es zu spielen hatte: es rebellierte unmittelbar. Es lachte, spottete, pfiff, zischte, miaute und wäre der Sache vielleicht auf die Dauer müde geworden ohne den übertriebenen Eifer der Ästheten und einiger Musiker, welche die Leute in den Logen beleidigten und sogar schlugen. Der Aufruhr artete in ein allgemeines Handgemenge aus."

Nicht viel anders hatte sich 1912 im Wiener Großen Musikvereinssaal ein Konzert der Schönbergschule abgespielt, über das eine Tageszeitung berichtete: „. . . . kam es neuerlich zu aufregenden und wüsten Schimpfereien, Abohrfeigungen und Forderungen. Herr von Webern schrie auch von seiner Loge aus, daß man die ganze Bagage hinausschmeißen sollte, und aus dem Publikum kam pünktlich die Antwort, daß man die Anhänger der mißliebigen Richtung nach Steinhof (Irrenanstalt bei Wien) abschaffen müßte. Das Toben und Johlen im Saale hörte nun nicht mehr auf. Es war gar kein seltener Anblick, daß irgendein Herr aus dem Publikum in atemloser Hast und mit affenartiger

Behendigkeit über etliche Parkettreihen kletterte, um das Objekt seines Zornes zu ohrfeigen." (Zitiert nach dem Arnold-Schönberg-Sonderheft der „Musikblätter des An-bruch", September 1924.)

So dämonisch wirkte zu jener Zeit das Erlebnis der neuen Klänge auf den Normalhörer. Beim „Sacre du Printemps" war es freilich nicht allein das Musikalische, das schockierte. Die Handlung, russischen Mythen entlehnt wie sie Stra-winskys Unterbewußtsein konservierte, ist in ihrer brutalen Auswegslosigkeit für das Publikum von 1913, das die Dinge unter impressionistischen oder symbolistischen Schleiern zu ahnen liebte, eine Zumutung. Das Opfer eines unschul-digen jungen Mädchens, auf daß der Frühling nicht aus-bleibe, die Tänze der Urväter, die Glorifizierung der Aus-erwählten und ihr abschließender ekstatischer Todestanz werden mit barbarischer Härte formuliert. Aber Opfer solcher Art sind nicht allein den barbarischen Riten, sondern auch den Hochreligionen geläufig; sie gehören zum Begriff des Kults, von den aztekischen Bekenntnissen bis zum Christentum. Selbst die Verherrlichung des Opfers findet ihr Pendant in der Liebe zum Osterlämmchen, das in Italien der liebste Spielgefährte der Kinder ist, bevor es in die Brat-pfanne kommt. Wird dergleichen in christlicher Verklärung gezeigt, etwa auf Heiligenbildern oder Darstellungen der Passion, so wirkt es legitimiert; die Schaustellung einer blutig-sakralen Handlung als Tanzsujet wurde als Beleidigung empfunden.

Dazu kommen die ungewöhnlichen musikalischen Mittel. Strawinsky geht im „Sacre", was die Kühnheit der Disso-nanzbehandlung und die Einführung neuer rhythmischer Muster betrifft, weit über den „Petruschka" hinaus. Der Bläserchor, hier noch auf 28 Mann (16 plus 12) beschränkt, wächst im „Sacre" auf 36 (18 plus 18) und dominiert in der Instrumentation die Streicher vollständig. Die orchestralen Mittel also, durch die hier ein mythisch-nationales, ja weit-

gehend ein landschaftliches Urerlebnis musikalisch ge-
formt wird, sind die der höchstpotenzierten Technik. Strawinsky ist alles andere als ein Primitiver. Seine Musik ist
durch tausend Destillierkolben gegangen, ehe sie sich
stilistisch fand; in immer neuen Raffinierungen hat er zuerst
die Orchestersprache Tschaikowskys und Rimskys erlebt,
dann die Debussys und anderer Franzosen. Er hat Einflüsse
von allen möglichen Seiten her aufgenommen und während
der Arbeit am „Sacre" bei einem Berliner Besuch Schönbergs
„Pierrot Lunaire" gehört, dessen Instrumentierung er be-
wundert.

Die zwei Teile, in die Strawinsky seine „Bilder aus dem
heidnischen Rußland" gliedert, heißen „Anbetung der Erde"
und „Das Opfer". Jedes von ihnen zerfällt in eine Anzahl
von Tanzszenen und orchestralen Vor- oder Zwischen-
spielen. Den formalen Zusammenhang sichern zwei Hilfs-
mittel, die Strawinsky hier zum Stil erweitert: der Orgelpunkt
und das Ostinato. Beide sind wesensverwandt und immer
aufeinander beziehbar; sie verkörpern ein Urmittel musikalischer Formung, die Wiederholung eines Tones oder
eines Motivs.

Es ist bemerkenswert, wie die beiden grundlegenden Formprinzipien der Musik, Abwandlung und Wiederholung, sich
komplementär auf die beiden Hauptschulen der Neuen
Musik, die Schönbergs und die Strawinskys, aufteilen.
Ostinato und Orgelpunkt beherrschen Strawinskys Satztechnik von den frühen Versuchen im „Feuervogel" bis tief
in die Epoche des Neoklassizismus hinein, zu einer Zeit also
schon, da Schönberg im Musikstil der Freiheit („Erwartung")
von beiden sich vorübergehend freigemacht hatte. Umgekehrt wendet sich Schönberg seit 1912 zunehmend der
Variation zu (die ja schon die thematische Arbeit seiner
hochromantischen Frühwerke geprägt hatte), um schließlich
aus ihr das Fundament seiner reifen Kompositionsmethode
zu entwickeln.

Wo immer man die Partitur des „Sacre" aufschlägt, findet man Ostinati und auf einen Ton fixierte Bässe. Schon das einsame, aus einem lettischen Volkslied abgeleitete hohe Fagottsolo der ersten Einleitung wird auf den immer gleichen Stufen siebenmal wiederholt, wobei nur die Zeitwerte der Noten sich geringfügig verändern.

Auch Orgelpunkte treten in auffallender Menge auf, oft sind sie Träger ganzer Satzteile wie im Tanz der Erde, der den ersten Teil des Werkes abschließt, das fast über den ganzen Satzverlauf durchgetrommelte C, oder die Töne D, Cis, C und wieder D in der Ritualhandlung der Ahnen kurz vor dem Finaltanz der Auserwählten, der seinerseits wieder ein gigantischer Orgelpunkt auf D ist und mit dem tritonushaltigen Akkord D–A–E–Gis im äußersten Fortissimo abreißt.

Ostinat sind auch fast alle anderen musikalischen Vorgänge der Partitur; mit besonders eindringlicher Wirkung im Frühlingsreigen des ersten Teils, einem synkopierten langsamen Marsch in es-moll, dessen eintaktiges Motiv unablässig repetiert wird. An die Grenze reiner rhythmischer Geräuschmusik führt der Schluß der „Mystischen Rundtänze junger Mädchen" am Anfang des zweiten Teils, wo ein achttöniger Akkord über dem Baß Fis elfmal in Viertelschlägen wiederholt wird, ein Klang, dessen Intervalle (C–Es–E–F–Fis–G–Gis–D) so eng liegen, daß sie einzeln kaum gehört werden können.

Hier schlägt Strawinsky den Bogen hinüber zur Musik der Primitiven, zu Geräuschmusikkulturen, wie sie heute in Zentralafrika heimisch sind, gewiß aber einmal Wesenszug aller frühen Musik gewesen sind. Erinnern wir uns, daß um 1910 die Primitiven und ihre Kulturen in Paris und Berlin „entdeckt" wurden. Im „Blauen Reiter" findet sich neben Reproduktionen von Emil Nolde, Oskar Kokoschka, Erich Heckel, Wassily Kandinsky, Franz Marc, Henri Matisse, Le Fauconnier und Pablo Picasso, neben Votivbildern des

bayrischen und österreichischen Mittelalters eine Anzahl
von Negerplastiken aus Kamerun und anderen Teilen
Afrikas. Der Barbarismus mit seinen maskenhaften Ent-
stellungen des Menschengesichts und -körpers, Bilder, die
im Tabu ihre geistig-kultischen Wurzeln tragen, wurden
nicht nur als formal geistesverwandt empfunden. Man fand
hier auch Beziehungen zum modernen intellektuellen Klima,
auf die auch die Tiefenpsychologie und die Psychoanalyse
hinweisen konnten. Unter den großstädtischen Raffinements
der fortschrittlichsten Intellektuellen lebte, kaum getarnt,
dieselbe komplexe Triebwelt, die solche Barbarenplastik
inspiriert. Es ist durchaus kein Zufall, daß mit dem Interesse
für die modernsten, avanciertesten Formen der Kunst auch
die Erforschung der primitiven Malerei an Bedeutung und
Umfang zunimmt. In den Jahren nach dem ersten Weltkrieg
erreichte die Liebe zur Negerplastik in Berlin einen Höhepunkt; Kunsthändler wie Alfred Flechtheim verkauften von
dieser primitiven barbarischen Kunst an alle besseren
deutschen Sammler.

Ebenso radikalisiert wie das Mittel des Ostinato erscheinen
im „Sacre" die Prinzipe der Polytonalität und der rhythmischen Asymmetrie. Die lettische Introduktion des Solo-
fagotts wird begleitet von parallelen Quarten der Klarinette
und Baßklarinette; das äolische a-moll der Oberstimme wird
gespalten durch ein Horn-Seufzermotiv Cis–D–Cis, dann
durch Quarten, die von As bis Des chromatisch den Raum
einer Oktave hinabgleiten. Ein Schulbeispiel polytonaler
Schichtung ist ferner die Introduktion zum zweiten Teil, wo
über einem weitgespreizten liegenden d-moll-Akkord die
Klänge cis-moll und dis-moll sich abwechseln: ein Effekt,
der Debussysche Impressionismen auf härtere Weise wieder
zum Leben weckt.

Rhythmische Asymmetrie ist geradezu der Wesenszug der
„Sacre"-Musik. Sie tritt hier seltsam gepaart auf mit trommel-
baßähnlichen Ostinatoschlägen, deren Monotonie durch

irrationale Betonung blitzhaft aufgehoben wird. Typischer und erster Fall: der Tanz der jungen Mädchen im ersten Bild mit den 32mal sich wiederholenden Achtelschlägen eines aus E-dur und Es-dur plus Des übereinander geschichteten Akkords, von denen der 10., 12., 18., 21., 25. und 30. durch Bläserakzente sforzato herausgetrieben werden. Äußerste Zuspitzung dieser schwebenden Metrik bis zu einem Zustand des scheinbar chaotischen Explosiv-Rhythmus liefert der Finaltanz, wo fast jeder Takt einen Taktwechsel bringt: $3/16$ $2/16$ $3/16$ $3/16$ $2/8$ $2/16$ $3/16$ $3/16$ $2/8$ $3/16$ $3/16$ $5/16$ usw. Auch darin verkörpert sich das dialektische Zusammenfallen höchsten technischen und ästhetischen Raffinements mit den Praktiken barbarischer Primitiver. Übrigens entspricht die Neigung zu irrationalen und ungewöhnlichen Metren einer russischen Tradition, die vermutlich aus der urslawischen Folklore stammt. Die Fünf, Borodin, Balakirew und Mussorgsky besonders, haben sich dieser Mittel gern bedient, und selbst ein so geglätteter Slawe wie Tschaikowsky bedient sich des Fünf-Viertel-Taktes an Stelle des konventionellen ¾ im Scherzo seiner Pathetischen Symphonie.

Schönberg und Strawinsky verkörpern den Zustand der Antinomie, in dem sich die Neue Musik seit dem Beginn des 20. Jahrhunderts befindet. Sie empfinden sich gegenseitig als Antipoden. In Schönbergs Musik vollzieht sich die letzte konsequente Anwendung von Kompositionsmethoden, die aus der deutschen Musiktradition stammen; Romantik und Pathos erscheinen zwar in seiner Musik, besonders im Stadium der freien Atonalität, weitgehend liquidiert. Dafür bleibt das Prinzip des „Espressivo", des dynamisch bestimmten Ausdrucks in ihr gewahrt, ja es wird zu einer Steigerung gebracht, die etwa in den Stefan-George-Liedern und dem Monodram „Erwartung" geradezu ein Pathos der intimsten Seelenregungen zeitigt. Gewiß ist diese Schönbergsche Musik nicht mehr im Sinne der Neudeutschen Programm-Musiker an ein Programm gebunden; sie ist im

Gegenteil radikal verabsolutiert und formgebunden. Aber das Maß innerer psychischer Bewegung, die sie gleichzeitig vermittelt und auslöst, ist außerordentlich gesteigert gegenüber aller bekannten Musik. Die Stimmungswerte, die z. B. in den winzigen, aphoristischen Gebilden der Klavierstücke opus 19 manifest werden, gehen an Dichte des Ausdrucks über die klassische oder romantische Norm weit hinaus. Das Symbol dieses hypertrophischen und äußerst gedrängten Espressivostils ist die einzelne Klaviernote, über der – mehr sinnbildlich als praktisch ausführbar – dynamische Steigerungs- und Abschwellzeichen angebracht sind.

Strawinsky steht ganz außerhalb der deutschen Traditionen; er kommt von der russischen Theatermusik, der slawischen Folklore, und er nimmt die letzten Raffinements französisch-impressionistischer Klangtechnik in sich auf, die er auf die Spitze treibt und gleichzeitig zu gläserner Kühle objektiviert. Sein Stil ist durchaus motorisch, gegen alle Expression gerichtet, mit rhythmischen Versuchen jonglierend und dem Erlebnis des Zeitablaufs mit den Mitteln der Musik zu Leibe rückend. Strawinskys musikalische Phantasie ist szenisch bedingt, aber nicht in einem äußerlich illustrativen Sinn, sondern nur, weil es ihn schöpferisch reizt, die Formgesetze der Musik in ästhetische Verbindung mit den Formgesetzen des Theaters, namentlich der Tanzbühne zu setzen.

MUSIKSTIL DER FREIHEIT

1906 hatte Ferruccio Busoni in seinem „Entwurf einer neuen Ästhetik der Tonkunst" einen leidenschaftlichen Protest gegen die Gängelung der abendländischen Musik in festgelegten Geleisen geäußert. Die jüngste Kunst, so formulierte er, ist zugleich diejenige, die am strengsten an Regeln und Gesetze gebunden wird. „So jung es ist, dieses Kind, eine strahlende Eigenschaft ist an ihm schon erkennbar, die es vor allen seinen älteren Gefährten auszeichnet. Und diese wundersame Eigenschaft wollen die Gesetzgeber nicht sehen, weil ihre Gesetze sonst über den Haufen geworfen würden. Das Kind – es schwebt! Es berührt nicht die Erde mit seinen Füßen. Es ist nicht der Schwere unterworfen. Es ist fast unkörperlich. Seine Materie ist durchsichtig. Es ist tönende Luft. Es ist fast die Natur selbst. Es ist frei. – Freiheit ist aber etwas, das die Menschen nie völlig begriffen noch gänzlich empfunden haben. Sie können sie nicht erkennen noch anerkennen. Sie verleugnen die Bestimmung dieses Kindes und fesseln es. Das schwebende Wesen muß geziemend gehen, muß, wie jeder andere, den Regeln des Anstandes sich fügen, kaum, daß es hüpfen darf – indessen es seine Lust wäre, der Linie des Regenbogens zu folgen und mit den Wolken Sonnenstrahlen zu brechen. – Frei ist die Tonkunst geboren und frei zu werden ihre Bestimmung."
Von diesem Postulat der Freiheit aus kommt Busoni zu einer Ablehnung der Programm-Musik sowie der Absoluten Musik, oder vielmehr dessen, was die Gesetzgeber darunter meinen.
Der Ruf nach Freiheit war in der Musik (wie in den übrigen Künsten) schon mehrfach laut geworden, aber nie mit solcher

überzeugenden Kraft, nie mit so bedeutenden Argumenten
und in so glänzender, ja dichterischer Form. Seit Debussy
und Strauß waren in die moderne Musik in zunehmendem
Maße Elemente getragen worden, die – im Bunde mit den
Kräften der schöpferischen Phantasie und Eingebung – einer
Auflösung aller beglaubigten Formen entgegenwirkten.
Tonalität, Konsonanz, Melodie im hergebrachten Sinne,
Rhythmus und formale Struktur waren fragwürdig geworden.
Der latente neue Schönheitsbegriff gab einem mächtigen
Willen nach radikaler Vergeistigung Ausdruck; das Erlebnis
der Musik sollte entgegenständlicht, sollte durchaus vom
Konkreten losgelöst und der Sphäre des Vertrauten, des
Gewohnten und Sanktionierten entrückt werden. Schon die
späten Sonaten und Etüden Skrjabins kamen diesem Ideal
sehr nahe, ohne aber von fixierten Vorstellungen loszu-
kommen. Im Bereich der Harmonik vor allem ergab schon
die Beschränkung auf den „mystischen Akkord" des „Prometheus" eine Lähmung des freien musikalischen Fluges, der
über das Akkordische hinausgriff in den Bau der Melodik
und der Form. Solche fixierende Selbstbegrenzung, die in
Skrjabins Werk geradezu den Charakter des Tabu annimmt
und die endlose Reihe der musikgeschichtlichen Verbote
um ein weiteres vermehrt, bedeutet – bei allem geistigen
Höhenflug – eine Regression hinter den Standpunkt, den
schon Franz Liszt im 19. Jahrhundert mit dem Wort be-
siegelte: „Jeder Akkord kann jedem Akkord folgen."
Der absoluten Freiheit in Harmonik, Melodik, Rhythmus
und Form ist Schönberg in einigen Werken der Jahre 1909
bis 1913 am nächsten gekommen; von seinen persönlichen
Schülern hat Anton von Webern diese Tendenzen am radikalsten weiterentwickelt. Zwei von den Schönberg-Werken,
die diesem Freiheitsideal entsprechen, sind Bühnenstücke:
„Erwartung" und „Glückliche Hand". Sie sollen bei dieser
Betrachtung nicht einbezogen werden, da die Abhängigkeit
der Musik vom Textbuch eine gewisse Einschränkung der

Freiheit bedeutet, durch welche die zu betrachtenden Wesenszüge an Schärfe der Konturen verlieren. Von den beiden Klavierheften opus 11 (Drei Klavierstücke) und opus 19, scheidet das erste aus, da sich in ihm die Emanzipation von der Überlieferung erst vorbereitet. Mit den 1911 komponierten Sechs Klavierstücken opus 19 aber tritt Schönberg in eine Welt von Klang, Melos und Rhythmus, die vor ihm keinem Musiker des Abendlandes zugänglich gewesen war. Er durchtastet sie mit dem Instinkt des genialen Künstlers und schafft mit diesem Werk Manifeste einer neuen Kunst, die das Gesicht der Musik revolutionieren mußte.

René Leibowitz sieht in dem Heft nur eine vorbereitende Station zur Komposition des „Pierrot-Lunaire"-Zyklus. Aber gerade von diesem, unmittelbar danach entstandenen Werk, trennt die Klavierstücke eine gänzlich andere Konzeption der musikalischen Form. Mit ihnen beginnt in Schönbergs Schaffen und in dem seiner Nachfolger die Epoche des aphoristischen Kondensations-Stils, der äußersten Zusammendrängung aller musikalischen und expressiven Elemente. Alle sechs Stücke sind verblüffend kurz – die beiden längsten dauern wenig mehr als eine Minute –, die übrigen sind nach Sekunden zu bemessen.

Der Analyse mit üblichen Mitteln stellen diese Stücke unüberwindliche Hindernisse entgegen. Ihr Bau folgt durchaus eigenen, ad hoc geschaffenen Gesetzen. Abgesehen von einigen Ostinato-Figuren ist auch das Prinzip der Wiederholung in ihnen radikal aufgehoben, und damit das gangbarste Mittel zur Herstellung musikalischer Zusammenhänge geopfert. Der Stil des Opus ist ein Stil der differenziertesten und gründlichsten Variation, die von der Grundgestalt, dem Thema, nichts beibehält als gewisse Tendenzen der Hebung und Senkung, gewisse Hervorhebungen einzelner Töne, durch die ein vager Zusammenhalt angedeutet wird. Die Themen sind ungemein kurz, bestehen oft nur aus vier bis acht Noten, dauern nie länger als zwei

Takte. Sie werden sofort durch neue Themen, neue Motive abgelöst, deren Zustrom bis zum Ende des Stückes nicht aussetzt. Diese Überfülle an thematischem Material allein macht schon die erkennende Wahrnehmung solcher Musik außergewöhnlich schwierig, wenigstens solange der Geist des Hörers nicht auf die Notwendigkeit abgestimmt wird, sich hier mit einer Kunst von landschaftsähnlicher Asymmetrie abzufinden. Denn wie eine Landschaft, die aus dem Fenster eines rasch bewegten Zuges gesehen wird, drängen sich die Bilder in dieser Musik, die von allem Architektonischen so weit entfernt ist wie nur möglich.

Auch das Satzbild ändert sich fortwährend. Das erste Stück beginnt zweistimmig mit eingestreuten Begleitakkorden, erweitert sich im fünften Takt zur Vierstimmigkeit, gerinnt im 8. und 9. Takt zu akkordisch begleiteter Melodie, zu der im 11. eine zweite Stimme tritt. Der 14. Takt bringt mit einer von vierstimmigen Akkorden begleiteten Phrase einen Ruhepunkt, der entfernt an eine B-dur-Kadenz erinnert. Mit dem 16. Takt beginnt eine dreitaktige Koda, in der sogar eine kaum variierte Reprise der transponierten Nebenstimme aus dem Anfang auftritt. Den letzten Takt trägt ein chromatisches Motiv b′–h′–b′, das schon im 4. Takt erschienen war; die Schlußwirkung, die durch solche Zitierung von etwas Bekanntem erreicht wird, ist von erstaunlicher Kraft.

In diesem Stil wird schon ein zweitöniges Motiv, wird ein Akkord zum Orientierungspunkt, zum Merkzeichen, zum formalen Anhalt. Freilich sind die Anforderungen, die an Gedächtnis und Apperzeptionsfähigkeit des Hörers gestellt werden, aufs Höchste gesteigert. Solange das Stück nicht als Einheit, als Ganzes wahrgenommen wird, ist es in seinen Teilen kaum erkennbar. Und umgekehrt. Ein Klang wie in Takt 2 der Baßakkord Dis–H–e, dessen oberster Ton e melodisch zum g fortschreitet, erscheint als vorletzter Akkord in veränderter Lage und Stellung seiner Teiltöne, aber doch

erkennbar: h'–dis"–g"–e''', um dann zurückzutreten in den
Akkord, aus dem geglitten war, den dissonanten Endklang
b'–e"–gis"–dis'''.

Tonale Schwerpunkte gibt es hier nicht. Wenn im Anfang
an ein durch Unterdominante und Dominante angedeutetes
e-moll gedacht werden kann, so führt schon der dritte Takt
b-moll-Klänge ein, die sofort durch Wendungen eines angedeuteten h-moll korrigiert werden. Die 32stel-Figur des
4. Taktes weist abermals nach e-moll, das auch später, in der
tremolo-begleiteten Phase Takt 9 (zweites Viertel) bis 13
erkannt werden kann und in den Schlußakkorden durch-
leuchtet. Aber es handelt sich hier durchaus nur um Rudi-
mente von Tonarten; die Grundhaltung des Stückes ist
tonalitätsauflösend, und keine seiner Akkordfolgen läßt sich
im Sinne der Funktion, der Kadenz erkennen. Im Charakter
ist das „Leicht, zart" überschriebene Stück eine von freiester
schöpferischer Willkür getragene Phantasie lyrischer, an-
mutig bewegter, gegen Schluß hin sich beruhigender Art.
Es beginnt sehr leise, ppp wie es auch schließt. Nur einmal,
beim Einsatz des Tremolos in Takt 9, wird die leise Dynamik
(die lediglich vom ppp zum p wächst) durch ein Forte-
Zeichen unterbrochen, dem aber sofort wieder ein Pianissimo
folgt. Die in den Notentext gestreuten Vortragswinke lauten
„etwas zögernd", „flüchtig", „espressivo", „leicht" und,
beim Auftreten der Phrase in Takt 14, „mit Ton". Nur gegen
Schluß wird das Gleichmaß des Tempos durch Ritardando
und Molto Ritardando verändert. Rhythmisch herrscht die
vollkommenste Freiheit. Von den 18 Takten sind 10 im
$^6/_8$-Takt, einer im $^3/_8$-, sieben im $^2/_4$-Takt. Der ganze Satz
spielt sich in den mittleren Oktaven ab, so daß der Klang-
raum des Klaviers nur wenig ausgenutzt erscheint. Die tiefste
verwendete Note ist das große Dis, höchste das dreige-
strichene Fis.

Ganz anders in Aufbau und Charakter zeigt sich das zweite
Stück. Es ist die Umspielung eines Ostinatos, das durch das

Stück von Anfang bis zu Ende sein unheimliches, klopfendes Wesen treibt, einer großen Terz g'–h', die, zuerst drei Takte lang, in regelmäßig wiederholtem synkopiertem Rhythmus, dann in unregelmäßigen Abständen pianissimo „äußerst kurz" im Staccato angeschlagen wird, insgesamt 26mal. Im zweiten Takt tritt eine melodische Stimme dazu, die, mit den Tönen h"–d'" und fis' beginnend, die Tonalität G-dur zu bestätigen scheint. Selbst das folgende dis' sowie a, c' und as werden noch tonal interpretiert, im vierten Takt die Terz c"–es" als Unterdominantklang gedeutet. An dieser Stelle verschiebt sich durch Synkopierung das metrische Gewicht der Terzfigur; die so entstehende Unruhe wird durch ein neues Klangmoment abgefangen, ein arpeggiertes ges"–b"–fes'" im Diskant, das im Zusammenklang mit c"–es" völlig neue harmonische Perspektiven eröffnet; die Terz ges"–b" aus dem arpeggierten Akkord wird gleich, diesmal als fis–ais notiert, im Baß aufgenommen und wirkt nun als doppelter Leitton-Vorhalt zum Kernmotiv g–h. In der Tendenz, dieses wieder zu erreichen, schießt die Bewegung gleichsam übers Ziel: statt g–h erscheinen im Baß die Terzen as–c' (melodisch schon im 3. Akt aufgetreten) und a–cis', eine Bewegung, die ihren Gipfel in der motivisch schon bekannten Terz c'–es' erreicht und von da zurücksinkt auf den Ruhepunkt h–d'. Zu diesem, nun im Diskant liegenden h–d', das als Einleitung des melodischen Geschehens in diesem Stück schon in Takt 2 aufgetreten war, erwartet man ein folgendes Fis als melodische Ergänzung. Es erscheint auch, aber nicht folgend, sondern gleichzeitig, und zwar als tiefster Ton eines vierstimmigen Akkordes, der die Terz c–es (nun eine Oktave tiefer und als His–dis notiert) enthält und darüber ein F. Dieses F, einziger Ton, der sich nicht aus dem bisher exponierten Motivmaterial deuten läßt, wird im nächsten Takt wieder aufgenommen, und zwar als Grundton einer nunmehr abwärts verlaufenden Terzenbewegung, die fächerförmig von dem sich wieder meldenden g'–h'-Ostinato weg-

führt, bis mit der vierten c–e der Endpunkt und eine spür-
bare Entspannung erreicht wird. Die Ostinato-Terz, die alle
Struktur des Stückes trägt, erscheint nun als sanft dissonie-
rende harmonische Ergänzung dieses c–e, bleibt angeschlagen und dient ihrerseits als Basis für den Finalklang, der
zu ihr im Diskant die Töne es"–fis"–b"–d''' fügt. Damit
ist die Rückbeziehung zu Takt 5 hergestellt, wo in dem
arpeggierten Akkord die gleichen Töne ges"–b" auftraten,
die hier als fis"–b" notiert sind. Der Sechsklang, in den so
das 9 Takte lange Stück ausklingt, ist die Summe zweier
übermäßiger Dreiklänge: g'–h'–es" plus fis"–b"–d'''. Als
Schluß eines Sätzchens, dessen Tongewicht nach G-dur
neigt, wirkt er stilistisch klärend, da er keinen Zweifel
an der tonalen Indifferenz läßt, die von Schönberg ange-
strebt wurde.

Rhythmisch-metrisch stellt das Klavierstück keine Probleme;
es bewegt sich, durchweg in Viervierteln gehalten, in ein-
förmigem langsamem Zeitmaß, das nur im letzten Takt
durch ein poco ritenuto verzögert wird. Sein Stimmungs-
charakter ist überaus suggestiv; durch die signalhafte, unheimliche Wiederholung des immer gleichen Intervalls gewinnt es eine Härte und Geschlossenheit der Struktur, die
es aus der Reihe der sechs Stücke, mit Ausnahme des letzten,
isoliert. Im Gegensatz zum ersten ist es ganz frei von Polyphonie; soweit stimmige Vorgänge festzustellen sind, gehören sie eher der Kategorie des Beethovenschen „obligaten
Akkompagnements" an. Der melodische Vorgang im zweiten
und dritten Takt, das einzige Mezzoforte dieses Pianissimo-
Stückes, ist bei aller aphoristischen Kürze mit ungemein
starker Spannung geladen. Sein Beginn mit dem depressiven
Tredezimensprung d'''–fis' verlegt die Melodie sofort vom
Diskantraum in den Baßraum, eine Bewegung, die dann
allerdings gebremst und in kleinere Intervalle eingeordnet
wird, aber doch zum as hinabführt. Ein kurzer Aufstiegs-
versuch im 6. (vorbereitet im 5.) Takt wird schnell abge-

fangen; im letzten melodischen Vorgang, dem Terzen-
abstieg des 7. bis 9. Taktes, wird die Ursprungstendenz des
ganzen Stückes ruhig und symmetrisch ausgearbeitet und
im Stufengang erreicht, was dem allzu ungestümen Sprung
des 2. Taktes verwehrt bleiben mußte. Der Tonraum, in
dem dies alles abgehandelt wird, ist noch kleiner als im
ersten Stück: er reicht vom großen Fis bis zum dreigestrichenen e (fes). Der Instrumentalcharakter ist, abgesehen
von der dominierenden Terz in ihrem hämmernden Staccato,
durchaus nicht klavieristisch; man denkt eher an einen Holz-
bläsersatz von Klarinette und Fagott, dessen Legato den
strukturellen Gegensatz der Komposition betont.

Ein Gegensatz ganz anderer Art wird im dritten Stück aus-
getragen. „In den ersten 4 Takten soll die rechte Hand
durchaus forte, die linke durchaus pianissimo spielen",
schreibt Schönberg an den Anfang. Der Baß tritt also dynamisch ganz hinter den Diskant und die Mittelstimmen zurück. Um dennoch deutlich zu bleiben, schreitet er in Oktaven einher – ein Verfahren, das Schönberg in dieser Phase
seines Schaffens nur anwendet, wenn zwingende Gründe
vorliegen. Diese Baßlinie fällt durch ihre rhythmische Ruhe
und sozusagen diatonische Einfachheit auf; sie beschränkt
sich auf die Töne einer Skala B–C–Des–Es–E–F–As–B, ein
variiertes b-moll mithin, das an künstliche Tonarten denken
läßt, wie sie Busoni in seinem Entwurf als mögliche Sieben-
ton-Anordnungen innerhalb des Oktavraumes erwähnt. Mit
diesem Baß gekoppelt aber erscheint ein kompliziertes drei-
bis vierstimmiges Gewebe in der rechten Hand, das die
fehlenden Halbtöne dieser Skala (H, D, Fis, G und A) melodisch
und akkordisch verarbeitet, also eigentlich sich komplementär verhält, wenn auch nicht mit der ausschließenden Regel-
treue, die sich erst in einer späteren Entwicklungsphase der
Neuen Musik herausstellt. Tatsächlich erweist sich das Stück,
trotz der anfänglichen b-moll-Tendenz im Baß, als ein aus-
gezeichnetes Beispiel der freien Atonalität. Dem dynamisch

kontrastierten Bild der ersten vier Takte folgt ein vom Piano zum Pianissimo abschwellender zweiter Teil, vier- bis fünfstimmig in ruhigen Achteln und Vierteln entwickelt, vom 6. Takt an das es′ als Zentralton unterstreichend, der, mehrmals umkreist, zum g hinabführt, das den Schluß bildet. Aber zwei kurz, staccato angeschlagene Akkorde stoßen in dies g hinein, ehe es verklingt, ein auseinandergezogener Nonenklang Es—cis—f′, der aus der Skala des anfänglichen Baßthemas stammt; und ein Septimklang B—d—a. Die Baßtöne dieser beiden Staccato-Akkorde bilden den Schritt Es—B, die Umkehrung jenes B—Es, mit dem das Stück melodisch im Pianissimo-Baß eingesetzt hatte! Mehr als das: mit dem gehaltenen g des Schlusses bildet der letzte Staccato-Akkord den Klang B—d—g—a, d. h. die Transposition des Akkords d—fis—h—cis′, mit dem das Stück beginnt. Auch das Prinzip der Variation läßt sich an dem neuntaktigen, ohne Tempomodifikation sehr langsamen Satz nachweisen. So wird aus dem Quintabstieg des Baßthemas bei der Variation im 5. Takt ein übermäßiger Quintsprung, und zwar in zwei Stimmen, die dann fächerförmig in Gegenbewegung laufen, nochmals eine übermäßige Quinte h′—es′ im 7. und schließlich eine kleine Sexte (das enharmonische Analogon der übermäßigen Quinte) es′—g im 8. Takt. Die Akkorde des Stücks zeigen überwiegend Quarten- bzw. Septimenaufbau und Tritonusspannungen.

Die Stücke Nr. 4 und 5 exponieren, verglichen mit den ersten drei, keine neuen Stilelemente und Sprachmittel. Das letzte aber verlangt gesonderte Betrachtung. Es ist ein Einzelfall schon deshalb, weil ihm von Schönberg selbst ein besonderer Sinn beigemessen wird: es entstand als eine Art Epitaph auf Gustav Mahler, kurz nach dessen Tod im Mai 1911. Dika Newlin, die ausgezeichnete amerikanische Komponistin und Musikschriftstellerin, will (in ihrem Buch „Bruckner, Mahler, Schoenberg") aus den Klängen des Stücks Glocken heraushören, „aber so verschwommen, als wäre es nur eine Er-

innerung, ein vergilbtes Blatt aus trauriger Vergangenheit".
Ein impressionistisch klangmalender Wesenszug an dem
Stück läßt sich nicht leugnen, aber es ist doch viel mehr
„Ausdruck einer Empfindung" als etwa ein Prélude von
Debussy, das „Les Cloches à travers les Feuilles" heißt.
Die akkordische idée fixe des zehn Takte umfassenden Satzes
ist ein Sechsklang, der sich aus einem auftaktig eintretenden
a'–fis"–h" im Diskant und einem hineinklingenden g–c'–f'
zusammensetzt. Diese Kombination hat durchaus thematische Bedeutung und tritt viermal auf, wobei die rhythmischen Werte der Aufeinanderfolge einmal verschoben
werden; beim erstenmal klingt der obere Akkord um drei
Viertel vor, bei der Wiederholung ebenso; beim dritten und
beim vierten (letzten) Mal nur um ein Viertel. Das völlig
statische Klangbild, das diese idée fixe vermittelt und dessen
hohlverzweifelte Stimmung durch die verschleierte Schärfe
der Dissonanz f'–fis" verkörpert wird, unterbrechen im Verlauf der Komposition einige winzige melodische Vorgänge.
Der erste in Takt 4: über liegenbleibendem dis" ein Seufzermotiv dis'''–e'''–dis''', wobei das dis" mit der letzten Me-
lodienote wieder angeschlagen wird, so daß das e''' gleichzeitig als kleine Sekunde von dis''' und als kleine None von
dis" aufgefaßt wird. Durch diese Sekunden- bzw. Nonen-
bewegung wird nun die Erinnerung an den Eintritt des
zweiten Akkords mobilisiert; auch da trat aus dem sechsstimmigen Klang verschleiert die Dissonanz f'–fis" hervor,
als deren Transposition sich der Seufzerschritt e'''–dis'''
enthüllt.
Den zweiten und dritten melodischen Vorgang bringen die
Takte 6 und 7. Der zweite ist aus dem Anfangsakkord
a'–fis"–h" entwickelt, dem der Quartklang c'–f'–b' folgt, eine
Transposition jenes g–c'–f' aus dem 2. Takt. Melodisch bilden
die beiden oberen Töne beider Akkorde zwei übermäßige
Oktaven (oder, enharmonisch verwechselt: kleine Nonen)
fis"–f' und h"–b'. Das ist eine verdoppelte Anwendung des

schon einmal melodisch ausgewerteten kleinen Nonschritts.
Während aber mit dem Akkord c'–f'–b' der Quartenaufbau
von g–c'–f' nach oben fortgesetzt wird, folgt ihm im letzten
Viertel des 6. Takts eine Ergänzung nach unten: d und
(unter Auslassung des eigentlich erwarteten A) das tiefe E.
Über dieser Baß-Septime E–d und unter dem höher liegenden
Akkord c'–f'–b' setzt in der Tenorlage ein Seufzermotiv gis–
fis ein, das als Variation und Spannungserweiterung des
Motivs aus Takt 4 und 5 zu verstehen ist.

Im 8. Takt wird aller Klang ganz ausgeschaltet, und die melodischen Energien treten unabhängig und selbständig zutage. Der Schritt d''–Cis, zwei Oktaven überspringend,
führt zum d und erweist sich so als Umkehrung des Schrittes
dis–e–dis aus Takt 4–5. An diese sehr ungleichen Intervalle
hängt sich, als Triole aus dem sonst gleichmäßigen Rhythmus
gerissen, die Tonfolge fis–es, die nichts anderes ist als eine
zwei Oktaven tiefere Reprise eines im 4. Takt in den Akkord
a–fis–h hineinklingenden dis. An den letzten Ton dieser
kleinen unbegleiteten Melodie, eben das es, schließt sich
gleich in Takt 9 eine Mittelstimme an, die noch einmal die
Folge e'–es' zur Geltung bringt, so daß das Seufzermotiv in
neuer Lage noch einmal ertönt; und auch im Baß ist dieser
winzige melodische Sekundvorgang, fast gleichzeitig mit
dem oberen, noch in leichter Variante und verkürzter Form
aufgegriffen. Das alles spielt sich in der Umklammerung eines
fünftönigen Akkords cis–h–d'–gis'–c'' ab, der zwei kleine
Nonen (cis–d' und h–c'') und einen gleichsam beziehungs-
losen Ton (gis') enthält. Im letzten Takt endlich verdünnt sich
die melodische Bewegung zu einer Achtelfigur, die „wie ein
Hauch" im vierfachen pppp die Noten B–Contra-As als großen
Nonabstieg bringt. Es ist die Variation einer Variation,
nämlich die Gestalt, die das Seufzermotiv im 6. und 7. Takt
als gis–fis angenommen hatte. Aber „verdeckt" war der
gleiche Schritt, nur zwei Oktaven höher, auch schon in
Takt 6 enthalten, als Zusammenklingen des Diskanttons b'

in dem Akkord c'–f'–b' und des ersten Tons gis in jener mittelstimmigen Variation des Seufzermotivs.

Das ganze Stück huscht wie eine ruhige Vision „sehr langsam" in einer verhaltenen Dynamik vorbei, die sich vom pp aufwärts nur bis zum p, abwärts mehrfach bis zum pppp entwickelt. „Mit sehr zartem Ausdruck" will Schönberg die Solomelodie des 8. Taktes, „genau im Takt" den kleinen, sehr komplexen darauf folgenden Vorgang gespielt wissen. Harmonisch fehlt jeder Bezug auf eine Tonalität, und an die Stelle von Dreiklängen oder Terzenakkorden treten fast ausschließlich Quartenharmonien. In keinem Stück des opus 19 hat sich Schönberg so weit von der Konvention entfernt wie in diesem, zum Atom zurückgeführten Epitaph. Die asketische Sparsamkeit der Tonmittel ist nicht zu überbieten; sie erinnert an die strengen, mit kleinsten Linienmotiven arbeitenden Bildkompositionen Pablo Picassos ebenso wie an die ungegenständliche, nur noch mit Andeutungen von Begriffen operierende Lyrik August Stramms.

Der Musikstil der Freiheit, der mit opus 19 erreicht ist, zeigt als Wesenszüge: tonale Ungebundenheit, a-thematischen Aufbau und Amorphismus. Die Überwindung der Tonalität hat sich von diesen drei Phänomenen als das folgenschwerste und das beständigste erwiesen. Wie es zu ihr kam, als einer logischen und unausweichlichen Folge der Temperierung, das zeigt die Musikgeschichte des 19. Jahrhunderts in allen ihren Phasen mit Deutlichkeit. Schönberg hatte den Mut, den letzten Schritt in das von tonalen Wegweisern und funktionalen Windrosen freie Neuland der Pan-Tonalität und Pan-Chromatik zu gehen. Die Aufhebung der Akkordfunktion und der Kadenz bedeutet zum erstenmal in der Musikgeschichte die Loslösung von allem Verbot, von der Aura des Tabus, die die Kompositionslehre und die Theorie zu allen Zeiten umgab. Sieht man von dem selbstauferlegten Verzicht auf gewisse konsonante Intervalle und auf Dreiklänge ab, den Schönbergs Musik zu dieser Zeit spiegelt, so

kann man von einer souveränen Gesetzlosigkeit, einer
schöpferischen Anarchie des Harmonischen sprechen, die
sich hier mit sublimem musikalischem Stimmungsausdruck
verbindet. Von aller modernen Musik, die in Europa bis 1911
komponiert worden ist, kommt dieses Heft Klavierstücke
dem Busonischen Idealbild der Freiheit, des Schwebens und
Fliegens am nächsten. Darin besteht ihre schockhaft starke,
noch in der Repulsion tief aufwühlende Wirkung, der sich
kein Zeitgenosse entziehen konnte und die heute von ihrer
Gewalt nichts eingebüßt hat, obwohl die folgenden Jahrzehnte Experimente von noch größerem Radikalismus gezeitigt haben. Es gibt in diesem Stil keine Analogietypen,
jedes Stück ist die Lösung, die endgültige Lösung eines
einmal und nur für diesen einen Fall gestellten Problems. Es
werden Phänotypen aufgestellt, ganz im Sinne derer, die
Beethoven seit seiner zweiten Schaffensphase entwickelt hat,
nur natürlich stilistisch völlig anders. Das Auffallende an
dieser Musik ist, daß sie trotz aller scheinbar hemmungslosen
Individualistik, trotz einer geradezu solipsistischen Versenkung in die eigene Sinnen- und Geistesphantasie den
Geist der Epoche durchaus kollektivierend umfaßt und ausdrückt. Auf dem Weg in die tiefsten, verborgensten Schächte
seines Inneren begegnet der Schaffende hier seiner Generation. Die aufgesuchte letzte Einsamkeit gesellt ihn Allen,
die zu dieser Zeit etwas auszudrücken haben.
Dem Verständnis gerade dieser Phase Schönbergschen Musik-
denkens setzt die tonartlose Harmonik bedeutende Schwierigkeiten entgegen; größere noch ergeben sich aus der
Eigenart des satztechnischen Gewebes. Themen im Sinne
der hergebrachten Musik gibt es hier nicht. Die Gedanken
sind in ihrer radikalen Kürze eher Motive als Themen. Aber
selbst die Motive werden, einmal ausgesprochen, nicht
wiederholt, sondern unablässig einem so entschiedenen
Prozeß der Abwandlung unterworfen, daß das für bisherige
Musik übliche Wort Variation zur Charakterisierung dieses

Verfahrens nicht mehr ausreicht. Der Gestaltwandel ist per-
manent und ist so grenzenlos, daß man von einer dauernden
Erfindung neuer melodischer und motivischer Elemente
reden muß, wobei aber die Technik der Variation in freiester
Auslegung doch beibehalten bleibt. Als Bausteine dieser
Variationskunst dient meist schon ein Intervall, mitunter
nur die Tendenz einer Linie, ihr diagrammatischer Extrakt
gewissermaßen, ihre individuelle melodische Kurve. Es
gehört oft divinatorische Schulung dazu, den geheimen
Zusammenhängen dieser Musik auf die Spur zu kommen;
hat man sie erfaßt, so sind sie allerdings nicht mehr fort-
zudenken.

So muß für die Analyse der Schönbergschen Musik aus
dieser Zeit ein ganz anderes Verfahren angewandt werden,
eine Synthese der analytischen Regeln, nach denen man
polyphone, harmonische und monodische Musik zergliedert.
Es wurde oben versucht, solche Analytik auf einige der
Stücke aus opus 19 anzuwenden, die den betreffenden Stil
besonders rein darstellen. Wie alle Analyse kann auch diese
den Spannungsgehalt der Musik nicht ausdrücken; sie zeigt
nur, wie sie gebaut ist, wie ihre Gesetzlichkeit – bei aller
Freiheit von überkommenen Regeln – Zusammenhänge von
größerer Dichte herbeiführt, als man sie in früherer Musik zu
hören gewohnt war.

Auch dieser Stil, den wir den a-thematischen zu nennen gewohnt sind (im Gegensatz zum thematischen Reprisenstil der
Klassiker und Romantiker), ist in den Spätformen der Wiener
Klassik vorgebildet. Die letzten Quartette und Klavier-
sonaten Beethovens enthalten seine Elemente, und beim
späten Brahms lassen sich seine Wurzeln unschwer nachweisen. Wieder war die schöpferische Tat hier der Mut zur
Konsequenz.

Schönberg selbst hat den Weg der A-Thematik aus ganz
klaren Gründen bald wieder aufgegeben, ohne damit aber
seine Gangbarkeit oder Richtigkeit in Frage zu stellen. Aus

seinem Schülerkreis hat ihn vor allem ein Komponist weiter beschritten: Anton von Webern.

Eine noch radikalere Fortsetzung hat dieser a-thematische Stil bei dem tschechischen Komponisten Alois Hába gefunden. In seiner Musik ist ein Prinzip des „melischen Vorwärtsdenkens" angewandt, das völlig auf Wiederholung auch der kleinsten Motive und auf Variationen eines gegebenen Gedankens verzichtet.

Auf solcher Technik der musikalischen Gedankenverknüpfung lassen sich die überkommenen Formen-Schemata nicht aufbauen. Denn alle musikalischen Strukturen, vom zwei- oder dreiteiligen Lied oder vom Rondo bis zum Sonatensatz, beruhen ja vorwiegend auf dem Kunstgriff der Wiederholung bestimmter Gedanken oder Gruppen. Im Sinne der klassischen Formenlehre sind also diese Stücke amorph, und sie kommen nicht einmal den Bachschen oder Beethovenschen Phantasieformen nahe, die Busoni als Dokumente tonsetzerischer Freiheit zitiert. Der Radikalismus der Variation, die hier angewandt wird, entthront das Gedächtnis als den wichtigsten Helfershelfer bei der Wahrnehmung kompositorischer Formen. Nicht durch die Wiederholung von Bekanntem, höchstens durch die Anspielung auf Bekanntes, vor allem aber durch die unablässige Produktion neuen Gedankenmaterials, wird die Aufmerksamkeit des Hörenden wachgehalten. Die psychologische Wirkung solcher Musik ist daher einfacherer Natur; der Komponist setzt beim Hörer nichts voraus als dessen Bereitschaft, immer neu wahrzunehmen. Allerdings ist die zu leistende geistige Arbeit dabei ungleich größer; Musik wirkt ja am mühelosesten durch Wiederholung von Bekanntem, und gerade die ist hier radikal vermieden.

Amorphe Formen solcher Art kürzen den Weg der Musikwirkung ungemein ab. Sie sind in allen ihren Teilen Komprimate und Kondensate. Und so schrumpfen in diesem Stil auch die Gesamtformen zu aphoristisch wirkenden Gebilden

zusammen, in denen komplizierte psychologisch-musikalische
Vorgänge in einem winzigen Zeitraum statthaben. Die
Gestik des klassischen oder romantischen Themas, das sich
über vier, acht oder mehr Takte erstreckte, wird hier in
einem Dreinotenmotiv aufgefangen, wobei die mannig-
faltigen Spannungen gleichmäßig in Vertikalen und Horizontalen verteilt erscheinen. Der grundsätzliche Verzicht
auf Symmetrien und Entsprechungen verändert die Beziehung dieser Musik zu ihrer Ablaufzeit, in Minutenkürze
wird gleichsam das Pensum einer zehnfachen Dauer durch-
genommen. Das imaginäre Zurückblättern im Notenbuch,
das für das Hören von Musik des Reprisenstils charakteristisch war, fällt hier grundsätzlich weg; an seine Stelle tritt
die psychologische Bereitschaft, sich mit beständig neu zu-
fließenden motivischen Erscheinungen auseinanderzusetzen.
Schönbergs einziger Versuch, im a-thematischen Stil eine
größere Form aufzubauen, das Monodram „Erwartung", ist
bezeichnenderweise an einen Textvorwurf gebunden.

DIE ROLLE DES GEFÜHLS

Der Haupteinwand, der gegen die moderne Musik, namentlich seit der Emanzipation der Dissonanz (um 1908) erhoben zu werden pflegt, ist der des reinen Intellektualismus. Errechnet, erklügelt, gefühllos nannte man schon die symphonischen und dramatischen Werke von Richard Strauß; die Schmähung kehrt in verschärfter Form wieder, wo immer die Schönbergschule ihre Arbeiten zur Diskussion stellt. In Deutschland und Österreich, den Schauplätzen der erbitterten Auseinandersetzungen zwischen den Mächten der Tradition und denen der Jugend um 1910, ist man geneigt, von der Musik reine Gefühlswirkungen zu erwarten. Die Tonkunst wird hier geradezu als der gottgesandte Ausgleich gegen das rational geordnete moderne Leben, aber auch gegen die begrifflich festgelegten anderen Künste betrachtet. Jeder Versuch, den Anbetern des reinen Gefühls in der Musik eine Anschauung von der Rolle des ordnenden Verstandes in allen Disziplinen der Komposition zu geben, wird vielfach mit sittlicher Entrüstung zurückgewiesen. Man betrachtet es offenbar als Sakrileg, wenn der mutmaßlich heilige Schöpfungsakt durch Eingriffe des Verstandes, durch eine Funktion des Gehirns gestört wird. Am merkwürdigsten ist die Rolle, die dabei Ludwig van Beethoven zugeschrieben wird. Er gilt geradezu als der Prophet des reinen Gefühls in der Musik. Von der Tatsache, daß in seinen Skizzenbüchern die Dokumente einer intellektuellen Kompositionsarbeit ohnegleichen niedergelegt sind, untrügliche Beweise eines zerebralen Vergehens, das in anderer Form nur die niederländischen Polyphonisten des 15. und 16. Jahrhunderts pflegten, wird geflissentlich keinerlei Notiz genommen.

Das Ideal von Musik, das den reinen Gefühlsanbetern vorschweben müßte, wäre also eine Art tönenden Chaos, ein nebelhaft dämmerndes Sich-Fortspinnen von vagen Stimmungswerten, die nach Bedarf Freude, Zorn, Schmerz oder Zufriedenheit ausdrücken.

Begegnet ihnen aber einmal eine Musik, die sich von den Konventionen des verstandesmäßig Kontrollierbaren entfernt, empfinden sie gerade diese als einen Schlag gegen die Gefühlstradition.

Der Musikstil der Freiheit, dokumentiert in Schönbergs „Erwartung", seinen Klavierstücken opus 19, einigen Werken Alban Bergs, den meisten Arbeiten Anton Weberns (bis etwa 1924) und den frühen, von Schönberg beeinflußten Klavierstücken Josef Matthias Hauers, löst die Musik von fast allen Bindungen harmonischer, melodischer und formaler Art, die der ordnende Verstand gemäß den überlieferten Schulregeln zu knüpfen vermag. So ergibt sich sozusagen automatisch eine stärkere Bindung an das Gefühl als die einzige Macht, die neben dem Verstand den schöpferischen Prozeß regeln kann. In seiner um 1910 entstandenen Harmonielehre sagt Schönberg: „Ich entscheide beim Komponieren nur durch das Gefühl, durch das Formgefühl. Dieses sagt mir, was ich schreiben muß, alles andere ist ausgeschlossen. Jeder Akkord, den ich hinsetze, entspricht einem Zwang; einem Zwang meines Ausdrucksbedürfnisses, vielleicht aber auch dem Zwang einer unerbittlichen, aber unbewußten Logik in der harmonischen Konstruktion." Und an anderer Stelle des Buchs: „Das Schaffen des Künstlers ist triebhaft. Das Bewußtsein hat wenig Einfluß darauf. Er hat das Gefühl, als wäre ihm diktiert, was er tut. Als täte er es nur nach dem Willen irgendeiner Macht in ihm, deren Gesetze er nicht kennt."

25 Jahre später hat Schönberg sich in anderem Sinne geäußert, ein Beweis dafür, daß die zitierten Gedanken in engem Zusammenhang mit seiner damaligen Schaffens-

methode stehen. Das Kapitel der Harmonielehre, aus dem die zitierten Sätze stammen, beschäftigt sich mit der ästhetischen Bewertung sechs- und mehrtöniger Klänge, wie sie Schönberg nicht nur in eigenen Werken, sondern auch in den Franz Schrekers, Béla Bartóks und seiner Schüler Anton von Webern und Alban Berg findet. Das Gesetz, das er hinter ihnen vermutet, ist noch unentdeckt. Wer Klänge dieser Art verwendet, ist auf Gedeih und Verderb der Führung seines Gefühls, seines angeborenen, durch gründliche Schulung entwickelten Formsinns ausgeliefert. Gefühl, Formgefühl und Kultur sind die Worte, die Schönberg immer wieder in die Waagschale wirft, wenn diese Phänomene in seiner Harmonielehre zur Debatte stehen.

Der Komponist, der um 1910 diese Ebene des musikalischen Ausdrucks erreicht hatte, befand sich in derselben Situation wie der Maler, der sich – wie Kandinsky, Picasso oder Klee – ganz vom Gegenstand emanzipierte. In der Abwendung vom Naturalismus wurde logisch das Ziel einer rein geistigen Kunst gesetzt; an die Stelle des konkreten Inhalts tritt der abstrakte, der sich ebenfalls zunächst auf unkontrollierbare Kräfte des Gefühls stützen muß.

Für die Verbindung von Akkorden hatte es bis dahin in der Musik nur die Gesetze der tonalen Funktion bzw. der Modulation gegeben. Wurden diese ausgeschaltet, so ergab sich zwar nicht notwendig tonartlose Musik (es läßt sich, wie zahlreiche Kompositionen Debussys beweisen, auch innerhalb der strengsten Diatonik, also ganz ohne chromatische Alterationen, funktionslos musizieren, wenn Akkorde ohne logisches Band aneinandergereiht werden), wohl aber eine Musik von unbestimmter Gesetzlichkeit. Die Klangfolgen brauchten an und für sich nicht als dissonant empfunden zu werden; sie konnten, auch für einen konservativen Hörer, durchaus „harmonisch" wirken. Es gibt schmelzend weiche Dissonanzen ebenso wie es schockierend harte Konsonanzen gibt.

Das Gefühl, das bei solchen kompositorischen Methoden maßgebend war, schaltete allerdings gewisse Dinge aus. Es wollte (wie ebenfalls Schönberg in dem genannten Kapitel seiner Harmonielehre betont) bei Akkordfolgen Tonwiederholungen vermeiden, es wich Dreiklängen und Oktavverdopplungen aus. Hier entwickelte sich also, aus rein gefühlsmäßiger, instinktiver Basis etwas, was man Komplementär-Harmonik nennen kann. Damit stellt sich die latente neue Gesetzlichkeit dieser Musik in genauen Gegensatz zur Harmonielehre. Während diese nämlich bei Verbindungen zweier Akkorde die gemeinsamen Töne gesondert und mit Vorzug behandelt, schaltet jene sie offenbar aus. Und die Oktavverdopplung, die im vierstimmigen Satz nur bei bestimmten Akkorden vermieden wurde, ist hier überhaupt tabu. In tonaler Musik spielte die Existenz von Schwerpunkten, von Ton-Hegemonien eine entscheidende Rolle; ein Satz von Mozart oder Brahms basiert auf einem Hauptton, neben dem die wichtigsten Verwandten, also Dominante, Unterdominante oder die Paralleltonarten noch Nebenschwerpunkte bilden konnten. In der neuen Musik, schon seit den harmonisch gewagteren Werken von Strauß und Reger, wechseln die tonalen Schwerpunkte so unablässig, daß es – auf die Gesamtdimension des Satzes gesehen – überhaupt keine mehr gibt.

Daraus ziehen die Komponisten der freien Atonalität zunächst rein gefühlsmäßig die Konsequenz, tonalen Übergewichten nicht mehr Vorschub zu leisten; eines der Mittel, die sich hierfür als geeignet erweisen, ist die Vermeidung der Oktave. Ein anderes ist die Vermeidung des Dur- und Molldreiklangs, der ja, wo immer er auftritt, noch mit hundert Assoziationen aufgenommen und vom Beharrungstrieb des Ohrs bewillkommnet wird, der noch zu sehr vertraute Typenerscheinung ist, um nicht zu funktionellen Mißdeutungen aller Klänge seines Milieus zu verführen.

Man mache den Versuch, in einem Werk der freien Atonalität, z. B. in einem der Klavierstücke aus Schönbergs opus 19, an beliebiger Stelle einen Akkord durch einen Dur-dreiklang zu ersetzen. Er wird sofort mit geradezu aggressiver Kraft aus dem Bild dieser Musik herausspringen und das Ohr viel nachdrücklicher – nämlich im Sinne eines Fehlers, eines Am-unrechten-Ort-Stehens – beunruhigen, als der durch ihn substituierte Akkord.

Mit diesem Experiment, das mehrfach durchgeführt wurde und immer den gleichen Erfolg zeitigte, ist bewiesen, daß gewisse überlieferte Klänge in diesem Stil als Fremdkörper wirken und auch von Menschen als solche sofort empfunden werden, die sonst wenig Verständnis für die betreffende Musik zeigen. Die negative Reaktion des Gefühls, das sich gegen die Verbindung alter und neuer harmonischer Mittel auflehnt, entspricht aber ganz offenbar einer positiven, ordnenden Kraft, die das Gefühl im Komponisten beim Prozeß des Komponierens ausübt und die ihm ganz be-stimmte Klänge vorschreibt. Hat man sich in diesen Stil wirklich eingehört, so wird schon die Veränderung eines Tons in einem der betreffenden Stücke als unerlaubter Ein-griff empfunden und als Störung des inneren Gleichgewichts abgelehnt werden. Hier ist also eine innere Logik am Werk, die zunächst ganz instinktiv angewandt und vom vorurteils-losen Hörer bestätigt wird. Sie bedient sich des tastenden, nachtwandlerisch sicheren Gefühls als ihres Instruments. Auf dem Wege der Einengung von bestimmten Gebieten for-maler Gestaltung wird schließlich ein Punkt erreicht, von dem aus das Gesetz unmittelbar zu greifen ist.

REDUKTION DER MITTEL

Im Sinne und Geiste des 19. Jahrhunderts, dessen positivistische Ideen sie zunächst fortsetzt, versteht die moderne Musik im Anfangsstadium ihrer Entwicklung Fortschritt als eine Steigerung der materiellen Mittel. Die Orchester Wagners, Berlioz' und Liszts werden übertrumpft; bei Gustav Mahler, Richard Strauß und Franz Schreker wachsen die Besetzungen ins Unmäßige. Neue Musikinstrumente werden erfunden und eigens (nach dem Vorbild des Wagnerschen Tubenquartetts) hergestellt. Die Blasinstrumente, noch bei Beethoven bescheiden zweifach besetzt, treten hier allmählich als Chöre auf, so daß man sie gleichberechtigt mit den stets chorisch besetzten Streichern verwenden kann. Die Idee der hochpotenzierten Technik, wie sie das Zeitalter der Industrialisierung gezeugt hat, spielt hier aktiv in die Bereiche des künstlerisch Schöpferischen hinein. So umfaßt das Orchester des „Sacre du Printemps" von Strawinsky neben dem Streichquintett je 18 Holz- und Blechbläser; Mahler hatte in seiner Achten Symphonie, der man den zeitgemäßen, etwas zirkushaften Titel „Symphonie der Tausend" anhängte, mindestens 22 Holzbläser und 17 Blechbläser verlangt, wozu noch Orgel und Harmonium kam. Schönberg übertrifft beide in den „Gurreliedern" mit ihren je 25 Holz- und Blechbläsern.

Diese Gigantomanie in der Konzeption des Orchesters, die noch einmal 1915 in Straußens „Alpensymphonie" akut wird, ist 1910 im wesentlichen schon überwunden. Denn die „Gurrelieder", wenn auch erst 1911 in Partitur beendet, waren zehn Jahre früher schon komponiert, Mahlers Achte 1906 abgeschlossen. Im selben Jahr drosselt Schönberg in

seiner 1. Kammersymphonie opus 9 zum erstenmal die Besetzung eines symphonischen Werkes auf fünfzehn Spieler,
und zwar acht Holzbläser, zwei Hörner und fünf Solo-
streicher. Damit, und vor allem mit der Behandlung dieses
Ensembles, wird eine neue Ära kammermusikalischen Stre-
bens in der neuen Musik eingeleitet, der sich allmählich alle
führenden Modernisten anschließen. Alban Berg hat die
Besetzung der Schönbergschen Kammersymphonie in einem
Teil seiner Oper „Wozzeck" genau übernommen. (Auch
Richard Strauß ist übrigens nach dem Riesenorchester der
„Elektra" später, 1911, zu dem Kammerensemble der
„Ariadne auf Naxos" zurückgegangen.)
Strawinsky folgt dieser Entwicklung etwas später. Nach dem
quantitativen Superlativ des „Sacre" läßt er eine Reihe von
Werken folgen, die für ganz kleine Besetzungen geschrieben
sind und in ihrer instrumentalen Behandlung den Nachhall
von Schönbergs „Pierrot Lunaire" spüren lassen. Es sind
die „Pribaoutki" für Sopran und acht Instrumente (1914)
und die „Berceuses du Chat" für Sopran und drei Klarinetten
(1915–1916). Zu dem Schönbergschen Espressivo-Ideal,
das sich in der Bevorzugung entlegener Register und selten
verwendeter Töne an den Grenzen des Umfangs ausspricht,
tritt hier noch die Übersteigerung des Kammermusikalischen durch eine outrierte Durchsichtigkeit und raffinierte
Dürftigkeit des Klanges. In einem sehr spezifischen Sinne
versucht auch ein größeres Strawinskywerk dieser Jahre
von dem Klang des romantischen Riesenorchesters loszu-
kommen und ganz neue Ensembletypen zu formen. Die
„Noces" von 1917, ein Ballett mit Gesangssoli und Chören,
stellen in der endgültigen Instrumentation von 1923 dem
Vokalklang nur die hämmernden Akkord- und Geräusch-
kulissen von vier Klavieren und 17 Schlaginstrumenten
entgegen.
Das Symphonie-Orchester, auf sein Skelett reduziert und
gänzlich von allem gefühligen Wohlklang entfernt, findet

schließlich 1918 in der „Histoire du Soldat" diese Form: Klarinette und Fagott (als Vertreter der Holzgruppe), Trompete und Posaune (als Repräsentanten des Blechs), Geige und Kontrabaß (als Rudiment des Streichquintetts) und eine allerdings große Anzahl von Schlaginstrumenten, die ein einziger Spieler bedient und die oft solistisch verwendet werden.

Diese Besetzung, gewissermaßen eine verkleinerte Reproduktion des klassischen Symphonie-Ensembles, geht an Radikalismus der Linearisierung noch über den „Pierrot Lunaire" hinaus. In diesen 1911 komponierten 21 Melodramen hatte Schönberg für die Begleitung der Sprechstimme eine Besetzung geschaffen, die aus nur fünf Spielern (also zwei weniger als in der „Histoire du Soldat") besteht; doch neben Flöte (abwechselnd mit Piccolo), Klarinette (abwechselnd mit Baßklarinette), Geige (abwechselnd mit Bratsche) und Violoncello sorgte hier das Klavier für die gelegentliche akkordische Fülle, die Strawinsky in dem Holzschnittorchesterchen so geflissentlich vermeidet.

Mit dieser asketischen Einschränkung der orchestralen Mittel, einer Art Einschmelzung des symphonischen Apparats in die Klanglichkeit der Kammermusik ist die romantische und die impressionistische Klangsinnlichkeit liquidiert. Es ist ein Prozeß, der gleichsam die Farbenfülle des Fortschrittsstils dämpft und einer Tendenz zum Linearen, zum Zeichnerischen (als Gegensatz zum Koloristischen) sinnfällig Ausdruck gibt. Darin entspricht die Klangvorstellung dieser Epoche um 1910 durchaus der zunehmenden Wendung vom Harmonisch-Homophonen zum Stimmig-Kontrapunktischen, die sich im großen Entwicklungszug der Neuen Musik überall ablesen läßt. Nur aus der historischen Wandlung zur Vielstimmigkeit, die alle wesentliche Musik des 20. Jahrhunderts beherrscht und die auf den seltsamsten Wegen und Umwegen erreicht wird, kann das oft verwirrende Nebeneinanderliegen so heterogener Dinge wie der emanzipierten

Dissonanz und der irrationalen Rhythmik, der komplementären Harmonik und dem zum Prinzip erhobenen Ostinato
überhaupt verstanden werden. Dieser wichtige stilistische
Wesenszug aber läßt die Neue Musik als den Beginn einer
neuen Epoche der Musikgeschichte erscheinen, einer Epoche,
die sich an die monodische von 1600 bis 1900 anschließt.

DAS JAHRZEHNT DES EXPERIMENTS

Die Musik scheint von allen Künsten die vergänglichste zu sein. Wenige ihrer Stilepochen haben sich über die Zeit ihrer Entstehung hinaus als gültig erwiesen, wenige ihrer Meisterwerke einen Ruhm gefunden, der die Jahrhunderte überdauert. Das Ohr ist in ungleich stärkerem Grade als die anderen Sinne darauf angewiesen, durch immer neue Reize angesprochen zu werden, weil die Reize, auf die es anfangs so bereitwillig reagiert, sich mit großer Geschwindigkeit abnutzen. So ist die Geschichte der Tonkunst ein permanenter Wechsel von Reizerfindung und Reizabnutzung, von dialektisch einander ablösenden Gegensätzen, die jeweils zur Synthese verschmelzen, aus der sofort wieder neue Kontraste geboren werden.

Erfindung neuer Reize ist also das eigentliche Kernproblem aller schöpferischen Tätigkeit im Bereich der Musik, soweit sie dem abendländischen Entwicklungsideal unterworfen ist. Außerhalb der abendländischen Kultur (zu der in diesem Zusammenhang natürlich die amerikanische gerechnet werden muß) spielt der Grundsatz der Reizerneuerung überhaupt keine Rolle; die asiatische Musik, auch die der Hochkulturen in China, Siam und Indien, ist – wofern sie nicht Einflüsse des Abendlandes aufzunehmen versucht – durchaus entwicklungslos, absolut statisch, an unwandelbare Gesetze und typische Formeln gebunden, die so ehrfürchtig hingenommen und durch die Jahrtausende immer neu erlebt werden wie die Gottheit selbst, der sie koordiniert wird. Aus diesem Grunde ist eine Verschmelzung der abendländischen mit der morgenländischen Musik nicht denkbar, trotz aller Versuche neuerer Komponisten, sich Formeln der asiatischen

Tonkunst anzueignen; eine von beiden muß notwendig ihr Wesen opfern, wenn sie sich der anderen paart. Es ist dabei durchaus möglich, und ja auch vielfach geschehen, daß Rhythmus, Melodie und Klang der exotischen Musik als unbekannte Reize in die abendländische übernommen werden. Doch diese Elemente verlieren dann sofort die Funktion, die sie in ihrem Ursprungsmilieu ausgeübt hatten, und werden Bestandteile des kinetischen Entwicklungsideals, ohne das die Musik der Weißen nicht denkbar ist. Sie werden als Reize im Sinne dieses Ideals aufgefaßt, genossen und nach einer Weile abgenutzt. Sie verlieren ihre Statik, ihren kultisch-religiösen Ewigkeitswert und werden vergänglich. Dennoch können sie, von einer genialen Schöpferpersönlichkeit angewandt, gleichwertige Mittel werden und – gleichsam in statu nascendi – die einmalige, an das betreffende Kunstwerk gebundene Gültigkeit finden, die das Geheimnis der großen schöpferischen Phänomene in der Musik ist. Claude Debussy hat auf solche Weise Elemente der javanischen, indischen und chinesischen Musik übernommen, Cyril Scott ist ihm auf diesem Wege gefolgt, und bis heute hat die exotische Musik ihre Anziehungskraft auf moderne Komponisten nicht verloren.

In einer wirtschaftlich und kulturell derart saturierten Zeit wie dem Jahrzehnt vor dem ersten Weltkrieg in Mitteleuropa nimmt die Reizabnutzung begreiflicherweise größere Ausmaße an als sonst. Das Angebot an wechselnden Sensationen steigert sich; die nahezu vollkommene Freizügigkeit, die den Reiseverkehr in Europa damals kennzeichnet, ermöglicht einen reibungslosen Austausch von Ideen, ein dauerndes Sich-gegenseitig-Anregen, wie es in der Kulturgeschichte noch nie vorstellbar gewesen ist. Das geistige Europa bildet um diese Zeit eine wirkliche Einheit; kaum taucht in Wien eine neue künstlerische Idee auf, wird sie schon in Paris, Rom und London aufgegriffen und verarbeitet. So entsteht damals eine europäische Einheitlichkeit in Fragen des künstlerischen Experiments, die zwar die

Färbungen des Klimas, der nationalen Eigenart und des Sonnenstandes nicht aufgibt, aber eine unerhörte Summierung der vorgelegten neuen Ideen und Formen gewährleistet. Das Tempo, in dem Reize abgenutzt und erfunden werden, steigert sich außerordentlich.

Aus dieser Temposteigerung erklärt sich ein Phänomen, das seit jener Zeit die Wirkungsmöglichkeiten der neuen Kunst gefährdet: die Hörer, auch die gutwillig fortschrittlichen, kommen nicht mehr mit, sie bleiben mit ihrem Fassungsvermögen zurück hinter den Anforderungen, die das Kunstwerk an sie stellt. Weit entfernt, die Reize von vorgestern als abgenutzt zu empfinden, stehen sie denen von heute hilflos gegenüber. Die retardierende Wirkung, die sich so dem Gedankenflug der Schaffenden entgegenstellt, hat auf die Entwicklung der Musik zwar selbst in keiner Weise einwirken können, wohl aber eine Spaltung in das moderne Musikleben getragen, deren Folgen heute noch unabsehbar sind.

Wir schreiben 1910. In Berlin, Wien, Paris und Rom herrschen die gleichen Formen einer prunkenden offiziellen Kunst, neben der die sezessionistischen Bewegungen den eigentlichen geistigen Standard des Zeitalters halten. Das Interesse der Massen gehört den technischen Wundern, den riesigen Ozeandampfern, den Flugzeugen, mit denen der Ärmelkanal von Blériot und anderen überflogen wird, den gewaltigen elektrischen Spannungen, mit deren Hilfe Rutherford die kleinste bekannte Einheit, das Atom zertrümmert. Die Stadtteile Berlins, Wiens und Prags, die um diese Zeit gebaut worden sind, zeigen die Pflanzenornamente, die Tierstilisierungen, den sonnensüchtigen Sehnsuchtsrhythmus des Jugendstils. Strauß hat den „Rosenkavalier" in Garmisch beendet, in dem Genie, Kunstgewerblertum und Erotik zusammenfließen; Puccini entdeckt in seiner Oper „La Fanciulla del West" die Romantik des amerikanischen Goldgräberlebens, die er mit nostalgischen Nonenspannungen und Ketten von Ganztonakkorden würzt. In Paris bezaubert

der 35jährige Maurice Ravel das Publikum der Société
Musicale Indépendante mit Klavierstücken, die vierhändig
von zwei kleinen Mädchen gespielt werden und, nach einer
französischen Märchensammlung, den Titel „Ma Mère
l'oye" tragen. In ihnen kündigt sich ein modernistischer
Primitivismus mit raffinierten Rückblicken auf die Welt der
alten Musik, der Kirchentonarten an, mit selbstgewählten
Beschränkungen auf die schwarzen Tasten des Klaviers, mit
Vereinfachungen des technischen Apparats, die noch über
Debussys etwas früheren „Children's Corner" hinausgehen.
Im gleichen Paris bringt der 30jährige Genfer Komponist
Ernest Bloch eine Oper „Macbeth" heraus, die nach der
Uraufführung an der Opéra Comique als ein Nonplusultra
an modernistischen Wagnissen bezeichnet wurde, „ein un-
auflösbarer Rebus im Rhythmischen und Tonalen", wie
Arthur Pougin im „Ménestrel" schreibt, mit fortwährendem
Taktwechsel zwischen $^3/_4$ $^4/_4$ $^5/_4$ und $^6/_4$, aber auch mit har-
monischen Kühnheiten und Neuerungen des Orchester-
klangs, die revoltierend wirkten.

In Wien schreibt um diese Zeit der 25jährige Schönbergschüler Alban Berg sein erstes Streichquartett, opus 3. Es
ist zweisätzig, in freiem atonalem Stil gehalten, mit Durch-
führungs- und Reprisenteilen, echt kammermusikalisch in
seiner Technik des „durchbrochenen" Satzes. Die komplementäre Harmonik führt hier schon zu einer Vermeidung von
Tonwiederholungen, so daß, bei der Vorliebe für chromatisch
benachbarte Akkorde und Melodietöne, vieltönige Komplexe
sich automatisch ergeben. Dem diatonischen, auf den Tonvorrat der jeweiligen Dur- oder Mollskala sich beschränkenden
Formenbau der klassischen Musik stellt sich hier ein grundsätzlich chromatisches Streben entgegen.

So sehr aber Schönbergs Musik um diese Zeit vom Thematischen wegdrängt, dem Ziel einer a-thematischen, ja fast
schon a-motivischen Prosa entgegen, so streng bindet sich
Alban Berg an das Gesetz der Variation im Sinne der Durch-

führung als Bestandteil des klassischen Sonatensatzes. Seine Themen, wenn auch vergleichsweise kurz, sind durchaus Themen in der Tradition der spätklassischen Musik. Die Art ihrer Verarbeitung läßt an Brahms denken, an den Brahms der symphonischen Durchführungsteile und der Variationen. Bei aller Kühnheit der Harmonik ist das klangliche Bild dieser Musik alles andere als asketisch oder spröde; sie wirkt eher üppig und in einem sehr modernen Sinne schwelgerisch. Das Vorherrschen von Quarten und Septimen sowie des Tritonus weist auf den Einfluß Schönbergs, und zwar des Schönberg der Stefan-George-Lieder hin. Aber Berg verwendet diese Akkorde mit einer nachgiebigen chromatischen Gleittechnik; er läßt sie scheinbar tonale Formen annehmen, indem er sie mit Dreiklängen oder einfachen Septimakkorden verbindet.

So sehr dieser Stil Tonwiederholungen vermeidet, geht er doch dem Naturklang, also Dreiklangbildungen und tonalen Wirkungen nicht aus dem Weg; ja es ist geradezu sein Charakteristikum, die schockierend neuartige Wirkung der tonartlosen Musik und der Quartenharmonik sowie fünf- und sechsstimmiger Akkorde durch flüchtige, wie Blicke in eine versinkende Welt ungetrübter Schönheit vorbeiziehende Klänge konventioneller Art zu mildern, wobei aber doch das neue Klanggefühl das letzte Wort behält. Für diese Technik, der ein bestimmter ästhetischer Standpunkt genau entspricht, ist der Schluß des Quartetts ungemein bezeich-

nend, eine Fortissimo-Kadenz der vier Instrumente, die von einem (dem Dur-Dominant-Nonakkord ähnelnden) Fünfklang Cis–G–e–b–d′ ausgehend über sechs vierstimmige, tonal meist indifferente Akkorde zu einem d-moll-Dreiklang aufsteigt, dem als Schlußakkord ein Sekundenkomplex e′–fis′–g′–as′ folgt.

Das Quartett, dem Berg 1926 ein zweites, die Lyrische Suite, folgen ließ, eröffnete am 2. August 1923 in Salzburg das erste Musikfest der Internationalen Gesellschaft für Neue Musik.

Keine theoretische Untersuchung hatte den Überdruß dieser Epoche am Konventionell-Überlieferten flammender geschildert als Ferruccio Busonis kleiner, genialer „Entwurf einer neuen Ästhetik der Tonkunst". Busoni war als geistige Persönlichkeit aus dem Virtuosentum des 19. Jahrhunderts, aus einer sublimierten und höchst differenzierten Nachfolge Franz Liszts hervorgegangen. Italiener von Vaterseite, Deutsch-Österreicher von der Mutter her, von beiden Eltern erblich mit Musikalität belastet, stand er als komponierendes Wunderkind ganz unter dem Einfluß Brahms'. Vom romantischen Musikerlebnis her tritt er in den Kreis der Modernisten, den hypertrophierten Klangsinn des alles könnenden Pianisten mit der Liebe zur Polyphonie verbindend. Bach, Liszt und Mozart sind seine ungleichen Götter. Von den musikalischen Neuerern steht ihm Debussy am fernsten, Frederick Delius näher als Richard Strauß. Im ersten Jahrzehnt des 20. Jahrhunderts tritt er in Berlin dirigierend für alles Neue ein, das ihm bedeutend scheint. Um diese Zeit lernt er Schönbergs Musik kennen, die ihn fasziniert, ohne ihn ganz zu befriedigen. Eins der drei Klavierstücke opus 11 (das zweite) versucht er seinem Klangideal anzupassen; es entsteht die „Konzertmäßige Interpretation", die das Stück durch Echowirkungen und breit zerlegte Klänge erweitert und dem Ohr gleichsam löffelweise einzugeben sucht, ein merkwürdiges, an impressionistische Klangsphären grenzendes, paraphrasenhaftes Gebilde, wichtig als Dokument der Auseinandersetzung mit dem neuen, tonartfremden Stil.

Busoni selbst nimmt die Anregungen der emanzipierten Dissonanztechnik in seinem Stil auf; 1910 legt er zwei Werke vor, die ihn auf ganz neuen Wegen zeigen. Eines ist die „Berceuse Elégiaque" (Des Mannes Wiegenlied am Sarge der

Mutter). Es ist eine erweiterte Kammerbesetzung von sehr eigenartigem Klang: sechsfaches Streichquartett (gedämpft), drei Flöten, eine Oboe, drei Klarinetten, vier Hörner, Gong, Harfe und Celesta, also 38 Spieler. In seiner unbestimmten Tonalität, der Verwendung unaufgelöster Quartenakkorde, den irisierenden Folgen komplementärer Dreiklänge ist das Stück ein starkes Dokument des neuen Klanggefühls, das damals die Musiker beherrscht.

Noch konsequenter geht Busoni diesen Weg des Experiments in der „Sonatina Seconda", die ebenfalls 1910 entsteht. Er verzichtet auf Taktstriche und auf tonale Vorzeichnung; Kreuze und Bee gelten nur für die unmittelbar folgenden Noten. Jede Tonart ist aufgehoben, Wiederholung von Tönen äußerst hinausgezögert, so daß etwa am Anfang des Andante tranquillo, eines dreistimmigen Kanons, fast alle zwölf chromatischen Töne hintereinander auftreten. Hier ist das Phänomen des „linearen" Stils, d. h. einer kontrapunktischen Schreibweise, die keinerlei Rücksicht auf den entstehenden Zusammenklang zu nehmen scheint, deutlich zu beobachten. Die hochkontrapunktische Satzweise, die Busoni in Teilen der „Sonatina Seconda" anwendet, ist Ergebnis seiner intensiven Bachstudien. Allerdings stehen in der Sonatina neben so polyphonen Strecken auch durchaus homophone. Breitgeschwungene Melodien, gern chromatisch einen Ton umkreisend, werden von Akkorden begleitet, die den Dreiklang durch die kleine „sixte ajoutée" trüben und in chromatischer Sequenz aneinandergereiht werden.

Die verschwimmenden Konturen, die der „Berceuse Elégiaque" ihren charakteristischen Klang geben, weichen hier einem harten strukturellen und konstruktiven Willen. Wenn auch die Formen dieses Klavierstücks sich mehr den freien Phantasiegebilden der Beethovenschen Einleitungen nähern, die Busoni so hochschätzt, so sind sie doch von einer weitbögigen Thematik getragen, die als große Strebepfeiler ihre

Statik sichert. Das unterscheidet sie grundsätzlich von dem Kompressionsstil, den Schönberg in den Sechs Klavierstücken opus 19 erreicht, wie ja Busoni auch die polyrhythmische Verästelung der Schönbergschen Vielstimmigkeit nie zu seiner Sache gemacht hat.

Chromatische Multitonalität und strenge Kontrapunktik begegnen sich in einem anderen großen, ja ins Riesenhafte geratenen Klavierwerk desselben Jahres, in der „Fantasia Contrappuntistica". Sie ist eine Komplettierung und schöpferische Erweiterung der von Johann Sebastian Bach unvollendet hinterlassenen Kunst der Fuge. Zu einer Polyphonie von bewundernswerter Kunstfertigkeit tritt hier ein Element von Polytonalität und Polyakkordik, das Errungenschaften der späteren französischen Moderne vorwegnimmt. Zerlegte siebenstimmige Akkorde erweitern das harmonische Bild, das sich allerdings in den fugalen Teilen des Werkes erheblich vereinfacht. Immer strebt Busonis Schaffen in die Breite, in großräumige Architekturen, wie sie die moderne Musik nicht oft pflegt.

Um diese Zeit beginnt auch der „Markt" sich für die umstrittenen Produktionen der Neutöner zu interessieren. In Wien baut Emil Hertzka die Universal-Edition aus bescheidenen Anfängen zu einer immer bedeutenderen Organisation aus. In ihrem Verlag sind die ersten Symphonien Gustav Mahlers erschienen. Mit ihm, Arnold Schönberg und Franz Schreker werden 1909 die ersten Urheberrechtsverträge geschlossen. 1910 erscheinen Mahlers IX. Symphonie und das „Lied von der Erde", Schönbergs „Gurrelieder" und Schrekers Oper „Der ferne Klang". Alle diese Werke sind um diese Zeit noch unaufgeführt, sie werden erst ein bis zwei Jahre später zum erstenmal zu Gehör gebracht. Es war damals nichts Ungewöhnliches, daß ein Verleger die gewaltigen Unkosten, die Stich und Druck von Klavierauszug und Partitur bei Werken solchen Umfanges erforderten, auf sich nahm und zäh für die Interessen des Komponisten eintrat;

die heutige Situation des Musikmarktes macht so großzügige
Dispositionen in Europa nahezu unmöglich.

1911 stirbt Gustav Mahler in Wien; eine der reinsten Flammen
im Bereich der Musik erlischt. Die Sache der Moderne verliert
einen Freund und Förderer, der selbst schöpferisch Leid und
Konflikt seiner Generation intensiv erlebt hat wie kaum ein
anderer. Erst nach seinem Tode erklingen „Lied von der
Erde" und IX. Symphonie zum erstenmal; welch ein Abstand von diesen Werken des Abschieds und der metaphysischen Hochspannung zu den beiden Werken, die im
selben Jahr die Grenzen moderner musikgetragener Dra-
matik abstecken: Straußens „Rosenkavalier" und Strawinskys „Petruschka"! Jener kommt am 26. Januar in
Dresden, dieser am 13. Juni im Pariser Théâtre du Châtelet
zur Uraufführung. Im Bereich der französischen Musik erscheinen Maurice Ravels Opernkomödie „L'Heure espagnole"
sowie sein großes Ballett „Daphnis et Chloé" und Debussys
„Martyre de Saint Sébastien", ein Mittelding zwischen
Schauspiel und Oratorium, das Kenner für die gewagteste
und erregendste Partitur des Meisters hielten und in dem die
Harmonik weit über die Grenzen der Tonalität hinwegführt.
Und während Schönberg in Wien an den letzten Kapiteln der
Harmonielehre arbeitet, die er dem Andenken Gustav
Mahlers widmet, ertönen in St. Petersburg die mystischen
Sechsklänge des Skrjabinschen „I rometheus", zu deren
Ablauf der Komponist ein Farbenklavier spielen läßt.

Der älteste der Schüler Arnold Schönbergs, Anton von
Webern, tritt um diese Zeit mit bedeutsamen Werken hervor.
Zwei Hefte Lieder, opus 3 und 4, zeigten einen übersensitiven,
radikal verinnerlichten Stil, dessen melodische Blüten sich
jeder Analyse verschließen. Die Technik der Motivarbeit
folgt dem Prinzip der freiesten Variation bis an die Grenze
der A-Thematik. Die Texte Stefan Georges werden mit
einer unerbittlichen melodischen Logik assimiliert; die
Kühnheit, mit der die Singstimme durch alle ihre Register

geführt wird, oft in riesigen Intervallsprüngen, geht noch über den Stil der Schönbergschen Georgelieder hinaus.

Schon in diesen Liederheften fällt die aphoristische Kürze des musikalischen Gewebes, die Kondensation der Formen und Formeln auf. Sie wird zum Höhepunkt gebracht in den Fünf Orchesterstücken opus 10, die teils 1911, teils 1913 entstehen. Das kürzeste von ihnen ist das vierte mit einer Ausdehnung von knappen sieben Takten (19 Sekunden); es ist für eine Kammerbesetzung von Klarinette, Trompete, Posaune, Mandoline, Celesta, Harfe, kleine Trommel, Geige und Bratsche orchestriert. Auch das erste der Stücke mit seinen zwölf Takten (plus Achtelauftakt) zeigt diese Gedrängtheit des Stils; seine Partitur sieht vor: Flöte, Klarinette, Trompete, Posaune, Celesta, Harfe, Glockenspiel, Geigen, Bratschen und Violoncelli. Alle diese Instrumente treten nur mit Einzeltönen, bestenfalls mit zwei- bis dreitönigen Motiven in Aktion. Daß hierbei die Klangfarbe eine konstruktive Rolle spielt, steht außer Frage. Schon bei Richard Strauß gibt es in den Orchesterwerken Klangphänomene, die nur aus der Instrumentalfarbe heraus zu verstehen sind und mindestens einen Teil ihres Sinns einbüßen, wenn man sie in den Klavierauszug überträgt; man hat in diesem Zusammenhang von „Farbenvorhalten" gesprochen. Schönberg wirft am Schluß seiner Harmonielehre den Begriff der Klangfarbenmelodie in die Debatte, den René Leibowitz bei der Analyse der Webernschen Orchesterstücke überzeugend zu Rate zieht. Bei Schönberg selbst, im dritten der Fünf Orchesterstücke opus 16, gab es ein Experiment, das die Klangfarbe zum alleinigen Träger einer musikalischen Form zu machen sucht. Ein Akkord erscheint unverändert, aber in immer neuer Instrumentation, und bietet das akustische Ebenbild eines Gegenstandes, über den ein Scheinwerfer farbig wechselndes Licht gießt. Bei Webern wechselt gleichzeitig das Licht und der Gegenstand. Dem beständigen Wechsel von Motiven, Rhythmen und Zusammenklängen entspricht ein dauerndes Fluktuieren und Irisieren der Instrumentalklänge, wobei die entlegensten Register und Tongebungen bevorzugt werden. Gedämpfte Trompete und Harfenpianissimo, Celesta und Bratschenflageolet, Flöten-flatterzunge und Glockenspiel machen den Anfang. Dann setzt ein Celestatriller auf gis ein, der durch 5½ Takte ge-halten wird und über dem sich ein zartes, sehr weitmaschiges Stimmgewebe ausbreitet. Mit einer ungemein zarten Mi-schung von Flöte und Trompete ppp und einem Celestaton schließt das Stück. Es ist, wie Leibowitz' Analyse zeigt, auf dem Prinzip der Variation kleinster Gestalten aufgebaut, un-mittelbar an der Schwelle des a-thematischen Stils. Seine Zartheit ist unirdisch; der stärkste dynamische Grad ist Pianissimo.

Zwei bis drei Jahrzehnte nachdem Anton Bruckner in Wien seine zyklopischen, abendfüllenden Symphonien komponiert hat, wenige Jahre nachdem Gustav Mahlers „Achte" auch diese noch übertrumpft hatte, entsteht im selben Wien diese Kunst der extremen Verkürzung und Entmaterialisierung. Dabei gehört Webern, gehört Schönbergs Schule derselben Tradition an wie Mahler und bis zu einem gewissen Grade derselben wie Bruckner. Hier vollzieht sich an zwei auf-einander folgenden Generationen ein Prozeß dialektischer Entwicklung, der für die geistigen Auseinandersetzungen am Beginn des 20. Jahrhunderts kennzeichnend ist. Das Scherzwort, Webern komponiere, was Bruckner von der österreichischen Symphonik übriggelassen hat, trifft tiefer als nur an die Oberfläche eines verwirrenden Tatbestandes.

Die Leidenschaft des öffentlichen Protestes gegen solche Musik, wo immer sie damals zur Debatte stand, stammt nicht nur aus der Unfähigkeit, sie zu verstehen. Die innere Be-drohung, die aus ihr spricht, die harte Konsequenz der Krise, die in ihr gezogen wird, mobilisiert alle psychologische Abwehr. Nicht Melodie allein, auch harmonische Logik, selbst rhythmische Kontinuität wurde hier vermißt, und

mehr noch als auf den radikalsten Bildern der linken Sezessionisten schien jeder gewohnte Schönheitsbegriff liquidiert. In
Wahrheit lebte in dieser Musik eine intimere, kondensierte
Schönheit, eine seelische Spannung, die vom Hörenden letzte
Konzentration verlangt. Das wurde zweifellos begriffen; aber
die psychischen Trägheitsgesetze verboten es, sich um Kunst
so anspruchsvoller Art ausreichend zu bemühen. Und gerade
das nahm man übel, wie man es ihr heute noch übelnimmt.
Den Wiener Avantgardisten um Schönberg lag dabei nichts
ferner als die Absicht, den Bürger zu verblüffen. Solche Tendenzen gab es in romanischen Ländern, bei den Futuristen
in Mailand und Rom, bei den jungen Genies des Mont-
parnasse. Musikern wie Berg und Webern, von Schönberg
nicht zu reden, war ihre Kunst eine heilige Sache. Sie fühlten
sich durchaus nicht als Revolutionäre, eher als verkannte
Propheten der wahren Tradition, die aus der Wiener Klassik
und Romantik zu entwickeln war. Mit Ästhetik und Praxis
alter Musik verbanden sie viele Fäden. Webern studierte bei
Guido Adler, dem großen Wiener Musikologen, Musikgeschichte, promovierte zum Doktor der Philosophie, gab
im 16. Jahrgang der Denkmäler der Tonkunst in Österreich
Werke von Heinrich Isaac heraus, dem großen niederländischen Polyphonisten des 15. und 16. Jahrhunderts, von
dessen Liedsätzen der deutsche „Innsbruck ich muß dich
lassen" auch als Choral berühmt geworden ist.
So erbittert der Kampf um die neue Musik in Wien selbst
blieb, schien in Deutschland ein lebendigeres Interesse für sie
sich anzumelden. Schönberg wandte sich 1911 von Wien ab
und ließ sich in Berlin nieder, wo er schon 1903 kurze Zeit
am Sternschen Konservatorium unterrichtet hatte (auf Emp-
fehlung Richard Straußens übrigens!). Im Sommer 1912
brachte die Frankfurter Oper den „Fernen Klang" von
Franz Schreker zur Uraufführung; Dirigent war Ludwig
Rottenberg, dessen Schwiegersohn später Paul Hindemith
wurde. Das Werk hatte einen echten Erfolg, der den Grund

legte zu Schrekers Ruhm als Opernmeister; in Frankfurt kam schon 1913 eine andere seiner Opern, „Das Spielwerk", 1918 eine der erfolgreichsten, „Die Gezeichneten", heraus.

Schreker, 1878 in Monaco geboren, ist kein Avantgardist im Sinne Strawinskys und kein radikaler Musikdenker wie die Männer um Schönberg. Seine Natur ist vollblütig, naiv und raffiniert zugleich. Er hat den unmittelbaren, angeborenen Sinn für das Theater, für die szenische Wirkung.

Die Operntexte, die er sich selbst schreibt, sind symbolbeladene erotische Tragödien aus dem Geiste des mittleren Gerhart Hauptmann und eines versüßten Frank Wedekind. Sie spielen in Narrenklausen, Malerateliers und auf Liebesinseln. In allen kommt ein Künstler vor, der einem unerreichbaren Ideal nachjagt. Der „Ferne Klang" ist das typische und•in mancher Hinsicht das beste Werk dieser Art. Es ist die Geschichte eines jungen Komponisten, der einer Klangvorstellung zustrebt, die ihm als Vision vorschwebt, ohne daß er sie greifen kann. In dem Augenblick, wo er sie hält, stirbt er.

Schreker selbst hat von seinen Werken als „klingenden Visionen" gesprochen. Der „Ferne Klang", dessen Klavierauszug bezeichnenderweise Alban Berg herstellte, ist solcher visionären Klangbilder voll. Schon das kurze Vorspiel, ein Orgelpunkt auf Es, zeigt die tonale Vieldeutigkeit, die für die Harmonik der Schrekerschen Musik so bezeichnend ist. Ein verminderter Septimakkord es–ges–a–c grundiert ein Thema, das zwischen vier Tonarten fluktuiert. Polytonale Kopplungen von Dreiklängen bis zum gleichzeitigen Ertönen von C-dur und Es-dur (vier Takte nach Nr. 4) erweitern hier den Dissonanzbegriff ebenso wie die fauxbourdonartigen chromatischen Rückungen von Sextakkorden zu einem ostinat durchgehaltenen Sekundklang as–b, die den Klang der ersten Szene begleiten. Durch mehrfache Alterierung entstehen Akkordwunder wie das in Quarten aufgetürmte es–a–d'–fis'–c''–f'' oder die von Schönberg in der Harmonielehre zitierten oder das ais-moll und Ais-dur vereinende Tremolo cisis–eis–ais–cis. Die charakteristische Stelle der Oper, aus Na-  turalismus und kühner Vision gemischt, folgt dem Zwischenspiel vor der 9. Szene beim Aufgehen des Vorhangs. Ein Tremolo auf allen sechs Tönen der Cis-Ganztonleiter, darüber auf und ab gleitende übermäßige Dreiklänge, und in diesen flimmernden Klang hineingestreut realistische Vogelrufe von Nachtigall, Amsel, Fink und Lerche.

Daß soviel harmonische Kühnheit, so tonalitätsfremde Chro- matik, so funktionslose Klangschwelgerei ohne Protest hin- genommen wurde, hatte zwei Gründe. Schrekers Thematik war ausgesprochen melodiös und von einer fast italienischen, manchmal an Puccini erinnernden Sangbarkeit. Und: die Verbindung mit der Szene, der Handlung mildert vieles, was im Konzertsaal, in der Kammer- oder Orchestermusik auf leidenschaftlichen Widerspruch gestoßen wäre. Be- sonders, da diese Handlung an der Peripetie in Operetten- tragik umschlägt, bedenklich die Kitsch-Sphäre streift und schon dadurch an die Instinkte des breiteren Theater- publikums appelliert. Doch eben durch ihren Erfolg hat die Musik dieser Opern zur Erziehung des Ohrs bei einer Ge- neration wesentlich beigetragen. Daß die neuen Klangmittel dabei sozusagen als Konterbande eingeschmuggelt und vom Hörer unbewußt und ungewollt akzeptiert wurden, macht ihre Wirksamkeit nicht geringer.

Die enge Verknüpfung der Schrekerschen Musik und Dra- matik mit der Spätromantik liegt auf der Hand. All das ist auf dem Boden des Wagnerschen Musikdramas gewachsen, wenn es sich auch „Oper in drei Aufzügen" nennt. Aber wie ein Brennspiegel faßt Schreker viele moderne Tendenzen in seiner Musik zusammen. Seine Stimmführung hat lineare Züge, seine Harmonik verbindet den sixte ajoutée-Stil des

späten Mahler mit der Tristanchromatik und mit den Ganz-
tonexperimenten Debussys, wobei sie zu polytonalen Bildungen strebt, wie sie später in Frankreich Schule machen.
Der hypertrophische Klangstil, der für ihn charakteristisch
ist, hatte in Frankreich um die Jahrhundertwende begonnen
und wird dort noch von Maurice Ravel, vor allem in der
Ballettmusik zu „Daphnis et Chloé" kultiviert. Aber schon
beginnt in Paris eine heftige Reaktion dagegen. Debussy
selbst strebt einem mehr klassischen Ideal zu, das in den
späteren Sonaten strenge Architekturen hervorruft. Wie sehr
noch der musikalische Impressionismus Debussys, Ravels ja
selbst Strawinskys um diese Zeit den Wagnerschen Natur-
klängen des Waldwebens verpflichtet ist, das erkennt mit
sezierendem und ironischem Verstand ein Musiker aus der
Generation der 1866 Geborenen. Erik Alfred Leslie Satie
hatte zuerst einem Kreis mystischer Sektierer, der Rosen-
kreuzer um den wagnersüchtigen Schriftsteller Sar Peladan
nahegestanden. Schon 1889 erregten seine Sarabanden das
Interesse Claude Debussys, der sich mit Satie befreundete
und die Stücke orchestrierte. Allmählich löste sich Satie aus
dem mystischen Orden und trat, schon vierzigjährig, in die
Schola Cantorum ein, wo man sich mehr mit ältester als
mit neuer Musik befaßte. Hier trieb er strenge kontrapunktische Studien mit einem an Bruckner erinnernden
Eifer. Sein Stil machte die entscheidende Wandlung durch:
vom Klanglichen fort zu einer unsinnlichen, herben Stimmigkeit, die völlig skeletthaft, ja wie ein Röntgenbild von Musik
wirkt, wenn man sie mit den gleichzeitigen Schöpfungen
der Impressionisten aber auch der Wiener Modernisten
vergleicht.
1912 entsteht eines der charakteristischen Hefte von Klavierstücken. Satie nennt sie „Véritables Préludes flasques pour
un Chien" mit Untertiteln wie „Seul à la Maison" oder
„Sévère Réprimande", trockene, meist zweistimmige Gebilde
von sehr einfacher Harmonik, aber kaleidoskophaft wech-

selnder Tonalität. Hier war eine Rückkehr zur Einfachheit, die gar nicht aus akademischer Reaktion stammte, sondern aus einer Ästhetik des harten Verzichts. Die Zweistimmigkeit dieser Klaviersätze hatte einen Hauch von mittelalterlicher Archaik, und gleichzeitig vermittelte sie einen Eindruck wie das augurenhafte Lächeln eines Musikers von raffinierter Modernität, der sich archaisch verstellt (siehe Anhang). Stücke wie diese oder wie die „Aperçus désagréables" oder die für Debussy geschriebenen „Morceaux en Forme de Poire" schaffen das Terrain, auf dem sich Jahre später der Neoklassizismus ansiedeln konnte. Die Kraft der Aussparung, die sie bekunden (wie sie, verglichen mit dem „Tristan", Debussys „Pelléas et Mélisande" bekundet hatte), diese eminent sittliche Kraft, hat auf die europäische Musik nach Satie viel stärker gewirkt als heute, angesichts der Vergessenheit seiner Musik, glaubhaft scheint.

Bemerkenswert ist, daß um diese Zeit, ziemlich genau um 1912, die Musik in Europa so divergierende Wege beschreitet wie den Schrekers und den Saties, den Schönbergs und den Busonis. In diesem Jahr entsteht eines der entscheidenden Werke der Neuen Musik. Schönberg schreibt in Berlin den „Pierrot Lunaire", der gleich nach Beendigung der Partitur unter seiner Leitung uraufgeführt und auf einer Tournee in den wichtigsten Städten Deutschlands gespielt wird. „Dreimal sieben Gedichte aus Albert Girauds *Pierrot Lunaire* (deutsch von Otto Erich Hartleben) für eine Sprechstimme, Klavier, Flöte (auch Piccolo), Klarinette (auch Baßklarinette), Geige (auch Bratsche) und Violoncell (Melodramen) von Arnold Schönberg, op. 21" lautet der genaue Titel. Es sind also Melodramen, allerdings Melodramen, deren Sprechstimme rhythmisch und in der Hebung und Senkung des Sprechtons genau festgelegt ist. Angeregt wurde die Komposition durch die Schauspielerin Albertine Zehme, der Schönberg den Zyklus widmete und die ihn als erste interpretierte.

Ein preziöser Ästhetizismus, gotteslästerlich und pervers, von

den Sphären Charles Baudelaires und Oscar Wildes abge-
sunken in die einer formal raffinierten Kleinkunst, lebt in den
Versen. Es sind Dreizehnzeiler von wechselndem, aber jeweils
streng eingehaltenem Rhythmus; die erste Zeile kehrt als
siebente und als letzte wieder. Pierrot, der „Dandy von
Bergamo" der skurrile, aus dem Dienerstand heraufge-
kommene Peter der italienischen Stegreifkomödie, hat bei
Giraud Züge eines feierlichen Arlecchino. (Busoni hat 1916
ein Rondo Arlecchinesco und zwei Jahre später eine Arlec-
chino-Oper geschrieben.) Auf seinem schwarzen hochheiligen
Waschtisch leuchten kristallene Flakons, er raucht echten
türkischen Tabak und spielt mit einem Riesenbogen auf
einer Bratsche. Er liebt Colombine, das Zofentäubchen, das
Arlecchino gehört; ihn liebt die graue Duenna, die in der
Laube wartend strickt. Nächtliche Gelage feiert er mit seinen
Zechkumpanen; der Erzfeind ist Cassander, der alte glatz-
köpfige Geizhals, Beaumarchais' Doktor Bartolo; mit einem
Schädelbohrer arbeitet Pierrot seinen Kopf zur Tabakspfeife
um, und ein andermal spielt er auf der Glatze mit seinem
Bratschenbogen.

Es sind kranke und groteske Visionen, die in diesen Versen
unter nächtlichem Himmel oder vor grünem Horizont be-
schworen werden; immer wieder fließt Blut vor Pierrots
Augen: aus den mageren Brüsten der Madonna, von der
Hostie, in die sich sein Herz bei der roten Messe verwandelt,
aus den Totenschreinen, in denen er Rubine sucht, von den
Lippen einer Kranken, deren Bild ihm ein Walzer von Chopin
vorgaukelt, in den Leibern der Dichter, die an ihren Versen
gekreuzigt wurden. Die Todesfurcht des sündigen Dandys
schreit aus dem Galgenlied und aus der „Enthauptung". Im
letzten Drittel nimmt die Phantasie weniger morbide und
makabre Formen an; ein Ton von Heimatssehnsucht drängt
sich vor, Pierrot ist „modern sentimental geworden". Bald
wird er in der Dämmerung gen Bergamo fahren, wo „alter
Duft aus Märchenzeit" ihn umfängt.

Verglichen mit den Gedichten von Jens Peter Jacobsen,
Stefan George und Rainer Maria Rilke, die Schönberg sonst
bevorzugte, ist das Literatur etwas geringeren Ranges, und
man ist überrascht, daß ein Musiker von so avancierter Tonsprache sich eines literarischen Sujets bemächtigt, das – nach
dem Wort Igor Strawinskys – an das Fin de Siècle Aubrey
Beardsleys erinnert. Der Pierrot Strawinskys, russisch Petruschka genannt, ist weniger parfümiert, weniger provo-
zierend blasphemisch als der Albert Girauds. Aber er bietet
dem Komponisten auch ungleich weniger Gelegenheit,
strenge Formen mit einem unendlich vielfältigen, phantastischen musikalischen Leben auszufüllen.

Der „Pierrot Lunaire" wurde in Berlin-Zehlendorf nach etwa
fünfmonatiger Arbeit am 9. September 1912 beendet. Während der letzten Wochen fanden schon Proben der fertigen
Teile statt; Eduard Steuermann spielte den Klavierpart, Albertine Zehme führte die Sprechstimme aus. Am 16. Oktober
fand im Berliner Choralionsaal die Uraufführung statt.

Das kritische Echo, das die Novität fand, war äußerst ver-
schiedenartig, es schwankte zwischen Bewunderung und
Gehässigkeit. Wie ungemein stark, im Positiven und im
Negativen, dieses Werk damals empfunden wurde, davon
kündet das Zeugnis eines amerikanischen Hörers. Er heißt
James Huneker, und Dika Newlin zitiert aus seinem 1915 in
New York erschienenen Buch „Ivory, Apes, and Peacocks"
folgende Ausfälle:

„Eine Dame von angenehmem Äußeren, in ein gemildertes
Pierrotkostüm gekleidet, stand vor einigen japanischen
Wandschirmen und begann zu intonieren – besser gesagt, zu
rezitieren . . . Was hörte ich? Zuerst den Klang von feinem
Porzellan, das in tausend leuchtende Bruchstücke zersplittert.
In dem Durcheinander von Tonalitäten, die sich aneinander
rieben, während sie kamen und gingen, in der vorüber-
gehenden Umklammerung engharmonischer Klänge, die beinahe das Ohr zum Bluten, das Auge zum Tränen, die Kopf-

haut zum Frieren brachte, konnte ich meiner nicht Herr werden. Es war neue Musik (oder es waren neue, ausgesucht gräßliche Klänge), und nicht zu knapp. Eine wahre Ekstase des Häßlichen!... Schönberg ist ... der grausamste aller Komponisten, denn er mischt in seine Musik weißglühende scharfe Dolche, mit denen er kleine Scheiben vom Fleisch seines Opfers wegschält. Dann dreht er die Klinge in der frischen Wunde herum, und du empfindest einen weiteren schrecklichen Schauer ... Was für eine Musik ist das, ohne Melodie im gewohnten Sinn; ohne Themen, aber jedes Teilchen einer Phrase von einem Könner kontrapunktisch entwickelt; ohne eine Harmonie, die nicht die Ohren verletzt und bildlich gesprochen die Trommelfelle zerreißt; Tonarten zu hassenswerter Vermählung gebracht, die meilenweit auseinanderliegen oder aber zu nahe verwandt sind für eine Verbindung im Sinne des Ohrs; keine Form, d. h. im scholastischen Formsinne, Rhythmen, die so fortgesetzt variieren, daß sie monoton werden – was für eine Musik, frage ich noch einmal, ist das, die einen ,kristallenen Seufzer' malen kann, oder die Schwärze prähistorischer Nacht, das Bodenlose einer kranken Seele, den Mann im Mond, die schwachen süßen Düfte eines unmöglichen Feenlandes, das Stolzieren des Dandys von Bergamo?... Es gibt keine melodische oder harmonische Linie, nur eine Kette von Punkten, Klecksen, Spritzern oder Phrasen, die seufzen und schreien, verzweifeln, explodieren, lobpreisen und Gott lästern." Der Verfasser dieser anschaulichen Schilderung war einer der führenden Musikkritiker Amerikas, für die „New York Times" tätig, ein Chopinkenner und gebildeter Weltenbummler.

In Deutschland selbst hatte schon vorher ein Kritiker Gehässigeres über Schönberg und auch gleich mit über Busoni und die „Pan"-Clique geschrieben; hier trat zu dem Vorwurf der Krankhaftigkeit und der Ohrquälerei noch ein perfiderer. Man warf Schönberg bewußte Spekulation und Kunstschwindel vor. In Österreich hatte ein Arzt vor Gericht ausgesagt, Musik dieser Art habe gesundheitsschädliche Folgen. Der Verfasser darf hier aus eigener Erfahrung einschalten, daß Urteile solcher Art in vielen Fällen das Gegenteil von dem bewirkten, was sie erstrebten. Er hat als junger Mensch, nachdem er einmal die Wirkung kühner Harmonik und unkonventioneller Melodik an sich erfahren hatte, ein leidenschaftliches Interesse für alles entwickelt, was in so scharfer Weise abgelehnt wurde. Die infamen Angriffe, die er in der Tages- und Fachpresse gegen Schönberg und andere geistesverwandte Künstler las, wirkten auf ihn als wuchtige und nachdrückliche Empfehlungen. Es war die Art des Kampfes, die unfaire Art der Diffamierung, die in ihm eine erbitterte Opposition gegen die Methoden einer rückständigen ästhetischen Jurisdiktion aufrührte und ihn zum begeisterten Freund der also inkriminierten Kunst erzog.

Aber abgesehen von ihrer Abneigung gegen den „Pierrot Lunaire" hatten diese Beurteiler das Werk durchaus nicht verstanden. Huneker vermochte einiges gut zu beobachten und zu schildern. In einem verkannte er Schönbergs Partitur gründlich: in ihrer vermeintlichen Formlosigkeit. Mit dem „Pierrot Lunaire" hat in Wahrheit Schönberg das Stadium der amorphen Musik und des a-thematischen Stils weitgehend überwunden. Verglichen mit der „Erwartung" oder den Sechs Klavierstücken opus 19 sind die 21 Melodramen eine Rückwendung zur Tradition. Nicht, was den harmonischen Stil, nicht was die Melodik, die Rhythmik und die Instrumentation betrifft. Aber im Formalen. Schönberg hat die Gefahr, die der a-thematische Weg als Vorbild bedeutet, sehr schnell erkannt. Er strebte feste formale Konturen an; das Chaotische, das als schöpferische Möglichkeit seine bedeutende Funktion hatte, nicht als Prinzip, dazu fehlt dem Chaos ja die ordnende Kraft, aber als Ferment zur Entwicklung einer fruchtbaren Zersetzung der struktiven Bestandteile, ihm war es immer verdächtig. Sein Schüler Hanns Eisler hat ihn den großen Konservativen genannt, und er selbst (wie übrigens auch Strawinsky) lehnt es ab, als Revolutionär bezeichnet zu werden. In der „Pierrot"-Partitur wird der Ordnungsruf zum erstenmal wieder im Bereich der Avantgarde laut.

Abgesehen von einfachen zwei- und dreiteiligen Formen (wie z. B. dem variierten Strophenlied des letzten Stücks „O alter Duft") wird hier eine Reihe von alten homophonen und polyphonen Konstruktionsweisen wieder belebt. „Valse de Chopin", das fünfte Stück, ist ein langsamer Walzer, ebenso die parodistische „Serenade" (Nr. 19). Die „Heimfahrt", dichterisch einer der reizvollsten Einfälle Girauds, ist als Barcarole komponiert. Mit wenigen Ausnahmen sind die 21 Sätze hochpolyphone Kompositionen, mit einer kontrapunktischen Kunst gestaltet, die um so souveräner mit dem Stimmengeflecht umgehen kann, als sie keine Rücksichten auf tonale Funktionen der Zusammenklänge nehmen muß und über jede denkbare Akkordkombination verfügen kann. Neben ganz freier Stimmenverknüpfung werden dabei auch alle Formen des imitatorischen Stils angewandt. Kanonische Bildungen treten überall auf, schon gleich im ersten Stück, „Mondestrunken", wo das Klavier bei den Worten „eine Springflut überschwemmt" einen Oktavkanon zweistimmig im Abstand einer Sechzehntelnote spielt. Es entspricht dem Schönbergschen Prinzip der permanenten „entwickelnden Variation", daß dieses Kanonthema eine sofort als solche erkennbare Abwandlung der Sechzehntelfigur ist, mit deren vierfacher ostinater Wiederholung das Klavier den Satz, und damit das Werk, einleitet. In bald freien, bald strengen Variationen, mitunter auch durchführungshaft auf andere Stufen transponiert, immer an der charakteristischen gleichmäßigen Sechzehntelbewegung (oder vergrößert Achtelbewegung) festhaltend, beherrscht diese Figur den Ablauf des ganzen Satzes. Sie besteht übrigens aus einer Folge von sieben verschiedenen Tönen; als Kontrasubjekt tritt zu ihr ein ebenfalls ostinat wiederholtes Motiv fis″–dis″–fis″, das auch konstruktive Bedeutung gewinnt. Mit dem in der Flöte dazutretenden a″ zusammen wird hier gleich zu Anfang ein Material von zehn Tönen exponiert.

Die strengsten Formen verwendet Schönberg in dem achten Stück, „Nacht", das als Passacaglia, d. h. als Variationenreihe eines Baßthemas gearbeitet ist, und in dem Krebskanon „Der Mondfleck" (Nr. 18). Die Passacaglia ist offenbar das Stück, dessen Schilderung der prähistorischen Nacht den amerikanischen Kritiker Huneker so erschreckte. Die drohende Stimmung dieser Musik, die zum Klavier nur Baßklarinette und Violoncello gesellt, hat in der Tat eine physisch suggestive Kraft, in ihr verhundertfacht sich die Vision des Dichters, der von „finsteren schwarzen Riesenfaltern" spricht, die den Sonnenglanz töten, von dem geschlossenen Zauberbuch des Horizonts, von Ungetümen, die sich unsichtbar auf Menschenherzen niederlassen. Die Kunst, mit der Schönberg das breit wuchtende Baßmotiv E–G–Es mit dem folgenden chromatischen Abstieg erst durch Wiederholung mit wechselnden Oberstimmen, dann durch Verkleinerung und sequenzierendes Jagen durch alle Tonstufen abwandelt und, dem Text angepaßt, zu dramatischer Spannung treibt, ist wohl unverkennbar.

Noch logischer ergibt sich die Form aus dem Text im „Mondfleck". Es ist die Geschichte vom nächtlich spazierenden Pierrot, der auf dem Rücken seines Anzugs einen weißen Fleck spürt und sich nun von hinten ansieht, reibt, und den Fleck nicht herunterkriegt, weil es ein Mondfleck ist. Das Sichdrehen und Rückwärtssehen ist durch das Mittel des Krebskanons sehr treffend geschildert: von einer bestimmten Textstelle an, und zwar genau in der Mitte des Gedichts, wenn die einleitende Zeile „Einen weißen Fleck" zum erstenmal wiederkehrt, laufen alle Noten der Flöte, der Klarinette, der Geige und des Violoncellos konsequent rückwärts; ein genaues Spiegelbild der bisher gehörten Komposition ertönt, bis im letzten Takt die Ausgangsnoten

wieder erreicht sind. Für den Hörer ist das weniger evident
als für den Leser der Partitur. Derlei hineingeheimniste
Künste erinnern an die Praktiken der Niederländischen Polyphonisten im 15. Jahrhundert, denen Schönberg auch in der
rücksichtslos linearen Führung seiner Kontrapunkte verwandt ist.

Harmonisch ist der „Pierrot Lunaire" durchaus ein Dokument der freien Atonalität. Tonale Schwerpunkte sind fast
immer vermieden. Und dennoch schließt Schönberg den
Zyklus mit dem variierten Lied „O alter Duft", das mehr als
nur Andeutungen von tonalen Wirkungen bringt. Es ist
zweifellos eine Komposition in E-dur, wenn auch einem sehr
frei modulatorisch behandelten E-dur, das sich mühsam
gegen chromatische und polytonale Gegenkräfte zu behaupten sucht und schließlich aber wirklich mit einer para-
doxen Dreiklangkadenz durchsetzt. Es mag Zufall sein, daß
der ganze Zyklus ebenfalls mit einem Bestandteil des E-dur-
Dreiklangs beginnt, mit der – allerdings sehr schnell durch
andere Tonfolgen verdrängten – Terz e–gis an der Spitze
von „Mondestrunken"!

Auch heute, fast vierzig Jahre später, wirkt der „Pierrot
Lunaire" durchaus epochal, als ein Meisterwerk seiner Zeit,
als eine Geistestat von unabsehbaren Folgen für die nach-
folgende Generation und ihre Musik. Er ist dasjenige unter
Schönbergs Werken, das ihm die breiteste Resonanz verschafft hat, und zwar unmittelbar nach seiner Entstehung.
Denn das Ensemble der Berliner Uraufführung ging noch im
selben Jahr auf eine Tournee, die durch zahlreiche deutsche
Städte und auch nach Österreich führte. Unter den Mitwirkenden war ein erst 21jähriger Berliner Musiker, der
viel später ein leidenschaftlicher Bannerträger der neuen
Musikbewegung in Deutschland wurde. Er heißt Hermann
Scherchen.

Und im selben Jahr 1912 geschah noch etwas anderes sehr
Wichtiges: der Münchener Verlag R. Piper, in dem auch der

„Blaue Reiter" erschien, brachte ein Sammelbuch über Schönberg heraus, das seine Schüler und Bewunderer geschrieben hatten. Zu den Mitarbeitern gehörten Kandinsky, Anton von Webern, Heinrich Jalowetz, Egon Wellesz, Erwin Stein, Karl Horwitz und Alban Berg. Neben zahlreichen Notenbeispielen enthielt das 90 Seiten starke Bändchen auch mehrere Reproduktionen der höchst merkwürdigen Zeichnungen und Gemälde, die Schönberg zwischen 1907 und 1911 produziert und in einer Ausstellung der Wiener Kunsthandlung Heller zur Diskussion gestellt hatte.

Das Problem der „Pierrot"-Partitur wurde darin allerdings nicht behandelt. Es war vor allem ein ästhetisches. Schönberg hatte dem Werk ein Vorwort vorangestellt, in dem er bestimmte Forderungen an die Sprecherin stellte. Die Fixierung der Sprechstimme in bestimmten Rhythmen war nichts Neues, das gab es in früheren Melodramen auch. Aber Schönberg notierte ihren Verlauf in Notenwerten, in ganz bestimmten Tonhöhen, die aber nicht beibehalten werden sollen; er warnt ausdrücklich vor einer „singenden Sprechweise". Das hat immer wieder bei Einstudierungen des „Pierrot Lunaire" zu Schwierigkeiten geführt. Verbindliche Lösungen für das Problem gibt es nicht. Schönberg selbst duldete, ja empfahl, wenn immer er Proben des Werks leitete, größte Unabhängigkeit von den Tonhöhenvorschriften seiner Partitur. So konnte jede Interpretin ihre eigene Form des Sprechgesangs finden, und phonographische Aufzeichnungen mit anschließenden Messungen der Tonhöhe haben erwiesen, daß die notengetreueste Interpretation durchaus nicht auch die beste war.

An und für sich ist die Verbindung von gesprochenem Wort und Musik, vor allem wenn sie auch auf größere Formen ausgedehnt wird, etwas ästhetisch Fragwürdiges. Schönberg selbst hat allerdings an dem einmal aufgestellten Prinzip festgehalten; die Sprechstimme erscheint in der „Glücklichen Hand" und der heiteren Oper „Von heute auf morgen" wieder. Sie ist alleiniger Textträger in der viel später komponierten „Ode an Napoleon" und wird im „Kol Nidre" und in dem „Überlebenden von Warschau" verwendet. Auch Alban Berg übernimmt das Prinzip in seine Opern „Wozzeck" und „Lulu". Aber außerhalb der persönlichen Schule Schönbergs hat diese Form der fixierten Sprechstimme keine Anwendung gefunden. Die melodramatischen Formen, die Igor Strawinsky in „L'Histoire du Soldat" und der „Perséphone" (nach André Gide) anwendet, sind völlig andere und entsprechen mehr der Tradition des 18. Jahrhunderts.

In der großen Reihe satztechnischer Experimente, die in dem Jahrzehnt 1910–1919 durchgeführt werden, ist der Schönbergsche Melodramen-Typ eines der interessantesten. Obwohl er sich selbst nicht durchgesetzt und in einem allgemeineren Sinne nicht Schule gemacht hat, ist er doch zum Anlaß eines der entscheidenden Meisterwerke der Generation geworden. Der „Pierrot Lunaire" ist einer der in der Geistesgeschichte nicht allzu seltenen Fälle von formalen Versuchen, die in sich selbst auch ihren eigenen Abschluß tragen.

Ein Experiment ganz anderer Art, und doch in der Grundkonzeption dem Schönbergschen verwandt, wurde im selben Jahr in Amerika der Öffentlichkeit vorgeführt. Ein fünfzehnjähriger Student der University of California, Henry Cowell, spielt in dem Music Club zu San Francisco Klaviermusik mit sogenannten „tone-clusters", Tontrauben, die er mit dem Unterarm anschlägt. Das sind Komplexe von zehn, zwanzig oder auch mehr Tönen, die zusammen einen geräuschartigen Klang ergeben, aber äußerst differenzierungsfähig sind. Diese Tontrauben kommen in milderer, sehr viel kleinerer Form gelegentlich bei Debussy als Zusammenklänge von drei chromatisch benachbarten Tönen vor; man kann die Sekundenfolgen bei Mussorgsky als ihre geschichtlichen Wurzeln betrachten. Auf der Suche nach neuen Dissonanzreizen sind Zusammenklänge von mehreren dicht beieinanderliegenden Tönen in der freien Atonalität ebenso gebräuchlich wie in der rhythmisch-perkussiven Musik Strawinskys. Das schon genannte Beispiel des Schlusses von Alban Bergs Streichquartett ist dafür ebenso bezeichnend wie viele Stellen in Strawinskys „Petruschka". Diese Dinge sind Klangphänomene, die zwar noch vom Ohr analysiert und in ihren Einzeltönen wahrgenommen werden können. Sie liegen aber an der Grenze, wo Ton in Geräusch übergeht. Und an dieser selben Grenze liegt ja auch die Sprechstimme, die Schönberg für den „Pierrot Lunaire" verlangt. Der Wunsch, die musikalischen Ausdrucksmöglichkeiten durch Verwendung von Geräusch zu erweitern, ist offenbar um diese Zeit in vielen Musikern gereift. Er findet seinen Ausdruck auch in der Vergrößerung der Schlagzeuggruppe im modernen Orchester und in den immer stärker hervortretenden quasi solistischen Aufgaben, die dem Schlagzeug zugewiesen werden. Mahler und Strauß haben in ihren symphonischen Arbeiten ganz neue Geräuschinstrumente wie den Hammer, klirrende Ketten und die Windmaschine eingeführt.

Ohne Zweifel liegen in der rhythmischen und klangfarblichen Organisation des Geräuschs noch unentdeckte künstlerische Möglichkeiten. In den primitiven und den exotischen Musikkulturen wird von ihnen weitgehend Gebrauch gemacht. In der abendländischen Musik sind sie seit Jahrtausenden verschüttet und ungenutzt. Erst die moderne Welt des Industriezeitalters hat die Erinnerung an solche archaischen Geräuschkünste geweckt. Die Maschinen haben das Leben des Menschen seit dem 19. Jahrhundert zunehmend mit Lärm imprägniert; eine moderne Großstadtstraße, eine Maschinenhalle, ein Bahnhof, ein Flugplatz bringen mehr Geräusch hervor, als die gesamte Welt im Zeitalter der Postkutsche zusammen. Diese Geräusche, das Stampfen und Rattern der Motoren, das Heulen der Kompressoren, das Brausen der Propeller, das Klappern einer Schreibmaschine, das Fauchen eines Staubsaugers, das Schreien einer Sirene

– sie haben bestimmte Ausdruckskräfte und Wirkungen, denen man sich nicht verschließen kann.

Der Urbanismus in den modernen Künsten ist der Maschine emphatisch zugetan. Er bejaht das Tempo, das sie in das zeitgenössische Leben getragen hat, die Konstruktionsformen, die sie inspiriert, von der Schiffsschraube bis zur Stromlinie. Italiens Futuristen, unter der Führung F. T. Marinettis, wollen die Künste durch die Mittel der Maschinentechnik beleben. Ihrem Kreise gehört eine Gruppe von Musikern an, von denen Francesco Balilla Pratella und Luigi Russolo eine gewisse Berühmtheit erlangen. Pratella gehört seit 1910 zur Gruppe der Futuristen; er vertritt einen entschieden nationalen Standpunkt, den er nach futuristischer Art mit einem utopischen Fortschrittswillen und Positivismus in Verbindung bringt. Sein erstes Werk im futuristischen Geiste ist ein Chorwerk „Hymne an das Leben". Russolo, 1885 geboren, ist um fünf Jahre jünger als Pratella, dem er sein futuristisches Manifest „Die Kunst des Geräuschs" widmet. Das Manifest, eine ausführliche Untersuchung der Geräuschmöglichkeiten, durch die man die Musik bereichern kann und sollte, erscheint am 11. März 1913 in Mailand und wird zur Grundlage dessen, was die Futuristen die Kunst des Bruitismus (vom französischen bruit = Geräusch) nennen. Russolo unterscheidet sechs Kategorien von Geräuschen. Zur ersten gehören Explosionen, Donnerschläge und krachende Geräusche. Zur zweiten Pfiffe, Zischen. Zur dritten wispernde, murmelnde, gurgelnde Geräusche. Zur vierten schreiende, kreischende Geräusche und solche, die durch Reibung erzeugt werden. Zur fünften solche, die durch Aufschlag auf Metall, Holz, Steine usw. entstehen. Zur sechsten Tier- und Menschenstimmen, alles, was brüllt, heult, lacht, schluchzt usw.

Dieses bruitistische Manifest drückte ohne Zweifel Tendenzen und Ahnungen aus, die im Hintergrund fast aller modernen Musik standen, es vermittelt viel von der Beunruhigung, die künstlerisch schöpferische Menschen durch die Welt der modernen Technik erfuhren, und ist in diesem Sinne ein Zeitdokument von bedeutendem Reiz. Seine unmittelbare Wirkung aber blieb gering. Aus dem Futuristenkreis ging kein musikalisches Kunstwerk von überragender Bedeutung hervor. Dennoch wirkten diese Ideen fort. Eine Reihe von Musikern, die der futuristischen Bewegung nicht nahestanden, namentlich der Franzose Edgar Varèse, knüpfte an die Bruitisten an und experimentierte mit Geräuschmusiken. Von ihnen wird noch gesprochen werden.

Um dieselbe Zeit treten zwei italienische Komponisten in die Reihe der europäischen Avantgarde. Alfredo Casella (1883 in Turin geboren) lebt als führender Pianist und Pädagoge in Paris und steht noch unter dem Einfluß Debussys, bevor er sich einem Stil gewagtester Klangexperimente zuwendet; ein ungemein sensitiver Seismograph, reagiert er nacheinander auf mehrere radikale Stile, um schließlich in einem italienisch-nationalen Neoklassizismus Beruhigung zu finden. G. Francesco Malipiero (1882 in Venedig geboren) geht 1913 ebenfalls nach Paris, wo er dem Dichter Gabriele d'Annunzio und dem Komponisten Maurice Ravel nahetritt. D'Annunzio schreibt einen Operntext für ihn „Sogno d'un Tramonto d'Autunno". Von Malipieros frühen Orchesterwerken erregen die „Impressioni dal Vero" internationales Aufsehen. Auch in ihnen überwiegt noch der Einfluß des französischen Impressionismus, zu dem allerdings schon bald eine Neigung zu polytonalen Klangschichtungen tritt. Anfang 1913 vollendet Strawinsky in Clarens die Partitur des „Sacre du Printemps", ein Werk voller Experimente auf dem Gebiet des Rhythmus und der Klangfarbe, weit und entscheidend aus den Grenzen der Tonart tretend, allerdings nicht auf dem Wege Schönbergs, sondern auf dem der Poly-Akkordik und Tonartenverkopplung. Es ist die letzte Partitur Strawinskys für Riesenorchester, so wie die „Gurrelieder", ebenfalls Anfang 1913 vollendet (wenn auch schon

um 1900 begonnen), den Höhepunkt in Schönbergs orchestralen Mammutbesetzungen darstellen.

Paris muß um diese Zeit eine geistig unvergleichlich faszinierende Stadt gewesen sein. Es erlebte den „Sacre"-Skandal,
den Kampf der Kubisten gegen die Ästhetik des Impressionismus, die Bilder Pablo Picassos und Georges Bracques.
Sergej von Djaghilew und Gabriele d'Annunzio experimen-
tierten an neuen Formen des Theaterspiels. Debussy fand
seinen reifen Sonatenstil. Satie komponierte seine krausen,
verblüffenden Klavierstücke mit immer rätselhafteren Titeln
und Zwischenzeilen. Romain Rolland brachte die Gemüter
der Konservativen und der Avantgardisten gleichermaßen
in Aufruhr durch einen Musikerroman „Jean Christophe",
der an deutschen und französischen Traditionen dieselbe
kühne und humanistische Kritik übt. Es mutet wie eine
tragische Ironie der Geschichte an, daß Rolland sein Buch,
ein leidenschaftliches Bekenntnis zur Verbrüderung und
Verständigung der Deutschen und Franzosen über das
Medium der Musik, gerade 1913 beendet, im letzten Jahr
des europäischen Friedens. 1914 beginnt der erste große
Weltbrand, der so viele kulturelle Kräfte auf Jahre, manche
auf immer, zum Schweigen bringt.

DER NEUE FOLKLORISMUS

Durch die kriegerischen Verwicklungen entsteht in Europa überall ein neuer Nationalismus. Vor allem kleinere Nationen, die machtpolitisch und kulturell im Hintergrund standen, gewinnen an Selbstbewußtsein. Der Osten und Südosten Europas war von jeher ein Kraftfeld nationaler und kultureller Spannungen. Noch aus dem 19. Jahrhundert, aus der romantischen Ideologie, hatten seine Völker den Anspruch auf kulturelle Autonomie übernommen, den sie jetzt erneut und mit wachsendem Nachdruck anmelden.

Das ist nun allerdings eine Entwicklung, die nicht erst seit 1914 Früchte trägt. Aber die Politik knüpft seit 1914 gern an sie an und fördert Strömungen, die ihr geeignet scheinen, nationale Gegensätze zu vertiefen. In Ungarn wie in Böhmen, in Polen wie in Rumänien, in Serbien wie in Kroatien, in Griechenland wie in Bulgarien waren selbständige künstlerisch schöpferische Kräfte längst wirksam geworden. Sie konnten nun erfaßt und – oft sehr gegen den Willen ihrer Träger – als machtpolitische Faktoren benutzt werden.

Als der ungarische Komponist Béla Bartók 1905 seine Volksliedforschungen begann und (vor allem bis 1914) große Gebiete des Balkans bereiste, um Volksmusik an der Quelle kennenzulernen und auf Schallplatten aufzunehmen, lag ihm gewiß nichts ferner, als Staatspolitik zu machen. Es war ein rein künstlerischer Nationalismus, der sich bei ihm mit einem wissenschaftlichen Streben nach Vollständigkeit und Gründlichkeit verband. Zusammen mit Zoltán Kodály sammelte Bartók in diesen zehn Jahren vor dem Weltkrieg über 6000 Aufzeichnungen ungarischer Volksmusik.

Aber er beschränkte sich nicht auf seine Heimat. 1913 er-

schien in der Rumänischen Akademie seine Untersuchung
über „Chansons populaires roumaines du département
Bihar". Die populären Anschauungen über ungarische und
rumänische Musik wurden durch Bartóks Aufzeichnungen
völlig umgestoßen. Man lernte eine Volksmusik von höchst
charaktervoller Eigenart kennen, ganz ohne das unstete
Fluktuieren der Zigeunermusik, die noch Franz Liszts ungarische Kompositionen entscheidend bestimmt hatte. Vor
allem war diese Musik rhythmisch weit über das Maß der
traditionellen europäischen Kunstmusik entwickelt. Als
Bartók später die Welt der bulgarischen Tanzmusik entdeckte, geriet er völlig in den Bann dieser asymmetrischen
Rhythmen. Es waren, neben 5er und 7er Taktarten, wie sie
ja auch Strawinsky im „Sacre du Printemps" verwendete,
Metren, in denen acht oder zwölf Zähleinheiten in unregel-
mäßiger Weise aufgeteilt wurden. Ein „bulgarischer"
Acht-Achtel-Takt z. B. betont sich eins-zwei-drei--eins-
zwei--eins-zwei-drei oder auch eins-zwei--eins-zwei-drei--
eins-zwei-drei oder eins-zwei-drei--eins-zwei-drei--eins-zwei;
ein rumänischer Zwölf-Achtel-Takt, wie ihn Bartók dem
Verfasser 1938 in seiner Budapester Wohnung vorspielte,
setzt sich aus 2 plus 3 plus 2 plus 3 plus 2 Achteln zusammen.
Die Rumänischen Tänze und Ungarischen Bauernlieder, die
Bartók 1915 veröffentlichte, beziehen solche Rhythmen mit
ein. Sie sind aber auch harmonisch voller neuer Kräfte und
origineller Wesenszüge. Obwohl Dreiklang und tonales
Zentrum aus ihrer Konzeption nicht wegzudenken sind,
sprengen sie doch die Grenzen der Tonart durch eine kühne
und harte Kunst der chromatischen Alteration. Von Debussy
übernimmt Bartók die Technik der parallelen Septimen und
Nonen. Der übermäßige Dreiklang, einer der wirksamsten
Zersetzer der Tonalität, spielt bei ihm eine große Rolle;
Dur und Moll vermischen und verwischen sich beständig;
chromatische Gegenbewegung von Terzen und Sexten, scheinbar ohne Rücksicht auf den Zusammenklang, schafft neue

Akkordphänomene; eine bestimmte, typisch bartókische Querstandstechnik führt zu Resultaten, die an Kühnheit den Experimenten der Schönbergschule nahestehen.

Alle diese Ergebnisse eines neuen harmonischen Fühlens, das sich der bisher als Dissonanzen angesehenen Klänge mit Vorliebe bedient, treten aber bei Bartók unter dem Zwang eines festen und sozusagen primären Rhythmus auf. Sie sind nicht, wie in der jungen Wiener Schule, Folgen eines wesentlich polyphonen Denkens, das sie als Resultate von Stimmführungen präsentiert. Selbständige, namentlich rhythmisch selbständige Stimmen sind in dieser frühen Periode des Bartókschen Schaffens kaum anzutreffen. Diese Musik ist im wesentlichen homophon; sie bevorzugt melodische Oberstimmen, die akkordisch begleitet werden, allerdings mit Akkorden von verblüffender Neuheit und packender, oft urtümlicher Kraft.

Die Melodien Bartóks sind alle aus dem Boden der ungarischen Folklore gewachsen. Er verwendet zwar fast nie wirkliche Volksthemen, aber seine eigene melodische Erfindung ist durchaus imprägniert mit den Wendungen, die für Ungarns Tänze und Volkslieder charakteristisch sind. Entsprechend seinem sehr modernen, fortschrittlichen und chromatischen Klangempfinden wandelt er dieses Volksmelos ab; er gibt ihm Züge von expressionistischer Eckigkeit und überraschende, außerhalb der Diatonik liegende Wendungen. Aber der breite Periodenbau, der lange Atem echter Volksmusik ist in seinen Themen konserviert. Und dieses Melos mit seinen exotischen, schon der arabischen Musik verwandten Intervallen, seiner Vorliebe für die fallende Quarte und die übermäßige Sekunde wirkt als ein ganz neuer Reiz; es ist, im Vergleich mit der deutschen oder der italienischen Volksmusik, durchaus unverbraucht. Die melodischen Kräfte, die es enthält, scheinen noch in statu nascendi.

Was an Bartóks Musik besonders auffällt, sobald man sie analysierend unter die Lupe nimmt, ist ihre akribische

Genauigkeit. Da gibt es keine Note, die nicht ihre Funktion im Gewebe des Ganzen hätte; nichts kann hinzugefügt, nichts weggelassen werden. Es ist die Kunst eines Feinmechanikers oder eines Juweliers, meisterlich im Handwerk, ganz ohne die Vernebelungen, ohne das Sfumato der Debussyschule oder den hypertrophierten Klang der Straußianer. Wäre sie nicht harmonisch so voller Überraschungen, so durchaus originell und genial-bizarr im Klang, man könnte glauben, vor einer Kunst ohne Irrationalismen zu stehen, einer formvollendeten, wenn auch formal ganz und gar neuartigen Ingenieursmusik. Alle Bartókschen Formstrukturen vermitteln den Eindruck des zwingend Logischen. Sie erschließen sich dem Hörer durchaus nicht bei der ersten Begegnung; es bedarf oft sehr eingehenden Studiums, um sie zu erfassen. Aber dann hat man das Gefühl, es könne gar nicht anders sein, die Natur selbst habe hier durch das Medium der Musik gesprochen und den Weg zu höchsten und genial ausgewogenen Kunstformen genommen.

Das trifft vor allem auf die Werke der frühen und mittleren Schaffensperiode zu. Bartók selbst teilt sein Werk in mehrere Schaffensperioden ein. Die erste reicht bis 1918, bis zu Bartóks 37. Lebensjahr (er kam 1881 in Nagy-Szentmiklosz, Ungarn, zur Welt). Es ist die Zeit, in der er Einflüsse der südosteuropäischen Volksmusik aufnahm und harmonisch unter dem Einfluß Debussys und der übrigen jungfranzösischen Musik stand. „1918–1924 war mein Schaffen radikaler und mehr homophon", hat Bartók selbst festgestellt. Seit 1926 hat es sich mehr und mehr harmonisch vereinfacht, gleichzeitig aber an polyphoner Kompliziertheit zugenommen.

Unter den Werken der ersten Schaffensperiode ist die Oper „Blaubarts Burg" eines der interessantesten, eine Art szenischer Kantate, die im Ablauf eines Aktes ein Maximum an dramatischer Spannung in einer Musik von harter, leidenschaftlicher Melodik und Rhythmik unterbringt. Die Orchesterbehandlung ist frappierend neu; Klangfarben von glühender Farbigkeit stützen die Führung der Singstimmen. Das Werk ist 1911 komponiert, aber erst 1918 uraufgeführt worden.

Bartóks überragende schöpferische Leistung ist der Brückenschlag zwischen seiner heimatlichen Volksmusik und den modernsten Tendenzen der Kunstmusik. Er hat zur Liquidierung des überlieferten Konsonanz- und Tonartbegriffs ebensoviel beigetragen wie etwa Igor Strawinsky und zweifellos mehr als die übrigen, zum Teil hochbegabten Komponisten des östlichen und südöstlichen Europas.

In keinem seiner Werke der damaligen Schaffensperiode tritt Bartóks Persönlichkeit, tritt sein unverwechselbarer Stil deutlicher zutage als in der genialen Suite für Klavier opus 14, die 1916 entstanden ist. Schon der erste der vier Sätze ist in seiner lapidaren Harmonik bezeichnend. Wie hier, vorwiegend mit dem einfachen Mittel des Dreiklangs, eine Atmosphäre gespaltener Tonalität geschaffen wird, wie das tonale Zentrum gleich anfangs zwischen B und E, also den am wenigsten verwandten Durtonarten, schwankt und die darüber liegende Melodie ebenfalls schwankt, aber zwischen lydischem C und e-moll, das ist in hohem Grade inspiriert und überzeugend. Harmonisch am kühnsten, sehr nahe der freien Atonalität Schönbergs, ist der langsame, auf einen dissonanten Vierklang aufgebaute Satz. Das Scherzo ist aus einem Motiv konstruiert, das den übermäßigen Dreiklang zerlegt; da dieser auf immer anderen Stufen aufgebaut ist, entsteht eine Pantonalität, die frei mit allen unausgesetzt exponierten zwölf chromatischen Tönen schaltet.

Mit dem Tanzspiel „Der hölzerne Prinz" erreichte diese Epoche in Bartóks Schaffen 1917 einen Höhepunkt. Eine Anzahl von Kammermusikwerken wie das erste Streichquartett und die erste Violinsonate sowie die kleinen Klavierstücke für Kinder (eine Vorstufe zu dem reifen Lehrwerk

des „Mikrokosmos" von 1937), die Zwei Porträts für
Orchester opus 5 und die Ungarischen Volkslieder leiten den
Stil dieses frühen, national gebundenen Bartók genial ein.
In dieser Zeit steht Bartók stilistisch seinem Freunde und
Altersgenossen Zoltán Kodály am nächsten. Sie betreiben
zusammen ihre folkloristischen Studien, und genau wie bei
Bartók beeinflußt auch bei Kodály die ungarische Folklore
den melodischen und rhythmischen Stil. Aber Kodály ist
die viel weichere Natur, ein konzilianterer (wenn auch in
Fragen der künstlerischen Technik sehr sauberer) Geist, ein
Musiker des weichen, impressionistisch zerfließenden Klangs,
im ganzen der Tradition in einem üblicheren Sinne zugeneigt
als Bartók. Kodály hat eine viel weniger dramatische geistige
Entwicklung durchgemacht als sein um ein Jahr älterer
Freund, aber auch er ist repräsentativ für sein Land und für
das Zeitalter der folkloristischen Moderne, die im ersten
Weltkrieg so wichtige Ergebnisse gezeitigt hat.
Schon im 19. Jahrhundert hatten einige große tschechische
Komponisten, allerdings noch stark unter deutschem Ein-
fluß, neue nationale Farben zum Bild der europäischen Musik
beigetragen. Mit Bedřich Smetana, Antonín Dvořák und
Zdeněk Fibich erwacht das musikalische Selbstbewußtsein
dieses eminent begabten Volkes zu schöpferischem Elan. In
Josef Suk (1874–1935), dem Schüler und späteren Schwiegersohn Dvořáks, in Vítězslav Novák (1870–1949) und Otakar
Ostrčil (1879–1935) wird der Durchbruch zur Moderne im
Anschluß an die romantische Prager Überlieferung vollzogen, und zwar zeitweise mit außerordentlichem Radikalismus. Die originellste Persönlichkeit des tschechischen Mu-
sikertums aber wächst abseits in Brünn heran. Jahrzehntelang
völlig unbekannt außerhalb seiner provinziellen mährischen
Heimat, schreibt Leoš Janáček Werk auf Werk in einem Stil,
der an keine landesübliche oder bekannte Tradition anknüpft.
Er ist das erste moderne Genie des panslawischen Gefühls,
vergleichbar nur mit Modest Mussorgsky im 19. Jahrhundert,

spät entdeckt, dann aber von der Welt um so begeisterter aufgenommen.

Janáček, 1854 in Hukvaldy (Mähren) geboren, studiert zwar in Leipzig und Wien, bleibt aber von romantischen und klassischen Vorbildern deutscher Provenienz fast unbeeinflußt. Er gründet eine Orgelschule in Brünn, führt ein arbeitsreiches Leben und ist auf seine gänzlich individuelle Weise ebenfalls ein folkloristischer Forscher. Aber er sammelt nicht nur tschechische, mährische und slowakische Volkslieder und Tänze; er belauscht die Sprache seines Volkes auf eine ganz neue Weise. Der Sprachrhythmus, die Kadenz der tschechischen Sprechsilben, der Affekt, der sich in einem Wort, einem Satz ausdrückt, regen ihn auf spezifische Weise schöpferisch an. Er beobachtet jahrelang unermüdlich den Tonfall des Volkes, notiert seine Beobachtungen, wertet sie musikalisch aus und kommt so zu einer halb melodiösen, halb rezitativischen musikalischen Sprache, die auf naturalistischer Grundlage ruht und dennoch völlig klare, abgerundete Melodieformen verwendet. Janáčeks dem Leben zugewendete beobachtende Phantasie findet rasch zur Bühne. Sie verlangt die dramatische Handlung als den Nährboden, auf dem seine Vokalmusik sich in breite Formen ergießt. Als Vierziger schreibt er die Oper, die ihn viel später berühmt machen sollte: „Jenufa" oder, wie der tschechische Titel lautet: „Její pastorkyně". Die Partitur wird im selben Jahr beendet, in dem Debussys „Pelleas und Melisande" uraufgeführt wird, 1902. Aber sie ist stilistisch so weit von aller Musik der damaligen Zeit entfernt, von Strauß wie von Debussy, von Reger wie von Puccini, von Rimsky-Korssakow wie von Mahler, daß es begreiflich erscheint, wie wenigen Janáčeks Genie damals einleuchtete. Es sollte vierzehn Jahre dauern, bis „Jenufa" durch die Aufführung am Prager Nationaltheater die Aufmerksamkeit des Prager Dichters und Genie-Entdeckers Max Brod weckte (Brod war es auch, der die Begabung des Dichters Franz Kafka förderte und aus dem

Dunkel der Anonymität hervorhob). Zwei Jahre darauf, 1918, fand das Werk, in Brods Übersetzung, triumphalen Erfolg an der Wiener Staatsoper, von wo es über die meisten Bühnen der Welt ging.

Der harmonische Stil der „Jenufa" ist, gemessen an der damaligen deutschen und französischen Moderne, außerordentlich einfach, wenig chromatisch, mit einer Neigung zu Vorhalten vor Dur- und Molldreiklängen. Aber diese Dreiklänge werden in ungewöhnlicher Weise miteinander kombiniert, fast unfunktionell im tonalen Sinne. Die tonalen Zentren liegen bei Janáček häufig ganz anders, als man sie zunächst erwartet; altertümlich scheinende Kadenzen, modale, aus der alten Kirchenmusik übernommene Tonarten mischen sich mit den modernen Tonalitäten. Die Melodik ist völlig aus den Sprachkadenzen entwickelt. Janáček baut aus kurzen Motiven und Phrasen, die sich unvariiert wiederholen oder in leichter Variation durchführungsartig durch die Stufen geführt werden, große Formen auf. Er ist ein Genie des im klassischen Sinne behandelten „obligaten Stils", der sich beständig verschränkenden Polyphonie und Homophonie. Dauernder Wechsel der musikalischen Charaktere, des metrisch-rhythmischen Bildes, der harmonischen Gewichte läßt seine Musik als etwas absolut Persönliches, ja fast als ein Naturphänomen erscheinen, das aus der Landschaft Mährens, dem Volksleben der Tschechoslowakei verstanden werden will.

1907 war ein spanischer Musiker von 31 Jahren nach Paris gekommen, ausgezeichneter Pianist und Komponist von leichter, stark national gefärbter Musik. Er war mit seinem schöpferischen Weg unzufrieden und suchte den Umgang von Paul Dukas, Claude Debussy und Maurice Ravel. Unter ihrem Einfluß begann der junge Spanier – er hieß Manuel de Falla – seinen Stil zu revidieren. 1914 ging er, vollgesogen mit den neuen Ideen und stilistischen Erfindungen des französischen Impressionismus, nach Spanien zurück.

1915 kam ein neues Bühnenwerk von Falla in Madrid heraus. Es hieß „El amor brujo" und war ein Ballett, das national-spanische Themen mit einer ungemein farbigen, gewagten Harmonik und mit großem rhythmischem Raffinement be-reichert vortrug. Noch origineller kam dieser avantgardisti-sche Folklorismus spanischer Prägung in dem nächsten Ballett de Fallas, im „Sombrero de tres Picos" („Der Drei-spitz"), ans Licht, das übrigens den gleichen Stoff behandelt wie Hugo Wolfs Oper „Der Corregidor". Überwog im „Amor brujo" noch der zigeunerische Charakter der Melodik, bis in die gutturalen Tiefen des Altsolos und des geister-haften Rituellen Feuertanzes, so ist der iberische Musiktypus im „Sombrero" ganz rein ausgeprägt. Farruca, Fandango und Jota, charakteristische spanische Tänze, bestimmen mit ihren Rhythmen die wichtigsten Formen der Partitur. Doch im Gegensatz zu Albéniz, Turina und Granados, die eben-falls Spaniens Musik im übrigen Europa berühmt gemacht haben, verwendet Falla hier keine Volksmelodien. Er er-findet selbst im Geist der heimatlichen Folklore.

Das ist bei Bartók, Kodály und Janáček nicht anders. Auch sie verwenden kaum Volksgut, auch sie erfinden, wobei allerdings der Geist, der Rhythmus, der melodische Duktus der Folklore oft täuschend nachgeahmt wird. Wir wissen übrigens auch von Strawinsky, daß er selbst in den Werken seiner strengsten nationalen Periode fast nie russische Melo-dien übernommen hat; selbst die so ungemein volksnahen Motive und Phrasen des „Sacre du Printemps" sind fast ausnahmslos Erfindungen Strawinskys.

Der Grund für diesen übereinstimmenden Verzicht der größten folkloristischen Musiker auf Volksthemen ist tech-nischer Art. Originale Volksmelodie ist meistens für die Entwicklung größerer oder komplizierterer musikalischer Formen nicht geeignet. Sie gibt höchstens Material für ein-fache Liedformen oder für weniger differenzierte Variationen her. Andererseits ist ihr farbiger Reiz so groß, daß die Kom-

ponisten auf ihn ungern verzichten. Um nun nicht auf primitive Formen angewiesen zu sein, wie sie dem anspruchs-
volleren Geschmack eines modern erzogenen Musikers kaum
gemäß sind, müssen sie notwendig ihre Themen selbst erfinden, wobei sie versuchen, die Reize der nationalen Melodik
nachzuahmen und in ihrem Geiste Melodien zu erfinden,
die höheren formalen, kontrapunktischen und harmonischen Ansprüchen genügen.

Über die Gefahren des musikalischen Folklorismus haben sich
so verschiedenartige Geister wie Schönberg und Strawinsky
schonungslos geäußert. Strawinsky schreibt in der „Musikalischen Poetik": „So versuchen die Fünf mit den besten Ab-
sichten ... der Kunstmusik ein volkstümliches Reis auf-
zupfropfen. Zu Anfang glich die Frische ihrer Gedanken
die Unzulänglichkeit der Technik aus. Aber Frische läßt
sich nicht immer wieder erzeugen. Es kam der Zeitpunkt,
an dem sie die Notwendigkeit verspürten, ihre Taten zu
konsolidieren und zu diesem Zweck ihre Technik zu ver-
vollkommnen. Aus Amateuren, die sie alle am Beginn der
Bewegung waren, wurden sie Professionelle und verloren
den schönen, unbekümmerten Schwung der Jugend, der
ihren Reiz ausmachte." Und in den „Erinnerungen" über
Manuel de Falla: „In beiden Kompositionen (Puppenspiel
und Cembalokonzert) hat er sich, wie mir scheint, völlig
von den folkloristischen Neigungen befreit, die sein bedeutendes Talent bisher hemmten. Darin sehe ich einen großen
Fortschritt."

Noch schonungsloser Schönberg. Im Vorwort zu den drei
Chorsatiren opus 28 distanziert er sich von ihnen ebenso wie
in einem Essay „Symphonien aus Volksliedern?", der 1947
in Nr. 1 der „Stimmen" erschienen ist und wo die Unbrauchbarkeit folkloristischen Materials für höhere kompositorische
Zwecke im Bereich der Symphonie untersucht wird.

Aber auch Strawinsky hat unleugbar stark folkloristischen
Neigungen gefrönt, bevor er von dem psychischen Trauma

befreit war, das die Trennung vom russischen Mutterboden für ihn bedeutete. Seine nationalen Werke der Jahre 1914 bis 1918 sind typische Phänomene von schöpferischer Überkompensation. Hier wird die Sehnsucht des Exilierten zum künstlerischen Stimulans ersten Ranges.

Die Schweiz wurde im Weltkrieg zum Refugium für zahlreiche Intellektuelle aus den kriegführenden Staaten. Auf ihrem neutralen Boden konnten Aktivitäten fortgesetzt werden, die in den meisten übrigen Ländern zum Stillstand verurteilt waren; Genf und Zürich boten Asyl für die weltbürgerliche Intelligenz, die den Wahnsinn des Nationalhasses nicht mitmachte. Strawinsky hatte schon vorher zeitweise in dem schönen kleinen Land gelebt und machte es nun, von Rußland abgeschnitten, zu seiner Wahlheimat für längere Zeit.

1914 im Frühjahr geht Strawinsky mit seiner Familie von Paris nach Salvan im Wallis. Es ist ein unstetes Jahr für ihn; er macht Reisen nach London und nach Rußland. Hier, in Kiew, sammelt er russische Volksliedertexte, die er in die Schweiz mitnimmt. Sie gewinnen eine Art Fetisch-Bedeutung für seine schöpferischen Unternehmungen während der nächsten Jahre. In Salvan entsteht das erste Kammermusikwerk, das Strawinsky überhaupt schreibt: die „Trois Pièces pour Quatuor à Cordes". Sie setzen den harmonischen Stil des „Sacre du Printemps" mit noch größerer Konsequenz fort. Bitonale Stimmführungen, Quartenakkorde, Sekunden- und Septimenhäufungen führen beständig über die Grenzen der Tonalität hinweg. Melodisch entfernt sich Strawinsky hier von den folkloristischen kurzen Phrasen und Motiven, die im „Sacre" herrschen. Im langsamen Satz kommt es zu einer choralhaften, düster verschleierten Episode, aus der das gregorianische „Dies Irae" herausklingt: erste Berührung des Avantgardisten mit der Welt des frühen christlichen Chorals, die ihm später so viel bedeuten sollte.

Dann entflammt der Weltbrand. Strawinsky ist, wie so viele europäische Intellektuelle, isoliert, abgeschnitten von der

Heimat, aber auch zunehmend abgeschnitten von dem Element, das für ihn ein so wertvolles schöpferisches Stimulans gewesen ist: vom Theater. Nun beginnt der Prozeß der Überkompensation. Die russischen Volkslieder werden gelesen und als künstlerische Manifestationen entdeckt. Strawinsky betont allerdings, daß nicht der anekdotische Inhalt, nicht der Gehalt an Bild und Metapher ihn an diesen Volksgedichten fesselt, sondern eine formale Eigenschaft: die „Kadenz", die durch die Verknüpfung von Worten und Silben entsteht und die ihn „fast ebenso anrührt wie Musik". Eifrig darauf bedacht, sich nicht der national-atavistischen Sentimentalität verdächtig zu machen, knüpft Strawinsky an diese Kennzeichnung seine erste Polemik gegen den „Ausdruck" in der Musik, d. h. gegen ihre Fähigkeit, Gefühle oder anderes auszudrücken.

Aus der Beschäftigung mit der russischen Folklore wachsen vier Werke, die von 1914 bis 1917 seine schöpferischen Kräfte absorbieren. Das erste sind die „Pribaoutki, Chansons Plaisantes" für eine Singstimme mit Begleitung von Flöte, Oboe, Klarinette, Fagott, Violine, Bratsche, Violoncello und Kontrabaß.

Auch ohne die russischen Originale zu kennen, darf man vermuten, daß C. F. Ramuz, der Schweizer Dichter und Freund Strawinskys, der sich nur als französischer Bearbeiter bekennt, zu dem bizarr-kindlichen Reiz der Gedichte wesentlich beigetragen hat.

> Console toi, vieil oncle Armand;
> Tu t'fais bien trop de mauvais sang,
> Laisse aller tout droit ta jument
> A l'auberge du Cheval Blanc:
>
> Là est un joli vin clair,
> Qui fait soleil dans le verre;
> Le joli vin rend le coeur content:
> Noie ton chagrin dedans.

So heißt die erste dieser Chansons Plaisantes. Und Strawinsky vertont die Geschichte von dem sorgenvollen Onkel mit der Stute, der seinen Kummer im hübschen, sonnigen Wein ertränkt, auf seine besondere Weise. Die Melodien sind von lapidarer Einfachheit, unmittelbar an die russische Folklore angelehnt, ohne sie zu kopieren. Die erste Strophe ist auf die fünf Töne es', f', g', as', b' aufgebaut, wobei Es durchaus Grundton ist. Die Singstimme bewegt sich vorwiegend in kleinen Intervallen; höchste Spannung ist die Quarte f'–b' oder absteigend as''–es''. Die Periode umfaßt sechs Takte ($^2/_4$ $^3/_4$ $^2/_4$ $^2/_4$ $^3/_4$ $^2/_4$), die unverändert wiederholt werden. Eine Art Schluchz-Motiv in Sechzehnteln leitet sie ein. Die ganze Melodie wirkt wie ein leierndes Lamento aus der Gesindestube. Ein rustikaler Zug beherrscht das kleine, primitiv im Quintraum schwingende Liedchen.

Unvermittelt gleitet das Stück zur zweiten Strophe über. Plötzlich ist D Grundton geworden, zu dem die neue Melodie vom ostinat wiederholten G abrutscht. Auch in ihr schluchzt das Sechzehntelmotiv, nun aber in eine Art zärtlichen Glucksens umgedeutet, auf den Worten „joli vin". Die Tendenz des abwärts gleitenden Grundtons (erst Es, dann D) setzt sich in den abschließenden Takten fort, und zwar offenbar mit tonmalerischer Absicht. Auf die Worte „noie ton chagrin dedans" dominiert zuerst Des mit einem bombastischen Absprung des''–c''–des', an den sich, wieder abrupt das tonale Gewicht verlegend, die c-moll-Wendung es'–c'–c'–c' anhängt. Der Grundton C wird in einer abschließenden Instrumental-Cadenza aufgenommen, die glucksend den Oktavraum abtastet, um auf c' zu enden.

So simpel und eindeutig die tonalen Verhältnisse (Es, D, C) in der Melodiestimme sind, so anders interpretiert sie die Begleitung. Der Es-dur-Vorgang des ersten Teils wird auf einen Baß gesetzt, der die None Fis–G als grimassierendes Rahmenintervall festsetzt, das G nach unten (Fis) und oben (As) umkreist, vorübergehend F, Es, D und E berührt. Gegen

die reine, archaisch einfache Diatonik des Gesangs stellt sich
eine Häufung eng beieinanderliegender Dissonanzen, vor
allem Sekunden, Septimen und Nonen, ohne jeden diatonischen Bezug. Der zweite Teil, in der Melodiestimme mit
dem tonalen Zentrum D, wird in scheinbarer Zweistimmigkeit mit einer einstimmigen Baßfigur begleitet, die abwechselnd Quinte und Quarte umschreiben, mit chromatisch
benachbarten Ecktönen, so daß Tonalitäten im Tritonusabstand angedeutet, sozusagen angetupft werden. Der
Quint f–c' folgt die Quart ges–ces', ihr die Quart f–b,
darauf wieder ges–ces' usw. Auch dieses tonale Fluktuieren
steht, ganz wie die Chromatik im ersten Teil, konträr zur
Solostimme. Die Musik scheint hier durchaus in zwei
Hälften gespalten, eine melodische und eine begleitend
akkordische, bzw. intervallische. Damit aber wird der Begriff der „Begleitung", da er ja der monodischen Stimme
eher trotzt als dient, an sich in Frage gestellt. Das Element
der Begleitung hat sich selbständig gemacht; es tritt aus
dem Zusammenhang heraus, es kontrastiert, bildet eine Sache
für sich.

Diese Simultanempfindung für das Melodische als ein vom
Harmonischen völlig unabhängiges Element ist charakteristisch für Strawinskys musikalisches Bewußtsein überhaupt. Sie erklärt sich aus dem Festhalten des modernen
Geistes an urtümlichen Bindungen, ja aus einem Trieb
zurück in die Domäne des Kultisch-Primitiven; und aus
dem Wunsch, die neu gewonnenen Sprachmittel nicht aufzugeben. Hier steht also ein rustikaler Zug, der zärtlich
gehegt wird, gegen den Urbanismus eines sehr differenzierten, mit allen Wassern der Modernität gewaschenen
Geistes. (Schon im „Sacre" war dieser Dualismus deutlich
hervorgetreten, den die Wiener Schule in keiner Weise teilt,
ja für den sie nicht das geringste Verständnis aufbringt. In
diesem Sinne spricht Schönberg, subjektiv richtig, von
Harmonien, die nicht zur Melodie passen.)

Parallelen zwischen Musik und bildender Kunst, so ver-
führerisch sie sich oft aufdrängen, lassen sich selten unge-
straft ziehen. Aber dieser Dualismus von Rustikal-Primi-
tivem und ausgepicht Rationalisiertem in Strawinskys Musik
hat ein Analogon in der zeitgenössischen Malerei. Die Dorf-
bilder Marc Chagalls mit ihrer höchst phantastischen Kombination ländlicher Motive, revolutionärer Komposition
und raffiniert-moderner Koloristik sind den „Pribaoutki"
aufs engste verwandt. Sie kommen übrigens aus ähnlichen
ethnischen Voraussetzungen: das russische Dorf, das Chagalls Visionen bestimmt, ist auch der Nährboden der Gedichte, die Strawinsky für seine Chansons Plaisantes verwendet. Und die formale Schulung, die sie zur internationalen
Avantgarde gesellt, empfangen beide, der Maler wie der
Musiker, im Paris der Zeit vor dem ersten Weltkrieg.

Selbst dem Verlangen nach einer abschließenden Konsonanz
wird von Strawinsky nicht entsprochen. Die letzten drei
Takte des „Oncle Armand" führen, wie gesagt, über Des
nach C als Finalton. Aber zu dem G, das die Dominante im
Baß betont, tritt als Fremdkörper ein tieferes Des. Kein
Zweifel, daß hier ein ebenfalls dominantischer Zusammenhang mit jenem Fis besteht, das im ersten Teil des Liedes
so schneidend mit dem (schon da antizipierend eingeführten)
G dissonierte. So enthüllt sich der harmonische Hintergrund des ganzen Stückes als Bitonalität, und der Schluß,
nicht allzu fern der Harmonik Skrjabins oder Schönbergs,
ist ein Quartenakkord des–g–c'.

Welches der vier Lieder man auch analysiert, sie zeigen alle
die gleiche dualistische Eigenart, dieselbe Freude am nackt
dissonanten Klang weniger raffiniert aufeinander abge-
tönter Instrumente, dasselbe spielerische, persiflierende und
doch nostalgisch fixierte Umgehen mit quasi folkloristischem
Material. Dualistisch ist übrigens auch der Gegensatz
zwischen der stark chromatisch angereicherten Akkordik
und dem ausgiebig angewandten, im dritten Lied „Le

Colonel" durchaus dominierenden Mittel des orgelpunkt-
artigen Basso Ostinato, einem Garanten des statischen
Klangs. Interessant in seiner Kettenfolge von quarten-
bestimmten Vierklängen ist der Schluß dieses Liedes

In den 1915 und 1916 in Clarens-Morges komponierten
„Berceuses du Chat" für Sopran und drei Klarinetten, die
den russischen Malern Natalie Gontscharowa und M. La-
rionow gewidmet sind, ist der Dualismus von kindlicher
Verspieltheit und avantgardistischem Klangexperiment ähnlich durchgeführt wie in den „Pribaoutki". Allerdings
nimmt hier auch die Singmelodie häufig bitonale Züge an;
eine Art hermaphroditischer Synthese von Dur- und Moll-
terz ist für die Katzenwiegenlieder kennzeichnend, von
denen das dritte, „Dodo", mit seiner organumartigen
Quartenbegleitung wie ein Nachhall der „Sacre"-Einleitung
anmutet. Beide Liederhefte, „Pribaoutki" wie „Berceuses
du Chat" heben sich stilistisch von einem kurz vorher, 1913,
komponierten Zyklus, den „Trois Poésies de la Lyrique
Japonaise" ab. Zwar sind auch diese kammermusikalisch
mit einer Begleitung von zwei Flöten, zwei Klarinetten,
Klavier und Streichquartett versehen; aber sie gehören
durchaus dem Typus der abstrakten Moderne an, zeigen keine
folkloristischen Züge und bezeichnen den Punkt, wo die
Entwicklungslinien Schönbergs und Strawinskys sich schneiden. Es ist bezeichnend, daß die Lyrique Japonaise noch vor
Ausbruch des Krieges geschrieben wurde, in einem offenen
europäischen Raum, ohne bewachte Barrieren, hinter denen
unerreichbar die slawische Heimat liegt. Auch die Oper
„Rossignol" von 1914, Strawinskys anderer Ausflug in die
Welt Ostasiens, ist in diesem Sinne abstrakte Musik.

Der Stil des folkloristischen Dualismus bestimmt außer den
beiden genannten Liederzyklen auch zwei Bühnenwerke: die
Tiergeschichte „Renard" („Bajka"), Histoire burlesque
chantée et jouée, und „Les Noces" („Svadebka"), Scènes
chorégraphiques russes avec chant et musique. Beides sind

KIRCHENTÖNE UND EXOTISMEN

Ballette mit Gesang, und an beiden hat C. F. Ramuz wesentlich mitgearbeitet.

Überall in der europäischen Musik dieser Jahre, wo folklo-
ristische Tendenzen sich mit avantgardistischen Gedanken
verbinden, wird die Entwicklung in einer spezifischen Weise
zum Stillstand gebracht. Die Berührung mit dem nationalen
Melos, das ja stets diatonisch ist, setzt der weiteren Differenzierung des Harmonischen Grenzen. Darum sind die
Ergebnisse nicht weniger interessant, kühn und originell;
doch sie verbieten gewisse Konsequenzen, die sich aus der
Anwendung der modernsten Prinzipien ergeben. So wird die
Tonart, die bereits um 1910 als liquidiert gelten kann, nun
vom Melos her neu konstituiert. Es sind nicht immer
Tonalitäten, die den gebräuchlich gewordenen entsprechen.
An Stelle des Dur und Moll treten vielfach Kirchentonarten
oder auch exotische Skalen, wie sie in der slawischen und der
balkanischen Volksmusik verwendet werden. Auch werden,
namentlich bei Bartók und Strawinsky, die Tonarten kaum
jemals im konventionellen Sinne, die Akkorde kaum je
funktionell behandelt. Bitonale und polytonale Vermischungen
und Übereinanderschachtelungen bestimmen das Bild dieser
Musik, die eben daraus ihren dualistischen Charakter bezieht.
Inzwischen aber geht die Entwicklung dort ungehemmt
weiter, wo nationale Bindungen sich nicht ins Mittel legen.
Busoni, als gefeierter Pianist beide Welten bereisend, Kos-
mopolit aus Anlage und Überzeugung, will auch in seiner
Musik einen übernationalen Typus herausstellen. Der klanglich so unkonventionellen „Berceuse Elégiaque" und der
revolutionären Sonatina Seconda läßt er 1913 ein Orchester-
werk von ähnlicher Kühnheit des Klangs folgen. Das „Noc-
turne Symphonique" entwickelt die chromatisch irisierende
Harmonik, die schillernde Klanglichkeit eines zart besetzten
Orchesters, die unirdische Melodik des Suchens nach neuen
Ausdrucksmitteln, die Busonis eigenen Stil ausmachen.
Schönberg erlebt den Kriegsbeginn in Österreich. Er ist

vierzig Jahre alt, also im wehrpflichtigen Alter. 1915 wird er
zur österreichischen Truppe eingezogen. Damit hört für
Jahre seine kompositorische Tätigkeit auf. Aber der Winter
1914—1915 sieht ihn noch bei einer großen Arbeit, einer
Symphonie, aus deren Skizzen später das Oratorium „Die
Jakobsleiter" hervorging. Beide Werke, die Symphonie wie
die „Jakobsleiter", sind bisher unvollendet. Das Scherzo der
Symphonie, so teilt Schönberg in einem Brief an Nicolas
Slonimsky mit, hatte ein Thema, das aus den zwölf Tönen
der chromatischen Leiter bestand. Es ist wahrscheinlich im
Dezember 1914 oder im Januar 1915 entstanden.
Auch das ist durchaus nicht außerhalb des Weges, den die
deutsche Musik im 19. Jahrhundert eingeschlagen hatte. Das
erste bekannte Beispiel eines Themas, in dem alle zwölf Töne
auf engen Raum gedrängt vorkommen, steht in Richard
Straußens symphonischer Dichtung „Also sprach Zarathu-
stra". Das war 1896. Sechs Jahre später, in „Pelleas und
Melisande" schreibt Schönberg ebenfalls die zwölf Töne in
ein Thema. Wir hatten oben nachgewiesen, wie auch bei Reger
die Neigung zu komplementärer Harmonik immer größere
Häufungen chromatischen Tonmaterials in engem Raum
herbeigezwungen hatte. Seit Wagners „Tristan" war das ein
unabwendbares Schicksal der Musik geworden; die Konsequenzen, die sich aus der Gleichberechtigung der zwölf Tonstufen seit der Einführung des temperierten Tonsystems
(also etwa seit 1700) ergaben, führen notwendig und ganz
ohne Eingriffe der Willkür von der Tonalität weg. Die Frage
der Priorität ist deshalb auch im Fall der Zwölf-Töne-Technik
von untergeordneter Bedeutung. Edgar Varèse hat nachweisen können, daß er um 1910 Septimen- und Nonen-
konstruktionen vorgenommen hat, die, in die Kompositions-
praxis übertragen, eine Art von Gleichgewicht zwischen den
12 Tönen herstellen. Jefim Golyscheff, ein emigrierter russischer Musiker, der mehrere Jahre in Berlin lebte, will 1914
schon bewußt zwölftönig komponiert haben. Josef Matthias

Hauer hat die Methode mindestens gleichzeitig mit Schönberg und unabhängig von diesem entwickelt.

Auch bei Busoni, der sonst den Liquidatoren der Tonart nicht nahesteht, gibt es in dem 1916 komponierten „Rondo Arlecchinesco" ein Thema mit zwölf Tönen. Akkordexperimente mit gehäufter Chromatik waren in Schönbergs „Erwartung" bis zu elf verschiedenen Tönen getrieben worden. Alfredo Casella schreibt im Mai 1915 in Paris ein Lied auf einen Text, den André Gide einem Gedicht Rabindranath Tagores nachgedichtet hat. Es steht in dem Heft „Adieu à la Vie" an zweiter Stelle und heißt „Mort, ta servante est à ma porte" („Tod, deine Magd ist an meiner Tür"). Der harmonische Stil ist wild, etwas überladen, durchsetzt mit fünf-, sechs- und siebenstimmigen Akkorden, diatonischen und chromatischen abwechselnd. Trotz der Vorzeichnung von vier Been, die auf f-moll schließen läßt, ist das tonale Bild schwankend, gleichsam fluoreszierend wie in allen vier Liedern dieses merkwürdigen Opus. Das Stück schließt mit einer Oktave C—c. Aber die zwei Takte, die diesem Schluß vorangehen, addieren zwei Molldreiklänge (ges-moll und c-moll) und die Akkorde e'—h'—d'' und as''—f'''—b''' (es sind, in weiter Lage verschränkt, die Dreiklänge E-dur und B-dur). Zusammen ergibt das einen Akkord von

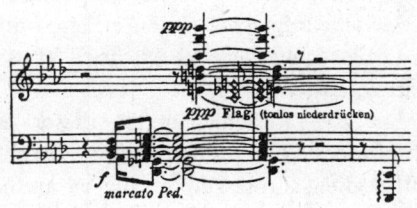

zwölf verschiedenen Tönen. Casella bedient sich zur Auflösung dieser Universal-Dissonanz des geisterhaften Klavier-Flageolets, das Schönberg in einem der Klavierstücke opus 11 eingeführt und im „Pierrot Lunaire" verwendet hat: er läßt

die Tasten c'—es'—g' tonlos niederdrücken, gleich nachdem in
Baß ges-moll und c-moll forte und marcato angeschlagen
worden sind. Dann wird das Pedal aufgehoben, die rechte
Hand hält weiter die Tasten c'—es'—g' niedergedrückt und aus
dem zwölfstimmigen Akkord hebt sich, durchaus irreal,
äolsharfig und wie aus einer anderen Welt der c-moll-Klang
ab, dessen Saiten zum Mitschwingen gebracht worden sind.
Bedenken wir, daß auch Busoni damals ein Thema mit
12 Tönen (allerdings nicht ganz ohne Tonwiederholung)
schreibt, so kann es keinen Zweifel mehr geben: diese Entwicklung ist notwendig und konsequent, ihre Elemente
liegen in der Luft jener Jahre und werden von den Sensi-
tivsten aufgegriffen und schöpferisch ausgewertet. Strauß
hat 1896 unabhängig ein zwölftöniges Thema, Casella 1915 als
Erster einen zwölftönigen Akkord niedergeschrieben. Dazwischen liegen die erwähnten Phänomene bei Schönberg,
Busoni, Reger, Strauß und einigen anderen.
Noch geschieht all das ohne Systematik, gefühlsmäßig, mehr
aus einer Technik des Vermeidens (nämlich von Oktaven
und Tonwiederholungen) als aus Befolgung eines Gesetzes.
Es ist eine Art von Tabu, das sich im Kompositionsprozeß
breitmacht, ein Sichfürchten vor einer stets wachsenden
Anzahl verbrauchter Wendungen und harmonisch-klanglicher
Reize. Tonart und Dreiklang werden ängstlich vermieden;
demselben Ausschaltungsprozeß unterliegen immer mehr
Akkordtypen, bis schließlich kaum noch etwas ohne Bedenken niedergeschrieben wird.
Schönberg hat die Krisenhaftigkeit dieser Epoche am
stärksten empfunden. Die Zeit geistigen Brachliegens, die
ihm der Militärdienst aufzwingt, fällt zusammen mit der
Vorbereitung eines neuen Gesetzes, das er längst ahnt, dem
er aber erst nach jahrelangem Schweigen Gestalt zu geben
vermag. Das letzte an die Öffentlichkeit gebrachte Werk
dieser Zeit sind die 1915 beendeten vier Orchesterlieder
opus 22, Dokumente einer bestürzend neuartigen Instru-

mentationskunst und einer frei atonalen Polyphonie, die auf die strengen Formbindungen des „Pierrot Lunaire" verzichtet. Dann schweigt Schönberg acht Jahre lang, bis zu den Fünf Klavierstücken opus 23.

Auch die Schönbergschule in Wien produziert nicht vieles in den Kriegsjahren. Alban Berg hat 1914 seine drei Orchesterstücke geschrieben; er wird erst 1917 die Arbeit am „Wozzeck" aufnehmen. Anton von Webern setzt den Stil der epigrammatisch verkürzten Formen in vier Werken fort: den Violoncellostücken opus 11 und den Liedern opus 12 bis 14.

Im Bereich der arrivierten deutschen Moderne blähen sich die Formen gewaltig auf, wird mit den Mitteln eines überspitzten Verismus und Naturalismus gearbeitet. Strauß schreibt 1915 seine äußerlich bombastische Alpensymphonie; Max von Schillings bringt die kinohaft effektvolle Oper „Mona Lisa" heraus. Intimere Werte verkörpern die Mozartvariationen von Reger, und aus konservativ-verinnerlichtem Protest gegen die Veräußerlichung der wilhelminischen Tonsprache beginnt Pfitzner Dichtung und Musik der Bekenntnisoper „Palestrina", die 1917 vollendet wird.

1915 stirbt Alexander Skrjabin, nur 43 Jahre alt, in Moskau. 1916 stirbt Max Reger, nur 43 Jahre alt, in Leipzig. 1918 stirbt Claude Debussy, 55 Jahre alt, in Paris.

Ein Musikwissenschaftler von konservativer Gesinnung, von faschistischer Nationalmystik nicht frei, schreibt über diese Epoche: „Infolge erschütterten Kulturbewußtseins vielfach Neigung zu ästhetischem Nihilismus oder phantastischen Zukunftsträumen."

Die Gegensätze prallen aufeinander. Hans Pfitzner veröffentlicht gegen Busonis „Entwurf einer neuen Ästhetik der Tonkunst" eine scharfe polemische Broschüre unter dem Namen „Futuristengefahr". Noch sind in der Musik die konservativen Kräfte ungleich stärker als die avantgardistischen, während doch in Malerei und Literatur schon die neuen

Ideen sich durch Bücher, Zeitschriften, Ausstellungen, Künstlervereinigungen bedeutend ausbreiten. Aber die Idee einer neuen polyphonen Stilwendung empfängt Nahrung von musikwissenschaftlicher Seite. 1917 erscheint das Buch „Die Grundlagen des linearen Kontrapunkts" von dem in Bern wirkenden Österreicher Ernst Kurth, eine Einführung in Stil und Technik von Bachs melodischer Polyphonie, die von den Vertretern der Moderne lebhaft begrüßt und in ihrem Sinne interpretiert wird.

In der romanischen Welt, namentlich in Paris, aber auch bei westlich beeinflußten russischen Musikern wie Strawinsky und Prokofieff, verstärkt sich die Opposition gegen die Romantik, die als deutsche Ausdrucksform teils aus Instinkt, teils aus ästhetisch-philosophischer Deduktion abgelehnt wird.

Busonis „Arlecchino", 1918 im Züricher Exil geschrieben, ist ein tapferer Ausfall gegen Militarismus und Nationalismus, die herrschenden Mächte jener Jahre. Seine Form ist unromantisch, seine Melodik an Mozart und Cimarosa orientiert, seine Harmonik trocken, klar und dreiklanglich bestimmt, ohne jemals konventionell zu werden. Sprache und Gesang ergänzen sich singspielartig. Die Commedia dell'arte liefert das Personal, und unter der Harlekins-Maske sagt Busoni, auch hier sein eigener Textdichter, dem Publikum des ersten Weltkriegs unverblümt die Wahrheit: „Was ist das Recht? Was man anderen entreißen will. Was ist das Vaterland? Der Zank im eigenen Hause. Ihr seid Soldaten und kämpft für Recht und Vaterland. Merkt's euch!" Von den drei Hanswursten der modernen Musik (Strawinskys Petruschka und Schönbergs Pierrot sind die anderen) ist Busonis Arlecchino der zeitnächste.

Künstlerische Tendenzen finden mitunter Bestätigung in sozialen und wirtschaftlichen Veränderungen. In der Venezianischen Oper des 17. Jahrhunderts führen Sparmaßnahmen eines Theaters den Typus der chorlosen Oper herbei. Die Verkleinerung, die der Dreißigjährige Krieg in Heinrich

Schütz' Dresdner Kapelle nötig macht, spiegelt sich in seiner Produktion. Der erste Weltkrieg isoliert zahlreiche Intellektuelle, die auf die Freizügigkeit des europäischen Kunstlebens angewiesen waren, und zwingt sie zu Entscheidungen, die im Grunde ihrem schöpferischen Verlangen entsprechen. In Zürich, Genf und der Südschweiz hat sich eine Schar von Wissenschaftlern, Künstlern, Politikern, Philosophen zusammengefunden, die nichts eint als die grundsätzliche Ablehnung des Krieges. Busoni, der Weltbürger zwischen zwei Nationen, Sohn eines italienischen Vaters und einer deutschösterreichischen Mutter, wird durch den Konflikt seiner Vaterländer seelisch fast zermürbt. Er flieht aus Berlin nach Zürich, und fast allabendlich kann man ihn im Restaurant des Hauptbahnhofs sehen, bei einem Glas des geliebten Weins sehnsüchtig die D-Züge betrachtend, die nach Nord und Süd fahren. Er gehört zu den Besuchern des Cabaret Voltaire, wo 1916 eine Reihe extremer Avantgardisten aus Deutschland, Frankreich und Rumänien, unter ihnen Hans Arp und Tristan Tzara, die nihilistische Kunstform des Dadaismus vor das entsetzte eidgenössische Publikum trug. Avancierteste Geistigkeit, in bescheidenstem Rahmen zur Schau gestellt, ist das Merkmal dieser internationalen Kunst, die ihre Spuren in der Malerei und der Literatur der folgenden Jahre hinterläßt und unmittelbar den wichtigeren Stil der Surrealisten vorbereitet.

Strawinsky lebt am Genfer See und steht diesen Züricher Großstadt-Intellektuellen fern. Der urbanistische Zug, der aller seiner Musik und im höchsten Grade seiner Persönlichkeit anhaftet, wird im erzwungenen Exil verdrängt durch Überkompensation des Heimatgefühls. Ein Werk wie die „Noces" mit ihrer Besetzung von vier Klavieren und 17 Schlaginstrumenten zur Begleitung von Chor und Soli, ist nur als Produkt städtischen Empfindens und Denkens zu deuten; der geschlagene Martellato-Ton, der hier den singenden der Streich- und Blasinstrumente völlig entthront,

bildet den bizarrsten Gegensatz zu der folkloristischen
Prägung der verwendeten gesungenen und getanzten Melodik; es sind Klänge von Maschinen, die hier das dörflich-
archaische Geschehen begleiten. Eben dieser Gegensatz,
durch die Mittel einer höchst raffinierten Satztechnik plau-
sibel gemacht, ist der Reiz des eigentümlichen Werks. Auch
darin äußert sich der Dualismus, den wir als schöpferisches
Stimulans bei Strawinsky immer wieder verfolgen können.

Aber Strawinsky sieht sich in der Schweizer Isolation auch
immer mehr seiner früheren Subsistenzmittel beraubt und
muß auf einen Ausweg aus vielerlei Lebensnöten bedacht
sein. 1917, nach der Oktoberrevolution in Rußland, ist er
völlig depossediert; er teilt das Schicksal, das allmählich fast
die gesamte europäische Bourgeoisie ereilen wird. Mit
Ramuz beschließt er, ein dramatisches Kunstwerk zu schaffen,
das man sozusagen auf den Thespiskarren laden und von Dorf
zu Dorf transportieren konnte. So entstand in den ersten
Monaten des Jahres 1918 die „Histoire du Soldat", ein
Melodram mit Tänzen. Das Orchester wird hier von Strawinsky auf seine extremen Klangfarben reduziert. Klarinette
und Fagott vertreten die Holzbläser, Cornet à pistons und
Posaune das Blech, Geige und Kontrabaß die Streicher.
Nur die Schlagzeuggruppe ist reich besetzt, muß allerdings
von nur einem Spieler bedient werden.

Ramuz' Handlung, gestützt auf russische Märchen aus der
Sammlung Afanassieff, behandelt ein Thema, das damals in
der Schweiz, dem Asyl so vieler Kriegsdienstverweigerer,
aktuell war: das Schicksal des Deserteurs, wie ihn der Volks-
geist sieht. Der Soldat, der sich mit seiner Geige faustisch
dem Teufel verschreibt, bleibt allerdings selbst ein armer
Teufel, sogar wenn sein Glück ihn in den Königspalast und
an die Seite der Prinzessin führt.

Strawinskys Musik gehört zum Inspiriertesten, was er komponiert hat. Sie gibt in ihrer holzschnitthaften Einfachheit
und raffinierten Primitivität einen Stil, der epochal genannt

werden kann und für die Musik des 20. Jahrhunderts in ihrem
Spezialbereich des Schaubudenhaften typisch ist. Die Formen
sind, dem opportunistischen Ziel der Breitenwirkung entsprechend, sehr populäre: Märsche, Tänze (Tango, Walzer,
Ragtime), Choräle und ein kleines Violinkonzert.
Satztechnisch überwiegt der ostinate Baß in starr eingehaltenem Rhythmus, über dem sich die Mittel- und Ober-
stimmen metrisch frei entwickeln. Das polymetrische Bild,
das so erreicht wird, ist sehr reizvoll durch die dauernde Ver-
schiebung der Gewichte. Trotz primitiv festgehaltener
Tonalität und unablässig gehämmerten Grundtons ist die
Harmonik differenziert. Zwei und mehr Tonarten werden
fast immer parallel geführt und folgen aufeinander ohne
Übergänge. Dur- und Mollwechsel sind so häufig wie modale
Wendungen, die an mittelalterliche Kirchenmusik anklingen.
Das gregorianische Dies Irae, schon in den Stücken für
Streichquartett zitiert, nimmt hier düster drohende Gewalt
an. Die „Histoire" ist Kammermusik in einem gänzlich neuen
Sinn. Ihre Polyphonie ist hart, zwar thematisch und motivisch
gebunden, aber fast ohne imitatorische Wendungen, ohne
jede kanonische oder fugale Kontrapunktik, wie sie noch in
den frühen Balletten angewandt wird.
Die Sprechstimme tritt gänzlich unstilisiert zur Musik, nicht
wie in Schönbergs „Pierrot Lunaire" rhythmisch und in der
Sprachkadenz festgelegt, sondern in freier Rezitation, die nur
an gewissen Schwerpunkten rhythmisch mit dem Rhythmus
der Musik übereinstimmt. Zur Idee des neuen Thespiskarren-
Dramas, das dem Stilwillen der Autoren vorschwebt, gehört
es, daß Kapelle und Dirigent auf der Bühne sichtbar musizieren. Die Aufführung, von dem Winterthurer Mäzen
Werner Reinhart finanziert, fand am 28. September 1918 im
Lausanner Theater statt. René Auberjonois malte die Dekorationen. Georg Pitojeff führte Regie und wirkte mit
Ludmilla Pitojeff in den Rollen des Teufels und der Prinzessin
mit; die übrigen Darsteller und der Vorleser waren Lausanner

Studenten. Am Dirigentenpult stand ein Mann, der für die
Förderung modernster Musik später ebenso tätig war wie
Scherchen: der ehemalige Mathematiker und ausgezeichnete
Kapellmeister Ernest Ansermet.

Ganz gegen den Wunsch der Autoren und trotz des Auf-
sehers, den sie weit über Lausanne hinaus erregte, blieb es
bei dieser einen Aufführung. Die Grippe-Epidemie, die in
ganz Europa wütete, ergriff nacheinander alle Mitwirkenden;
die geplante Tournee mußte aufgegeben werden. Erst 1923
fand im Weimarer Nationaltheater die nächste Wiedergabe
(unter Scherchen und mit Carl Ebert als Sprecher) statt, der
vier Jahre später die im Londoner Art Theatre folgte.

Der Krieg treibt in furchtbarer Klimax seinem Ende zu. Im
Herbst brechen die Regimes der Mittelmächte zusammen.
Republikanische Regierungen sozialistischer Färbung über-
nehmen die Macht in Deutschland, Österreich und Ungarn.
Ganz Osteuropa strebt einer neuen Ordnung zu. Die
Tschechoslowakei, Polen und Ungarn gehen als selbständige
Republiken aus dem Völkermorden hervor, drei Nationen,
die bedeutende schaffende Musiker hervorgebracht haben.
Ihr Einfluß in den kommenden Jahren wird das Bild der
Weltmusik mitbestimmen.

NEUE MUSIK
IM ZEICHEN DER ORGANISATION

Noch bevor das Jahrzehnt des Experiments zu Ende geht, schon während der letzten Kriegsjahre, hat die allgemeine kulturpolitische Tendenz sich zugunsten der Avantgarde allmählich gewandelt. Die Musik steht dabei allerdings noch immer weit im Hintergrund, aber auch in ihrem Bereich beginnt man in Deutschland und Österreich den neuen Ideen mehr Beachtung zuzuwenden. Fast in allen intellektuell einsichtigen und fortschrittlich gesinnten Kreisen, namentlich aber in der Jugend, spürte man das Herannahen von etwas Neuem, das man sich zwar konkret noch gar nicht vorstellen konnte, dem man aber nicht im Wege stehen mochte. Auch sehr bürgerlich und konservativ denkende Menschen fühlten sich fast widerwillig von den aufrührerischen Werken der neuen Kunst angezogen; es begann damals, etwa seit 1917, schon in Deutschland und Österreich eine Entwicklung, die in den frühen zwanziger Jahren kulminierte und von der Stefan Zweig („Die Welt von gestern") meint, ihr Hauptmerkmal sei gewesen, daß jedermann um jeden Preis jung sein oder jung erscheinen wollte.

So leiten schon die letzten beiden Jahre des Weltkrieges zögernd über zu dem Zustand nahezu bedingungsloser Aufgeschlossenheit gegenüber Werken modernster Musik, der kurze Zeit nach dem Waffenstillstand auch staatliche und städtische Kunstämter auszeichnete. Daß im April 1918 Franz Schrekers dritte Oper „Die Gezeichneten" im Frankfurter Opernhaus ihre Uraufführung finden konnte, ist zweifellos eine Folge dieser beginnenden Verjüngung der Kunstpflege; denn seit dem „Spielwerk"-Mißerfolg von 1913 war Schreker in Deutschland keineswegs persona grata. Noch bezeichnender aber ist der sieghafte Erfolg, den das Stück fand. Man kann ihn nicht allein aus der schwülen Erotik der Handlung erklären. Die Tragödie des häßlichen Menschen, die Schreker an der Figur des buckligen Alviano demonstriert, ist angelehnt an Oscar Wildes Märchen „Der Geburtstag der Infantin", das ja Schreker schon früher einmal als Ballettstoff bearbeitet hatte. Das südliche Phantasiemilieu gibt ihm Gelegenheit zur Ausbreitung seiner ganzen, leidenschaftlich farbenfrohen Klangpalette. Harmonisch geht die Partitur noch weit über die Polychromatik und Mischtonalität des „Fernen Klangs" hinaus, während gleichzeitig die Gesangsmelodik den italienisch-inbrünstigen Belcantotypus noch stärker betont. Der Akkordtriller zwischen D-dur und b-moll, mit dem das Vorspiel anhebt, ist bezeichnend für die seltsame Synthese von musikalischem Raffinement und erotischem Expressionismus, die Schrekers Opern in den folgenden Jahren zu Sensationserfolgen verhilft.

Musikalisch ist der Weg von Schreker zu den Ausläufern des romanischen Impressionismus nicht sehr weit. Er hatte 1916 eine Kammersymphonie komponiert, die Schönbergs Besetzung auf 23 Spieler vermehrt: Flöte, Oboe, Klarinette und Fagott; Trompete, Horn und Posaune; Harfe, Celesta, Harmonium und Klavier; vier Geigen, zwei Bratschen, drei Violoncelli, zwei Kontrabässe und Schlagzeug fordert die Partitur. Der Stil der „Gezeichneten" war hier vorweggenommen; Septimen- und Nonenakkorde werden tonal mehrdeutig interpretiert. Das Rauschhafte des Schrekerschen Opernstils ist hier durch die kammermusikalische Besetzung gedrosselt, und in der irisierenden Schönheit des Klangs leuchtet bisweilen Debussys Vorbild durch. 1918 kommt in Rom G. Francesco Malipieros neues Orchesterwerk „Pausa del Silenzio" heraus. Es besteht aus sieben symphonischen Expressionen für großes Orchester. Langgehaltene, bis zur Siebenstimmigkeit erweiterte Akkorde, kanonische

Bewegungen, chromatische Akkordrückungen in Gegenbewegung, funktionslos nebeneinander gestellte Nonenakkorde
sind typisch für die Stücke, in denen das Vorbild Debussys
auf einen polyphonen dissonanten Stil übertragen erscheint
– stilistisch ganz ähnlich manchen Zügen in Schrekers
Kammer- und Theaterstil.

Die Überwindung des zerfließenden impressionistischen Stils
ist ihnen gemeinsam. Sie wird zum gemeinsamen Ziel fast
aller Musiker, in der Schweiz wie in Wien, in Berlin wie in
Paris. Es gehört zu den Erbteilen der bedeutenden impressionistischen Tradition, daß ihre Träger dem Experiment zugänglicher waren als dem Gesetz. Die Unermüdlichkeit
des Versuchens und Immer-wieder-neu-Beginnens, die das
heroische Zeitalter der Neuen Musik auszeichnet und eine so
unabsehbare Fülle neuer Ideen und Formen auf harmo-
nischem, melodischem und rhythmischem Gebiet in die Welt
setzt, trägt in sich eine gewisse Gefahr. Das Analytische ist
mächtiger als das Synthetische. Die Regeln von gestern fallen;
aber das Chaos, das ihr Fall freigibt, fügt sich noch keiner
neuen Bindung.

In dem Augenblick, da die avantgardistische Bewegung aus
der Opposition in den Zustand der Offizialität, der allgemeinen und der obrigkeitlichen Anerkennung tritt, entstehen ihr vermehrte Pflichten. Die verantwortungsbewußten
unter den modernen Komponisten haben das längst erkannt.
Die Ordnungen, nach denen das so vielfältig ausgebreitete
Material verlangt, sind von ihnen vorbereitet worden.

Die Bastionen der impressionistischen und der naturalistischen Verfeinerungs- und Experimentalmusik werden von
vier verschiedenen Seiten her bestürmt. In Frankreich und den
von ihm beeinflußten Nationen wird das Erlebnis der Vulgärmusik, namentlich der amerikanischen zum schöpferischen
Stimulans. In derselben Umwelt entsteht als Ergebnis korri-
gierender Zucht der neoklassizistische Stil. In Österreich wird
das Gesetz der Zwölf-Töne-Technik entwickelt. Gleichzeitig

wird, ebenfalls in Österreich und in Deutschland, die lineare Vielstimmigkeit als Gegensatz zur harmonischen Hegemonie der klassischen und romantischen Musik entdeckt.

Die Neigung zu festen neuen Ordnungen in der Komposition findet ihr Pendant in der Organisation von Vereinigungen, Musikfesten, Zeitschriften und Konzertzyklen, die der Pflege neuer Musik dienen sollen. Man schließt sich zusammen, nachdem man jahrelang isoliert gearbeitet hatte. Auf der Suche nach dem Unerhörten war man Gleichgesinnten begegnet, und nicht mehr das Trennende, sondern das Verbindende gewinnt jetzt Bedeutung. Das hat gewiß nicht nur äußere Gründe; es liegt vielmehr in der inneren Entwicklung des Komplexes Neue Musik verankert. Aus der Epoche des extremen Individualismus war man in kühner Konsequenz zu einem Höhepunkt gelangt, über den hinaus ein Fortschreiten zunächst nicht mehr möglich war. Die Gefahrenzone vor dem Sturz ins Chaos war beschritten worden. Aus ihr mußte man entrinnen. So suchte und entdeckte man die Segnungen der Kooperation.

1918 findet sich im Atelier des Malers Louis Lejeune ein Kreis von modernen Musikern zusammen. Erik Satie ist ihr bewundertes Vorbild, und er gibt ihrer Gruppe den vorläufigen Namen „Les Nouveaux Jeunes". Auch zwei Dichter der Avantgarde gehören zu dem Kreis: Blaise Cendrars, mit dem später Darius Milhaud sein Ballett „La Création du Monde" für die Schweden schreiben wird und dessen Gedichte viel vertont werden; und Jean Cocteau, der sich bald zum Ästhetiker und Programmatiker des Kreises entwickelt. Auf Vorschlag von Cendrars stellt man Programme für gemeinsame Konzerte zusammen. Eins findet statt: am 15. Januar 1918 in Jacques Copeaus Théâtre du Vieux-Colombier. Damit schlägt die Geburtsstunde der französischen nachimpressionistischen Moderne.

Ein junger Dichter stellt in einer plaudernden Conférence die Komponisten vor. Es ist René Chalupt, auch seine Verse werden später zu Liedern von Georges Auric, Francis Poulenc, Claude Delvincourt und Emile Passani. Ausgezeichnete junge Künstler wirken mit: die begeisterte Sängerin Jane Bathori, die Pianistin Andrée Vaurabourg und Rose Armandie. Das Programm enthält eine Sonatine von Germaine Tailleferre, „Alcools" (Lieder nach Gedichten Guillaume Apollinaires) von Artur Honegger, „Gaspard et Zoë" von Georges Auric, Sept Poèmes de Perse von dem Ravelschüler Roland Manuel, die „Carillons" von Louis Durey und die Rhapsodie Nègre für kleines Kammerorchester von Francis Poulenc. Es fehlt Darius Milhaud, der geistig zu der Gruppe gehört, ja der zusammen mit Artur Honegger, seinem Freunde und Studiengenossen aus der Klasse André Gédalges, ihren Zusammenschluß vorbereitet hat. Aber Milhaud ist weit von Frankreich; Paul Claudel, damals französischer Botschafter in Brasilien, hat den jungen, ihm befreundeten Musiker, um ihn vom schlimmeren Militärdienst zu befreien, als Attaché nach Rio de Janeiro geholt.

Nun vergehen fast zwei Jahre, bis der Kreis sich endgültig konstituiert. Scheinbarer Zufall hat diese jungen Menschen zusammengebracht. Sie erleben gemeinsam die neue, am Geist der Music-Hall, des Varietés, des Zirkus genährte Tatsachenkunst, die Jean Cocteau und Erik Satie in dem Artisten- und Akrobatenballett „Parade" schon 1917 proklamiert haben. Amerikanische Musik, die Clowns Fratellini, die neuen Partituren Strawinskys, die Experimente des Avantgarde-Theaters, die grimassierende Lyrik der jungen, durch die Schule des Kriegs gegangenen Dichter, die abstrakten oder geometrischen Leinwände der neuen Maler — all das wirkte zusammen, ihre Musik zu formen und zu beeinflussen.

Bald nach Kriegsende kommt Milhaud aus Brasilien zurück. In der Weihnachtszeit 1919 lädt er eine kleine Gesellschaft in seine Wohnung am Boulevard Clichy, nicht weit von der Place Pigalle, dem Vergnügungszentrum von Paris. Henri

Collet, der Kritiker der „Comoedia" ist gekommen, um neue
Werke der jungen Leute zu hören. Außer dem Gastgeber
sind anwesend: die Tailleferre, Honegger, Auric, Poulenc
und Durey. Von jedem wird ein Werk gespielt; Honegger
z. B. geigt, von seiner jungen Frau Andrée, geb. Vaurabourg
begleitet, das Andante aus seiner zweiten Violinsonate.
Roland Manuel gehört nicht mehr zu ihnen. Sonst hätte Henri
Collet das erste seiner beiden Feuilletons, die am 16. und
23. Januar 1920 in der „Comoedia" erschienen, nicht be-
titeln können: „Les Cinq Russes, Les Six Français et Erik
Satie". Der neue Name ist gefunden. Aus den „Nouveaux
Jeunes" sind die „Six" geworden. Jean Cocteau, der dazu
gehört, verdrängt den Namen Dureys in der kleinen lyrischen
Huldigung, die er der Gruppe widmet:

> „Auric, Milhaud, Poulenc, Tailleferre, Honegger,
> J'ai mis votre bouquet dans l'eau d'un même verre".

Collets Aufsätze erwähnen ein kleines Heft mit Klavier-
stücken, das ein junger Pariser Verlag, die Editions de la
Sirène, gerade herausgegeben hatte. Es ist der eigentliche
Urheber des Namens „Les Six", denn es heißt Album des
Six. Die Stücke zeigen viel von der Eigenart ihrer ver-
schiedenen Autoren. Es sind: ein Prélude von Auric, eine
Romance sans Paroles von Durey, eine Sarabande von
Honegger, eine Mazurka von Milhaud, ein Walzer von
Poulenc und ein Pastorale von Germaine Tailleferre. Und
noch eine andere Quelle kann Collet zitieren: das Büchlein
„Le Coq et l'Arlequin", das Jean Cocteau 1918 veröffent-
licht hatte und das schon die künstlerischen Richtlinien der
neuen Schule in glänzender Formulierung enthält. „Ich
wünsche mir von Frankreich französische Musik", heißt es
dort. Aber zugleich polemisiert Cocteau gegen den Impressionismus, namentlich gegen Debussy: „Pelleas ist noch
Musik, die man mit dem Kopf in den Händen anhört. Alle

Musik, die man mit dem Kopf in den Händen anhört, ist verdächtig. Wagner ist der Typus der Musik, die man mit dem Kopf in den Händen hört."

Collet betont das einzige, was diese Sechs gemeinsam haben: das Nationale. Er sieht in ihnen eine Renaissance der französischen Musik, gefördert durch Jean Cocteau und Erik Satie. Auch diese Bewegung ist also durch das Ereignis des Weltkrieges ausgelöst; sie gehört, bei aller Verschiedenartigkeit der sprachlichen Mittel, zur Kategorie der National-Moderne, gemeinsam mit dem Strawinsky der „Pribaoutki", dem Janáček der „Katja Kabanowa", dem Bartók der Ungarischen Bauernlieder und dem Falla des „Amor brujo". In dem Gruppenpostulat, das die Six veröffentlichen, heißt es:

„1. Die musikalischen Formen scheinen ihnen von zu zahlreichen und unnützen Durchführungsvorgängen überladen. Es gilt auf normale Verhältnisse zurückzukommen, die Hypertrophie der bestehenden Formen zu beseitigen. Das Ideal der Sonate: Haydn. Das Ideal der Suite: Rameau.

2. Die echten französischen Traditionen müssen wieder aufgenommen werden, die auf der Scheu vor der Emphase und der gefühlsmäßigen Übertreibung beruhen. Es gilt allen romantischen Geist zu verbannen und das rechte Gleichgewicht von Gefühl und Vernunft herzustellen, das den französischen Klassizismus kennzeichnet. Unter diesem Gesichtspunkt ist Satie das Beispiel, das Vorbild der Jungen.

3. Verzicht auf den Chromatismus, das charakteristische Ausdrucksmittel der Romantik. Man darf auch nicht Schönberg folgen, dem gewaltigen Musiker, der ja eine letzte Entwicklung der Romantik bringt, die Chromatik zu ihrer äußersten Konsequenz der Atonalität führt.

4. Es gilt im Gegenteil die diatonische Harmonik in ihre herrschende Stellung wiedereinzusetzen. Sie bekräftigt die reine, feste Tonalität, das Grundprinzip der wahren Architektur, die mit den Maßen haushält, sie ordnet und sie ohne

Verwirrung in Kontrast setzt." (Zitiert in der deutschen Version des Sammelbandes „Von Neuer Musik", F. J. Marcan-Verlag, Köln, 1925.)

Ähnlich wie Jean Jacques Rousseau für die Buffonisten, tritt Jean Cocteau für die französischen Antiromantiker in die Arena, nicht nur als theoretisierender Ästhet, sondern auch als schöpferischer Anreger. In der „Parade" hatte er mit Satie (und bei der Aufführung mit Pablo Picasso, der die Bühnenbilder entwarf) einen neuen Kunsttyp herausgestellt. Die Premiere im Théâtre du Châtelet fand 1917 als Galavorstellung zu wohltätigem Zweck statt. Sie war, wie Cocteau später festgestellt hat, künstlerisch unvollkommen, denn es fehlten die im Plan vorgesehenen Geräuschinstrumente, die den Hintergrund der Partitur bilden sollten! Sirenen, Schreibmaschinen, Flugzeuge und Dynamos. Aber auch so noch war die Satiesche Musik Grund genug, einen milden Skandal und wüste Beschimpfungen bei der Presse anzuregen. Sie war in einheitlichem Metrum geschrieben, bitonal, von großer melodischer Einfachheit, mit einem Walzer, einem chinesischen Zauberer, den ein pentatonisches Motiv begleitet, und einem „Ragtime du Paquebot".

1921 kommt es, ebenfalls durch Cocteau inspiriert, zu einer gemeinsamen künstlerischen Arbeit der „Six". Rolf de Maré, der Leiter des Schwedischen Balletts, das nichts Geringeres im Sinne hat, als dem Russischen Ballett Djaghilews Konkurrenz zu machen, führt im Juni „Les Mariées de la Tour Eiffel" auf, nach einem Szenar Cocteaus, zu dem Auric, Durey, Honegger, Milhaud, Poulenc und die Tailleferre Musik komponiert haben. Bald danach hört die Gruppe auf zu existieren. Man bleibt befreundet, aber jeder geht seinen eigenen Zielen nach. Durey und die Tailleferre verschwinden aus dem Lichtkegel ephemeren Ruhms. Die anderen vier haben sich durchgesetzt.

Was die geistigen und stilistischen Wesenszüge betrifft, die in dem Gruppenpostulat zusammengefaßt werden, stehen die sechs Autoren natürlich nicht allein. Sie verkörpern vielmehr den Willen einer ganzen, des Impressionismus überdrüssig gewordenen Generation, die sich im nationalen Bekenntnis und in der Liebe zu Satie sowie zu einigen anderen Dingen findet. Albert Roussel hat 1919 in einem Aufsatz der Londoner Zeitschrift „The Chesterian" die Gruppe um drei Namen vermehrt, deren Träger für ihn dazu gehören: Roland Manuel (der ja tatsächlich bei dem Konzert im Vieux Colombier mit dabei war), Paul Menu (Schüler Charles Koechlins und Opfer des Weltkrieges) und Henri Cliquet-Pleyel, dem wir in anderem Zusammenhange begegnen werden.

Da die Formulierungen des Gruppenpostulats auf alle sechs Mitglieder der Gruppe passen mußten, fehlt darin jede Erwähnung des Jazz-Elements. Es ist richtig, daß Poulenc von der amerikanischen Negermusik nur ganz vorübergehend beeinflußt wurde. Aber mindestens drei von den „Six", Milhaud, Honegger und Auric, verdanken ihr wesentliche Bereicherungen der Tonsprache. Und für den Stil der ersten Nachkriegszeit, den die „Six" ja repräsentieren, ist der Jazz so entscheidend wichtig, daß man ihn bei der Definierung nicht übergehen darf.

Die Geschichte des Jazz ist vielfach behandelt worden. Für Experten der Tanzmusik mag es wichtig sein, zwischen den einzelnen Phasen der Entwicklung, den einzelnen Stilen genau zu unterscheiden. Im weiteren Zusammenhange unserer Untersuchungen spielen solche Differenzierungen keine bedeutende Rolle. Der Einfluß des Jazz auf die moderne französische Kunstmusik ist eine unmittelbare Folge des Interesses, das Claude Debussy an dem amerikanischen Ragtime genommen hatte. Zwischen 1908 und 1913 schreibt er solche Tänze, in stilisierter, aber doch unverkennbarer Form, in einige seiner Werke. Der „Children's Corner", Juli 1908 beendet, schließt mit „Gollywogg's Cakewalk"; im zweiten Heft der Préludes stehen Ragtimerhythmen ebenso wie in der „Boîte à Joujoux" von 1913.

Der Name Jazz als Typenbezeichnung für die neue Form synkopischer und für Kapellen besonderer Zusammensetzung instrumentierter Musik kommt 1916 auf; nach den Feststellungen Nicolas Slonimskys wurde 1918 von der Victor Company in New York die erste Jazzplatte der Original Dixieland Jazz Band gepreßt. Im selben Jahr erscheinen, nach Milhauds Zeugnis, die ersten Jazzmusiker in Paris.

Schon im „Sacre du Printemps" hatte Strawinsky 1913 rhythmische Formeln und Orchesterfarben angewandt, die mit solchen der amerikanischen Tanzmusik auffallende Verwandtschaft zeigen. Der Bluesstil im Englischhorn-Solo des zweiten Teils („Ritualhandlung der Ahnen") ist unverkennbar; er ist selbständig erfunden, denn damals existiert Blues nur in der amerikanischen Provinz. Das beweist die innere Affinität zwischen dieser Vulgärmusik und einigen der avanciertesten modernen Musiker. 1918 beginnt sich Strawinsky systematisch mit Ragtime und Jazz zu beschäftigen. Einer von den drei Tänzen in der „Histoire du Soldat", die damals entsteht, ist ein Ragtime. In den Erinnerungen heißt es: „Auf meine Bitte hin hatte man mir einen ganzen Stoß solcher Musik gesandt. Mich entzückte das Volkstümliche an ihr und der frische uns bisher unbekannte Rhythmus; beides verrät deutlich die Quelle, aus der sie stammt: die Negermusik. Der Eindruck, den sie auf mich machte, war so lebendig, daß mir der Gedanke kam, eine Art ‚Portrait-Typ' dieser neuen Tanzmusik zu entwerfen und ihm das Gewicht eines Konzertstücks zu geben, so wie es frühere Musiker zu ihrer Zeit mit dem Menuett, dem Walzer, der Mazurka gemacht haben. So kam ich dazu, meinen ‚Ragtime' zu komponieren für elf Instrumente: Bläser, Streicher, Schlagzeug und ungarisches Zymbal." Das Stück kam 1919 bei Chester mit einer genialen, in einem Federzug gemachten Titelzeichnung von Picasso heraus. Strawinsky ließ es nicht bei diesem einen Versuch bewenden. Bald nach dem Ragtime schreibt er seine Piano-Rag-Music, ein virtuoses rhythmisches

Klavierstück, das die Synkopen und die charakteristischen harmonischen Wendungen der Jazzmusik analytisch ordnet. Wer nach dem ersten Weltkrieg die amerikanischen Bands gehört hat, der versteht die faszinierende Wirkung, die sie auf die Intellektuellen dieser Jahre ausübten. Hier war eine Musik, die an keine erkennbare Tradition anknüpfte. Ihr Weltgefühl entsprach dem aufrührerischen Sinn der jungen Generation mit ihrer Opposition gegen alles Akademische, Bürgerliche und Würdebärtige. Nach so vielen Jahren der Spannung und gewaltsamen Disziplin verlangte Europa Entspannung und Ausgelassenheit. Im Jazz lebte eine wilde und durchaus ungemütliche Heiterkeit, eine animalische, mitunter urwaldhafte Lebens-Intensität, wie sie keine andere Tanzmusik kannte. Auch der Tango, seit 1910 mit seinem spanisch-punktierten Rhythmus weltbeherrschend, konnte Freuden dieser Art nicht vermitteln. Es war ein artistisches Element in der Jazzmusik, eine Lust am instrumentalen Sichproduzieren und Brillieren, am solistischen Heraustreten aus der Anonymität. Diese Musik hatte alle Hemmungen abgeworfen; es war ihr gleich, wie und mit was für Instrumenten ihre Rhythmen zustande kamen. Man blies sie auf Whiskyflaschen, man hupte mit Autohupen dazwischen, und Kuhglocken waren keineswegs verpönt. Jeder von den Musikern schien auf eigene Faust zu spielen; oft kamen die bizarrsten Kontrapunkte zustande, und doch traf sich alles wieder beim nächsten harmonischen Schwerpunkt. Auch das Instrumentarium war neu. Banjo und Saxophon wurden als wichtige Klangfarben entdeckt, Trompete und Posaune mit allen möglichen Dämpfern geblasen.

Die unbeschränkte Verwendung der Synkope, zuerst nur der Achtel-, später auch der Sechzehntelsynkope stellte einen rhythmischen Schwebezustand her, wie ihn bisher die Tanzmusik nicht gekannt hatte. Schwache Taktteile wurden betont, Drei- und Viervierteltakt polymetrisch verschränkt, Mittelstimmen im Fünfachteltakt eingeschmuggelt. Aber wie

ein Fatum bleibt als metrischer Hintergrund das starr ein-
gehaltene Eins-Zwei-Drei-Vier bestehen; es mag zeitweise
aussetzen oder unterbrochen werden, aber es kommt wieder
und zwingt alles in seine erbarmungslose Gewalt. So verbinden sich im rhythmischen Bild der Jazzmusik sehr einfache und sehr komplizierte Elemente; darin mag das Geheimnis begründet sein, daß sie auf einfache Gemüter ebenso
stark wirkte wie auf intellektuell ausgekochteste.

Darius Milhaud war im Kreise der „Six" derjenige, der sich
am freudigsten dem Einfluß des Jazz auslieferte. Er hatte in
Brasilien eine gute Schule für die Schätzung exotischer
Rhythmen durchgemacht. Seine „Saudades do Brazil" be-
zeugen es so freudig wie die „Cinéma-Symphonie sur les Airs
Sud-Américains", zu der Jean Cocteau eine Ballettfarce
schreibt und die unter dem Namen „Le Bœuf sur le Toit" im
Februar 1920 in der Comédie des Champs Elysées mit den
drei Fratellini in den Hauptrollen uraufgeführt wird. Die
Tänze des Karnevals von Rio de Janeiro, die Milhaud hier
zum Teil wörtlich zitiert, sind rhythmisch etwas beschleunigte
Tangos mit Ragtime-Einschlag. Die rhythmische Formel des
Hauptthemas, das rondoartig durch das ganze 17 Minuten
lange Stück wiederkehrt, ist:

Schon in früheren Arbeiten von Milhaud herrschte das harmonische Prinzip der Polytonalität. Hier, im „Bœuf sur le
Toit", wird es zum entscheidenden Stilmittel. Polytonalität,
bei Debussy und Strauß vorbereitet, von Ravel, Strawinsky
und vor allem von Sergej Prokofieff in seinen Frühwerken,
den „Sarcasmes" und der „Skythischen Suite" (1915),
systematisch angewandt, wird von Milhaud zu einer wichtigen Technik entwickelt. Im „Bœuf" tritt sie deshalb mit
so exemplarischer Deutlichkeit zutage, weil die Formeln von
kindlicher Einfachheit sind. Milhaud läßt den „Airs Sud-

Américains" ihren simplen harmonischen Hintergrund, der über die Verhältnisse von Tonika, Dominante und Subdominante kaum hinausgeht. Aber er schichtet zwei ganz verschiedene harmonische Ebenen übereinander, so daß z. B. in den höheren Oktaven C-dur, in den tieferen Fis-dur konsequent durchgeführt wird. Eine der reizvollsten bitonalen Verknüpfungen ist ein kleiner Kanon, der in Des-dur beginnt und dessen zweite Stimme sich in B-dur darüberlegt. Milhaud beschränkt sich hier fast immer auf zwei Tonarten, d. h. das harmonische Bild ist überwiegend bitonal. Nur einmal, beim Tanz des Polizisten (dem einzigen Stück der Partitur, das nicht im $^2/_4$-, sondern im $^3/_8$-Takt steht), treffen drei Tonarten zusammen. Es sind D-dur, B-dur und Fis-dur, also drei terzverwandte, die im Intervall großer Terzen zueinander stehen.

Die harmonischen Ergebnisse, die aus solcher fast mechanischen Addition von Akkorden und Tonarten entstehen, sind oft sehr verwickelt. Sie stehen an Kühnheit und dissonanter Kraft den Wiener Atonalisten nicht nach, und tatsächlich (trotz der fast demonstrativen Verschiedenheit ihrer Methoden) bestehen enge geistige und persönliche Verbindungen zwischen ihnen und Milhaud. Die psychologisch-technischen Ursachen sind in beiden Fällen, bei der Polytonalität wie bei der Atonalität, ganz die gleichen. Die Abneigung gegen Tonwiederholungen erzeugt das, was wir als den Stil der komplementären Harmonik (etwa bei Reger und Strauß) erkannt haben, der notwendig zu einer der beiden Konsequenzen führt. Die latente Neigung der modernen Komponisten, in Komplexen zu denken, die alle zwölf Töne der chromatischen Skala herausstellen, findet ihr Ventil auch in der polytonalen Technik. Ein Beispiel aus dem „Bœuf sur le Toit" möge es veranschaulichen. In dem erwähnten Tanz des Polizisten treffen die Dominantseptakkorde von D, B und Fis zusammen. Das ist eine Akkordsäule aus den Tönen A–cis–e–g–cis'–eis'–gis'–h'–f''–a''–c'''–es'''. Von

diesen zwölf Tönen sind drei doppelt vorhanden: A, Cis und
F (Eis). Es kommen demnach nur neun verschiedene Töne
vor. Sie bilden zusammen die Skala A–H–C–Cis–Dis–E–
F–G–Gis. Die drei Töne, die zur chromatischen Skala fehlen, sind D, Fis und B. Das heißt mit anderen Worten: die
Grundtöne der drei Tonarten, die hier polytonal verkoppelt
sind. Jeder der drei Dominantseptakkorde strebt aber (wenn
man ihn getrennt aus dem polytonalen Zusammenhang wahr-
nimmt) zur Auflösung in die Tonika, in diesem Falle nach
D, Fis und B. Es zeigt sich also an diesem Beispiel, daß die
polytonale Logik dem Wunsch nach komplementärer Harmonik genau entspricht. Wird die Auflösung der drei
Dominantklänge vollzogen, so stellt sich der „Rest" ein,
der zur Erfüllung der Zwölftönigkeit geblieben war.
Ein Schwesterwerk dieses „Bœuf sur le Toit", von derselben
südlichen Heiterkeit erfüllt, ist der berühmte „Catalogue de
Fleurs", den Milhaud im April 1920 in Aix-en-Provence
beendet. Aix ist seine Heimat, dasselbe Aix, wo Paul Cézanne
und Emile Zola zusammen die Schule besuchten, die südliche kleine Stadt, deren Ursprünge auf die Römerzeit zurückgehen und deren heiße provenzalische Sommersonne
Milhaud so liebt. Alle Musik, die er schreibt, lebt aus dem
Milieu dieses französischen Südens. Der „Catalogue de Fleurs"
verwendet Gedichte Lucien Daudets, von denen Milhaud
sieben für eine mittlere Stimme und Klavier setzt. Das Gewebe,
im „Bœuf" so vollgriffig und akkordisch, ist hier zu zartester
Zwei- und Dreistimmigkeit aufgelockert. Nahe und entfernte
tonale Verwandte verbinden sich in den überraschendsten
Kombinationen. Im vierten Lied, „Die Hyazinthen", wird
kurz vor dem Schluß im Baß das Rondothema des „Bœuf"
zitiert. Typisch für den Stil zeichnerischer, klar umrissener
Bitonalität ist das fünfte, „Der Krokus", mit seinem barka-
rolenhaften ruhigen A-dur-Anfang, dem im 3. Takt eine
kontrastierende Sechzehntelfigur in C-dur antwortet; fünf
Takte später wiederholt sich die Stelle im doppelten Kontra-

punkt. Dann treten neue Tonarten hinzu. Später wird die Barkarolenfigur in einer chromatisch erst ab-, dann ansteigenden Sequenz als Baß für die bitonale A-dur-C-dur-Stelle benutzt; dann löst sich das kleine, ungemein graziöse Gebilde in eine Art Kadenz auf, in der G-dur und A-dur gemischt erscheinen. Eine mehr flächige Anlage zeigt das letzte Lied über eine Lilie. Hier werden Akkordkomplexe gegeneinandergestellt; der Ausgangston ist A-dur, und zu A-dur kehrt die Bewegung zurück, wenigstens in der Singstimme, die abschließend bekanntgibt: „Vous recevrez les prix par correspondance". Das Lied mündet in zwei Arpeggien, von denen das erste einen neuntönigen, das zweite einen zehntönigen Akkord, und zwar dieses Mal im Aufbau des Quintenzirkels, ergibt; der Grundton ist A, der Spitzenton c''''. (Siehe Anhang.)

Das Opus ist ungemein bezeichnend für die Fähigkeit der französischen Avantgardisten, das Kühnste in gefälliger Form zu sagen; es erinnert in seinen zarten flimmernden Farben an Bilder der Marie Laurencin. Symptomatisch ist die Textwahl. Schon Satie hatte seinen Klavierstücken ironische Titel gegeben, in denen er die zerfließende Lyrik des Impressionismus spöttisch liquidierte. Für die Generation, die seinem Einfluß geöffnet ist, wird jede lyrische Attitude, jedes Pathos, jede Neigung zum Erhabenen verdächtig und lächerlich. Es gibt eine Epoche der modernen Musik, etwa von 1917 bis 1930, in der jeder einigermaßen avancierte Komponist sich vor seinem eigenen Sentiment schämt. Die dadaistische Front gegen den Lyrismus findet Bundesgenossen in der Musik. Man sieht sich nach Texten aus dem Alltagsleben um, teils um dem Sentiment und dem Pathos zu entgehen, teils „pour épater le bourgeois". So verfällt Milhaud schon 1919 darauf, einen Prospekt für landwirtschaftliche Maschinen zu vertonen, und der „Catalogue de Fleurs" ist nur die erfolgreichere Fortsetzung dieses Versuchs. Aus den gleichen Motiven entstehen 1926 die „Zeitungsausschnitte"

von Hanns Eisler, der zum Wiener Schönbergkreis gehört.
1929 schreibt Paul Hindemith in seiner heiteren Oper
„Neues vom Tage" ein Lob der Warmwasserversorgung,
und 1945 komponiert Ernst Křenek ein Chorwerk a cappella
über einen amerikanischen Fahrplan, „The Sante Fé Table".

Die Verwendung fertiger Texte, die eigentlich einem ganz
anderen Zweck dienen, als Rohstoffe für moderne Vokalmusik entspricht genau einem Stilmerkmal in der gleichzeitigen bildenden Kunst, dem „collage", den Klebebildern,
die um 1913 von Picasso eingeführt werden. Es sind Kunstwerke, die ganz oder zum Teil aus fertigen Gegenständen
bestehen, die auf die Leinwand geklebt werden, mit Vorliebe Zeitungsausschnitten. Die Dadaisten machen davon
ausgiebigen Gebrauch, und Kurt Schwitters führt das
„collage" zu den bizarrsten Konsequenzen. Der Berliner
Dadaistenkreis um George Grosz nennt Experimente dieser
Art „ready things works".

Auf Artur Honeggers Musik sind die ästhetischen Maximen
der „Six" am schwersten anwendbar. Er ist 1892 geboren,
also gleichaltrig mit Milhaud. Aber die Herkunft aus einer
deutsch-schweizerischen Familie ebenso wie das angeborene
romantische Temperament heben ihn aus dem Kreis seiner
französischen Freunde heraus. Honegger ist von seinen Anfängen her ein Musiker, in dem germanisch-alemannische
und französische Züge sich verbinden. Er löst sich ungleich
langsamer von impressionistischen Vorbildern als Milhaud;
sein „Pastorale d'Eté" von 1920 ist von zauberhafter Lyrik
erfüllt, aber es ist noch, nach dem Wort seines Freundes
Cocteau, „Musik, die man, den Kopf in den Händen, hört".
In kaum einem Werk erfüllt Honegger die Forderung der
Satie-Cocteauschen Ästhetik, der überhandnehmenden Chromatik eine feste Diatonik entgegenzusetzen. Selbst wo
Honegger am stärksten im Geist der französischen Tradition
lebt, in den „Cahiers romands" für Klavier, hat seine Musik
romantische Züge. Selbst wo er klassische Stoffe komponiert,

wie in der Cocteauschen Fassung von Sophokles' „Antigone"
(1924), steht er der klassizistischen Kühle und Ironie Satie-
scher Prägung im Grunde fern. Sein „Horace victorieux"
zeigt ihn 1920/21 an der Seite der Atonalisten; es ist die
dissonanzenreichste, expressionistisch-aufwühlendste Partitur, die auf Frankreichs Boden entstanden ist, auch im
Orchesterklang aufregend neu und aggressiv. Honegger
selbst bezeichnet die „Symphonie mimée" als sein originellstes
Werk, Milhaud rühmt ihre Konzessionslosigkeit, ihre stets
ausdrucksvolle melodische Linie.

Aber es ist auch ein stark urbanistischer Zug in Honegger,
eine Neigung zum Maschinellen und zum Sportlichen. Der
kühnste Versuch, die illustrative Kunst der Programm-
Musiker auf ein Objekt der Technik anzuwenden, entsteht
1923 in dem Lokomotiven-Porträt „Pacific 231". Diese
symphonische Dichtung hat in der französischen Musik
einige Vorläufer vokaler Art. Hector Berlioz schreibt 1850
ein „Chant pour les Chemins de Fer", und in den Proses
Lyriques von Debussy schildert ein Lied das gleichmäßige
Stampfen eines fahrenden Zuges. Aber Honeggers Realismus
geht viel weiter. Er malt mit großartiger Akribie das Zunehmen der Bewegung, wenn sich die Riesenmaschine in
Gang setzt. Die Form des ganzen Stückes beruht fast ausschließlich auf dynamischen und rhythmischen Kräften, die
im Dienst einer logisch durchgeführten Steigerungsidee
angesetzt werden. Das geschieht mit kühl überlegener Be-
obachtung, ganz ohne spürbaren Gefühlsanteil, und nur die
Kräfte der Steigerung reißen den Hörer geradezu physisch
mit. Dabei bindet Honegger diese Kräfte in ein polyphones
Gewebe sehr schulgerechter Art; sein Hang zum Kontrapunkt läßt ihn die Form der Fuge hier zu einem Illustrations-
mittel höchster Art umgestalten.

Für die vielseitige, universalistische Geistigkeit Honeggers
ist es bezeichnend, daß die Komposition des „Pacific 231"
zeitlich der eines Oratoriums benachbart ist, das seinen

Namen berühmt gemacht hat: „Le Roi David". Das Stück, ein dramatischer Psalm für Sprecher, Singstimme, Chor und Orchester, ist ursprünglich 1921 als musikalisches Drama geschrieben und in Mézières auch so uraufgeführt worden. Dann erst wurde es für den Konzertsaal entdeckt und nach der denkwürdigen Aufführung in Winterthur am 2. Dezember 1923 über die ganze Welt verbreitet.

Milhaud und Honegger, die wichtigsten Repräsentanten der französischen Nachkriegsmusik, haben manchen gemeinsamen Zug. Beide produzieren mit ungewöhnlicher Leichtigkeit. Beide kommen von der Kammermusik. Beide sind in Dingen der Harmonik frei von jedem Vorurteil, Sucher von neuen tonalen Kombinationen und nie gehörten Klängen. Aber in Fragen des stilistischen Geschmacks gehen die Ansichten der beiden Freunde weit auseinander. Milhaud, der typische Südfranzose, liebenswürdig, gastfrei, von lebhaftem Intellekt, ist entschiedener Antiwagnerianer und der deutsch-romantischen Musik überhaupt nicht geneigt. Er neigt, auch musikalisch, zum kaustischen Bonmot, zu raschen Formulierungen. Er fühlt sich auf der ganzen Welt heimisch, in seinem kalifornischen Haus in Oakland bei San Francisco ebenso wie auf dem Familiensitz zu Aix-en-Provence oder in der Etage am Boulevard de Clichy. Seine Produktion ist höchst ungleich; er schichtet Werk auf Werk, ohne sich die Mühe der kritischen Aussonderung zu machen.

Honegger, ein gedrungener alemannischer Typ mit römischem Profil, ist die kompliziertere Natur, ein Mann mit starken metaphysischen Neigungen, zu großer Freundschaft fähig und dann von unbedingter Zuverlässigkeit. Ihm liegt die Musik der deutschen Romantiker sehr, und er gehört jahrelang zu den Habitués der Bayreuther Festspiele, wo er die Werke Wagners mit Bewunderung, aber auch mit kritischem Ohr immer wieder neu erlebt.

Francis Poulenc, 1899 geboren, ist sieben Jahre jünger als die beiden. Seine zarte, im Grunde ganz lyrische Natur, fühlt sich in kleinen Formen am meisten zu Hause. Er ist, bei zögernder, geringer Produktion, der echte „musicien français", kontrapunktischen und harmonischen Künsten wenig zugetan und dem Einfluß Debussys und Ravels mehr verpflichtet als dem Saties, der ihn den „Nouveaux Jeunes" zuführt. Seine Rhapsodie Nègre ist 1917 ein Pendant der herrschenden Vorliebe für Negerplastik; von Jazzeinflüssen bleibt er fast frei. Ein Liederzyklus nach Gedichten von Guillaume Apollinaire, für Streichquartett und Holzbläsertrio gesetzt, enthüllt seine Eigenart, in knappsten Formen Situationen zu zeichnen, elegant mit einer harmonischen Wendung von der Schablone abzuweichen, Volkstümlichkeit und Verfeinerung zu mischen. Die klassizistischen Tendenzen des Gruppenpostulats der „Six" sind bei ihm am vollkommensten verkörpert. Der Zyklus, den er 1919 komponiert, heißt „Le Bestiaire ou le Cortège d'Orphée"; er besteht aus sieben Liedern in einfachsten Formen und Harmonien, mit ein paar Stellen, an denen man die Satiesche Liebe zum Vulgären, zur Music-Hall spürt. Seine Liebe gehört dem Klavier und den Holzblasinstrumenten; für die er Sonaten verschiedenster Kombinationen schreibt. Für den einfachen und dabei brillanten Klavierstil sind schon 1918 die drei „Mouvements Perpétuels" bezeichnend. In den „Impromptus" von 1920/21 steigert er sich zum Virtuosen, wobei gleichzeitig die Harmonik eine vorübergehende Komplizierung durchmacht. Kühne bitonale Kopplungen und scharfe Septimen- und Nonenreibungen führen hier über die sanfte Diatonik hinaus, die sonst Poulencs empfindlichem Ohr entspricht. In dem Ballett mit Gesang „Les Biches" findet sich diese feminine französische Begabung mit der artverwandten Kunst der Malerin Marie Laurencin.

Georges Auric, Altersgenosse Poulencs, ist der bewußteste Modernist in diesem Kreis. Er, dem Cocteau 1918 „Le Coq et l'Arlequin" widmet, nimmt die Ästhetik Erik Saties auf und führt sie konsequent der Gebrauchsmusik zu. Seine

Sprache, durch die Schule Albert Roussels gestählt, ist härter als die der anderen „Nouveaux Jeunes". Er hat die frühe Jazzmusik und den Einfluß Strawinskys so stark erlebt wie Milhaud. Bei überwiegend tonaler Haltung ist seine Musik dissonanzenreich, polyphon und sparsam bitonal. Er ist seit der Mitte der zwanziger Jahre der erfolgreichste Filmkomponist Frankreichs. Als Essayist und später auch als Musikkritiker der „Nouvelles Littéraires" hat er der modernen Musik in Frankreich nach dem ersten Weltkrieg entscheidende Hilfsstellung geleistet.

Die Verbindung zwischen dieser antiromantischen und wesentlich nationalen französischen Moderne und den Avantgardisten in Mitteleuropa hat ihren Hauptstützpunkt in Wien. Ravel besucht die österreichische Hauptstadt als erster 1920, kurz nach Beendigung seiner choreographischen Dichtung „La Valse". Milhaud wird zum Propheten Schönbergs und dirigiert in Paris die Erstaufführung des „Pierrot Lunaire" mit der Sängerin Marya Freund als Interpretin der Sprechstimme. Poulenc reist 1921 nach Wien, wo er Alban Berg trifft und im Hause der Alma Maria Mahler eine neue Komposition Béla Bartóks kennenlernt, darunter das „Allegro Barbaro", das ihn, von Eduard Steuermann gespielt, aufs tiefste beeindruckt.

Wien hatte damals für die Entwicklung der Neuen Musik erhöhte Bedeutung gewonnen. Es war noch immer der Mittelpunkt der kulturellen Fäden, die sich zwischen den Nationen der ehemaligen Doppelmonarchie spannen. Österreich genoß schneller als Deutschland das Vertrauen und die Zuneigung der Siegermächte. Als ein Land von zweifelhafter wirtschaftlicher Zukunft war es gehalten, seine künstlerischen Aktiva in die Waagschale zu werfen.

Auf musikalischem Gebiet aber verfügte Wien in der mittlerweile zu weltumspannender Bedeutung angewachsenen Universal-Edition über eine Propaganda- und Vertriebszentrale von großer Energie. In ihr fanden sich die wichtigsten Autoren der österreichischen, deutschen, ungarischen, tschechischen und italienischen Moderne. Die Werke Schönbergs, Egon Wellesz', Franz Schrekers, Alexander Zemlinskys, Leoš Janáčeks, Béla Bartóks, Alfredo Casellas, Karol Szymanowskis begannen da zu erscheinen. 1919 wurden im Verlag der Universal-Edition die „Musikblätter des Anbruch" gegründet, die erste Monatsschrift, die sich die Förderung moderner Komponisten zum Ziel gesetzt und eine Anzahl führender europäischer Fachleute als Mitarbeiter gewonnen hatte. Der erste Jahrgang, begonnen im November 1919, geleitet von Dr. Otto Schneider, bringt Beiträge von Berg, Hauer, Rudolf Réti, Schreker, Stein, Steuermann, Wellesz; aus Ungarn von Bartók und Kodály; aus Italien von Casella und Guido M. Gatti; aus England von Frederick Delius; aus Prag von Zdeněk Nejedlý, Paul Nettl, Vítězslav Novák und Joseph B. Foerster. Die französische Gruppe ist durch einen Brief Strawinskys und einen Abdruck aus Cocteaus „Le Coq et l'Arlequin" vertreten. Kompositionen von Bartók, Delius, Foerster, Hans Gal, Wilhelm Grosz, Hába, Klenau, Joseph Marx, Petyrek, E. N. von Reznicek, Rosenstock, Fr. Schreiber, Schreker, Szymanowski, Weigl, Wellesz und Zemlinsky sind beigelegt.

Von Schönberg selbst ging die Anregung zur Gründung des Vereins für musikalische Privataufführungen aus, die im November 1918 stattfand. Die Statuten des Vereins wurden am 16. Februar 1919 bekanntgegeben. Sein Ziel war, Künstlern und Musikfreunden eine wirkliche und genaue Kenntnis der modernen Musik zu vermitteln. Um es zu erreichen, waren drei Dinge nötig: klare, gut geprobte Aufführungen, häufige Wiederholungen; Ausschluß der Öffentlichkeit mit ihren schädlichen Einwirkungen. Beifalls- und Mißfallensbezeigungen sind im Verein untersagt. Zutritt haben nur Mitglieder, die sich durch Lichtbildausweis legitimieren. Die Mitglieder verpflichten sich, alle Proben zu besuchen; tatsächlich wird nicht bekanntgegeben, ob bei einer der

regelmäßigen Zusammenkünfte geprobt oder konzertmäßig
gespielt wird.

In den ersten neun Versammlungen des Vereins, d. h. von
November 1918 bis Mitte Februar 1919, werden Werke
folgender Autoren aufgeführt: Bartók, Debussy, Josef
Hauer, Mahler, Pfitzner, Reger, Schreker, Skrjabin, Strauß,
Strawinsky, Webern und Zemlinsky. Darunter sind Orchesterwerke, die (wie z. B. Debussys Nocturnes, Mahlers
7. Symphonie, Schrekers Vorspiel zu einem Drama, Strauß'
„Don Quixote" und Weberns Passacaglia) in Bearbeitungen
für Klavier vier- bis sechshändig gespielt werden.

Von folgenden Komponisten werden außerdem Werke geprobt und für Aufführungen vorbereitet: Berg, Julius
Bittner, Busoni, Gustave Charpentier, Fidelio Finke, Egon
Kornauth, Erich Wolfgang Korngold, Vítězslav Novák,
Ravel, Cyril Scott, Josef Suk und Karl Weigl. Schönberg
selbst, Präsident des Vereins, weigerte sich lange Zeit,
eigene Werke aufführen zu lassen. Ein Komponist aus dem
Schönbergkreis, Dr. Paul A. Pisk, hat im „Anbruch" 1924
eine Übersicht über die vom Verein geleistete Arbeit veröffentlicht. Er schreibt:

„Die Einstudierung erfolgte mit einer Sorgfalt und Gründlichkeit, die im Konzertleben der Öffentlichkeit schon aus
wirtschaftlichen Ursachen unmöglich ist. Die Probenzahl
für ein Werk ging selten unter zehn und erreichte oft dreißig.
Schönberg selbst und seine Vortragsmeister (Anton Webern,
Alban Berg, Erwin Stein, Benno Sachs u. a.) besorgten und
überwachten die Einstudierung. Dadurch, daß die Vereins-
abende in jeder Woche stattfanden, war die Möglichkeit
gegeben, innerhalb einer kurzen Zeit eine ungewöhnlich
große Anzahl von Werken zu spielen und auch durch Wiederholungen – die einzelnen Stücke wurden ein- bis viermal vorgetragen – das richtige Verständnis zu fördern... Die Mit-
gliedsbeiträge endlich waren je nach der wirtschaftlichen Lage
der Teilnehmer abgestuft, so daß auch Ärmere teilnehmen

konnten . . . Im April 1921 hatte sich die Zahl der Programm-
nummern auf 226 gesteigert . . . Jüngere Künstler, denen
Virtuosentum nicht Selbstzweck war, wurden gewonnen,
bald aber konnte der Verein auch mit Künstlern von bedeutendem Ruf (Eduard Steuermann, Rudolf Serkin, Rudolf
Kolisch, Marie Gutheil-Schoder, Felicie Mihacsek, Erika
Wagner, Arthur Fleischer u. a.) arbeiten."

Der Verein wurde 1921 aus wirtschaftlichen Gründen aufgelöst. Aber das Beispiel, das er geschaffen hatte, wurde
fruchtbar. In Prag und Hamburg (hier unter Leitung Josef
Rufers und des Verfassers), später in Berlin, Frankfurt a. M.
und anderen Städten wurden ähnliche Vereinigungen
gegründet.

Auch die Idee einer Zeitschrift für Neue Musik, wie sie
zuerst die „Musikblätter des Anbruch" in Wien ausdrückten,
trug weitere Früchte. Im Februar 1920 erschien unter der
Redaktion Hermann Scherchens das erste Heft der Monats-
schrift „Melos" mit Beiträgen von Scherchen, Heinz Tiessen,
Oskar Bie, Adolf Weißmann, Paul von Klenau, Hugo
Leichtentritt und Wilhelm Altmann sowie einem Reger-
Faksimile und einem Lied von Eduard Erdmann. Als Haupt-
Arbeitsgebiete der Zeitschrift werden hervorgehoben:

    a) Das Problem der Tonalitätsdurchbrechung (atonale wie
       vortonale Erscheinungen).

    b) Das Verhältnis von Ton und Wort (mit seinem proble-
       matischsten Ausdruck: der Oper).

    c) Die Berührung mit anderen Künsten.

    d) Der soziologische Unterbau der Musik.

„Melos" hat sich von allen Zeitschriften für moderne Musik
am längsten halten können. Abgesehen von einer durch das
nationalsozialistische Regime und den zweiten Weltkrieg
erzwungenen Pause, 1936–1946, ist es bis heute im wesentlichen seinem Programm treu geblieben, obwohl Verlag und
Herausgeber (Scherchen, Fritz Windisch, Hans Mersmann,
Heinrich Strobel) mehrfach gewechselt haben. An den

Herausgeber Fritz Windisch richtet im zweiten Heft des dritten Jahrgangs (Januar 1922) Ferruccio Busoni seinen berühmten Offenen Musikbrief, in dem er gegen den „Neo-Expressionismus" Stellung bezieht und nach Klassizität verlangt. Zu den Mitarbeitern gehören einige der führenden modernen Komponisten, Dirigenten, Pianisten und Musik-schriftsteller. In der Nummer vom 16. April 1920 schreibt Béla Bartók einen Aufsatz „Das Problem der neuen Musik", in dem er sich ganz zu den Ideen und der Musik Arnold Schönbergs bekennt; es ist eine der ersten Untersuchungen über „die Notwendigkeit der Gleichberechtigung der ein-zelnen zwölf Töne unseres Zwölftonsystems".

Fast zur gleichen Zeit wird in der Pariser Grand Opéra durch Djaghilews Ballett Russe Igor Strawinskys „Pulci-nella" uraufgeführt. Dieses einaktige Ballett mit Gesang auf Themen von Giovanni Battista Pergolesi, den Begründer der Opera Buffa im 18. Jahrhundert, bildet den Ausgangspunkt aller neoklassizistischen Werke, mit denen Strawinsky an die Spitze einer der verbreitetsten Bewegungen in der mo-dernen Kunst tritt. Die fünf Sätze, die zusammen eine Suite im Geist der Barockmusik bilden, sind: Ouvertüre, Serenade-Allegro-Andantino-Allegro-Presto, Tarantella-Aria-Toccata, Gavotte mit Variationen und Vivo-Menuetto-Finale.

Damit sind die beiden Hauptwege gewiesen, auf denen sich die Neue Musik fortan ausbreitet: der technisch-moder-nistische der Zwölftönemethode und der ästhetisch-regres-sive der Neuen Klassizität. Das zeitliche Zusammentreffen dieser Phänomene mit den Organisationen in Paris („Les Six"), Wien (Verein für musikalische Privataufführungen, Musikblätter des Anbruch) und Berlin („Melos"-Gruppe, Konzerte der Novembergruppe) ist kein Zufall. Überall in Europa drängt jetzt der neue Geist in der Musik nach Äußerung und Anerkennung. Und bald wird eine ganze Phalanx junger Begabungen die Ideen der älteren Generation übernehmen und auf ihre Weise weitertragen.

In Mitteleuropa sind es vor allem drei Schulen, aus denen radikale Komponisten hervorgehen: die Schrekers, die Schönbergs und die Ferruccio Busonis. Aus Schrekers Lehre kommen (neben vielen anderen) Jerzy Fitelberg (der Sohn des großen polnischen Dirigenten), Walter Gmeindl (später Leiter der Kapellmeisterklasse an der Berliner Hochschule für Musik), Alois Hába (der führende tschechische Modernist, Prophet des a-thematischen Stils und der Viertel-, Sechstel- und Zwölfteltöne), Paul Höffer (Schöpfer eines neuen deutschen Oratorientyps und 1948–1949 Direktor der Hochschule für Musik in Berlin), Jascha Horenstein (Dirigent von internationalem Ruf), Ernst Křenek, Felix Petyrek (Komponist bedeutender Klavier- und Orchestermusik), Paul Amadeus Pisk (bei Schreker und Schönberg ausgebildeter Komponist und Musikwissenschaftler), Karol Rathaus (Komponist feiner Kammermusik und der Oper „Fremde Erde"), Joseph Rosenstock (bedeutender Dirigent) und Grete von Zieritz (Komponistin und Pianistin).

Aus Schönbergs Unterricht gingen hervor: Alban Berg, Anton von Webern, Egon Wellesz (Komponist und Musikwissenschaftler, jetzt an der Universität Oxford), Heinrich Jalowetz (bedeutender Dirigent), Karl Horwitz (angesehener Komponist), Erwin Stein (Musikwissenschaftler und Verleger in London), Karl Rankl (Komponist und Dirigent), Hanns Eisler (Komponist, Filmillustrator, Wortführer der kommunistischen Musikbewegung), Josef Rufer (Musikschriftsteller in Berlin), Winfried Zillig (Dirigent und Komponist), Niko Skalkottas (griechischer Komponist), Norbert v. Hannenheim (siebenbürgischer Komponist), Peter Schacht (Komponist, gefallen 1945) und andere.

Busonis Schule repräsentieren Philipp Jarnach, Wladimir Vogel, Kurt Weill, Louis Grünberg als Komponisten – neben einer großen Anzahl von Pianisten, von denen nur Steuermann und Egon Petri genannt seien.

ZWÖLF-TÖNE-TECHNIK

Alle primitive Musik beruht, soweit sie über den animalischen Zustand des rhythmischen Hämmerns hinauskommt, auf den Tonabständen, die in den ersten Tönen der Naturtonreihe festgelegt sind. Denn sie sind das erste Tonmaterial, das sich dem Musiker früher Zeiten, dem Bläser auf Schilfrohrpfeifen oder auf dem ausgehöhlten Horn des getöteten Rindes anbietet. Diese primitiven Intervalle sind Oktave, Quinte und Quarte. Die Quarte, als dasjenige unter ihnen, das am leichtesten zu singen ist, bekommt ein gewisses Übergewicht und wird zum Lieblingsintervall nicht nur der primitiven, sondern auch der entwickelteren Musikkulturen. Quartenintervalle bestimmen die Melodik vieler Kinderlieder, aber auch die exotischen Melodien aus den verschiedensten Kulturen Amerikas, Asiens und Afrikas. Durch Überschleifen des Abstands zwischen den beiden Tönen der Quarte entstehen die verschiedenen Formen der Tetrachorde, auf denen Praxis und Theorie der altgriechischen Musik beruht. Durch Aneinanderreihung zweier solcher Tetrachorde lassen sich alle griechischen und alle Kirchentonarten konstruieren, und außerdem noch einige andere, die in der antiken und mittelalterlichen Musik unbekannt waren.

Bei der Erfindung dieser Tonalitäten wirkten also Naturbeobachtung und, jedoch in ungleich geringerem Umfange, theoretische Spekulation zusammen. Von der Quinte als dem ersten Fremdton der Obertonreihe (die Oktave wird ja immer als Wiederholung des Grundtons auf einer höheren Ebene empfunden) geht ein anderes Tonsystem aus, das auf reiner mathematischer Spekulation beruht. Baut man vier

Quinten übereinander, so gewinnt man beispielsweise über
dem Grundton F noch die Töne c, g, d' und a''. Transponiert
man die gewonnenen Töne alle hinunter in denselben Oktavraum, so entsteht eine fünftönige Skala f–g–a–c'–d'. Das
ist die pentatonische Leiter vieler musikalischer Kulturen,
die heute noch in der chinesischen Musik und in der alten
schottischen Volksmusik lebt. Über China ist sie auch mehrfach
in die klassische, romantische und moderne Musik Europas
eingedrungen, so in Carl Maria von Webers „Turandot" und
in Gustav Mahlers „Lied von der Erde". Die Pentatonik unterscheidet sich von den griechischen Tonarten, den Kirchentönen und dem modernen Dur und Moll durch das Fehlen
des Halbtonschrittes. Sie kennt als diatonische Stufen nur
den Ganzton und die kleine Terz. Ihre melodischen Möglichkeiten sind dadurch im Charakter außerordentlich einge-
schränkt. Aber auch die Kombinationsmöglichkeiten der
fünf Töne – wenn man von rhythmischen Varianten, Tonwiederholungen und Intervallen von einer Oktave und mehr
absieht – sind mit 120 recht begrenzt.

Baut man über die vier Quinten der Pentatonik noch zwei,
so gewinnt man die Töne E und H. Die Skala im Oktavraum,
in den die beiden Töne zu transponieren sind, heißt also
jetzt: f–g–a–h–c'–d'–e'–(f'). Das ist der lydische Kirchen-
ton. Ordnen wir seine Töne hypolydisch, d. h. von C bis c,
so ergibt sich unsere C-dur-Tonleiter. Die griechischen
Tonarten, die Kirchentöne und unsere modernen Tonarten
(Dur und Moll) sind siebentönig. Das heißt, kombinatorisch
betrachtet, daß sie 42mal so viele melodische Möglichkeiten
bieten wie das pentatonische System.

Der Tonvorrat dieser Leitern wird durch gewisse melodische
und harmonische Mittel wie den Leitton und die Modulation
erweitert. Cis als Leitton zum d-moll-Dreiklang (der zweiten
Stufe in C), Dis als Leitton zu E, Fis und Gis als Leittöne zu
den Akkorden der fünften und sechsten Stufe in C bekamen
eine Art Asylrecht neben den diatonischen Einwohnern der

Oktave. B als Septime des C-dur-Dreiklangs und als Leitton
nach unten zum A des Dreiklangs der vierten Stufe (d. h. der
Subdominante) trat hinzu. Damit war die Anzahl der ver-
wendbaren (und auch tatsächlich dauernd ohne Störung der
Tonalität verwendeten) Töne von sieben auf zwölf vermehrt.
Diese „chromatischen" Töne (auch auf den Klaviaturen unserer Tasteninstrumente heben sie sich durch ihre Farbe,
nämlich als schwarze Tasten hervor) lassen sich ebenfalls
durch Erweiterung des Quintenaufbaues gewinnen, und
zwar in der Reihenfolge Fis–Cis–Gis–Dis–Ais. Die nächste
Quinte, Eis, fällt etwa mit der siebenten Oktave des Grundtons F zusammen. Nicht ganz genau allerdings. Der Unterschied ist spürbar, so sehr spürbar, daß man schon im 16.
Jahrhundert an einen temperierenden Ausgleich dachte, der
das reibungslose Modulieren und Operieren mit den chromatischen Tönen ermöglichte.

Diese Temperierung, d. h. die Teilung der Oktave in zwölf
mathematisch gleiche Teile unter Verwendung von künstlich
gewonnenen Intervallen, die nicht den Naturtönen entsprechen, wurde seit 1700 überall auf den Tasteninstrumenten
eingeführt. Kein Geringerer als Johann Sebastian Bach
setzte ihr in seinem „Wohltemperierten Klavier", den zwei
Sammlungen von je 24 Präludien und Fugen in allen Dur-
und Molltonarten, ein unsterbliches Denkmal.

In der italienischen Madrigalmusik des 16. Jahrhunderts
waren schon chromatische Experimente durchgeführt worden, die das temperierte System vorausahnten. Häufungen
von neun, zehn und elf verschiedenen Tönen auf engstem
Raum sind in der Harmonik Luca Marenzios (1560–1599),
Gesualdo da Venosas (1560–1613), Cipriano de Rores (1516
bis 1565) und Claudio Monteverdis (1567–1643) sowie des
deutschen Meisters Heinrich Schütz (1585–1672) nichts
Seltenes. Bei Marenzio findet sich in einem Madrigal eine
Harmonienfolge, die ohne Wiederholung die zwölf chromatischen Töne aneinanderreiht.

Die romantische Harmonik erst nimmt diese Tendenzen wieder auf. Bei Schumann, Chopin, Liszt und Wagner gewinnt die Chromatik über die Diatonik derartig das Übergewicht, daß unalterierte Akkorde auf Strecken erhöhten musikalischen Ausdrucks zu Seltenheiten werden. Der Typus des „vaganten", d. h. des tonal vieldeutigen Akkords, den man nach wenigstens drei oder vier verschiedenen Tonarten auflösen kann, wird zum wichtigen Stilmittel. Hauptvertreter sind die drei verminderten Septimakkorde (C–Es–Fis–A; Cis–E–G–B und D–F–Gis–H) und die vier übermäßigen Dreiklänge (C–E–Gis; Cis–F–A; D–Fis–B und Dis–G–H). Im ersten Teil dieses Buches ist gezeigt worden, wie durch sie und durch die aus den übermäßigen Dreiklängen hervorgegangenen Ganztonleitern das Tonalitätsgefühl allmählich zersetzt wurde. Das Ziel dieser Entwicklung, zu der noch die seit 1896 auftretenden zwölftönigen Themen (Strauß) und die seit 1915 vorkommenden zwölftönigen Akkorde (Casella) kommen, ist die Gleichberechtigung der zwölf chromatischen Töne im Vertikalen (d. h. in der Melodie) und Horizontalen (d. h. in der Harmonie).

Der erste Komponist, der eine Kompositionsmethode aus dieser Tendenz ableitet und sie veröffentlicht, ist Josef Matthias Hauer (geboren 1883 in Wiener-Neustadt). Schullehrer, musikalischer Autodidakt, ein apollinischer, ganz dem Geistigen in der Musik zugewandter Idealist, hat er die Phantasie nicht nur vieler junger Musiker, sondern auch einiger Schriftsteller angeregt. In Franz Werfels „Verdi, Roman der Oper" wird dem Helden als Antithese ein nordisch vergrübelter Sphärenmusiker namens Fischböck entgegengesetzt. Das Modell dieses Fischböck ist Hauer.

1920 erscheint im Verlag der Waldheim-Eberle-A.G. in Wien (später bei Robert Lienau in Berlin-Lichterfelde) seine Broschüre „Vom Wesen des Musikalischen" mit dem Untertitel: ein Lehrbuch der atonalen Musik. Hauer bezeichnet das atonale Melos der temperierten Skala als das Endziel der abendländischen Musik. Er will die nicht-temperierten Instrumente (also alle Orchesterinstrumente außer Klavier, Orgel, Harmonium, Celesta usw.) möglichst ausschalten, da sie in seinem Sinne unrein spielen und eine atonale, temperierte Melodie nicht intonieren können. Er sieht Analogien zwischen Tönen und Intervallen einerseits, den Farben des Sonnenspektrums andererseits. Aufbauend auf dem Begriff der Farbentotalität aus Goethes Farbenlehre findet er den Begriff der Klangfarbentotalität, der erst durch die Temperierung wahrnehmbar gemacht werden kann. Die Intervalle haben für Hauer einen ganz bestimmten Bedeutungswert, mit dem auch die Symbolfunktionen der Tonarten zusammenhängen. Er untersucht sie nach allen möglichen Gesichtspunkten und kommt z. B. zu dem Resultat, daß in dem Quintenintervall schon der Trompeten-Charakter enthalten ist, wenn man diese Quinte auf dem Klavier anschlägt.

Hauer folgert schließlich: „In der atonalen Musik gibt es keine Toniken, Dominanten, Subdominanten, Stufen, Auflösungen, Konsonanzen, Dissonanzen mehr, sondern nur die zwölf Intervalle der gleichschwebenden Temperatur; ihre ‚Tonleiter' besteht also aus den zwölf temperierten Halbtönen. In der atonalen Melodie ist sowohl das rein Physische, Sinnliche als auch das Triviale und Sentimentale soweit wie nur möglich ausgeschaltet, und ihr ‚Gesetz', ihr ‚Nomos' besteht darin, daß immer und immer wieder alle zwölf Töne der Temperatur abgespielt werden müssen."

Damit ist das Gesetz der neuen Methode formuliert. Ein sehr primitives Gesetz, das nicht viel mehr als eine Spielregel der atonalen Komposition verrät. Hauer hat einmal gesagt, daß er das Komponieren in zwölf Tönen jedem intelligenten Menschen in einer Stunde beibringen könne. Das ist richtig. Aber man kann einem intelligenten Menschen in noch kürzerer Zeit die Grundregeln des Schachspiels beibringen. Zum Schachspielen gehört dennoch monatelange Erfahrung,

ebenso wie zur schöpferischen Anwendung des Zwölftönegesetzes.

Die praktische Anwendung des „Nomos" bei Hauer ergibt
musikalische Gestalten von außerordentlicher Einfachheit.
Harmonielehre und Kontrapunkt sind ausgeschaltet. Die
Musik nimmt zwar oft polyphone Formen an, bleibt aber
thematisch unentwickelt. Sie klingt überraschend konsonant,
da Hauer häufig die Töne nach Dreiklangs-Zusammenhängen
ordnet. Und da Hauers Schlüsse meist Dreiklänge sind, ist
der ungeschulte Hörer zunächst gar nicht geneigt, sie als
atonal zu erkennen. Ein Stück wie das zehnte der Klavierstücke „Atonale Musik" aus dem Jahre 1922 (siehe Anhang)
zeigt etwas von der Zwölf-Töne-Technik Hauers. Er geht von
einem zwölftönigen Komplex aus, der die Töne A–F–C–
D–E–B–Cis–G–H–Es–As–Ges enthält. Diese Tonkette
teilt er in drei Figuren: A–F–C, D–E–B–Cis und G–H–
Es–As–Ges. Und die drei Figuren stellt er nun nach den
Regeln der Kombinatorik verschieden nebeneinander; sie
ergeben sechs verschiedene Kombinationen. Dabei bleiben
aber nun auch die Figuren selbst nicht unverändert. Aus
A–F–C wird F–A–C, C–F–A, A–C–F, C–A–F und F–C–A.
Nur die „Konstellation" (der Begriff stammt in diesem
Zusammenhang von Hauer) ist wichtig, das intervallische
Gesetz, das die drei Töne verbindet.

Die drei Figuren dieses Stückes bilden nicht nur melodische,
sondern auch harmonische Konstellationen. So ist die erste
eine Zerlegung des F-dur-Dreiklangs, die zweite ein verminderter Dreiklang B–Cis–E mit einem Übergangston D
(hier ist das Tritonusintervall B–E von bestimmender
Wichtigkeit) und die dritte ein Quintsextakkord H–Dis–
Fis–Gis mit dem Übergangston G, der zusammen mit H
und Dis den charakteristischen übermäßigen Dreiklang
bildet. Diese harmonischen Konstellationen der Gruppen
treten auch als Akkorde, wenn auch immer als arpeggierend
zerlegte, auf, sind aber von allen Funktionen im Sinne der

Tonart gänzlich befreit. Das bedeutet, daß F–A–C hier so
wenig als F-dur-Tonika oder C-dur-Subdominante oder
B-dur-Dominante empfunden wird wie etwa H–Dis–Fis (aus
der dritten Figur) als ein H-dur-Dreiklang. Durch die dauernde,
unmodulatorische Verbindung der drei Gruppen verlieren sie
notwendig auch jeden Schein von tonalem Zusammenhang.
Hier herrscht eine geistige Promiskuität der Töne und Intervalle, die nicht zu überbieten ist. Der Eindruck einer solchen
Musik von Hauer vermittelt Assoziationen zum Optischen.
Man denkt an ein tönendes Kaleidoskop, das ganz bestimmte
Intervalle in immer neuen Verbindungen durcheinander-
schüttelt. Es ist eine Musik von scheinbar äußerster Willkür,
ja Zufälligkeit, die nur deshalb nicht amorph auseinander-
fällt, weil die Wiederkehr der Konstellationen einem ständig
das befolgte Gesetz in Erinnerung bringt.
Den Deckel dieses Heftes Hauerscher Klavierstücke
schmückt eine Zeichnung. Sie stellt einen großen Kristall
dar, dessen Schlifflinien in zwölf Punkten seiner annähernd
kreisförmigen Peripherie auslaufen: ein kristallinisches Symbol des Quintenzirkels, bei dem die zwölf Punkte den Tönen
der Oktave entsprechen. Seiner Schrift „Vom Wesen des
Musikalischen" sind Diagramme und Zeichnungen angehängt, von denen eine ebenfalls den Quintenzirkel darstellt;
in jedem der zwölf Tonsektoren sind Charakterisierungen
der zugehörigen Tonarten und ihre farbigen Entsprechungen
eingetragen. Für Hauers (sehr subjektives) Gefühl ist C-dur:
Sieg, rein frei, olympisch, jungfräulich, glänzend festlich;
als farbige Entsprechung nennt Hauer grüngelb. Die Kom-
plementärtonart Fis-dur dagegen: unrein, unfrei, prome-
theisch, satanisch, vulkanisch, Plage, Knechtung; Farbe:
Rotblau (Violett).
Der Vergleich mit der völlig anderen Skrjabinschen Farben-
tabelle, wie sie Sabanejew im „Blauen Reiter" beschreibt,
zeigt die subjektive Befangenheit aller derartigen Gleich-
setzungen. Die „audition colorée" ist als psychologisches

Phänomen bekannt und oft untersucht worden. Manche Menschen neigen dem synästhetischen Erleben so sehr zu, daß sie Kongruenzen zwischen allen Arten von Sinneseindrücken erfahren. Das Phänomen ist typisch romantisch und in den Novellen E. T. A. Hoffmanns mehrfach belegt.

Romantische Verbindung mit anderen Lebens- und Kunstbezirken ist dem Theoretiker Hauer überhaupt eigentümlich. Er findet Bestätigung seiner Gedanken bei Goethe ebenso wie bei Henri Bergson, und enge Gedankengemeinschaft besteht zwischen ihm und einem der stärksten pädagogischen Anreger des ersten Bauhauskreises in Weimar: dem Schweizer Maler Johannes Itten.

Schönberg weist in der dritten Auflage seiner Harmonielehre 1921 (S. 488) auf eine Ausnahme unter den Atonalisten hin: „Josef Hauer, dessen Theorien auch dort, wo ich Übertreibungen finde, tief und originell sind, dessen Kompositionen auch dort, wo sie mir mehr ‚Exempel‘ als Kompositionen scheinen, schöpferische Begabung verraten, dessen Haltung ihn aber durch Mut und Selbstaufopferung in jeder Hinsicht achtenswert macht.“

Die lange Reihe der Hauerschen Werke beginnt mit den „Nomoi“, den Sieben kleinen Stücken, der Apokalyptischen Phantasie – lauter Stücke für Klavier und (oder) Harmonium, den „Nachklangstudien“ für Klavier. Alle diese Werke liegen vor 1920, vor der Entdeckung des Zwölftönegesetzes. Später treten Kammermusik- und Orchesterwerke hinzu; allerdings sagt Hauer, er schriebe derartiges im Hinblick auf die Zukunft, in der es nur noch temperierte Instrumente geben werde.

Neben dieser vielfältigen Instrumentalmusik stehen Lieder und Chöre, einige davon nach Texten aus den Tragödien des Sophokles, weitaus die Mehrzahl nach Gedichten von Friedrich Hölderlin. Auch ein Versuch einer Oper nach Gustave Flauberts „Salambo“ sei erwähnt; Otto Klemperer führte Fragmente daraus 1930 in der Berliner Funkstunde auf.

Den stärksten äußeren Erfolg in einer Laufbahn der Entbehrung und der bittersten Armut brachte 1928 die Aufführung des Oratoriums „Wandlungen" (ebenfalls nach Worten Hölderlins) beim Kammermusikfest in Baden-Baden.

Sein Gedanke einer völlig unsinnlichen, geistig abstrakten, rein atonalen Musik ist nicht weit über seinen engsten Freundeskreis hinausgedrungen. Überall, wo Hauers Musik auf größere Resonanz stieß, wirkten Kräfte mit, die in irgendeinem Konflikt mit einer seiner radikalen Forderungen standen. Aber in seiner Person wie in seiner Kunst finden sich Züge von echtem Prophetentum und von eigenartiger Größe. Zu seinen Nachfolgern gehört der Darmstädter Hermann Heiß (1897), ein interessanter spekulativer Kopf, der die Zwölftönelehre auch pädagogisch weitergetragen hat. Seine zahlreichen Kompositionen (seit etwa 1924 zwölftönig) umfassen ein Klavierkonzert, das Else C. Kraus viel gespielt hat, das Klavierwerk E–Fis–D, Werke für Orchester und für Kammerbesetzungen, Lieder nach Hölderlin und Christian Morgenstern.

Als ein Kuriosum sei in diesem Zusammenhang auch die „Zwölftondauermusik" von Jef Golyscheff genannt, die 1925 bei Robert Lienau in Berlin-Lichterfelde erschien, ein Streichtrio in vier Sätzen mit den Titeln Mezzoforte (Largo), Fortissimo (Allegro), Piano (Andante) und Pianissimo (Allegretto). Das Stück besteht aus Gruppen von zwölf Tönen, die ohne erkennbaren Zusammenhang aneinandergereiht sind, bald stimmig, bald akkordisch. Golyscheff, der in den zwanziger Jahren in Berlin lebte, behauptete, schon 1914 das Gesetz der zwölf nicht wiederholten Töne gefunden und angewandt zu haben. Er notierte seine Arbeiten in einer Notenschrift ohne die tonalen Versetzungszeichen Kreuz und Be, wobei der erhöhte Ton durch einen weißen, hohlen Notenkopf bezeichnet wurde.

Nach Hauers eigenem Bekenntnis ist seine atonale Musik zunächst einstimmig, monodisch. Er hat die Kombinationsmöglichkeiten, also die möglichen „Melosfälle" der zwölftönigen Musik mit 479001600 beziffert. Er führt sie auf 44 Wendungen zurück, die er griechisch „Tropen" nennt und die etwa die Stelle von Tonarten oder von typischen Konstellationen einnehmen.

Schönberg bekennt in einem Brief an Nicolas Slonimsky (vom 3. Juni 1937), im Herbst 1921 zum erstenmal streng zwölftönige Musik geschrieben zu haben, und zwar einige Sätze der Klaviersuite, die erst 1924 als opus 25 beendet und gedruckt wurde. Der Opuszahl nach gehen dieser Suite zwei Werke voraus, die 1923 in Kopenhagen (bei Wilhelm Hansen) erschienen: Fünf Klavierstücke opus 23 und die Serenade opus 24. Beide enthalten zwölftönige Musik. Der Gesamtkomplex dieser drei Werke wurde offenbar 1921 begonnen; die Fertigstellung verteilt sich auf die Jahre 1921–1923.

Schon in diesen frühen zwölftönigen Versuchen mit ihrer vergleichsweise einfachen Technik zeigt sich ein Wesenszug: Schönberg geht von einer a priori bestimmten „Reihe" aus, einer Folge von zwölf Tönen, die für den Ablauf der Komposition maßgebend und formgebend bleibt. Das typische Beispiel steht in der Serenade opus 24. Es ist der vierte Satz, ein Petrarca-Sonett, komponiert für eine Baritonstimme und das Kammerensemble, für das die Serenade gesetzt ist: Klarinette, Baßklarinette, Mandoline, Gitarre, Geige, Bratsche und Violoncello. Die Gesangsmelodie wiederholt während des ganzen Satzes ohne jede Veränderung folgende Tonreihe: E–D–Es–H–C–Des–As–Ges–A–F–G–B. Das Gedicht enthält in jeder Zeile elf Silben:

> O könnt ich je der Rach' an ihr genesen,
> Die mich durch Blick und Rede gleich zerstöret,
> Und dann zu größerm Leid sich von mir kehret,
> Die Augen bergend mir, die süßen bösen.

Da Schönberg sie rein syllabisch komponiert, auf jede Silbe einen Ton, beginnt die zweite Zeile auf dem zwölften (letzten) Ton der Reihe, die dritte Zeile auf dem vorletzten und so fort. Von den vierzehn Zeilen des Sonetts beginnt also erst die dreizehnte wieder auf dem Anfangston E. Bei gleichbleibenden Melodietönen werden also hier der Rhythmus und die Betonung von Zeile zu Zeile, von Tonreihe zu Tonreihe dauernd verändert. Schon das ermöglicht eine Variabilität der musikalischen Formen, wie sie in keiner tonalen Komposition denkbar wäre. Aber die Veränderungen betreffen nicht allein den Rhythmus. Auch die Intervalle und ihre Kombinationen wechseln unablässig. Betrachtet man die ersten sechs Töne der Reihe E, D, Es, H, C und Des, so sieht man sie bei den beiden ersten Wiederholungen ganz neue melodische Figuren bilden. C–des z. B. ist beim ersten Auftreten eine steigende kleine None, beim zweiten eine fallende große Septime, beim dritten eine kleine Sekund. Bei gleichbleibenden Tonkonstellationen verändert sich die Melodiekurve radikal. Daß die melodische Spannung eines Septimschrittes größer ist als die eines Sekundschrittes, liegt auf der Hand. In dieser Variabilität der melodischen Spannungen bei unverändert beibehaltenen Tönen liegt eine der wichtigsten formschöpferischen Kräfte der Zwölf-Töne-Technik. Das „Sonett" der Serenade verkörpert gleichsam das Schulbeispiel dieses Spezialverfahrens.

Von den sieben Sätzen des opus 24 (Marsch, Menuett, Variationen, Sonett, Tanzszene, Lied, Finale) ist es der einzige, der das Wort und die Singstimme hinzuzieht, und der einzige, der in einer Zwölf-Töne-Technik komponiert ist. Die anderen Sätze zeigen zwar sämtlich eine starke Affinität zur Komposition nach vorbestimmten Reihen, folgen aber noch nicht dem Gesetz, das Tonwiederholungen theoretisch verbietet und die Verwendung aller zwölf Töne vorschreibt. Die Variationen z. B. haben ein Thema von vierzehn Tönen; drei davon wiederholen sich, während das H fehlt.

Es hat für den historischen Betrachter etwas Aufregendes, wie hier die neue Materialordnung gleichsam in statu nascendi lebt. Der Prozeß erinnert an den optischen Eindruck von Kristallbildungen, bei denen in unendlich vielen Varianten die immer wieder gleiche Grundform sich aus dem Nichts zu bilden scheint. Auch in dem etwa gleichzeitig entstandenen opus 23, den Fünf Klavierstücken, ist dieses Entwickeln einer Technik der Reihenkomposition zu beobachten. Das dritte Stück ist z. B. auf eine Reihe von fünf Tönen ausgebaut, die in Transpositionen und Umkehrungen den gesamten Aufbau der Komposition fundiert, die horizontal und auch vertikal (d. h. als Thema und als Akkord) auftritt. Das Gefühl für komplementären Satz ist hier schon so herrschend, daß die Schlußtakte des Stückes alle zwölf Töne auf engem Raum durcheinanderschütteln. Das geschieht mit völlig legitimen Mitteln, d. h. streng thematisch. Die Reihe besteht aus den Tönen B–D–E–H–Cis; ihre Umkehrung lautet (von A ausgehend) A–F–Es–As–Fis. Der Schluß exponiert nun die Akkorde A–Es–F–As und H–D–E–B; die Töne Fis und Cis, die zur Vervollständigung der beiden Figuren fehlen, werden im Wechsel mit ihren Tritonus-Komplementären C und G dagegengestellt und bewegt, bis die Intervallenfolge C–G, Cis–Fis, G–C den Satz kadenzartig beendet. Durch die Töne C und G aber ist der zwölftönige Zirkel geschlossen.

Um diese Zeit macht Schönberg seinen Schülern die ersten Eröffnungen über seine Zwölf-Töne-Technik. Erwin Stein faßt die theoretischen Grundlagen und die Ergebnisse seiner

Analysen an opus 24–25 in einer grundlegenden Arbeit zusammen, die unter dem Titel „Neue Formprinzipien" im
Schönbergheft des „Anbruch", September 1924, und etwa
gleichzeitig in dem Jahrbuch „Neue Musik" des Marcan-
verlags in Köln erscheint. In dieser Arbeit (siehe Anhang)
werden die drei Grundregeln der Schönbergschen Zwölftönemethode genannt: Verwendung einer vorbestimmten
Reihe aus zwölf verschiedenen Tönen. Thematischer Einsatz
ihrer drei Spiegelbilder. Gleichsetzung der melodischen und
der akkordischen Form von Tonreihen-Komplexen.
Spiegelbilder von Themen spielen in der polyphonen Musik
seit dem 15. Jahrhundert eine wichtige Rolle; auch Johann
Sebastian Bach hat noch eine formalistische Vorliebe für
dergleichen „intellektuelle Künsteleien". Eines der Spiegelbilder ist die sogenannte Umkehrung; der Spiegel ist da über
oder unter der Notenlinie zu denken, so daß die Intervalle
zwar dieselben bleiben, aber in umgekehrter Richtung ver-
laufen. Der Schritt D–F (steigend) heißt also in der Umkehrung D–H (fallend). In der Umkehrung bleibt der Rhythmus einer Melodie unverändert.
Die zweite Form des Spiegelbildes ist der Krebs. Hier muß
man sich den Spiegel am Ende oder am Anfang der Noten-
linien aufrecht stehend denken. Die Noten laufen folglich
rückwärts. Der Schritt D–F heißt im Krebs F–D. Es ist
klar, daß beim Krebsgang der Rhythmus der Melodie sich
völlig verändert; das bewirkt, daß der Krebs mit der
Originalgestalt für den Hörer viel weniger Ähnlichkeit zeigt
als die Umkehrung, deren Rhythmus, aber auch deren Inter-
vallfolgen erkannt werden.
Schließlich kann man aber auch die Umkehrung im Krebsgang, oder, was fast auf dasselbe herauskommt (unter Umständen auf eine andere Tonstufe transponiert), den Krebs
als Umkehrung bringen.
So erscheint also in der Schönbergschen Zwölftönemusik das
Thema bzw. die Reihe in vielerlei Gestalt. Da jede dieser

Gestalten noch elfmal transponiert werden kann, ergeben sich 48 verschiedene Situationen. Bei der Möglichkeit, diese 48 Formen des Themas melodisch und akkordisch zu verwenden, wächst die Zahl der denkbaren Kombinationen – ganz abgesehen von den rhythmischen Varianten – ins Unbegrenzte.

Die mehr als 25 Jahre Entwicklung, die seit der Aufstellung der Schönbergschen Regeln vergangen sind, haben erwiesen, daß die Zwölftönemusik vielerlei individuelle Ausdrucksmöglichkeiten offen läßt. Komponisten aller Länder und aller Generationen haben sich die Technik zu eigen gemacht und sie ihrem Temperament, ihrer Ausbildung, ihrem Geschmack entsprechend modifiziert. Es gibt Zwölftönemusik, die im Klang völlig romantisch, ja wagnerisch wirkt wie die des dänischen Komponisten Paul von Klenau in seinen Opern „Rembrandt" und „Michael Kohlhaas". Es gibt nationalitalienische oder mittelalterlich-archaisierende Zwölftönelieder von Luigi Dallapiccola („Roncesvalles"). Es gibt zwölftönige balladeske Songs auf Gedichte von Bertolt Brecht von Hanns Eisler. Es gibt französierende impressionistische Tondichtungen auf Zwölftönerreihen wie Virgil Thomsons „Wheatfield at noon". Und es gibt Komplizierungen und a-thematische Experimente, die an die Künste der Niederländischen Polyphonisten erinnern, in der Schule der Pariser Dodekaphonisten unter der Führung René Leibowitz'.

Schönberg selbst schreibt 1924 das Werk, in dem die neuen Gesetze am radikalsten, man möchte sagen am unerbittlichsten angewandt werden: das Bläserquintett opus 26.

Wien begann sich damals von den ersten Nachwirkungen des Weltkrieges langsam zu erholen. Die einstige Metropole und Residenz einer weltmächtigen Monarchie war nun Hauptstadt eines kleinen Österreichs geworden, das keiner wirtschaftlichen Blüte mehr entgegensehen durfte. Um so mehr aber besann sich Wien auf seine großen geistigen Traditionen und die kulturellen Leistungen, die es in einem ganz anderen

Sinne zu einer europäischen Metropole gemacht hatten. Musik und Theater waren hier seit Jahrhunderten zu Hause, und gerade die letzten Generationen hatten bewiesen, wie lebendig der österreichische Kunstsinn geblieben war. Die Auseinandersetzungen zwischen Tradition und neuem Geist hatten hier schon vor dem ersten Weltkrieg begonnen; nun fanden die Gedanken des Fortschritts offizielle Förderung. Der Wiener Magistrat hatte für den Sommer 1924 eine Internationale Theater- und Musikausstellung vorbereitet, bei der vor allem die modernsten Richtungen zu Wort kamen. Maler des Bauhauskreises, Reformer des Theaters aus West- und Osteuropa, Komponisten aus allen Bereichen der Avantgarde trugen hier eine ungeheure Fülle neuer Ideen und Werke zusammen. Die Raumbühne Friedrich Kieslers erregte ebenso hitzige Debatten wie Ludwig Hirschfelds Farbenmusik und der surrealistische Film „Ballet Mécanique", den Fernand Léger entworfen und zu dem der 23jährige Amerikaner George Antheil eine Musik geschrieben hatte (in Wien wurde der Film ohne die Musik aufgeführt).

In den alten staubigen Korridoren des Musikvereinshauses am Karlsplatz war die Hochburg der Universal-Edition. Hier herrschte, neben dem alten Emil Hertzka mit seinem an Brahms erinnernden gewaltigen Vollbart, ein junger ideenreicher Mann, kein Wiener, aber mit den Eigentümlichkeiten des Wiener Kulturlebens besser vertraut als mancher Einheimische. Er hieß Dr. Hans Heinsheimer, und was er anfaßte, schien sich in Gold zu verwandeln. Geschäftssinn und geistige Experimentierlust bildeten in ihm eine wirkungsvolle Synthese. Er war der rechte Mann für die Jahre, in denen die Neue Musik aus einem esoterischen Kreis in die breite Öffentlichkeit geführt wurde. Heinsheimer leitete mit Dr. Paul Stefan zusammen die Redaktion des „Anbruch", der nun im fünften Jahrgang erschien und die Interessen der internationalen Neuen Musik ausgezeichnet mit denen der Universal-Edition zu verbinden wußte.

Während die Theater- und Musikausstellung eröffnet wurde – Anton Webern dirigierte bei der Eröffnungsfeier Arnold Schönbergs A-cappella-Chor „Friede auf Erden" –, bereitete Heinsheimer ein an Umfang und Inhalt gewichtiges Sonderheft der Zeitschrift vor, das am 13. September erscheinen mußte. Es war eine Art Festschrift zum 50. Geburtstag Schönbergs, an der sich nicht nur sein engerer Schülerkreis beteiligte. Natürlich waren Anton Webern, Erwin Stein, Karl Horwitz, Alban Berg, Paul A. Pisk, Josef Polnauer und Hanns Eisler unter den Mitarbeitern. Aber auch aus Italien kamen Beiträge von Alfredo Casella (der die ersten italienischen Aufführungen des „Pierrot Lunaire" dirigiert hatte) und G. Francesco Malipiero. Die führenden deutschen Musikkritiker von Weltgeltung, Paul Bekker und Adolf Weißmann, fehlten so wenig wie der große Pianist Artur Schnabel und die Dirigenten Fritz Stiedry und Hermann Scherchen und die Sängerinnen Marya Freund, Marie Gutheil-Schoder und Erika Wagner. Aus dem Wiener Freundeskreis führten der Architekt Adolf Loos und der Komponist Franz Schreker den Reigen der Gratulanten. Das Heft, in dem Erwin Stein seinen Essay über „Neue Formprinzipien" der Zwölf-Töne-Technik veröffentlichte, war zugleich eine Art Abschiedsgruß; denn man wußte, daß Schönberg 1925 eine Meisterklasse an der Berliner Akademie der Künste annehmen würde, die durch Busonis Tod im Juni verwaist war.

Der Geburtstag brachte noch andere Ehrungen. Die Universal-Edition eröffnete an diesem Tage die Arnold-Schönberg-Bibliothek für moderne Musik, eine Leihbücherei moderner Partituren und anderer moderner Noten zum Gebrauch der musikstudierenden Jugend. Als wichtigste Ehrung für Schönberg fand, von Anton Webern dirigiert, die Uraufführung des Bläserquintetts statt.

Das Werk erschreckte selbst viele Anhänger Schönbergs. Es schien so außerhalb aller Normen des Wohlklangs, so hart im Klang seiner harmonisch rücksichtslosen Polyphonie, so abseits jeder im konventionellen Sinn bläsermäßigen Schreibweise, daß die Eindrücke auch beim zweiten Hören nicht verarbeitbar schienen. Das Stück, viersätzig, dauerte fast eine Stunde.

Noch heute nimmt das Bläserquintett in der modernen Musik eine Sonderstellung ein. Es ist verhältnismäßig selten aufgeführt worden, schon wegen der exorbitanten blastechnischen Schwierigkeiten, vor allem in der Hornstimme. Beim Züricher Musikfest der Internationalen Gesellschaft für Neue Musik im Juni 1926 wurde es mit Reserve aufgenommen. 1946 studierten es in Berlin Bläser der Staatskapelle. In ihrer Wiedergabe hat das Werk seither in mehreren Städten Deutschlands Erfolg gefunden; in Berlin selbst war es Gegenstand ausgiebiger öffentlicher Diskussionen, bei denen sich vor allem ein Teil der jungen Komponistengeneration von seiner Bedeutung überzeugen ließ.

Die Besonderheit der Komposition liegt darin, daß es gleichzeitig die kühnste und formal traditionellste Arbeit Schönbergs ist. Die vier Sätze folgen streng dem Schema des klassischen Sonaten- oder Symphonieaufbaues. Der erste Satz ist ein erweiterter Sonatensatz mit Durchführung, Reprise und Koda. Da in der Sonatensatzform gewisse tonale Gesetze herrschen, namentlich der Kontrast von Tonika und Dominante, scheint der Versuch, sie in das Gebiet der Zwölftönemusik zu übertragen, zunächst aussichtslos. Aber es gibt Spezialfälle. Schönberg verwendet für das Quintett eine Reihe, deren beide Hälften sich annähernd im Tonika-Dominant-Verhältnis befinden. Die ersten sechs Töne heißen Es–G–A–H–Cis–C, die zweiten sechs B–D–E–Fis–Gis–F. Gewiß verwendet Schönberg beide nicht in einem tonalen Sinn; weder Es-dur noch B-dur wird auch nur andeutungsweise intoniert. Aber er benutzt doch diesen Quintabstand der beiden Reihenhälften in sehr geistvoller Weise zu einer Fiktion der Sonatenform. Dieses Experiment hat er in keinem späteren Werk wiederholt. Es ist aber ein weiterer

Beweis dafür, daß innerhalb der Zwölf-Töne-Technik sehr verschiedene Formen und Satzweisen Raum finden.

Schönbergs Zwölftönekompositionen regten sofort die Phantasie einer Legion junger Musiker aus seinem engeren und weiteren Kreise an. Von seinen Hauptschülern übernimmt Alban Berg die Methode zum erstenmal in der 1925 bis 1926 komponierten Lyrischen Suite für Streichquartett; Anton Webern in den 1924 komponierten Drei Geistlichen Volksliedern für Singstimme, Violine, Klarinette und Baßklarinette.

Daß zwischen den Konstruktivisten des Weimarer Bauhauses und den Zwölf-Töne-Technikern der Wiener Liquidatoren der Tonalität geistige Gemeinsamkeiten bestanden, bezweifelte niemand, der in die Werkstätten beider Gruppen Einblick hatte. Das faustische, mitunter in hybride Willkür umschlagende Suchen nach einer sozusagen wissenschaftlichen Ordnung des Kunstwerks entsprach ja durchaus dem Progressismus einer technisierten, von der Technik souverän beherrschten und in die Technik verliebten Menschheit. Jeder Knabe, der im ersten Drittel des 20. Jahrhunderts aufwuchs, war ein angehender Ingenieur oder Elektriker. Der Versuch, künstlerische Ergebnisse des Spieltriebs durchzurationalisieren wie einen Explosionsmotor oder ein Rundfunkgerät, lag nahe. Schon die geometrisch-kristallinischen Formen der futuristischen und der kubistischen Bilder weisen einen Weg in diese Richtung. Kreis und Quadrat beherrschen in den frühen zwanziger Jahren die Leinwände der deutschen Avantgardemaler.

In der Musik wirkte die Aufstellung des Zwölftönegesetzes als eine schockhafte Reaktion gegen die Herrschaft von Gefühl und künstlerischem Instinkt, die zur Maxime der freien Atonalität geworden war. Man versuchte die Rationalisierung noch weiter zu treiben, als Schönberg es getan hatte. Töne und Intervalle wurden gemessen und kombinierend aneinandergesetzt wie in mathematischen Aufgaben.

Die Krönung solcher Versuche führte ein Musiker aus
Schönbergs und Alban Bergs Schule durch: Fritz Heinrich
Klein (auch Klein-Linz genannt), 1892 in Budapest geboren. 1921 bereits erschien bei Haslinger in Wien eine
rätselhafte Komposition „Die Maschine". Der Autor nannte
sich nach einem Lustspiel von Terenz „Heautontimoru-
menos", was auf deutsch Selbstpeiniger heißt; in Wirklichkeit war es F. H. Klein. Er stellte in dem Heft, das eine
Art Studie im panchromatischen System ist, und das den

Untertitel „Ex-tonale Selbstsatire" trägt, Reihen
auf, die nicht nur alle zwölf Töne, sondern auch
elf verschiedene Intervalle enthalten. Extrakt
dieser Versuche ist ein Akkord-Turm aus elf
Intervallen und zwölf Tönen, den Klein Mutter-
akkord nennt.

Nicolas Slonimsky hat auf diesem Weg am konsequentesten
weitergearbeitet und in seinem „Thesaurus of Modern Scales
and Melodic Patterns" 1947 nicht nur eine Anzahl zwölftöniger
und elf-intervalliger Reihen mitgeteilt, sondern auch einen
„Großmutterakkord" aus elf Intervallen und zwölf Tönen,
dessen obere und untere Hälfte sich reziprok ergänzen.
Slonimsky hat auch die Bitonalität Fis-dur plus C-dur, die
in Strawinskys „Petruschka" und Milhauds „Bœuf sur le
Toit" so dominiert, auf eine rechnerische Formel zurückgeführt: baut man nämlich, mit der großen Sexte G—e
beginnend, einen Akkord aus immer um einen Halbton
kleineren Intervallen auf, bis die kleine Terz den Bau abschließt, so hat man die erwähnte Summe zweier Dur-Drei-
klänge im Tritonusabstand.
Fritz Heinrich Klein-Linz hat über seine Experimente
der „musikalischen Statik" 1925 in der Zeitschrift „Die
Musik" einen Aufsatz unter dem Titel „Grenzen der Halb-
tonwelt" veröffentlicht; seine Theorien sind für eine neue,
von den tonalen Funktionen der Akkorde und der Töne
völlig absehende Betrachtung musikalischer Phänomene

von großer, bisher noch gar nicht genügend erkannter Wichtigkeit.

In Amerika haben Komponisten wie Slonimsky und Edgar Varèse an diese und verwandte Theorien angeknüpft und Experimentalmusik geschrieben, die über das eingegrenzte Gebiet der Schönbergschen Zwölftönemusik hinausführt.

Der musikalische Konstruktivismus dieser neuen Ordnungen des Tonmaterials ist ein wichtiges Merkmal des neu erwachenden Formgefühls, das eine Epoche romantisch zerfließender, klanglich gebundener Ausdrucksmusik ablöst und zur Entwicklung des neuen polyphonen Hörens entscheidend beigetragen hat.

BERLINER UND SÜDDEUTSCHE SCHULEN

Soweit in Deutschland zeitgenössische Musik in organisierten Formen gefördert wurde, geschah es durch den „Allgemeinen Deutschen Musikverein", den Franz Liszt und Franz Brendel 1861 in Weimar gegründet hatten und der sich unter anderem „die Pflege und Förderung des deutschen Musiklebens im Sinne einer fortschreitenden Entwicklung" zur Aufgabe gemacht hatte. Auf seinen alljährlichen Tonkünstlerfesten (insgesamt waren es 64) kamen Werke fast aller führenden deutschen Modernisten zur Uraufführung, von Richard Strauß bis zu Paul Hindemith. Der Verein wurde am 19. Juli 1937 nach 76jährigem Bestehen auf Veranlassung der nationalsozialistischen Musikpäpste aufgelöst.

In seiner kleinen Memoirenschrift „Mein Leben bis 1945" schildert Heinz Tiessen die Anfänge der neuen Musikbewegung in den Jahren nach dem Weltkrieg. Der „Allgemeine Deutsche Musikverein", der zeitweise in einer gewissen Verkalkungs- und Inzuchtgefahr geschwebt hatte, wählte 1919 Tiessen und den sehr fortschrittlichen Musikwissenschaftler Georg Schünemann in die Jury (später gehörten ihr auch andere führende Modernisten wie Alban Berg, Hans Gal und Ernst Toch an). Auf dem Programm des 50. Tonkünstlerfestes, das im Sommer 1920 zu Weimar unter Leitung Peter Raabes stattfand, standen infolgedessen neben Werken der Neudeutschen Liszt-Nachfolge drei Dokumente der neuen Musik: die Fünf Orchesterstücke opus 16 von Arnold Schönberg, die erste Symphonie von Eduard Erdmann und das Streichquartett opus 1 von Hermann Scherchen. Damit hatte die Berliner Gruppe Einfluß und Erfolg in einem sehr exklusiven Kreise musikalischer Progressisten gewonnen. Auch in den Wiener Musikblättern des Anbruch wird das Fest in einer Besprechung durch die Busonischülerin Gisele Selden-Goth als wichtiges Ereignis gerühmt.

Tiessen, geborener Königsberger (1887), kam als Student nach Berlin, stand musikalisch zunächst Richard Strauß nahe, entwickelte sich aber dann in einer mehr zu Schönberg und Hindemith neigenden Richtung. Seine Naturtrilogie für Klavier, sein Duo für Geige und Klavier, seine vielen Chöre und Lieder gehören zum wertvollen Bestand der deutschen modernen Musik. Er strebt nach eigenem Bekenntnis vor allem während seiner zweiten Schaffensperiode (etwa seit 1920) einer „expressiven polyphonen Schreibweise" zu, bekennt sich aber, „trotz klanglicher Annäherung" an die Atonalisten, zur kadenzierenden Logik. Aus seiner Klasse an der Berliner Hochschule für Musik sind zahlreiche Komponisten hervorgegangen. Auch Eduard Erdmann, der 1915 aus Livland nach Berlin gekommen war, wurde Tiessens Kompositionsschüler. Den Anfängen der Neuen Musikbewegung in Berlin dient er unermüdlich vor allem als Pianist großen Stils, der sich auch außerhalb Deutschlands für die Klaviermusik Schönbergs und Tiessens einsetzt. Beide treten Hermann Scherchen nahe, der schon damals seine unerhört dynamische Persönlichkeit in den Dienst neuer Musik zu stellen beginnt. Kaum aus russischer Gefangenschaft entlassen, beginnt er Konzerte mit radikalen neuen Werken (wie Schönbergs Kammersymphonie) zu leiten; bald gründet er die „Neue Musikgesellschaft" und (finanziell gestützt durch den Mäzen Herbert Graf) die Zeitschrift „Melos", von der schon berichtet wurde.

Die Neue Musikgesellschaft beginnt ihre Tätigkeit in Berlin, fast genau ein Jahr nach dem Verein für musikalische Privataufführungen in Wien. Das erste Konzert findet am 30. Oktober 1919 in der Philharmonie unter Mitwirkung des Philharmonischen Orchesters statt. Am 16. November folgt das erste Kammermusikkonzert im Beethovensaal. Mitwirkende

sind außer Scherchen, der die Seele des Ganzen bleibt, die
Geiger Adolf Busch, Carl Flesch, Nicolas Lambinon, die
Pianisten Béla Bartók, Eduard Erdmann, Artur Schnabel,
die Sänger Melanie Kurt, Ida Harth zur Nieden, Nora Boas-
Pisling und Josef Mann, die Berliner Philharmoniker, das
Lambinonquartett und andere. Auf den Programmen stehen
neben selten gehörter alter Musik Werke von Bruckner,
Mahler, Reger, Pfitzner, Schönberg, Bartók, Busoni, Tiessen,
Schreker, Reznicek, Strauß, Oskar Fried, Skrjabin, Kodály,
Ravel, Erich Wolfgang Korngold und Hans Jürgen von
der Wense.

Im nächsten Jahr werden die beiden Zyklen fortgesetzt; nur
die Säle wechseln (Blüthnersaal für Orchester-, Kunstsalon
Gurlitt für Kammermusik). Statt der Philharmoniker wirkt
jetzt das verstärkte Blüthnerorchester mit. An neuen Solisten-
namen erscheinen: der Geiger Emil Telmany (der in Kopen-
hagen als Schwiegersohn des dänischen Komponisten Carl
Nielsen lebt), die Sänger Karin Branzell, Marie Jeritza, Paula
Liachowsky, Else Landshoff und Josef Schwarz, die Pianisten
Franz Osborn und Bruno Eisner, die Schauspielerin Elfriede
John (als Sprecherin der „Pierrot-Lunaire"-Melodramen).
Die Reihe der aufgeführten Modernen erweitert sich um:
Eduard Erdmann (dessen beim Weimarer Tonkünstlerfest
aus der Taufe gehobene Symphonie zur Berliner Erstauf-
führung kommt), Rudi Stephan (ein hochbegabter, 1915 ge-
fallener Komponist, der u. a. eine Oper „Die ersten Men-
schen" geschrieben hatte), Carl Nielsen, Erwin Lendvai,
Manfred Gurlitt, Franz Osborn, Scherchen, Schnabel (seine
große Sonate für Solovioline wurde durch Carl Flesch uraufgeführt), Paul Hindemith (Uraufführung der Klaviersonate opus 17 am 16. Dezember 1920), Paul Juon, Otto
Besch, Josef Suk, Nicolai Mjaskowsky, Hirschland und
Vincent d'Indy.

Für die enge Verbundenheit der modernistischen Bestrebungen auf dem Gebiet der Musik und der Malerei ist es

bezeichnend, daß den Vorsitz in dieser Neuen Musikgesellschaft Wolfgang Gurlitt führt, der Besitzer einer modernen Galerie, in dessen Räumen im zweiten Jahr auch die Kammerkonzerte gespielt werden.

Eine ähnliche Verbindung bestand später (seit 1921) zwischen der „Melos-Gemeinschaft" unter der Leitung von Fritz Windisch (der auch die Zeitschrift nach Scherchens Rücktritt herausgab) und dem „Sturm", der Hochburg des internationalen Expressionismus. In einer Etage der Potsdamer Straße veranstaltete der „Sturm" seit 1910 unter der Leitung von Herwarth Walden eine permanente Ausstellung modernster Malerei und Plastik. Hier konnte man nicht nur die Führer der abstrakten und der expressionistischen Kunst in Deutschland sowie der italienischen Futuristen sehen, sondern auch Werke von Marc Chagall, Campendonk, Archipenko, Kandinsky, Marc, Picasso, Oskar Kokoschka und vielen anderen. Die Zeitschrift „Der Sturm" war das Forum der expressionistischen Maler und der abstrakten Lyriker und Dramatiker, vor allem August Stramms, der wie Franz Marc ein Opfer des ersten Weltkrieges wurde und dessen Arbeiten sämtlich im Verlag Herwarth Waldens erschienen.

Walden selbst war eine weitblickende, polemisch und propagandistisch hochbegabte Persönlichkeit und eigentlich Musiker. Er komponierte Lieder und Klaviermusik; ein Ballett von ihm, „Die Toten der Fiammetta", wurde gelegentlich aufgeführt. Merkwürdigerweise war dieser fanatische Vorkämpfer neuer Ideen in der Malerei und Literatur ein völlig konventioneller Dreiklangsapostel, wenn es ans Komponieren ging. Seine Musik, die gelegentlich zwischen den glühend farbigen und scharf futuristischen Leinwänden Chagalls, Gino Severinis und Umberto Boccionis gespielt und gesungen wurde, wirkte wie ein harmloser Klang aus Bürgerstuben. Walden ging 1933 nach Sowjetrußland, wo er verschollen ist.

In diesem „Sturm" also fanden die „Melos"-Konzerte statt, deren Programme die Tradition von Scherchens Neuer Musikgesellschaft fortsetzten. Es waren ausschließlich Kammermusikveranstaltungen, an denen u. a. Walter Rehberg, James Simon, Felix Petyrek, Nora von Kresz und Philipp Jarnach als Pianisten, Geza von Kresz als Geiger, Paul Hindemith als Bratscher, Alfred Lichtenstein als Flötist und Wilhelm Guttmann als Sänger mitwirkten. An neuen Komponistennamen figurieren: Arthur Willner, Francesco Malipiero, Sigfrid Karg-Elert, Ludwig Weber, Gerrard Williams, Kurt Francis, Eugene Goossens, Darius Milhaud, Heinrich Kaminski, Artur Honegger und Philipp Jarnach.

Tiessen berichtet, wie im Herbst 1922 der franco-amerikanische Komponist Edgar Varèse nach Berlin kam, um seine Werke aufzuführen. Varèse, ein Freund Debussys und Busonis, hatte schon vor dem Weltkrieg in Berlin gelebt und den „Symphonischen Chor" gegründet. Nun faßte er einige der Berliner Avantgardisten, Tiessen, Hermann Springer, Werner Wolffheim, Jarnach und Erdmann, in einer deutschen Filiale seiner „International Composers' Guild" zusammen, die eine Art Vorstufe der späteren Internationalen Gesellschaft für Neue Musik bildete.

Inzwischen war auch Busoni aus dem freiwilligen Schweizer Exil in seine Berliner Wahlheimat zurückgekehrt. Er übernahm 1920 eine Meisterklasse für Komposition an der Preußischen Akademie der Künste (die nach seinem Tode Arnold Schönberg anvertraut wurde). Wer Busoni begegnet ist, mit ihm gesprochen, ihn am Klavier erlebt hat, wird diesen Eindruck zeitlebens nicht vergessen. Der Mann war die Verkörperung eines vergeistigten und ritterlichen Künstlertums, das in der Vollendung seiner Meisterschaft gelernt hatte, sich zu verschwenden, ohne dabei zu verlieren. Die Anregung, die von ihm beständig ausging, war unvergleichlich. Er war ein leidenschaftlicher Sucher nach neuen Formen, neuen Ausdrucksmöglichkeiten in der Kunst. Und doch war er der strengste Formalist in allen Fragen des kompositorischen Handwerks.

Seine geniale pädagogische Begabung ließ ihn an jedem Schüler das Individuelle, Persönliche, Unverwechselbare entwickeln. Busoni formte jeden Geist, der mit ihm Kontakt fand, aber er übte stilistisch kaum Einfluß aus. Die Schüler Schrekers oder Schönbergs erkennt man an gemeinsamen Merkmalen. Die Busonis haben sich an seiner Meisterschaft, seiner universellen Technik gestärkt, ohne ihn zu imitieren. Sie stehen jeder als abgeschlossene Persönlichkeit da, fast ohne gemeinsame Züge. Der Katalane Philipp Jarnach findet einen romanisch-formvollen, im Ausdruck neu-romantischen Stil höchst kultivierter Klavier-, Kammer- und Orchestermusik, am vollkommensten in seiner „Romanzero"-Klaviersonatine, dem meisterlichen, harmonisch kühnen Streichquartett dem „Morgenklangspiel" und der „Musik mit Mozart" für Orchester.

Wladimir Vogel, der mit Liedern und Klavierwerken beginnt, ist die problematischste Natur unter den Busonischülern, ein tief origineller, neue Melodik und neue Formen ausarbeitender Ausdrucksmusiker, der später im Chorwerk „Tyl Claes" zu größten Formen vordringt und als reifer Komponist die Schönbergsche Zwölf-Töne-Technik adoptiert.

Kurt Weill, der von archaisch-herber Kammermusik bald den Weg zur Oper findet, durchläuft alle Stadien des Avantgardismus, um dann zusammen mit dem Dichter Bertolt Brecht eine neue Form des Songs zu finden, die in der „Dreigroschenoper" siegt und in der gesellschaftskritischen Satire „Aufstieg und Fall der Stadt Mahagonny" ihren aggressivsten Ausdruck findet, um schließlich zu einer höheren Form der amerikanischen Operette zu führen.

Louis T. Grünberg, Pianist und Komponist, einer der Avantgardisten des New Yorker Kreises um die League of Composers, versucht in seinem „Daniel Jazz" und der „Schöpfung", einer Negerpredigt für Baritonstimme und acht Instrumente, die Mittel des Jazz kultisch zu erhöhen.

„Wenn es etwas gibt, das ebenso schlimm ist als wie den Fortschritt hemmen zu wollen, so ist es dieses: ihn kopflos zu forcieren", schreibt Busoni 1922. Sein Warnungsruf an Paul Bekker kam schon im Januar 1920 aus Zürich und trug den programmatischen Titel „Junge Klassizität". Diesem Ideal, das Busoni als „Meisterung, Sichtung und Ausbeutung aller Errungenschaften vorausgegangener Experimente, ihre Hineintragung in feste und schöne Formen" versteht (siehe Anhang), folgt in den letzten Lebensjahren alle seine Musik. Sein Meisterwerk, die Oper „Doktor Faust", bleibt unvollendet, wird aber von Jarnach in vollkommener Anpassung an den Stil des Meisters zu Ende geführt.

Merkwürdigerweise ist Busoni, einst in Berlin der Vorkämpfer alles Modernen und Gewagten, mit den Errungenschaften der zeitgenössischen Musik nun gar nicht einverstanden. 1911 hatte er bewundernd den Eindruck einer Berliner Matinee geschildert, die Schönbergsche Musik brachte: „Zerdrückte Tränen, Seufzerwehen, Windstöße durch Bäume der Trauer, raschelnde Herbstblättter – hier und dort ein kurzer Trotz oder der Widerschein einer schnell verschwindenden Vorfrühlingssonne..." Nun kann er Schönberg nicht mehr folgen. Aber auch Strawinskys Musik lehnt er ab, ebenso wie er Debussy überschätzt findet. Von einem der rasch berühmt gewordenen deutschen Atonalisten sagt er: „Ein Brahms mit falschen Bässen".

Und doch rührt ihn 1923, bei der Aufführung im Weimarer Nationaltheater anläßlich der Internationalen Bauhausfestwoche, Strawinskys „Geschichte vom Soldaten" zu Tränen, und er vergleicht ihre Bedeutung mit der des „Pierrot Lunaire".

So ist Busonis Einfluß zugleich fortschrittlich und retardierend. Er sucht neue Wege, aber er fürchtet den Abgrund, der sich im Unbekannten öffnet, den schon Romain Rolland im „Jean Christophe" warnend beschrieb, wenn er Salome und Isolde verglich. Sein romanisches Formgefühl haßte das

Chaotische; nie wollte er das Gesetz für die Freiheit opfern. Aber welches Gesetz hatte hier noch Gültigkeit? Für Busoni stand die Musik erst am Anfang ihrer Geschichte. So hieß es Gesetze aufstellen.

Busoni stellte sie auf, indem er schuf. Seine Werke verkörpern das Ideal, das ihm vorschwebte, besser und überzeugender als die geistvollen, widerspruchsvollen Theorien, in denen er es beschreiben wollte.

Schon durch die Anwesenheit Busonis, dieses überragenden, weltberühmten Virtuosen und kosmopolitischen Geistes, dessen Verbindung mit Italien, England, Frankreich und Amerika nie (auch während des Krieges nicht) unterbrochen wurde, war Berlin wieder ein Zentrum der Weltmusik geworden. In seiner Wohnung am Viktoria-Luise-Platz versammelten sich Freunde und Schüler aus allen möglichen Ländern. Busonis faustischer, universell gebildeter Geist begnügte sich nicht mit musikalischem Gedankenaustausch. Er war mit Schriftstellern wie Jakob Wassermann (dem er seine gesammelten Aufsätze „Von der Einheit der Musik" widmete) und Ludwig Rubiner, dem Sozialisten und Pazifisten, ebenso befreundet wie mit Umberto Boccioni, dessen futuristische Bilder er 1912 in London kennenlernt und der im Schweizer Exil ein Porträt von ihm malt.

Im selben Jahr 1920, als Busoni seine Berliner Meisterklasse übernahm, kam auch Franz Schreker ganz nach Berlin. Er wurde als Direktor an die Hochschule für Musik berufen. Damit verlor Wien nicht nur einen der bedeutendsten Musikpädagogen an Berlin, sondern auch einen Komponisten, dessen Werke von fast allen deutschen Opernbühnen gegeben wurden. In Schrekers Kompositionsklasse drängten sich vor allem Schüler aus Österreich und den benachbarten östlichen Staaten, aus Polen und der Tschechoslowakei. Die konservative Überlieferung, die Josef Joachim begründet hatte, wich modernen, darum aber nicht weniger strengen Methoden des Unterrichts.

Schreker, der von der konservativen Clique als ein gefähr-
licher Musikrevolutionär verkannt und bekämpft wurde, war
in Wirklichkeit ein typischer guter Musiker mit Grundsätzen,
die Schönbergs „Handwerkslehre" nahekommen. Er verlangte von seinen Schülern die vollkommene Beherrschung
der traditionellen Satztechniken, bevor er ihnen größere
Freiheit ließ. Aber bei aller Zünftigkeit seiner Methoden und
seiner Musikanschauung schrieb er sehr kühne und fortschrittliche Musik. Es war um ihn und seine schöne Frau,
die Opernsängerin Maria Binder, eine Atmosphäre von
romantischer Theaterkarriere. Schreker war der Erotiker
unter den neueren Komponisten; seine Opern hatten eine
sinnliche Fülle und Unbedenklichkeit, die zum Erfolg
natürlich bedeutend beitrugen. Als er sein direktoriales Amt
in Berlin antrat, war gerade ein neues Werk von ihm in
Frankfurt zur Uraufführung gekommen: der „Schatzgräber". Romantischer Rückblick ins Mittelalter, erotischer
Überschwang, südlich-belcantisierende Melodik und chromatische Akkordzersetzung kennzeichnen das Werk, das in
seinen zeitlichen wie in seinen orchestralen Dimensionen die
früheren Schrekeropern noch überbietet. Ein Orchester-
zwischenspiel aus dem „Schatzgräber" ist, ebenso wie das
Vorspiel zu einem Drama („Die Gezeichneten") auch in den
Konzertsaal eingegangen.

Im Sommer 1921 fand in der süddeutschen Kur- und Resi-
denzstadt Donaueschingen ein Kammermusikfest statt, das
die dortige Gesellschaft der Musikfreunde mit großzügiger
Unterstützung des Fürsten Egon zu Fürstenberg veranstaltete. Für die Mitwirkenden und die Komponisten stellte
der fürstliche Mäzen Zimmer in seinem Schloß zur Verfügung.

Dem Komitee, das die Programme zusammengestellt hatte,
gehörten der Donaueschinger Musikdirektor Heinrich Burkhard, Eduard Erdmann und der Regerschüler Josef Haas an.
In drei Konzerten werden Arbeiten einer ganzen Reihe von

begabten und noch fast unbekannten Komponisten der
jüngeren und jüngsten Generationen zur Diskussion gestellt.
Die Programme enthalten u. a. das 4. Streichquartett von
Alois Hába im Vierteltonsystem; die Serenade für Klarinette
und Streichquartett des 20jährigen Schrekerschülers Ernst
Křenek; Lieder des Schönbergschülers Karl Horwitz; das
Streichquartett opus 16 (dem Fürsten Fürstenberg gewidmet)
von Philipp Jarnach aus dem Busonikreis; Alban Bergs
Klaviersonate opus 1; das dritte Streichquartett des 25jäh-
rigen Paul Hindemith.

Kurz vorher waren in Stuttgart unter Fritz Buschs Leitung die
Hindemithschen Opperneinakter „Mörder, Hoffnung der Frau-
en" (Text von Oskar Kokoschka) und „Das Nusch-Nuschi"
(Text von Franz Blei) zu heftig umstrittener Uraufführung
gekommen. Und auf dem Programm des Nürnberger Tonkünstlerfestes des Allgemeinen Deutschen Musikvereins 1921
stand das Streichquartett opus 6 von Ernst Křenek.

Mit Hindemith und Křenek traten zwei Repräsentanten
einer jungen Generation auf die Bildfläche, die das Erbe der
älteren Avantgardisten bereits übernommen und in ihrer
unbefangenen, von frischen Impulsen beseelten Weise erweitert hatten.

Hindemith steht seiner Ausbildung nach außerhalb und inmitten der Schulen, die das Gesicht der Neuen Musik bestimmten. Er ist Süddeutscher aus schlesischem Stamm,
kommt 1895 in Hanau zur Welt, macht in Frankfurt die Ausbildung des praktischen Musikers durch, die für sein ganzes
Schaffen so bestimmend bleibt. Als Orchestergeiger, Café-
hausmusikant und Kammermusiker steht er von früher
Jugend an im Betrieb. Zwei gediegene Provinzmeister,
Arnold Mendelssohn und Bernhard Sekles, bilden ihn zum
Komponisten aus. Scherchen und Fritz Busch werden auf
den jungen Musiker aufmerksam, der mit leichtester Hand
Werk auf Werk türmt: Orchestersachen, Kammermusik
jeder Besetzung, Dialektlieder, Sonaten und Opern.

Diese Jugend sah die Welt mit ganz anderen Augen als die Generation vor ihr. Kaum erwachsen, hatte sie Not, Gefahr, Hunger des ersten Weltkrieges erleben müssen. Dann kam 1918 der große Zusammenbruch einer Welt; die Entlarvung von tausend Propagandalügen, die Liquidierung mächtiger Kaiserreiche, die wiederhergestellte Verbindung mit einer Außenwelt, von der man jahrelang isoliert gelebt hatte. Kein überliefertes Gesetz schien noch verbindlich; Gott war gestorben, das Vaterland ein moralischer Trümmerhaufen. Beherrscht von einem übermächtigen Komplex der Auflehnung, glaubte man, die Kultur neu schaffen zu können. Ein typisches Drama dieser Nachkriegsjugend, Walter Hasenclevers „Sohn", ließ einen Jüngling seinen Vater morden, und die Psychoanalytiker nannten seine Besessenheit „Ödipuskomplex". Auf sein Manuskript schrieb Hasenclever das Motto: „Dieses Stück hat den Zweck, die Welt zu ändern".

Hindemith ist zwar gar nicht das, was man einen intellektuellen Musiker nennt; er verachtet im Grunde den Typus des Literaten und hat dieser Verachtung ebenso deutlich Ausdruck gegeben wie vor ihm Max Reger. Aber er fühlt sich gerade in seinen Anfängen als Angehöriger der mächtigen Avantgardebewegung, die Europa mit Vorbehalt und Lust beunruhigt. Und so hält er sich in seinen Liedern und Chören an Dichter, die ebenfalls dieser Bewegung angehören. Es sind neben anderen Else Lasker-Schüler, Franz Blei, Kurt Bock, Max Krell, Heinar Schilling und die beiden Kriegsopfer August Stramm und Georg Trakl. Jahre später hat ihm Gottfried Benn den Text für das Oratorium „Das Unaufhörliche" geschrieben.

Mit Hindemith tritt in den Kreis der Neutöner ein neuer Typus: der Musikant. So zögernd und zaghaft wählerisch die Schule Schönbergs produziert, so überkritisch Strawinsky für jedes neue Werk die ästhetische Regel ad hoc aufstellt, so schwer und langsam die Anhänger Busonis ihre

Partituren schreiben —: Hindemith kennt ihre Hemmungen nicht. Er komponiert so wie andere atmen, in raschem Tempo, ohne viel zu überlegen, aus einer Überfülle von Einfall und jugendlich unbelastetem Temperament heraus. Das Finale eines seiner Streichquartette entsteht kurz vor der Uraufführung im Speisewagen Frankfurt–Donaueschingen. Seit Reger hat es Produktion von dieser Geschwindigkeit und Menge nicht gegeben. Unter Hindemiths Generationsgenossen ist nur einer, der Franzose Darius Milhaud, der ähnlich fruchtbar ist. Von den Jüngeren kommt ihm Křenek nahe.

Zwei Eigenschaften sind es, die Hindemiths Musik um diese Zeit von der übrigen deutschen Moderne unterscheiden: ihre motorische Rhythmik und die oft geflissentliche Kühle ihres melodischen Ausdrucks. Sie entfernt sich vom Ideal des Espressivo, das etwa die Schulen Schrekers und Schönbergs so auffallend beherrscht, und strebt schon früh einer künstlerischen Objektivität zu, die ihr Äquivalent auf bildnerischem Gebiet in der Neuen Sachlichkeit findet. Sie ist oft burschikos bis zur Wurschtigkeit; wo sie ernst oder tragisch ist, äußert sich das Gefühl verhalten, mit einer an mittelalterliche Vorbilder erinnernden Herbheit, die das subjektive Erlebnis überwunden und sublimiert zu haben scheint.

Die polyphone Grundhaltung ist schon in den Frühwerken evident; das kammermusikalische Element der linearen Stimmführung herrscht früher als das imitatorische, das in Kanon und Fuge die Werke von der mittleren Periode an prägen wird. Hindemith findet das unbegrenzte Material der emanzipierten Dissonanz und der funktionslosen Harmonik vor und benutzt es souverän; da es nichts mehr zu erfinden gibt im Bereich der Harmonik, wendet er die neuen Sprachmittel in einer kühnen und vollendeten Vielstimmigkeit an, die ihre Impulse aus einer taktstrichfreien Metrik und schwebenden Rhythmik empfängt. Seine Musik ist anfangs (und

auch später wieder) durchaus tonal; nur in einer Entwick-
lungsperiode, die etwa von 1923 bis in die dreißiger Jahre
reicht, treten atonale Erscheinungen auf. Einige Werke
dieser Zeit sind ausdrücklich als atonal gekennzeichnet: die
Bratschensonaten (solo) opus 11,5 und opus 25,1 (1923), die
beiden „Kammermusiken" opus 24 (1922) und die beiden
Soloviolinsonaten aus opus 31 (1924).

Aber während die Avantgardisten der älteren Generation
um die Liquidierung der Tonart ringen und sich Schritt für
Schritt von ihr lossagen, wobei meist der Durchbruch ins
Gebiet der Atonalität unwiderruflich scheint, ist für Hindemith von Anbeginn die atonale Syntax nur eines der möglichen und beliebig anwendbaren Mittel.

In Berlin hatte Erdmann am 16. Dezember 1920 eine Klaviersonate von ihm bei Wolfgang Gurlitt für die Hörer der
Neuen Musikgesellschaft uraufgeführt; das Stück, opus 17,
ist ungedruckt geblieben. Sechs Wochen später brachte im
gleichen Rahmen das Lambinonquartett sein f-moll-Streich-
quartett opus 10, eine jugendfrische, genialisch turbulente
Komposition nach Berlin. In Donaueschingen war es das
dritte Quartett opus 22, das die Aufmerksamkeit auf ihn
lenkte.

Den Ruf eines skrupellosen Anarchisten und Verächters aller
geheiligten Kunsttraditionen gewann Hindemith nach der
geräuschvollen Uraufführung seiner beiden Einakter im
Stuttgarter Staatstheater. Es bedurfte der ganzen Autorität
Fritz Buschs, der als Generalmusikdirektor die Württem-
bergische Staatsoper und die Premiere leitete, um die Sache
nicht zu einer Kabinettsfrage werden zu lassen. Die Aufführung fand am 4. Juni 1921 statt.

Von den beiden Werken ist „Mörder, Hoffnung der Frauen",
opus 12, das ältere. Der Text von Oskar Kokoschka trägt
alle Merkmale expressionistischer Dichtung. Er spielt in
Urzeiten der Menschheit, schildert den Kampf der Ge-
schlechter und ist sprachlich so voller dunkler, glühend

farbiger Wendungen, daß man ihn nicht so sehr als dramatische Handlung wie vielmehr als genial gestammelten Wort- und Silbenrausch aufnimmt. Die Musik, mehr homophon und klangfarblich als thematisch und zeichnerisch geschrieben, trägt zur Erhellung des dramatischen Dunkels wenig bei. So ist das Werk ein Prototyp des musikdramatischen Expressionismus wie vor ihm nur Schönbergs „Glückliche Hand", der es auch thematisch nicht allzu fern steht. Später ist Ernst Křenek in seinen frühen Opernversuchen, der „Zwingsburg" und dem ebenfalls nach einem Drama Oskar Kokoschkas geschriebenen „Orpheus und Eurydike", einen ähnlichen Weg gegangen.

„Mörder, Hoffnung der Frauen" wurde bei der Uraufführung mit verständnislosem Respekt aufgenommen. Protest erregte der andere Einakter, „Das Nusch-Nuschi", opus 20. Es nennt sich „ein Spiel für burmanische Marionetten". Der Textdichter Franz Blei zeigt im Libretto einen eifersüchtigen orientalischen Fürsten, den seine Lieblingsfrau mit einem seiner Freunde, dem General, betrügt, der dafür mit Kastration bestraft wird. Wenn das geschehen ist und der hart Gestrafte dem zürnenden Maharadscha gegenübergestellt wird, bläst eine Soloposaune ein Tristanzitat (vom Auftritt König Markes): „Mir dies, dies, Tristan, mir!" Zitate solcher Art sind in der neueren Musik nichts Seltenes; auch Debussy webt in Gollywogg's Cakewalk die ersten vier Töne des Tristanvorspiels ein, und in Straußens Werk, bis in die Tafelmusik zum „Bürger als Edelmann", finden sich Wagnermotive die Menge schalkhaft angeführt. Aber die eindeutige Betonung der Sexualsphäre in diesem szenischen Zusammenhang war für ein Publikum von Opernfreunden zuviel.

Die Verspottung Wagners hat hier übrigens programmatischen Sinn. Der antiromantische Geist der Hindemithgeneration (mit fast alleiniger Ausnahme Honeggers, der zu den regelmäßigen Besuchern Bayreuths gehört) richtet sich gegen Wagner und seine Musik als Lieblingsziel. Schon der

Typus des durchkomponierten Musikdramas, den Richard Strauß und Claude Debussy – nicht zu reden von Hans Pfitzner – im Grunde unverändert übernehmen, widerspricht der neuen Anschauung. Man will lieber zur Nummernoper mit ihrem etwas überlebten Schematismus zurück als die Wege der leitmotivisch illustrierten, vom unendlichen Rezitativ getragenen Symphonie-Dramatik fortführen. In „Mörder, Hoffnung der Frauen" hängt Hindemith ästhetisch noch an romantischen Vorbildern, und selbst auf Leitmotive verzichtet er nicht. „Das Nusch-Nuschi" ist auch formal eine Absage an Wagner, ein Versuch, die Nummernoper wieder zu Ehren zu bringen. Das Stück enthält viel heitere, burschikos-frische Musik; die Tänze, die als Konzertstück das Werk als solches überlebt haben, sind ebenso inspiriert wie etwa die variierte Arie der vier Frauen.

Als drittes Werk gehört in die Reihe dieser Einakter die „Sancta Susanna" opus 21, die aber Stuttgart nicht aufzuführen wagte und die erst ein Jahr später, am 26. März 1922, in Frankfurt herauskam. Der Text ist von August Stramm, dem 1916 gefallenen expressionistischen Lyriker des „Sturm"-Kreises. Es ist wieder ein erotisches Thema, diesmal aber in Verbindung mit einem religiösen. Susanne, die Nonne, fühlt sich in allzu buchstäblichem Sinne als Braut Jesu; ein Paroxysmus verbotener Leidenschaft bemächtigt sich ihrer, und sie bekennt sich zu dieser Liebe. Stramms komprimierte, oft nur Wortfetzen herausschleudernde Sprache unterstreicht die elementare Triebhaftigkeit des Vorgangs noch. Hindemith entwickelt seine Musik aus einem einzigen thematischen Kern und gibt dadurch dem ganzen Stück eine formale Einheit, wie sie der Text nur durch die erotische idée fixe erreicht.

Die „Sancta Susanna", mehr noch als die beiden anderen Einakter, ist als Oper symptomatisch für das, was Adolph Weißmann in einem 1927 erschienenen Buch „Die Entgötterung der Musik" genannt hat. Alle Skepsis der Hindemithgeneration gegen große Gefühle und reine Geistigkeit ist hier in einem Hohlspiegel eingefangen. Die Betonung des Körperlichen und Sexuellen ist ein Zug dieser Nachkriegszeit. Man mißtraut dem Erhabenen und sucht es durch eine neue Kaltschnäuzigkeit zu verdrängen. Das sind Dinge, die Hindemith gemeinsam hat mit der jungen französischen Generation der „Six" und mit dem Strawinsky des „Ragtime" und der „Piano-Rag-Music".

Zum Selbstzweck wird Entgötterung in drei Arbeiten des Jahres 1922: in den beiden Kammermusiken opus 24, von denen vor allem die erste mit dem vielgelästerten „Finale 1921" die gleiche schonungslose Zeit- und Gesellschaftskritik treibt wie etwa die gleichzeitig entstandenen Bilder und Zeichnungen von George Grosz. Die Instrumentation für eine Unterhaltungskapelle, wie sie etwa in den Hippodromen und großen Nachtcafés dieser Zeit üblich war, mit Flöte, Klarinette, Fagott, Trompete, Klavier, Harmonium, Streichquartett und Kontrabaß sowie ein reiches Schlagzeugarsenal ist für den Sinn dieser Musik so bezeichnend wie die thematische Verwendung des damals beliebten „Wilm-Wilm"-Foxtrotts. Mit diesem Stück übernimmt Hindemith Formen und Rhythmen der modernen Tanzmusik, die dann in opus 26 dominieren. Dies opus 26 heißt „1922, Suite für Klavier" und besteht aus fünf Sätzen: Marsch, Shimmy, Nachtstück, Boston und Ragtime. Hindemith selbst hat das Titelblatt in einem primitiveren George-Grosz-Stil gezeichnet. Der Marsch trägt den Untertitel „5 Hutchinsons 5, Luft-Akt". Zum Ragtime schreibt Hindemith folgenden „Mode d'emploi – Direction for Use!! Nimm keine Rücksichten auf das, was du in der Klavierstunde gelernt hast. Überlege nicht, ob du Dis mit dem vierten oder sechsten Finger anschlagen mußt. Spiele dieses Stück sehr wild, aber stets sehr stramm im Rhythmus, wie eine Maschine. Betrachte hier das Klavier als eine interessante Art Schlagzeug und handle dementsprechend." Der Stil ist nicht weniger wild als diese

Gebrauchsanweisung. Mit Ausnahme des Nachtstücks, dessen sehr ruhige Halbe mit wenig Ausdruck gespielt werden, sind die Sätze beherrscht von vulgären Rhythmen und einer bewußten Gemeinheit des Ausdrucks, die mit der gar nicht einschmeichelnden, höchst avancierten Harmonik in merkwürdigem Kontrast steht. Tonale Schwerpunkte fehlen weitgehend; bitonale Akkordverbindungen, wie die von zerlegten Des-dur- und B-dur-Dreiklängen am Anfang des Marsches oder wie die Moll-Dur-Kombination im Schlußakkord (A–E–Cis–C) des Nachtstücks sind ebenso häufig wie vielstimmige Akkorde (Fes–As–Ces–Es–G–B–Des–F kurz vor Schluß des Shimmys) oder Komplexe von allen zwölf Tönen auf engem Raum (Takt 9 des Marsches). Hindemith würfelt scheintonale Akkordtypen mit Quartenakkorden regellos durcheinander; er läßt den Marsch auf der hohlen Quinte E–H, den Walzer und den Ragtime auf Cis, den Shimmy auf einem fünftönigen Ganztonakkord schließen. Tritonusbeziehungen spuken durch alle fünf Stücke, deren letztes den Schlußton Cis vom G aus erreicht. Es ist ein rüdes, auch im Klang oft brutales Opus, in dem viel von dem gierigen, dollarhungrigen, moralisch völlig indifferenten Zeitgeist der frühen zwanziger Jahre konserviert wird.

Liest man angesichts solcher kaustischen musikalischen Ironie den „Offenen Musikbrief", den Busoni im Januar 1922 an den „Melos"-Herausgeber Windisch richtete, so begreift man den Unwillen des Romanen gegen eine Kunst, die Form fast nur noch als Persiflage zuläßt und deren Temperamentsgebärde aus dem hektischen Nachtleben des besiegten Deutschlands zu verstehen ist. Es gibt freilich dergleichen auch in der jungen französischen Musik; Georges Aurics Foxtrott „Adieu, New York" ist stilistisch nicht allzuweit von diesem Hindemith entfernt. Aber selbst die groteskesten Experimente der Italiener aus dieser Zeit, die dandyhaftexpressionistischen „Omaggi", Zueignungen, die G. Francesco Malipiero 1920 auf einen Papagei, einen Elefanten und

einen Idioten schreibt, die „Puppazetti", vierhändige Mario-
nettenstücke, die Alfredo Casella im selben Jahr in Rom
komponiert, distanzieren sich viel stärker von ihren Objekten
als die bitteren Hindemithiaden von 1921–1922.

Wie sehr um diese Jahre die expressionistische Groteske als
musikalischer Ausdruck des Zeitgeistes in der Luft lag, mag
die Tatsache erhärten, daß im Dezember 1921 Sergej Prokofieffs Oper „Die Liebe zu den drei Orangen" in Chicago
uraufgeführt wurde, ein witzig-phantasievolles Stück, das die
Gozzische Fabel mit heiterer polytonaler Musik übergießt
und dessen zwischen Dur und Moll pendelnder Marsch
weltberühmt geworden ist.

Hindemith also war es, der zusammen mit dem jüngeren und
herberen Ernst Křenek im Juli 1921 die Donaueschinger
Kurgäste am nachdrücklichsten schockierte, obwohl man
für das fürstliche Musikfest seine salonfähigste Seite heraus-
gekehrt hatte. Trotz der höchst ungewöhnlichen Klänge,
die hier in der sommerlichen Schwarzwaldlandschaft produziert wurden, hatte das Kammermusikfest Erfolg. So
großen Erfolg, daß es im Jahr darauf wiederholt wurde und
daß die Donaueschinger Feste bis 1926 zu einer ständigen
Einrichtung und dann, nicht weit davon, im eleganteren
Baden-Baden fortgesetzt wurden.

Der englische Musikwissenschaftler Edward J. Dent, der
drei Jahrzehnte neuer europäischer Musikgeschichte mit
seinem Wohlwollen und seiner tätigen Hilfe begleitet und
durch viele Nöte gesteuert hat, nennt Donaueschingens
Festerfolg als die vermutliche Ursache für die Gründung
der Salzburger modernen Musikfeste, aus denen die Internationale Gesellschaft für Neue Musik hervorging. „Ich
glaube nicht", schreibt Dent in seinem heiteren Memoiren-
Feuilleton „Looking Backward" in Music Today, „daß
Fürst Fürstenberg sich selbst viel aus der Neuen Musik
machte, aber er unterstützte die jungen Komponisten mit
fürstlicher Großzügigkeit." Dent, eng mit Busoni befreundet,

über den er eine glänzende Biographie geschrieben hat, war überall zu treffen, wo wichtige moderne Musik aufgeführt wurde. Er war in Berlin und Wien ebenso heimisch wie in Paris und Rom, und in jeder der europäischen Hauptstädte wußte der grandseigneurale, den guten Dingen des Lebens sehr zugetane, völlig polyglotte Junggeselle die Plätze zu finden, wo es gute Mosel- oder Burgunderweine zu trinken gab. Seine weltmännische Überlegenheit hat manche Konflikte zwischen den verschiedenen nationalen und stilistischen Gruppen der Nuove Musiche im 20. Jahrhundert überbrückt; ohne ihn wären die wichtigsten Organisationen der modernen Musikbewegung nicht zustande gekommen.

Gewiß waren die Donaueschinger sommerlichen Kammermusikkonzerte noch kein ausreichendes Forum für die vielen jungen Komponisten, die in allen Ländern der Welt als Botschafter und Herolde eines neuen Stils Geltung suchten. Ein amerikanischer Besucher, George Antheil, hat in seinem phantasievollen Buch „Bad Boy of Music"[1] mit einem gewissen Recht die Einseitigkeit der Donaueschinger Programme kritisiert, die anfangs nur Deutsche, Österreicher und Tschechoslowaken zu Wort kommen ließen. Aber immerhin gehörten neben Hindemith und Křenek auch Hába, Berg und Jarnach zu den Aufgeführten des ersten Sommers; im zweiten kamen der in England lebende Holländer Bernhard van Dieren, der Berliner Max Butting, die Deutschböhmen Felix Petyrek und Fidelio Finke dazu. 1923 wurde ein Werk von der Wichtigkeit des „Marienlebens" von Hindemith dort uraufgeführt, 1924 spielte man, zum erstenmal in der Öffentlichkeit, Schönbergs Serenade opus 24. Schon diese Namen und Werke sichern dem Donaueschinger Fest und seinem geistigen Motor, Heinrich Burkhard, Ehren-

---

[1] Der historischen Wahrheit zuliebe sei angemerkt, daß der Verfasser nie ein Donaueschinger Fest besucht hat und infolgedessen nicht, wie dieser vermutet, dort George Antheil begegnet ist. Das geschah im Winter 1922–23 in Berlin bei einem Klavierabend, den Antheil mit einem Programm vorwiegend eigener Kompositionen gab.

plätze in der Geschichte der Neuen Musik. Auch ergab sich
auf diesen Festen der erste persönliche Kontakt zwischen
Musikern aus Norddeutschland, Österreich, Süddeutschland,
der Tschechoslowakei und manchen anderen Ländern. Aus
diesen Kontakten haben sich herzliche Freundschaften entwickelt, die ihrerseits auf die organisatorische Zusammenfassung gemeinsamer Komponisteninteressen nicht ohne
günstigen Einfluß bleiben konnten.

DIE NEUEN KLASSIZISTEN

Orientierung an Rameau und Haydn war ein Programmpunkt der Pariser „Six" schon 1919 gewesen. An Paul Bekker richtete im Januar 1920 Ferruccio Busoni seinen Brief über Junge Klassizität, in dem auch der „Abschied vom Thematischen und das Wiederergreifen der Melodie", und zwar als Erzeugerin der Polyphonie gefordert werden. Die Anarchie, die als Damoklesschwert über den avanciertesten Versuchen der modernen Musik schwebte, konnte nur durch eine neue Ordnung des Materials (also im Sinne Schönbergs oder Hauers) oder durch eine Wiedergeburt alter Formen gebannt werden.

Aber das Kunstwerk, an dem sich Geist und Form der Moderne in regressiver Richtung neu ordnen, war schon geschaffen. Es kam von demselben Mann, der in Paris, zusammen mit Jean Cocteau und Pablo Picasso, die Welt des Zirkus, des Varietés, der „Music-Hall" erschlossen und in dem Ballett „Parade" glorifiziert hatte, dem alten Rebellen und Ironiker, dessen Sarabanden Debussy orchestrierte, dem Komponisten der „Stücke in Birnenform", dem eigentlichen Überwinder des klingenden Impressionismus und der Musik, die man „mit dem Kopf in den Händen hört": von Erik Satie.

Im Frühjahr 1918 ist Satie in Paris eine Koryphäe. Er mußte 52 Jahre alt werden, um die Anerkennung der großen Welt zu finden, die in französischen Kunstdingen den Ton angibt. Der magere, ziegenbärtige Mann, der weit draußen in Arcueil wohnt, ist Postbeamter, weil er von seiner Musik nicht leben kann. Aber die Avantgarde vergöttert ihn seit dem umstrittenen Erfolg von „Parade". Und diese Avantgarde hat eine reiche Mäzenin, die selbst mit lyrischen

Gedichten zu den Schaffenden gehört und in deren Salon man die Maler, Schriftsteller und Komponisten des Tages trifft. Sie heißt Armande de Polignac und ist die Frau eines vermögenden Prinzen. Auf Veranlassung von Jane Bathori, der Sängerin, die auch für die „Six" immer wieder eintritt, gibt die Prinzessin de Polignac dem Postsekretär von Arcueil den Auftrag, ein Vokalwerk mit Orchester zu schreiben. Am 25. März 1918 detonieren deutsche Granaten in den Straßen von Paris. An diesem Tag stirbt Claude Debussy, „musicien français", einer der großen Sezessionisten der nachwagnerschen Musik, der stilistisch einflußreichste Komponist des westlichen Kulturkreises. Noch ganz unter dem Eindruck seines Todes schreibt Satie das ernsteste Werk, das er seit seinem Austritt aus dem Rosenkreuzerorden geschaffen hat, den „Socrate". Sein Biograph Pierre-Daniel Templier schildert, wie glücklich Satie über seine gesellschaftlichen und finanziellen Erfolge war: „... il peut acheter des faux-cols, des parapluies, des mouchoirs; il peut régaler ses amis ..."
Aber vorläufig bleibt „Socrate" eine Angelegenheit der oberen Zehntausend und einiger junger Musiker. Erst 1920 kommt es im Januar zur öffentlichen Uraufführung. Es ist die Zeit, um die Henri Collet seine Aufsätze über Satie und die „Six" in der Comoedia drucken läßt.
„Socrate" nennt sich „drame symphonique". Es ist dreisätzig, für vier Soprane und ein kleines Orchester geschrieben: Flöte, Oboe, Englisch Horn, Klarinette, Fagott, Horn, Trompete, Harfe, Pauken und Streicher. Diesmal ist es nicht Jean Cocteau, der scheinbar Unentbehrliche, der das literarische Gerüst liefert. „Ich habe mir mein Libretto alleine gemacht", sagt Satie. Aber er übernimmt es aus Dialogen von Plato, aus dem „Gastmahl", der „Phädra", dem „Phädon" in der Übersetzung Victor Cousins. René Chalupt schreibt das Vorwort der Partitur, die 1919 erscheint, im selben Jahr, in dem Pablo Picasso seine vielberufene Rückkehr zu Ingres vollzieht. Und so meint Chalupt von Saties Musik: „Diese

Zeichnung mit einem genauen und direkten Strich ist ein
wenig so, als ob Ingres auf Wunsch Victor Cousins diese
Stellen der Dialoge illustriert hätte."

Die beiden ersten Teile des „Socrate" werden in Dialogform
gesungen. Der letzte Teil berichtet vom Tode des Sokrates.
Satie erreicht hier einen Stil von beinahe erschreckender
Nüchternheit und Klarheit. Alles Überflüssige ist schonungslos ausgemerzt; die Harmonik, die Instrumentation zeigt
eine Nacktheit, die sich in aggressiven Gegensatz stellt zu
der impressionistischen Klangtechnik der Nebelschleier oder,
wie es Satie mitunter formuliert, der „Sauce". Hier ist das
klassische Prinzip äußerster Sparsamkeit der Mittel bewußt
auf die Spitze getrieben. Konsequenter konnte die Abwehr
von allem romantischen Überschwang nicht demonstriert
werden. „Expression dépouillée" – entkleideter, abgehäu-
teter Ausdruck, so lautet die Formel, die man in Paris für
diesen Stil findet, im lobenden wie im tadelnden Sinne.

Die Satztechnik ist archaisch. Quinten- und Quarten-
parallelen erscheinen hier nicht als impressionistische Reiz-
mittel; sie werden entgegengesetzt dem Sinne verwendet, in
dem Debussy oder Puccini sie lieben. Es ist kein Hyper-
raffinement des Klanggefühls, sondern ein neuer Primitivismus, eine Anlehnung an die mittelalterliche Technik des
Fauxbourdons und ähnlicher Frühformen der Polyphonie,
die sich hier kundtut. Auch das tonale Bild weist in die Früh-
zeiten der abendländischen Musik. Satie hat als reifer Mann
die Schulbänke der Schola Cantorum gedrückt und bei
Albert Roussel Studien im Kontrapunkt getrieben, die in
ihrer Gründlichkeit an die Bruckners erinnern. Das Erlebnis
der Mehrstimmigkeit in modalen Tonalitäten wird schon in
manchen seiner Klavierstücke reflektiert, und die reine Zweistimmigkeit der „Véritables Préludes flasques pour un Chien"
erinnert an sehr alte Formen musikalischen Denkens. Im
„Socrate" werden Kirchentonarten neben die modernen
Tonarten gestellt, und ihre organische Einbeziehung gibt

der Musik einen antiken Reiz, der mit den platonischen Dialogen eine seltsame Einheit bildet. Ein Freund und Altersgenosse Saties, der Komponist und ausgezeichnete Essayist Charles Koechlin, schreibt: „Ich kenne kaum so echt griechische Musik. Warum? Wegen des Stils, wegen dieser klaren, reinen, durchdachten, einfachen Kompositionsweise von hoher Anmut und straffer Geschlossenheit? Diese Figuren, die sich unter einer bewegten Linie des Gesangs wie ornamentale Motive der Architektur wiederholen; diese heiteren und doch gefühlsgesättigten Linien – aber von einem Gefühl, das sich beherrscht –; mitunter auch ein gewisses Abweisen der billigen und weichen Anmut in seiner zweistimmigen Kompositionsweise, die kahl wie der Boden Attikas, kreidig wie ein herber Wein, der nach dem Felsen schmeckt – alle diese Elemente, alle diese Ursachen wirken mit zur Synthese des sokratischen Hellenismus."

Es ist das schöpferische Geheimnis dieser völlig originellen, scheinbar jeden Ausdruck vermeidenden Musik, daß sie über ihre Ironie hinaus eine besondere Art von tiefgehender Stimmungs-Emotion auslöst. Besonders im dritten Teil des „Socrate", der eigentlichen Todesszene, wenn Sokrates den Kriton an das dem Äskulap schuldige Hahnenopfer erinnert, und in den letzten, lapidaren Wendungen des Schlusses, vermittelt sie einen Hauch von echter Ergriffenheit. Alle, die Satie kannten, haben ihm die sehr französische Fähigkeit nachgerühmt, in heiterer Weise über die ernstesten Dinge zu sprechen. Das ist eine sehr sokratische Eigenschaft, und zwischen dem griechischen Philosophen, der den Geist von Jahrtausenden beeinflußt hat durch die Person seines Schülers Plato, und dem französischen Musiker, der mehr auf dem Umweg über seine Nachfolger als durch sein eigenes Schaffen auf die Musik seines Jahrhunderts einwirkte, gibt es viele Gemeinsamkeiten.

In seinen Untersuchungen über die zeitgenössische Musik um 1928 weist André Coeuroy ganz richtig auf die „objektive

Kunst" (wir nannten es in Deutschland später die Neue
Sachlichkeit) als eine der Quellen des neuen Klassizismus
hin. Als man entdeckt hatte, daß ein Ton ein Ton war und
nicht der Schalter, der eine Gefühlslampe aufleuchten läßt,
war man der romantisch-subjektivistischen Ästhetik schon
entronnen. Satie hat die entscheidenden Schritte auf diesem
Weg gemacht, Jahre vor Strawinsky und den übrigen
Musikern, die seinem Beispiel gefolgt sind.

Über den Neoklassizismus und die Parole „Zurück zu Bach"
ist Anfang der zwanziger Jahre vor allem in Frankreich viel
diskutiert worden. Und wieder ist es Koechlin, der die
Partei der Neoklassizisten nimmt, im Gegensatz zu seinem
Kontrahenten, dem russischen Musikschriftsteller Boris
de Schloezer, der Einschränkungen macht. Für Koechlin
ist diese Zurück-zu-Bach-Bewegung Merkmal einer Kunst, die
klar, kräftig, nicht beschreibend und nicht einmal ausdrucksvoll ist. „Ein neuer Kult als Nachfolge der gefährlichen debus-
systischen Religion." Dagegen Schloezer: nur ein bestimmter
Typus von Bachscher Musik ist für diese Generation verbindlich, der Bach der Allegros tat den Nachkriegsmusikern
not; sie sahen in den Allegrosätzen und Fugen ein Veto gegen
das Eindringen psychologischer Elemente in die Musik.

Satie ging weiter zurück als zu Bach; aber „Socrate" leitet
die Bewegung ein, die bald zu Bach führen sollte. Sie ist
nicht auf Paris beschränkt, und im fernen Rußland hat ein
junger Musiker, der nur auf einer kurzen Reise mit der
westlichen Welt in Kontakt getreten war, schon 1918 auf
eigene Faust den Weg in die Vergangenheit gesucht. In
Petersburg kommt Sergej Prokofieffs „Symphonie Classique"
heraus, ein viersätziges Werk mit Sonatenallegro, Larghetto,
Gavotte-Musette und Finale-Allegro, das ganz im Sinne des
„Pasticcios" die klassischen Formen praktiziert.

Strawinsky macht den ersten Schritt in dieser Richtung mit
„Pulcinella", dem Ballett mit Gesang, das auf Themen aus
Opern und Triosonaten von Giovanni Battista Pergolesi

geschrieben ist und das 1920 bei Djaghilew in Paris heraus-
kommt. Er hat sich zwar selbst gegen die neoklassizistische
Interpretation des Werks gewandt, und er will zwischen seiner
Musik und der klassischen nur eine gemeinsame Grundlage
gelten lassen: die reine musikalische Form. Aber es ist kein
Zweifel, daß von „Pulcinella" die – durch Saties „Socrate"
nur ästhetisch vorbereitete – neoklassizistische Bewegung
in der Musik ihren Ausgang nahm, genau wie von den
Ingres-Bildern Picassos der Neoklassizismus in der Bildenden
Kunst.

Ein Seitengleis des Weges zur „objektiven Musik" führt zur
Mechanisierung der Interpretation. Der darstellende Musiker
hatte seit dem 19. Jahrhundert mehr und mehr seine Person,
sein subjektives Gefühl zwischen die Musik und den Hörer
gedrängt. Musikalische Romantik, das war nicht nur eine
Ästhetik der Schöpferischen, sondern auch eine Ästhetik der
Nachschaffenden. Je mehr die Technik der Notenschrift, die
Erfindung des Metronoms, die mechanische Vervoll-
kommnung der Instrumente den Komponisten in den Stand
setzten, seine Gedanken und Aufführungswünsche eindeutig festzulegen, desto mehr strebte der Interpret aus der
Umklammerung der Notation heraus.

Strawinsky, von jeher ein Fanatiker der genauen Notation,
empfand die Auflehnung gegen den Zustand interpretativer
Anarchie besonders stark. Ihm schwebte als Korrektiv eine
Möglichkeit vor, den Interpreten als Mittler zwischen Komponist und Hörer auszuschalten. Trat der Komponist selbst
als Spieler oder als Dirigent seiner Werke auf, so war diese
Möglichkeit zwar gegeben; das Werk blieb aber dann in
seiner authentischen Wiedergabe an die Person des Schöpfers
gebunden. Das heißt, daß z. B. nach seinem Tode sein Werk
der gleichen Willkür der Interpreten ausgesetzt wurde.

1921 trat die Pariser Klavierfirma Pleyel an Strawinsky mit
der Anregung heran, etwas für die „Pleyela", ein mechanisches Klavier, zu schreiben. Das kam seinen Wünschen in

der überraschendsten Weise entgegen. Er hatte schon 1917
eine Etüde für Pianola entworfen und bearbeitete nun einige
andere seiner Werke für die Walzen des mechanischen
Klaviers. Die Etüde kam im Oktober 1921 in der Londoner
Aeolian Hall zur Uraufführung. Für mechanische Instrumente hatten schon Musiker des 18. Jahrhunderts komponiert, unter ihnen Mozart und Beethoven. Das Strawinskysche Beispiel war also nicht ohne Tradition; es blieb auch
nicht ohne Folgen. Eine Musik, die keinerlei technische Beschränkungen kannte, die in Tempo, Dynamik und Orna-
mentik mathematisch genau festgelegt war, die jede noch so
komplizierte Polymetrik anwenden konnte, bedeutete für
die antiromantische Generation der Nachkriegskomponisten
einen ungewöhnlichen Anreiz. Der Amerikaner George
Antheil schuf 1923 mit seinem „Ballet Mécanique" (nach
dem schon erwähnten Film Fernand Légers) das konsequenteste Werk dieses mechanistischen Stils. Stücke für
mechanisches Klavier wurden von Paul Hindemith, Ernst
Toch und anderen Deutschen geschrieben und auf einem
Musikfest in Baden-Baden aufgeführt. Strawinsky selbst hat
die Anregungen der Arbeit für Pleyel in der Partitur der
„Noces" schöpferisch ausgewertet; Jahre später (1925) entstand in Nizza seine Serenade in A für Klavier, deren vier
Sätze in ihrer Länge genau der Dauer von Schallplatten
angepaßt sind.

Aber der Mann, der die mechanistische Bewegung eingeleitet und ästhetisch gerechtfertigt hatte, verließ sie stilistisch
rascher, als seine Nachfolger vermuteten. Nach einer heiteren
Oper „Mavra", die etwa die Tradition Glinkas erneuert,
schreibt Strawinsky sein Oktett für Flöte, Klarinette, zwei
Fagotte, zwei Trompeten und zwei Posaunen. Dreisätzig
und im Gegensatz zu Strawinskys sonstiger, akkordisch-
flächiger Satzweise stark polyphon, ist es ein Werk, dessen
Stil höchst auffallende Wandlungen dokumentiert. Strawinsky selbst berichtet, daß er die Musik zunächst abstrakt

schrieb, ohne eine bestimmte instrumentale Vorstellung, die ja sonst den Stil seiner meisten Arbeiten zu prägen pflegte. Erst nach Beendigung des ersten Satzes (der Sinfonia, wie Strawinsky sie, den Suiten-Komponisten des 18. Jahrhunderts gemäß, nannte) wurde das Bläserensemble von vier Holz- und vier Blechinstrumenten gewählt, das nach Ansicht des Komponisten „dem Kontrapunkt, dem Charakter und der Struktur" am besten entsprach.

Diese Besetzung ist allerdings durchaus nicht im Geist des 18. Jahrhunderts, das in seinen Divertimentos und Kammermusiken gemischte Besetzungen aus Streichern und Bläsern bevorzugte. Der harte, linienhafte, nicht vibrierende Klang des Oktetts läßt indessen den zeichnerischen Charakter dieser Musik besonders hervortreten. Ähnlich wie Satie im „Socrate" verzichtet hier Strawinsky auf jede Klangverschleierung, auf alle romantische und impressionistische „Sauce". Aber die Polyphonie des Oktetts ist reicher, die Harmonik stärker kadenzierend als in Saties symphonischem Drama. Der zweite Satz bringt ein Air mit fünf Variationen, deren letzte ein Fugato ist. Imitatorische Formen waren in Strawinskys früheren Werken selten und nur in kleinsten Ausdehnungen angewandt worden; Variationen hatte er bisher noch nicht geschrieben. Vom Oktett an beginnen Fugatos und Variationenformen in seinem Schaffen einen recht bedeutenden Raum einzunehmen.

Das Vorbild Bach ist unverkennbar, im Thematischen wie in der (nur immer mit einem Hauch von Ironie vorgetragenen) Harmonik; aber es ist nicht der Bach der Allegros allein, den Boris de Schloezer in den Arbeiten der Klassizisten à la mode konstatiert, sondern ebensosehr der Bach der getragenen Vokalsätze, wie sie in den Suiten und Kammerkonzerten vorkommen.

Mit dem akademischen Ideal eines Kunstwerks, das über Idiom und Technik der Klassiker nicht hinausgeht, hat dieser Strawinskysche Stil der Regression nichts gemeinsam. Das

Oktett trägt, wie alle darauf folgenden Werke, durchaus die Merkmale nicht nur des Personalstils, sondern auch des 20. Jahrhunderts. Die Kadenzen und Fortschreitungen sind im schulmäßigen Sinne oft „falsch", und neben Harmoniefolgen, die durchaus im tonalen Gefüge ruhen, stehen solche, die keine Funktion im hergebrachten Sinne erkennen lassen. Es ist, genau wie bei Picassos Ingres-Bildern, doch nur ein Produzieren im Konjunktiv, eine scheinbare, maskenhaft zur Schau getragene Klassizität, die nur als Folge gewisser vorher gemachter Erfahrungen denkbar bleibt. Wenn Nietzsche im „Fall Wagner" ausgerufen hatte: „Es hilft nichts, man muß erst Wagnerianer sein", so ließ sich von den Klassizisten analog sagen: „Es hilft nichts, man muß erst Avantgardist sein." Ein Überspringen des schwierigen Weges, der zum klassizistischen Pastiche und dann zur synthetischen Wiedergewinnung gewisser alter Formen geführt hatte, ist nicht möglich. Auch ein von Cocteau dramatisierter Orpheus, eine Elektra von Jean Paul Sartre sieht anders aus als die klassischen Gestaltungen derselben Handlungen durch Dichter des Altertums oder der Renaissance.

Strawinskys eigentümliche Rhythmik, dieses Schwanken zwischen gradzahligen und ungradzahligen Metren, diese dauernde Verschiebung der Schwerpunkte, herrscht auch im Oktett, und die tonalen und formalen Gegensätze der fünf Variationen sind nur bei einem Meister von 1923 denkbar, nicht beim Köthener Bach von 1723.

Zweifellos aber ist das Oktett eine klare Absage an zwei Stilkomplexe, denen Strawinsky so lange Zeit verfallen gewesen war: an die Folkloristik und an die chromatische Harmonik. Russische Züge lassen sich in dem Werk nicht mehr feststellen; in dieser Hinsicht bildet es einen ungemein scharfen Kontrast zu den nur wenige Jahre älteren Arbeiten wie „Pribaoutki", „Berceuses du Chat" und „Les Noces". Mit dem Oktett ist Strawinsky ganz zum Westeuropäer geworden; der Einfluß des Pariser Milieus auf den exilierten

Russen führt seinem Personalstil eine Reihe wichtiger neuer Elemente zu: die französische Serenität, die gelassene, formal gebändigte Heiterkeit, die seinen angeborenen Hang zu kaustischer, messerscharfer Ironie sehr glücklich bändigt und besänftigt; die Vorliebe für „luzide" Formen, für alles Helle, Durchsichtige, nicht Chaotische; das Interesse für klassische und mythologische Gegenstände, das lange Zeit die Produktion der französischen Modernisten beherrschen wird.

Darin ist dieser französische, in einem milden Klima geborene und aufgewachsene Klassizismus grundverschieden von gewissen restaurierenden Neigungen, die mit auffallender Gleichzeitigkeit in der deutschen und österreichischen Moderne auftauchen. Hat nicht Schönberg in denselben Jahren 1923 und 1924, die Strawinskys klassizistische Periode einleiten, die Serenade und die Suite opus 25 für Klavier geschrieben, in denen es Menuette, Märsche, Variationen und Walzer gibt? Und ist nicht Heinrich Kaminski, der 1886 geborene süddeutsche Polyphonist, 1923 in Kassel mit einem Concerto Grosso hervorgetreten, das fern von akademischen Wegen eine Renaissance der klassischen und vorklassischen Mehrstimmigkeit anstrebt? Auch das sind Versuche, über die modernen Sprachmittel hinaus „zu den Müttern" zu gelangen, zu Quellen zurückzufinden, die man längst verlassen hatte. Aber die stilistischen Voraussetzungen sind ganz anders; bei Strawinsky verbündet sich der Klassizismus der „expression dépouillée"; bei den Deutschen und Österreichern wird der Gedanke des Espressivo so wenig aufgegeben wie der einer fortschreitenden Komplizierung der Mittel.

In Paris löste die Aufführung des Oktetts unter den Bewunderern Strawinskys ebensoviel betretene Ratlosigkeit aus wie vorher die des „Pulcinella". Am besten verstand man den neuen Stil in der Umgebung Erik Saties. Um ihn hatte sich, als die kaum gegründete Gruppe der „Six" sich rasch ihrer Auflösung näherte, eine neue, noch jüngere Schule von

Komponisten versammelt. Sie nannte sich nach seinem
Wohnort „L'Ecole d'Arcueil". Der alte Meister empfiehlt
die Vier in einem ausführlichen Brief vom Oktober 1923 dem
Leiter des Schwedischen Balletts, Rolf de Maré: „Was die
L'Ecole d'Arcueil ist? Am 14. Juni dieses Jahres hatte ich die
Ehre, im Collège de France vier junge Musiker vorzustellen:
Henri Cliquet-Pleyel, Roger Désormière, Maxime Jacob und
Henri Sauguet. Sie haben die Bezeichnung L'Ecole d'Arcueil
angenommen aus Freundschaft für einen alten Bewohner
dieser vorstädtischen Gemeinde. Ja. Ich will Ihnen nicht von
ihren Verdiensten sprechen (da ich weder Schulmeister noch
Kritiker bin — glücklicherweise). Das Publikum ist ihr
einziger Richter. Der einzige, der wirklich die Macht hat,
sich Gehör zu verschaffen . . . Persönlich bin ich glücklich
über das Erscheinen dieser Gruppe auf dem musikalischen
Kampfplatz: sie ersetzt die Six, die sich natürlich aufgelöst
haben und von deren Mitgliedern einige zu Ruhm gekommen
sind — trotz der ungereimten und komischen Sprüche der
‚Künstler', der ‚Alten' und der Kritikaster."
Der Programmzettel, der diesem Brief beigelegt war, nannte
folgende Werke: Ouvertüre von Jacob, Tangos von Cliquet,
Mazurka „Souvenir du Bal Bleu" von Désormière und Danse
des Matelots von Sauguet. Désormière dirigierte und legte
damit den Grundstein zu seiner späteren großen Karriere
als Kapellmeister. Als Komponist ist er mehr und mehr in
den Hintergrund getreten. Cliquet-Pleyel hat von Zeit zu
Zeit mit Kammermusik von sich reden gemacht. Jacob
gehört zu den fruchtbarsten Liederkomponisten seiner Generation. Aber nur einer von den Vieren hat sich als Komponist auf vielen Gebieten durchgesetzt: Henri Sauguet.
Als Gruppe, mit ihren Charakteren und Stilmerkmalen,
wirkt die L'Ecole d'Arcueil wie eine verkleinerte, kaum ver-
jüngte Reproduktion der Six. Sie vertritt die gleichen Ideale
der Vereinfachung; der Entromantisierung, der sangbaren
Melodik. Die expressive Polyphonie Honeggers ist allen

vieren ebenso fremd wie die dissonante Polytonalität Milhauds. Sie sind nationale Neoklassizisten, und Sauguet entwickelt sich mit zunehmender Reife zu einem legitimen Nachfolger der französischen Opéra Comique und des Pariser Balletts, wie sie im 19. Jahrhundert geblüht haben. Sein musikalisches Lustspiel „Le Plumet du Colonel", das 1925 im Théâtre Beriza herauskommt, ist ein kleines Meisterwerk gallischen Esprits, nicht sehr ambitioniert in der Entdeckung neuer Sprachmittel, aber erfüllt von einer anmutigen Melodik, die ihm auch in seinen späteren Werken treu geblieben ist. Mit Sauguet dringt der französische Neoklassizismus sozusagen ins 19. Jahrhundert vor, um sich schließlich mit der Romantik zu vermählen.

Wie die Six haben die Arcueilisten nicht nur Erik Satie zu ihrem musikalischen Chef d'Ecole, sondern auch Cocteau zu ihrem Wortführer gemacht. Noch ein dritter Geist hat in beiden Gruppen entscheidenden Einfluß ausgeübt: Charles Koechlin. Dieser geistvolle, fruchtbare Komponist und Theoretiker, elsässischer Abstammung, hat von der älteren Gruppe Francis Poulenc und Germaine Tailleferre, von der jüngeren alle außer Cliquet-Pleyel zu Schülern gehabt. Allen neuen Ideen zugewandt, ist er neben Satie der bedeutendste Anreger bei der Entwicklung eines modernen antiromantischen Stils unter den jungen französischen Komponisten. Seine Essays über Gabriel Fauré, der sein Lehrer, und über Satie, der sein Freund war, gehören zu den schönsten Blüten der französischen Musikästhetik. Koechlin ist ein Meister des Kontrapunkts, ein Musiker, der das Wiedererwachen der Mehrstimmigkeit als das Wesen der Neuen Musik im 20. Jahrhundert erkannt und seine zahlreichen Schüler zur Melodie erzogen hat, ganz wie sein Lehrer André Gédalge, von dem Milhaud den Lehrsatz zitiert, nichts sei schwerer, als eine unbegleitete Melodie zu schreiben.

Das musikalische Paris der Jahre 1923–1924 hat in George Antheil mit seinem Memoirenbuch „Bad Boy of Music" einen

ebenso begeisterten wie erfindungsreichen Schilderer gefunden. Vieles, was in dem Buch steht, ist reine Dichtung
oder halbe Wahrheit; aber der Geist der Stadt in diesen
Jahren wird wie in einem Hohlspiegel eingefangen. Da sind
die Soiréen in den reichen Aristokratenhäusern, bei denen
man neben den Polignacs und den Noailles Cocteau und
Satie, Milhaud und Picasso, Iwan Goll und Fernand Léger
trifft. Da sind die Abende im Atelier Jules Pascins, des
genialen rumänischen Zeichners, der später Selbstmord
begeht und bei dem man die Bohème aller Fakultäten und
aller Länder trifft. Da sind die Premieren im Vieux Colombier
und Théâtre Beriza, wo alle Experimente der Surrealisten
begeistert oder entrüstet aufgenommen werden. Da ist der
„Jockey" am Boulevard Saint Michel, wo der Photograph
Man Ray sich die Objekte seiner Porträtkunst sucht und die
schöne Diseuse Kiki obszöne Volkslieder singt. Da ist das
Café du Dôme, wo Ernest Hemingway seinen Pernod trinkt.
Da sind in der Rue de L'Odéon die Buchhandlungen, die
einander gegenüberliegen und von denen eine für Valéry
Larbaud, die andere für den blinden James Joyce eintritt. Da
sind die Pianisten Jean Wiéner und Clément Doucet, die auf
zwei Klavieren modernistischen Jazz und jazzige Moderne
aufführen. Und da ist—last, but not least—als ein Sammelpunkt
aller modernistischen Bestrebungen, die kleine Musikalien-
handlung, die der Pole Jan Sliwinski-Effenberger unter dem
Namen „Au Sacre du Printemps" in der Rue du Vie Colombier eröffnet hat und wo Antheil seine Aëroplansonate und
den Tod der Maschine spielt.

Seit 1921 lebte der russische Dirigent Sergej Kussewitzky
in Paris, durch seine immens reiche Frau Inhaber des Russischen Musikverlags und einer der größten Mäzene der
modernen Musik. Er dirigierte einen Konzertzyklus, der
seinen Namen trug. Hier wurden viele Werke Strawinskys
zum erstenmal aufgeführt, teils unter Kussewitzkys, teils
unter seiner eigenen Leitung. Aber auch andere, vorwiegend

russische Werke von Komponisten wie Sergej Prokofieff und Maurice Ravel mit der Instrumentation der Mussorgskyschen „Bilder einer Ausstellung" standen auf seinen Programmen. Im selben Jahr 1921 wurde in Fontainebleau bei Paris das Amerikanische Konservatorium gegründet, unter dessen Lehrern die 33jährige Nadja Boulanger rasch weltberühmt wurde. In ihrer Harmonie- und Kompositionsklasse wurden so verschiedene und so interessante Komponisten wie Jean Françaix, Igor Markewitsch, Aaron Copland, Walter Piston, Roy Harris, David Diamond und Lennox Berkeley ausgebildet, die fast alle im weiteren Sinne der Strawinsky-Nachfolge und neoklassizistischen Richtung angehören.

Bis zu einem gewissen Grade fanden die Neoklassisten ein Sprachrohr in der „Revue Musicale", einer ausgezeichneten Monatsschrift, die im November 1920 von Henri Prunières gegründet wurde als „Revue Mensuelle Internationale d'Art Musical Ancien et Moderne". Unter ihrer Ägide fanden auch Konzerte mit modernen Werken statt, wie sie früher die Société Musicale Indépendente veranstaltet hatte.

Dazu kamen die beiden Tänzergruppen, das Ballet Russe Sergej von Djaghilews und die Ballets Suédois Rolf de Marés, die in einer starken und fruchtbaren Rivalität um den „Dernier cri" in den Künsten standen und von Debussy bis zu den Six und der L'Ecole d'Arcueil, von Respighi über Strawinsky und Prokofieff bis zu Markewitsch, Jean Françaix und Nicolas Nabokoff Aufträge an alle Komponisten vergaben, von denen man einen neuen Ballettstil erwarten konnte. Die intellektuelle Führung der meisten Richtungen hatte wenigstens eine Zeitlang jeweils der Dichter Jean Cocteau, bis er mit seinem Buch „Le Rappel à l'Ordre" (1926) resümierend und im Geiste der jungen Klassizität das Geschehen der Jahre seit 1913, d. h. der Premiere des „Sacre du Printemps" ordnete.

Trotz ihres amerikanisierten Milieus, ihrer Liebe zu Ragtime und Jazz, ihrer persönlichen Querverbindungen nach Nordamerika, England und Italien, ihrer russischen Einflüsse ist diese Pariser Nachkriegsmoderne viel mehr national gebunden und gefärbt als die Avantgarde in Berlin und Wien. So trägt die ganze neoklassizistische Bewegung, die ja wesentlich in Paris ihren Ursprung hat, unverkennbar die Merkmale westlich-lateinischer Kultur und in vielen ihrer Werke einen großstädtischen, pariserischen Zug. An der Entwicklung Strawinskys seit dem Oktett von 1923 läßt sich die Amalgamierung mit französischem Wesen fast von Werk zu Werk nachweisen.

Der englische Musikkenner Charles Burney nannte in seinen musikalischen Reiseberichten von 1773 Böhmen, also das Gebiet der heutigen Tschechoslowakei, das Konservatorium Europas. Nach 1918 blühte das tschechische Musikleben in einer ganz neuen, eigenartigen und selbständigen Weise auf, und es zeigte sich, daß die Nation an musikalischen Begabungen reicher war, als man in der Welt ahnte. Prag wurde damals zu einer Weltstadt mit großen kulturellen Aspirationen, in der man das vielfältige Leben der Tschechen, Mährer und Slowaken zentralistisch zusammenzufassen suchte.

Die musikalische Tradition Prags war ebenso stark wie die architektonische. Gregorianik und Hussitenchoral wurden in alten gotischen Klöstern und Kirchen gepflegt. In den barocken Logentheatern und Adelspalais hatte Mozart geprobt und musiziert. Moldaufluß und Višehradfelsen hatte Friedrich Smetana besungen, und im Nationaltheater Anton Dvořák Bratsche gespielt. Und alle diese Quellen schienen weiter zu fließen. Das war das Besondere an der tschechischen Moderne: daß sie nicht den Zusammenhang verlor mit dem, was vor ihr gewesen war. Das böhmische Musikantentum lebt noch in dem verwickeltesten polyphonen Gewebe einer Partitur von Josef Suk, in den a-thematischen Abstraktionen von Alois Hába.

Fünf große Meister der alten Generation führen vom 19. Jahrhundert in die tschechische Moderne: Leoš Janáček, Josef B. Foerster, Vítězslav Novák, Josef Suk und Otakar Ostrčil. Janáček hat von ihnen am stärksten auf die Außenwelt gewirkt; er war mit seinen Opern, namentlich der „Jenufa", unmittelbar nach dem Weltkrieg zu einem Inbegriff des tschechischen Musikgenius geworden, wie vor ihm nur Smetana mit der „Verkauften Braut". Seine völlig originelle Naturbeobachtung hatte einen dramatischen Stil geschaffen, der auf der Volkssprache ruhte und das Material der tonalen Harmonik mit fast naiver Unbekümmertheit ganz neu gruppierte. Alle Musik Janáčeks, auch ein Werk von so geringen Proportionen wie die Sinfonietta, hat einen Zug zum breit Erzählenden und Mythischen. Seine Opernszenen sind magische Epopöen, die unmittelbar aus der Landschaft aufzusteigen scheinen und doch nur von einem sehr modernen, differenzierten Geist erzählt werden konnten. Janáček kommt auf ganz anderen Wegen zu einer ähnlich nackten und zeichnerischen Orchesterbehandlung wie die neueren Franzosen, die sich gegen die impressionistische „Sauce" auflehnen. Seine Bläserbehandlung, vor allem der Trompeten, ist unromantisch, ganz frei von Sentimentalität, immer darauf bedacht, die reine Farbe möglichst klar herauszustellen. Bis zu Janáček war alle tschechische Musik entweder von Deutschland oder von Wien her beeinflußt worden; Smetana bekannte sich zur Programm-Musik Liszts und zur Neudeutschen Schule, Dvořák begann als Wagnerianer und ging später einen ähnlichen Weg wie Brahms. Zdeněk Fibich wurde zum Apostel der Wagnerschen Musikdramatik. Janáček wendet den Blick nach Osten. Er ist der erste Panslawist unter den tschechischen Musikern. Er fühlt sich den Russen Mussorgsky, Borodin und Rimsky-Korssakow verwandt und kultiviert diese Verwandtschaft. Fedor Dostojewskys „Totenhaus" und Ostrowskys „Sturm" (er verändert den Titel in „Katja Kabanowa") werden ihm zu Opernsujets. Seine Kammermusik, seine zahlreichen Klavierwerke und das mächtige „Tagebuch eines Verschollenen" prägen einen Stil von kristallinisch ineinander gefügten Formpartikeln, die organisch zu großen Strukturen wachsen. Selbständig findet er zu alten Tonalitäten, wie sie einige Sätze seiner Slawischen Festmesse von 1926 enthalten.

Foerster ist ein viel mehr weltmännischer Geist, ein Olympiker der alten Schule, aber als Musiker weitblickend, ein Freund Gustav Mahlers und in seiner reichen Produktion ein Wegbereiter des neuen melodischen Stils und der modernen Polyphonie. 1859 geboren, also älter als Richard Strauß, hat er diesen überlebt und noch 1945 die Befreiung der Tschechoslowakei von der Deutschenherrschaft mit einer Kantate besungen.

Den stärksten Einfluß auf die junge Generation zwischen 1910 und 1930 hat Novák ausgeübt. Schüler Dvořáks, von Brahms entdeckt und an den Berliner Verleger Simrock empfohlen, arbeitet er lange unter dem Signum der deutschen Spätromantik. Er ist Modernist im Sinne und in der stilistischen Richtung Richard Straußens, entwickelt aber die fortschreitende Chromatisierung der Harmonik weiter und wendet sich in späteren Lebensjahren stark der heimatlichen Volksmusik zu.

Legionen von begabten Musikern sind aus seiner Kompositionsklasse am Prager Staatskonservatorium hervorgegangen. Unter ihnen Václav Štěpan (dessen harmonisch originelle und meisterhafte Bearbeitungen böhmischer Volkslieder Bestand haben werden), Ladislaus Vycpálek (ein tief religiöser, höchst eigenartiger Musiker, dessen „Kantate von den letzten Dingen des Menschen" es verdiente, außerhalb der Tschechoslowakei entdeckt zu werden), Karel Boleslav Jirák und Alois Hába.

Ostrčil kam aus der Lehre des romantischen Wagnerianers Fibich. Dann begegnet er Mahler und macht eine radikale Stilwende durch. Seine reifen Werke zeigen kühne, lineare Stimmführung, intellektuelle Durchdringung bei höchster Spannung der melodischen Ausdruckslinien. Seine Opern, seine Kammermusik, seine „Kreuzweg"-Variationen für Orchester spiegeln das Bild eines ringenden, genialischen Musikers voller Hemmungen, der selbständig an die Grenzen der Tonalität vordringt und sich mit dem mittleren Schön-

berg begegnet. Als langjähriger Chef des Prager National-
theaters hat Ostrčil viel für die Förderung internationaler
Neuer Musik getan; unter seiner Leitung kam 1927 Alban
Bergs „Wozzeck" in Prag zur Aufführung.

Die reichste Natur unter diesen Tschechen der Zwischen-
epoche ist Josef Suk. Mit elf Jahren kommt er ans Prager
Konservatorium, wo ihn Foerster und Dvořák unterrichten.
Unter seinen Mitschülern sind der Geiger Hoffmann, der
Bratschist Oskar Nedbal (später Dirigent und Komponist
der hübschen Operette „Polenblut") und der Cellist Berger.
Zusammen bildeten sie später das weltberühmte Böhmische
Quartett, mit Suk als zweitem Geiger. 1898 heiratete er,
24jährig, Dvořáks Tochter Ottilie. Suk macht sich von den
Einflüssen der tschechischen Romantik bald frei und dringt zu
einem ganz persönlichen Stil vergeistigter und unver-
gleichlich intensiv tief durchlebter Polyphonie vor. Die
slawische Schwermut, die naive Freude am Diesseitigen, die
Neigung zu bohrender Diskussion und metaphysischer
Schwärmerei lebt in seinen Werken, in der Klaviermusik
ebensosehr wie in den genialen Symphonien „Zrání"
(„Lebensreife") und „Epilog".

Der vielstimmige Orchestersatz dieser beiden Werke, von
denen das zweite Suks Lebenswerk beschloß, führte zu einer
Harmonik von außerordentlicher Kompliziertheit. Suk entwickelt hier etwa von der Basis Regerscher Alterations-
harmonik aus eine Tonsprache, die oft in die Bezirke der
Atonalität hinüberdeutet.

Aus Suks Schule ist eine der stärksten Begabungen der
tschechischen Moderne hervorgegangen: Bohuslav Martinu.
Dieser schmale, hochgewachsene böhmische Musikant, 1890
als Sohn eines Mesners in einem Kirchturm aufgewachsen,
hat den Sinn für die Weite, der viele Tschechen in die Welt
getrieben hat. Er ist unsteten Blutes, verläßt die Lehre Suks
nach einem Jahr, nimmt seinen Geigenkasten und reist zu
Besuch nach Paris. Hier lebt er von 1923 bis 1940. Kurze

Zeit unterrichtet ihn Albert Roussel; aber auch von ihm macht er sich rasch wieder frei. Er nimmt nun die vielfachen Einflüsse Frankreichs begierig in sich auf, lauscht auf Strawinsky, steht Honegger und Milhaud nahe, vergißt dabei die Musik des 18. Jahrhunderts, namentlich Corelli, Bach und Händel nicht, von denen er den konzertanten Stil beherrschen lernt. Jazz und Neoklassizismus wirken auf ihn ein, 1924 schreibt er eine symphonische Fußballstudie „Halftime", die überall aufgeführt wird. Aber er bleibt der böhmische Musikant, was immer er versucht. Polkarhythmen und die schönen Lieder seiner Heimat geistern durch alle seine Werke. Er ist, trotz aller Pariser Intellektualismen, ein Naturmusiker mit hinreißendem Formgefühl, das sich besonders in den Schlüssen seiner Allegrosätze zeigt.

In Martinu verwirklicht sich der Traum der ersten tschechoslowakischen Republik: eine Kultur wachsen zu sehen, die nicht von Deutschland und Österreich geprägt oder beeinflußt ist, sondern sich an Frankreichs Geistigkeit orientiert. Nach 1918 versuchten viele begabte tschechische Avantgardisten diesen Weg zu gehen, unter ihnen die sehr begabten und kultivierten Pavel Bořkovec, Iša Krejčí, Jaroslav Ježek und Emil F. Burian. Auch Karel B. Jirák, der sich, von Mahler und Strauß kommend, als reifer Musiker dem Impressionismus Debussys zuwandte und von da aus einen sehr persönlichen und souverän gemeisterten Stil der Kammermusik und Symphonik aufbaute, gehört in diesen Kreis.

Burian (geb. 1904) verfiel in den zwanziger Jahren zunächst dem Erlebnis der Jazzmusik, die er mit radikal reformistischen Theaterideen verband. Eines der Ergebnisse war seine zu internationalem Ruhm gekommene „Voice-Band", eine Sängerkapelle, die mit allen nur möglichen Nuancen des Sprech- und Singtons, der Tierstimmenimitation und der rhythmisch organisierten Geräusche arbeitete. Es war ein sehr perfektionierter musikalischer Dadaismus von starkem künstlerischem Reiz. Frühe dramatische Versuche wie das

tschechische, etwa dem Stil der Weillschen „Dreigroschenoper" verwandte „Mistr Ipokras" oder das Ballett „Fagott
und Flöte", mündeten später in das eigene Avantgarde-
theater, das Burian in Prag leitete und das sich immer mehr
politischen Zielen zuwendet. Ježek (geb. 1906) kam von
Suk her, fand einen persönlichen, am Jazz und an den jungen
Franzosen orientierten Stil des modernen Kabaretts, wie es
Voskovec und Werich in Prag betrieben.

Am kühnsten aber vertrat die fortschrittlichen Ideen einer
weltbürgerlichen Moderne der mährische Bauernsohn Alois
Hába, Theosoph und Sozialist, Schüler Franz Schrekers,
Prophet der Viertel- und Sechstelton-, ja sogar der Zwölftel-
Ton-Musik und Erfinder von Instrumenten zu ihrer Dar-
stellung. Hába ist 1893 geboren, also etwa ein Altersgenosse
Milhauds, Honeggers, Jarnachs (1892) und Hindemiths
(1895).

Der Gedanke, die Oktave in mehr als zwölf Abstände zu
teilen und auf diese Weise die harmonischen und melodischen
Möglichkeiten der Musik zu erweitern, ist nicht neu. 1898
komponierte der Engländer John Herbert Foulds ein Streichquartett mit Vierteltönen, 1906 hatte Richard H. Stein (geb.
1882, Kompositionsschüler Humperdincks und frucht-
barer Komponist und Musikschriftsteller, ein interessanter
Geist, der eine Doktorarbeit über die psychologischen
Grundlagen der Wundtschen Ethik schrieb) kompositorische
und praktische Vierteltonversuche gemacht. Zwei Konzert-
stücke von ihm im Vierteltonsystem für Cello und Klavier,
opus 26, erschienen im selben Jahr. 1909 publizierte er eine
methodische Untersuchung des Gegenstandes. 1914 zog er
seine Kompositionen und eine von ihm gebaute Viertelton-
klarinette zurück, weil er sich mit seinen Nachfolgern nicht
identifizieren wollte.

Auch Busoni hatte 1906 in seinem „Entwurf" eine feinere
Teilung der Oktave, allerdings nicht in Viertel-, sondern in
Drittel- und Sechsteltöne befürwortet.

Das erste brauchbare Tasteninstrument, das Studium und Aufführung der Vierteltonmusik erleichterte, übergab Willi von Möllendorff am 20. Januar 1917 anläßlich eines Vortrags im Wiener Tonkünstlerverein der Öffentlichkeit. Auch er veröffentlichte eine Broschüre „Musik mit Vierteltönen" (1917) und Harmoniumstücke sowie Lieder und Kammermusik mit Harmonium im bichromatischen System. 1922 übernahm der nach Paris emigrierte Russe Iwan Wyschnegradsky kurze Zeit die Führung in der Anwaltschaft der Vierteltonmusik; er baute auch ein zweimanualiges Klavier, auf dem er seine bichromatischen Werke spielte.

An der Notwendigkeit und der Legitimität der Bichromatik ist viel Kritik geübt worden. Man wandte ein, daß eine mechanische Halbierung der Halbtöne nicht organisch begründet sei, daß bei einer solchen Musik das musikalische Hören zu einem physiologischen Hören würde. Denn, so argumentierte man, schon das moderne Halbtonsystem sei ja eine mathematische Vergewaltigung des natürlichen, und nun werde dieser Gewaltakt wiederholt. Es gibt Gegenargumente. In vielen exotischen Musiksystemen, z. B. im arabischen, werden Vierteltonintervalle praktiziert. In der slawischen Volksmusik werden sie gesungen. Was man in der griechischen Musik Enharmonik nannte, stand der Vierteltonmusik nicht fern. Zur Korrektur der Mängel unseres temperierten Systems hatten Akustiker schon im 19. Jahrhundert eine Teilung der Oktave in 53 gleiche Abstände vorgeschlagen. Die siamesische Musik teilt die Oktave in sieben gleiche Teile; andere Kulturen haben ähnliche rationale Systeme erfunden. Nichts spricht dagegen, eine gleitende Skala von unbegrenzt vielen Übergängen zu verwenden, was ja praktisch wenigstens in zeitlicher Folge geschieht, da der Kammerton, die Grundlage unserer Stimmung, im Lauf der Jahrhunderte sich dauernd erhöht hat und erst 1938 auf der Londoner Konferenz von a' 435 auf a' 440 Schwingungen festgesetzt wurde. Legitim ist also der

Vierteilton so sehr oder so wenig wie jedes andere rationa-
listische Tonsystem. Über die Notwendigkeit aber kann nur
subjektiv entschieden werden. Versuche haben bewiesen,
daß jedes musikalische Ohr imstande ist, Vierteltöne zu
unterscheiden, also auch die Intervalle zu unterscheiden, die
sich durch bichromatische Alterierung der Halbtonintervalle
ergeben.

Alois Hába machte seine ersten Versuche mit Vierteltönen
1914, also acht Jahre nach Stein, sechzehn Jahre nach Foulds,
aber vor Möllendorff und Wyschnegradsky. Er beruft sich
auf die Volkslieder seiner mährischen Heimat, in denen er
bichromatische Intervalle gefunden und durch Phonogramme festgehalten hat. Der schöpferische Zwang und die
Ehrlichkeit, die seinen bichromatischen Werken zugrunde
liegen, sind unbezweifelbar. Hába ist, wie seine Werke im
Halbtonsystem beweisen, ein urmusikantischer Komponist
von starkem Temperament, ein echter Sucher und Finder
neuer Wege, in dessen Kunst Verstand und Gefühl sich die
Waage halten. Seine Streichquartette im Vierteltonsystem,
seine bichromatischen Klavierstücke sind ebenso überzeugend und stark im melodischen Diktus wie seine Vokalmusik, die in der Oper „Die Mutter" einen Gipfel erreicht.

Hábas Musik wächst aus einer lebendigen, allem Herkömmlichen abholden Phantasie, die sich am Utopischen inspiriert
und aus Instinkt das Niedagewesene herbeisehnt. Sein starker
Intellekt gibt ihm die Mittel, seinen Weg wissenschaftlich
zu begründen und theoretisch zu untermauern: so entsteht
aus dem utopischen System eine Lehre, die rasch Jünger
findet. 1923 vertraut man Hába, der in Wien studiert und in
Berlin praktisch gearbeitet hat, die von ihm geforderte und
begründete Vierteltonklasse am Prager Tschechischen Staatskonservatorium an. Der Klavierfabrikant August Förster
baut ihm ein zweimanualiges Klavier, dessen untere Tastatur
einen Vierteilton tiefer steht als die obere. Deutsche und
tschechische Musikinstrumentenmacher konstruieren nach

seinen Angaben Hörner und Klarinetten, die bichromatisch blasen. In Kairo wird, dem Prager Beispiel folgend, am Konservatorium eine Vierteltonklasse gegründet. Zu Hába selbst kommen Schüler aus vielen Ländern: sein Bruder Karl Hába, der hochbegabte Dirigent Karel Ančerl, Miroslav Ponc, Karel Reiner, die Jugoslawen Slavko Osterc, Vuckovic und Szurm, der Türke Necil Kazim, der Litauer Kacinkas. In mehreren theoretischen Schriften („Von der Psychologie der musikalischen Gestaltung" 1925, „Neue Harmonielehre" 1927) legt er seine Reformideen fest. (Siehe Anhang.)

Die neuen 24 Töne·sind ihm nur Mittel zu seinen höheren kompositorischen Zwecken, die der Schaffung neuer Formen dienen. Hába lehnt die schon bekannten Formen Sonate, Rondo, Scherzo, Fuge und Kanon ausdrücklich ab, sofern es sich um Gestaltung im neuen Sinne handelt. Er verzichtet auf thematische Arbeit und Wiederholung von Motiven. Er verlangt also vom schaffenden Musiker völlig neue Konzeptionen der Formbegriffe bei jedem Werk. Das ist die radikalste Forderung, die überhaupt bisher innerhalb der Avantgarde erhoben wurde. 1924 formuliert und 1925 veröffentlicht, negiert sie selbst die neue Wendung, die Schönberg in seiner „Serenade" oder der Klaviersuite genommen hatte, von den klassizistischen Arbeiten Strawinskys und der Satienachfolge nicht zu reden.

Diese radikale und revolutionäre Stimmung ist bezeichnend für die Morgenluft, die in den frühen zwanziger Jahren in den Kreisen der Prager Intelligentsia wehte. Der junge Staat, von jahrhundertelanger Einordnung in das Gefüge der Doppelmonarchie befreit, auch kulturell ungemein ambitioniert, gab seinen Künstlern alle Chancen, vor allem denen, die seinem freiheitlich-weltbürgerlichen Ziel entsprachen oder zu entsprechen schienen.

Die Idee der Neuen Musik fand hier einen Boden wie in kaum einer anderen Stadt der Welt. Musiker der jungen Generation taten sich in Organisationen zusammen, die der Staat finanzierte. Man gründete Zeitschriften für moderne Musik. Ein staatlich subventionierter Verlag, die Hudebni Matice, sammelte die tschechische Produktion. In dem Haus der Umělecká Beseda, das malerisch nahe dem Moldauufer auf der Kleinseite lag, wurden die Verlagsräume und ein Konzertsaal untergebracht. Der Verein „Přítomnost" („Gegenwart") bot jungen Musikern ein Forum für Kammermusik.

Was auf tschechischer Seite geschah, wirkte auf das deutsche Kulturleben der Stadt zurück. Die deutsche Oper, unter der Führung Alexander von Zemlinskys, der Schönberg nicht nur verwandtschaftlich, sondern auch künstlerisch nahestand, brachte moderne Werke in vorbildlichen Aufführungen heraus. Der Kammermusikverein pflegte die moderne Produktion. In dem „Auftakt", den Dr. Erich Steinhard als Organ der deutschen Musikpädagogen 1920 gründete und redigierte, entstand eine Zeitschrift mit lebendigstem Interesse für Neue Musik und einem internationalen Kreis hervorragender Mitarbeiter. Komponisten wie Erwin Schulhoff und Fidelio Finke, später auch der Schönbergschüler Viktor Ullmann, fanden bald Resonanz weit über Prag hinaus.

Vor allem aber zeigte das Ausland, zeigte namentlich die westliche Kulturwelt an Prag das lebendigste Interesse. Der Austausch zwischen tschechischen und französischen Künstlern, der Kontakt zwischen den Vereinigten Staaten und der jungen Republik, war staatlich organisiert und genoß alle Förderung der zuständigen Ministerien. In England machte sich die Musikschriftstellerin Rosa Newmarch zur Prophetin Janáčeks und seiner Landsleute.

Unter den tschechischen Komponisten waren alle Richtungen der europäischen Avantgarde vertreten. Die Majorität folgte nach 1918 allerdings dem Beispiel Strawinskys und der französischen Neoklassizisten. Aber auch die Schule Schönbergs mit ihrer Emanzipation der Dissonanz fand Anhänger, zu denen grundsätzlich Hába gehört, während Martinu durchaus die westliche Richtung verkörpert.

Atonalität und Polytonalität als die polaren Möglichkeiten moderner Harmonik spiegeln sich in der Musik Hábas und seiner Nachfolge einerseits, in der Martinus', Jiráks, Burians und Ježeks andererseits. Zur Schönbergrichtung gehört unter den Deutschböhmen Fidelio Finke (mit gewissen Einschränkungen auch der Schrekerschüler Felix Petyrek), zur Strawinskyschule Erwin Schulhoff.

Von der metaphysischen Kantate Vycpáleks und der transzendentalen Tondichtung Suks bis zu den Jazzliedern Burians und Ježeks, der Fußballsymphonie Martinus' umspannt der Kreis der neuen tschechischen Musik alle Erlebnisformen und künstlerischen Bekenntnisse. Aber zu dieser internationalen Zusammenfassung der Stile tritt als ungemein belebendes Element die sinnliche Musizierfreude, die tanzfrohe Rhapsodik des böhmischen Volkes. Ein Mann wie der alte Janáček, so fest im Boden Mährens stehend, so landschaftlich empfindend und naiv im besten schöpferischen Sinne, ist von dem Komplex der modernen Musik nach 1918 nicht wegzudenken. Seine Opern, namentlich die tragischdüstere „Katja Kabanowa" und die rührende Tierfabel vom „Listigen Füchslein" haben einen Zug festlich-rustikaler Lebensfülle in die sonst so stark großstädtisch geprägte Kunst des 20. Jahrhunderts getragen.

Die neue polnische Musik teilt diese landschaftliche Treuherzigkeit mit der tschechischen nicht. Ihr stärkster, ja lange Zeit ihr alleiniger Repräsentant ist Karol Szymanowski, der als Sohn polnischer Aristokraten 1883 im ukrainischen Timaschowka zur Welt kommt, in einer Atmosphäre raffinierter Kultur aufwächst und sich früh zu einem hypersensitiven Chopin-Epigonismus bekennt. Die Eindrücke Straußscher und Debussyscher Kunst formen ihn; zeitweise steht er Skrjabins Harmonik nahe. Später fesseln ihn Schönberg und der nationale Strawinsky. Wie in aller polnischen Kultur, vermischen sich in seiner Musik lateinische und deutsche Einflüsse. Er ist der sensitivste, wandelbarste, interessanteste

Geist seiner Komponistengeneration, in vielen Kulturen zu Hause, weltgereist und von hoher Geschmackskultur. Seine Musik ist überraffiniert im Klang, reich an chromatisch alterierter Harmonik, aus einer tiefen und instinktiven Abneigung gegen das Banale und Herkömmliche geboren, die ihm ganz eigentümlich ist. Er ist der Komponist der kleinsten klanglichen und rhythmischen Nuancen, ein Ziseleur winziger Mittelstimmenbewegungen, ein geistreicher Kontrapunktiker und kennerischer Wegsucher in dem Territorium, wo die Alterierung und enharmonische Umdeutung tonaler Klänge ins Atonale umschlägt.

Von seinen Frühwerken werden die „Mythes" für Violine und Klavier am berühmtesten, und von ihnen wieder „La Fontaine d'Aréthuse". Es sind klanglich auf die Spitze getriebene Studien, die 1915 etwa zwischen Ravel und Schönberg vermitteln, gleichermaßen virtuos und übersteigert im Violin- und Klaviersatz. Es ist etwas orchideenhaft Exklusives an dieser Kunst, ein Zug von Elfenbeintürmerei und spielerisch träumender Weltferne, der sich nicht steigern läßt. 1920 verläßt Szymanowski das revolutionäre Rußland und läßt sich in Polen nieder. Nun entdeckt er die slawische Volksmusik seines Landes, und in dem Liederkreis der „Slopiewnie" wandelt sich abermals sein Stil. Ganz einfache ländliche und mythische Themen werden in diesen kurzen Liedern besungen; aber die scheinbare Unkompliziertheit ihrer Melodien ist das Endprodukt eines sehr umständlichen und subtilen Prozesses der Sichtung, der Variation und der klanglichen Anpassung. Die Harmonik ist reich an höchst originellen und typisch Szymanowskischen Wendungen, getragen von einer Vorliebe für den Tritonus, mit häufigen Orgelpunkten, über denen die größte tonale Freiheit herrscht. Szymanowski fand rasch internationale Geltung als der führende polnische Musiker seiner Zeit. Von seinen sehr zahlreichen Werken ist keines unbedeutend. Das Ballett „Harnasie" (1926) und das meisterliche „Stabat Mater" (1928) sind Höhepunkte seines Reifestils und zugleich bezeichnend für die Reichweite seines ruhelosen Geistes. Erst in der jüngeren Generation hat Polen mit Karol Rathaus (geb. 1895) und Jerzy Fitelberg (1903–1951) Komponisten von ähnlich weltweiter Gesinnung und glänzender Vorbildung herausgestellt.

In Ungarn hatten Meister wie Béla Bartók und Zoltán Kodály schon vor dem Weltkrieg Geltung über ihre engere Heimat hinaus. Bartók spürt die Kräfte, die durch die nationale Lösung Ungarns von der Doppelmonarchie 1918 frei werden. Er sucht und findet Bestätigung seiner künstlerischen Tendenzen in der internationalen Bewegung; in Wien ist man an seiner Musik ebenso interessiert wie in den fortschrittlichen Kreisen von Paris. Seine großartig kühnen und mit peinlichster Akribie gearbeiteten Streichquartette und Violinsonaten machen Furore durch die elementare Kraft ihres Rhythmus und die verblüffende Originalität ihrer Harmonie. Folklorismus wie dieser, gepaart mit der höchsten Kunst avantgardistischer Formgebung, von keinen tonalen Schranken begrenzt, bereicherte die Sprache der abendländischen Musik mehr als alle exotischen Stilexperimente. Ein Werk wie die Pantomime „Der wunderbare Mandarin", typisch für den Expressionismus des Jahres 1919, in dem es entstand, ist in seiner Art nicht weniger stilbildend als Schönbergs „Pierrot Lunaire" oder Strawinskys „Sacre du Printemps". Beiden Zeitgenossen steht Bartók um diese Zeit nahe, und in den ausgezeichneten Essays, die er zu Zeitschriften wie „Melos" und „Anbruch" beiträgt, bekennt er sich zu ihnen als den Musikern des Jahrhunderts.

Bartók hat 1923 anläßlich der Fünfzigjahrfeier zum Bestehen der vereinigten Städte Ofen und Pest eine Tanzsuite für Orchester geschrieben, die den Stil seiner „radikaleren und mehr homophonen" Periode an einem glänzenden Beispiel exponiert. Die sechs Orchestersätze (für zweifaches Holz, vier Hörner, zwei Trompeten, zwei Posaunen, Tuba, Schlagzeug, Celesta, Harfe, Klavier und Streicher, also etwa die gleiche Besetzung wie Strawinskys „Chant du Rossignol") benutzen als Themen ungarische Volkstänze.

Was an dem Werk besonders auffällt, gemessen selbst an Bartóks eigenen Arbeiten, ist die magische Kongruenz von national-urwüchsiger Thematik (im Melodischen und Rhythmischen) mit einer Satztechnik von fortschrittlichster Ausgepichtheit. Es ist, als gäbe es keine Grenzen von Tonalem, Polytonalem und Atonalem; alle drei Idiome werden beständig miteinander verschränkt und in der souveränsten Weise aufeinander bezogen. Tonale Schwerpunkte werden oft über weite Strecken mit geradezu primitiver Hartnäckigkeit als untere Klangschicht beibehalten und betont, während über ihnen die verwirrendste tonale Freiheit herrscht, chromatische Promiskuität der entlegensten Klänge, Tritonusverschränkungen und Akkordtürme von neun aufeinandergesetzten Quarten. Die tonal stets ganz einfachen Volksliedmotive werden durch modulationslose Rückung dauernd auf anderen Stufen gezeigt, und mit derselben natürlichen Ungezwungenheit, mit der sie sie verlassen hat, kehrt die Musik oft zu den Ausgangsstufen zurück.

Die synkopierte Rhythmik wird unmittelbar aus der ungarischen Folklore übernommen und lediglich konsequent einen Schritt weiter geführt, wodurch sich metrische Verschiebungen und Überschneidungen ergeben, die den von Strawinsky bevorzugten sehr ähnlich sind, allerdings weniger spasmodisch und schockhaft überrumpelnd wirken als bei diesem. Bartók behält in der Notation derart schwebender, irrationaler Rhythmen soweit wie möglich das Metrum bei; er verwendet $^7/_8$- und $^5/_8$-Takte und „bulgarische" Rhythmen, verteilt sie aber in die Zeiträume von $^3/_4$- oder $^4/_4$-Takten, wodurch die Wirkung des äußeren Notenbildes weniger kompliziert ist als bei Strawinsky, der in solchen Fällen Taktwechsel bevorzugt. (Später hat Strawinsky in den Bearbeitungen des „Sacre du Printemps" und anderer Werke gelegentlich Vereinfachungen im Sinne der Bartókschen Methode vorgenommen und dadurch die Partituren für Dirigenten und Orchester psychologisch leichter zugänglich gemacht.)

Die Tanzsuite ist nicht eine bloß zufällige Aneinanderreihung verschiedener, voneinander unabhängiger Sätze. Bartók faßt sie mit symphonischen Mitteln zusammen, indem er ein gleichbleibendes Ritornell an drei Übergängen wiederholt und im Finale die Themen der vorhergehenden Sätze durchführungshaft miteinander verknüpft.

Die Wirkung des Werks setzt sich aus rauschhaft mitreißendem Schwung und beständiger Überraschung zusammen. Bartók hat die Tanzsuite an Originalität und eiserner Logik der Konstruktion nur noch einmal überboten: in der 14 Jahre später komponierten „Musik für Streicher, Schlagzeug und Celesta", die dem Basler Dirigenten Paul Sacher gewidmet ist.

Von seinen Bühnenwerken kam der „Hölzerne Prinz", der 1917 komponiert war, zusammen mit „Blaubarts Burg" (1911) am Frankfurter Opernhaus am 13. Mai 1922 zur Aufführung, wenige Monate nach Hindemiths Einakter „Sancta Susanna".

Bei demselben Festkonzert, das Bartóks „Tanzsuite" herausstellte, war Ungarns Moderne mit einem ganz anderen Werk von nahezu gleicher Bedeutung vertreten: mit Zoltán Kodálys „Psalmus Hungaricus". Wie Bartók ist auch Kodály (geb. 1882) ein begeisterter Freund ungarischer Volksmusik, die in seinen Werken immer wieder stilbildend wirkt. Harmonisch steht er dem französischen Impressionismus näher als den Atonalisten, von denen er sich später entschieden distanzierte. Seine Dissonanzbehandlung ist vorsichtiger als die Bartóks, und rhythmische Neuerungen hat die zeitgenössische Musik ihm nicht zu verdanken.

Ein wesentlich problematischerer Geist ist der 1890 geborene, bei Max Reger ausgebildete Alexander Jemnitz. Er tritt nach spätromantischen Anfängen (Klavier- und Kammermusik) über die alterierte Funktionsharmonik Regers hinaus und bildet einen Stil höchst differenzierter, mit bewußter Sparsamkeit arbeitender Atonalität aus, in dem melodisch Spuren der ungarischen Umwelt bemerkbar sind. Bei ihm, mehr als bei fast allen anderen Komponisten der Neuen Musik, fällt die fixierte Einheitlichkeit der Sprache auf; man sucht geradezu ein System, eine durch neue Regeln festgelegte Satztechnik hinter den ganz individuellen, völlig für sich stehenden melodischen und klanglichen Wendungen seiner Musik, etwa der merkwürdig düsteren Tanzsonate für Klavier opus 23, der schattenhaften Duosonate für Saxophon und Banjo oder der Duosonate für Bratsche und Violoncell opus 25, die 1926 einen Preis des Verlags Schott in Mainz gewann.

Daß die Musik der ungarischen Zigeuner, die noch Liszt für bodenständig gehalten hatte, mit ihren exotischen Mollskalen und dem Intervall der übermäßigen Sekund weiterhin auf die ungarische Kunstmusik einwirkt, läßt sich bei fast allen Vertretern der Avantgarde beweisen. Aber die Konsequenzen, die Musiker wie Bartók und Jemnitz daraus ziehen, gehen weit über das nationale Kunstgewerbe hinaus, wie es vielfach im 19. Jahrhundert üblich war.

Die eisige Ablehnung, die der Folklorismus sowohl bei Schönberg als auch nach 1920 bei Strawinsky (und natürlich bei den meisten ihrer Anhänger) gefunden hat, stützt sich auf gute Gründe. Aber sie ändert nichts an der Tatsache, daß mindestens zwei der osteuropäischen Folkloristen geniale Musiker waren und das Bild der Neuen Musik entscheidend mit bestimmt haben: Bartók und Janáček. Gewiß ist die formbildende Kraft der Volkslied-Themen gering; aber die prätonalen Energien und unverbrauchten rhythmischen Formen, die in der ost- und südosteuropäischen Volksmusik konserviert sind, haben sich in der Hand großer Komponisten als überraschend fruchtbar und geradezu regenerierend erwiesen.

DIE SOWJETRUSSISCHE MODERNE

Als 1917 das Zarenregime in Rußland zusammenbrach, stand der überwiegende Teil der Intelligentsia, d. h. der Künstler und Wissenschaftler, auf der Seite der Revolutionäre. Das war eine Tradition in Rußland, und die bürgerlichen Intellektuellen fühlten sich durchaus als Vorkämpfer des Sozialismus. Künstlerischer Modernismus war weitgehend identisch mit politisch-revolutionärer Gesinnung. Komponisten wie Strawinsky und Sergej Prokofieff wurden daher auch von den neuen Beherrschern Rußlands, den Sowjets, für sich und ihre Sache in Anspruch genommen. Im Falle Strawinskys hat sich das später teils aus politischen, teils aus künstlerischen Gründen geändert; er hat seine Heimat seit 1921 gemieden. Prokofieff verließ zwar Rußland ebenfalls 1918, kehrte aber später wieder ganz dahin zurück.

In Prokofieffs Selbstbiographie kann man lesen, wie buntbewegt das künstlerische Leben der russischen Großstädte während des Weltkriegs gewesen ist. (Siehe Anhang.) Die junge russische Intelligenz stand futuristischen und expressionistischen Ideen nahe; der Dichter Majakowsky, der später durch Selbstmord endete, schrieb 1918 in ein Exemplar von „Krieg und Frieden" die Widmung: „Dem Vorsitzenden der Musiksektion des Erdballs – von dem Vorsitzenden der Poesiesektion des Erdballs. Für Prokofieff von Majakowsky."

Zwar konnte im Sommer 1920 noch der Londoner „Chesterian" berichten, in Räterußland sei das Musikleben im Gegensatz zu den übrigen Kulturdingen unverändert, die einflußreichsten Komponisten seien Medtner und Skrjabin. Aber die Jugend bekannte sich längst zu den beiden, die sie

als die schärfsten geistigen und weltanschaulichen Gegner
Skrjabins empfand: eben zu Strawinsky und Prokofieff.
1914 machte Prokofieff seine erste Reise nach London. Er
hatte damals schon sein zweites Klavierkonzert und die
frisch komponierten „Sarcasmes" in der Tasche. Ein neuer,
bewußt barbarischer, mit bitonalen Experimenten gewürzter,
wilder Stil brach in die Bereiche der modernen Musik,
aggressiver noch als die Ballette, die Strawinsky für Djaghilew geschrieben hatte. In der „Skythischen Suite" faßte
Prokofieff 1916 die Ergebnisse seines Stils zusammen, der in
der Konzeption von Melodie und Harmonie so umwälzend
wirkte. Er steht hier der Polytonalität und mitunter der
freien Atonalität sehr nahe. Es sind die Werke dieser frühen
Schaffenszeit, auf die er in seiner Selbstanklage 1948 anspielt,
wenn er feststellt: „Ich habe mich unzweifelhaft der Atonalität schuldig gemacht!" Damals aber waren diese Werke
als Emanationen des jugendlichen Geistes nur den Konservativen ein Ärgernis. Leonid Sabanejeff, der Prophet Skrjabins, fürchtet und verabscheut Prokofieffs Musik so sehr, daß
er die „Skythische Suite" in einem berühmt gewordenen
Aufsatz verdonnert, obwohl die geplante Moskauer Aufführung überhaupt nicht stattgefunden hatte.
Schärfere Gegensätze als Skrjabins mystische Träumereien
und Prokofieffs harte, optimistische, zum Skurrilen und
Persiflierenden geneigte, auch im Klaviersatz perkussive und
antiromantische Frühwerke sind allerdings nicht denkbar.
In den ersten Jahren nach der Revolution und in der Zeit
des Bürgerkriegs bis in die zwanziger Jahre hinein aber
gewann gerade die Skrjabinsche Richtung mit ihrem
mystischen, ausweglosen Weltschmerz die Oberhand in
Rußland. Die Lieder und Klavierstücke von Musikern wie
Nicolas Miaskowsky und Samuel Feinberg sind typisch für
diese Kunst, die in ihren harmonischen Ergebnissen zwar sehr
fortschrittlich, in ihrem Geist aber schwer mit dem Elan
einer jungen revolutionären Bewegung zu vereinen ist.

Mjaskowsky hat in seinen Memoiren geschildert, wie er schöpferisch mit den neuen Ideen der Revolution gerungen hat; seine 6. Symphonie wird von sowjetischer Seite (in I. Martynows Schostakowitsch-Biographie) als erster symphonischer Versuch einer Auseinandersetzung mit dem Problem „Die Intelligenz und die Revolution" gerühmt.

Um diese Zeit (1922) muß die Erscheinung des genialischen Lyrikers Alexander Block auf die russischen Komponisten einen faszinierenden Eindruck gemacht haben; an seinem Werk inspirieren sich damals so ungleiche Geister wie Wladimir Stscherbatschew (2. Symphonie), Michael Gnjessin (Symphonisches Monument) und Mjaskowsky.

Das Zentrum der neuen russischen Kunst ist damals Leningrad. Zunächst bleibt Rußland jahrelang von der übrigen Umwelt abgeschnitten. Aber in den Leningrader Theatern und am Konservatorium herrscht eine lebendige Lust am Experimentieren, an der Entdeckung neuer Begabungen und künstlerischer Wege. 1924 werden in Leningrad die „Abende für neue westliche Musik" gegründet, aus denen die „Assoziation für zeitgenössische Musik" (ASM) hervorging. Nun öffnen sich die Schleusen für alle modernistischen Richtungen der Außenwelt. Die neuen Franzosen, Deutschen und Österreicher werden nicht nur regelmäßig aufgeführt, sondern auch persönlich eingeladen. Franz Schreker, dessen „Ferner Klang" zum Repertoire russischer Bühnen gehört, dirigiert in Moskau und Leningrad eigene Werke. Das Amar-Quartett mit Paul Hindemith als Bratscher gibt Abende moderner Musik. Darius Milhaud und Jean Wiéner kommen aus Paris. Křeneks Opern „Der Sprung über den Schatten" und „Jonny spielt auf" werden gespielt, und Alban Bergs „Wozzeck" findet Bewunderung und Nachahmung.

1925 tut sich in Moskau eine Oppositionsgruppe auf, die „Procoll" (Produktionskollektiv von Komponisten) mit Alexander Davidenko, Boris Schechter und Viktor Bjely als führenden Köpfen. Ihr Kampf richtet sich gegen die schul-

mäßige Technik der Musikbehandlung, die sie als bürgerlich
empfinden; Martynow spricht von einem „nihilistischen
Verneinen der notwendigen fachlichen Meisterschaft" als
dem Programm der „Assoziation proletarischer Musiker",
die aus demselben Kreis hervorgeht. Obwohl diese Gruppe
sich bald aufgelöst hat, sind ihre Ideen weitgehend in die
spätere Kulturpolitik der Sowjetunion aufgenommen worden;
der Kampf gegen westlichen Formalismus, der seit 1936 zu
immer neuen Zusammenstößen zwischen dem Staat (bzw.
der Partei) und den Künstlern und Wissenschaftlern führt,
ist in vielen Einzelheiten mit dem Programm des Procoll
identisch.

1919 meldet sich im Petrograder Konservatorium ein drei-
zehnjähriger bebrillter Junge zur Aufnahmeprüfung. Alexander Glasunow, damals noch Direktor des berühmten
Instituts, empfängt und prüft ihn selbst. Der Junge weckt
als Komponist und als Klavierspieler so sehr das Interesse
des alten Meisters, daß er sofort aufgenommen wird und ein
Stipendium für die Dauer seines Studiums bekommt. Er
heißt Dmitri Schostakowitsch.

Die kompositorische Ausbildung übernimmt Maximilian
Steinberg, ein Akademiker strenger Observanz aus dem Kreis
um Rimsky-Korssakow, die pianistische Leonid Nikolajeff,
der den eminent begabten Schüler bald öffentlich herausstellen und später zum Chopin-Wettbewerb nach Warschau
schicken kann, wo er als Zweiter nach Lew Oborin den
Preis gewinnt.

Mit knapp zwanzig Jahren ist Schostakowitsch auch als
Komponist am Ende seiner Lehrzeit. Am 12. Mai 1926 führt
Nikolai Malko in der Leningrader Philharmonie seine erste
Symphonie f-moll auf, die schon im Jahre darauf ihren
Siegeszug durch die Welt antritt, dirigiert von Bruno Walter
(der sie in Berlin herausbringt), Leopold Stokowski und
Arturo Toscanini. Das Stück, mit siebzehn Jahren ange-
fangen, ist in der Tat ein Geniestreich. So viel Beherrschung

der großen symphonischen Form und des modernen Orchesters, so viel Reichtum der Gedanken und Vielseitigkeit der Sprache hatten wenige Musiker in diesem Alter aufzuweisen. Neben einer lyrisch-besinnlichen Note trat ein ironisch-grotesker Zug in Erscheinung, der auf Prokofieff hinweist, sich aber später als Wesenselement Schostakowitschs bestätigt.

Die Jugend dieses Hochbegabten stand in der Fülle künstlerischer Eindrücke, die ihm Konzertsäle und Theater Leningrads so verschwenderisch boten. Er nimmt die vielfältigen Anregungen begierig auf und gehört bald zu den regelmäßigen Besuchern der „Abende für neue westliche Musik" und später der „ASM". In den Jahren 1925–1932 schreibt Schostakowitsch zwei weitere Symphonien, zwei Opern, zwei Ballette, zahlreiche Film- und Schauspielmusiken, ein Klavierkonzert und ein Heft mit 24 Präludien für Klavier.

Schostakowitsch schlägt sich in diesen frühen Arbeiten durchaus auf die Seite der internationalen Avantgarde. Er schreibt, wie man das später nennen sollte, „westliche Musik". Sein handwerkliches Können, seine leichte Hand, sein beweglicher Geist ließen ihn alle technischen und expressiven Versuche spielend beherrschen. Mit dem ihm angeborenen Hang zum Grotesken und Skurrilen findet er die persönliche Note, die erst später ins Monumentale, Überdimensionierte korrigiert wird.

Von den Werken dieser Frühzeit ist, außer der Symphonie, weniges über Rußland hinausgedrungen. Aber noch 1942 verwirrt seinen Biographen Martynow die Experimentierlust in der Oper „Die Nase", die Schostakowitsch nach Gogols Erzählung schreibt und deren „bizarre Überspitzungen" er mit anderen Strömungen der Sowjetkunst in den zwanziger Jahren, mit der abstrakten Malerei, der Schachtelarchitektur und dem „biomechanischen Theater" in Zusammenhang bringt. Er erwähnt ein Oktett, bei dem die acht Stimmen zur

gleichen Zeit acht verschiedene Anzeigentexte vorlesen, ein
Experiment, das an die Motetten des 14. Jahrhunderts erinnert. In Deutschland führte Nikolai Malko Bruchstücke
aus der „Nase" konzertmäßig auf, frische, etwas exzentrische
Musik von tonal sehr freiem Charakter und virtuoser
Orchestertechnik. Mit dem Tatlinturm, manchen Gedichten
von Block und Majakowsky, einigen Experimenten der
Eisensteinschen Filme oder des Meyerholdschen Theaters
zusammen gibt diese Musik Schostakowitschs ein kräftiges,
farbenreiches, aus jugendlicher Vorurteilslosigkeit und avan-
ciertem Stilgefühl wirkungsvoll geformtes Bild einer revolutionären Kultur.

Auch in den Filmmusiken Schostakowitschs (er hat unter
anderem Partituren zu den Filmen „Allein", „Goldene
Berge", „Der Gegenplan", „Das Märchen vom Popen und
seinem Knecht Balda", „Freundinnen", „Maxims Rückkehr",
„Wolontschajewer Tage", „Die Wyborgseite", „Der große
Bürger" und „Mann mit Gewehr" geliefert) sowie in seinen
24 Klavierpréludes sind diese Elemente lebendig, zum Teil
noch verstärkt durch Einflüsse des Jazz, den er lange Zeit
liebt und kultiviert. So hat er 1928 eine Orchester-Tran-
skription des damals berühmten „Tahiti-Trots" von Vincent
Youmans, (dem Autor von „No, no, Nanette" mit dem
reizenden „Tea for two"-Lied) geschrieben, und noch 1934
eine Suite für Jazzorchester.

Die späteren Schicksale Schostakowitschs als musikalischen
Repräsentanten des Sowjetregimes sind vor der Welt-
öffentlichkeit viel diskutiert worden. Seine genialische Oper
„Lady Macbeth von Msensk" („Katarina Ismajlowa")
faszinierte seit ihrer Leningrader Uraufführung am 22. Januar 1934 im Kleinen Operntheater unter Samossuds Leitung
nicht nur die fortschrittliche Intelligenz der Sowjetunion,
sondern die Hörer aller europäischen und amerikanischen
Städte, in denen sie gespielt wurde. Sie blieb in den russischen Spielplänen, bis die „Prawda" im Januar 1936 den

Kampf gegen ihren Formalismus begann, der damit endete, daß das Werk auf sowjetischen Bühnen nicht mehr gespielt wird. In diesen Kampf wurde schließlich die gesamte neurussische Kunst und Wissenschaft hineingezogen; er ist bis heute nicht beendet und hat im Falle Schostakowitschs zu mehrfachen Wandlungen des Kompositionsstils geführt, denen allerdings Rückfälle in seinen früheren Stil folgten. Seither sind immer mehr Tschaikowsky und Beethoven als die Vorbilder der zeitgenössischen sowjetischen Musik hingestellt worden.

Die beiden Musiker, die in den ersten Jahren nach 1917 so entscheidend auf die sowjetische Komposition eingewirkt hatten, der Mystiker Skrjabin und der antiexpressive Strawinsky, haben an Einfluß immer mehr verloren. Die Schule Skrjabins, wie sie etwa Samuel Feinberg verkörpert, ist entweder in Vergessenheit geraten oder ihre Vertreter haben sich gewandelt. Das typische Beispiel solcher Wandlung zeigt die reichliche Produktion Mjaskowskys, der 1947 bei seiner 25. Symphonie angelangt war und 1948 nach mehreren Rügen ein offizielles Lob für symphonische Verwendung russischer Themen empfing.

Der Einfluß Strawinskys beschränkt sich äußerlich auf seine nationale Periode; Werke wie „Les Noces" fanden gelegentliche Aufführungen in Moskau, während die spätere Produktion unerwünscht ist. Dennoch ist Schostakowitschs lebhaftes Interesse für Strawinsky unvermindert geblieben.

DIE INTERNATIONALE GESELLSCHAFT

Das Beispiel der Donaueschinger Kammermusikfeste fand Nachahmung. 1921 hatte das erste Aufsehen in ganz Europa gemacht. 1922 folgte das zweite, nicht weniger bedeutsame. Es dauerte nur ein paar Tage, und gleich danach, am 7. August, traf sich ein ähnlicher Kreis junger, von neuen Ideen erfüllter und begeisterter Musiker in Salzburg. Die Mozartstadt, seit langem berühmt durch ihre sommerlichen Theater- und Musiklustbarkeiten, war von einem radikalen Wiener Kreise als Schauplatz für ein modernes Musikfest ausersehen, das sich von Anbeginn als international auswies.

Es war ein Mann des Kreises um die Universal-Edition, Dr. Rudolf Réti (1885), Komponist, Musikschriftsteller und Bruder eines berühmten Schachmeisters, der die Initiative für dieses internationale moderne Musikfest ergriff. Das Fest dauerte vier Tage. Es brachte zeitgenössische Kammermusik von 54 Komponisten, von denen zwanzig anwesend waren. Fünfzehn Nationen wetteiferten um die Führung und den Dernier cri. Die sieben Konzerte begannen mit Liedern von Richard Strauß und schlossen mit dem fis-moll-Quartett von Schönberg. Frankreich hatte Werke von Milhaud, Albéric Magnard, Poulenc, Debussy, Koechlin, Ravel; Italien solche von Malipiero, Ildebrando Pizzetti und Castelnuovo-Tedesco beigesteuert; England war mit einer Phalanx jüngerer Begabungen vertreten: Arthur Bliss, Ethel Smyth, Gustav Holst, Gerrard Williams, Arnold Bax, Armstrong Gibbs. Aus Spanien stellten sich Adolfo Salazar und Manuel de Falla ein, Ungarn hatte Bartók und Kodály in die Waagschale zu werfen. Strawinsky, Busoni, Honegger, Goossens und der in Amerika lebende Schweizer Ernest

Bloch repräsentierten mehr das musikalische Weltbürgertum als einzelne Nationen. Skandinavien fehlte nicht: die Dänen Carl Nielsen, Paul Schierbeck und Ebbe Hammerik, der Schwede Ture Rangström vertraten es so gewichtig wie Leo Sowerby die Vereinigten Staaten und Percy Grainger Australien. Die Tschechoslowakei erschien in zwei Gruppen, einer slawischen mit Ladislaus Vycpálek und Jaroslav Křička, einer deutschen mit Fidelio Finke, Egon Kornauth und Felix Petyrek; Karol Szymanowski für Polen, Willem Pijper für Holland, Strauß, Hindemith und Guido Bagier für Deutschland — es war ein vielfältiges, gar nicht monotones Bild, das da für den verblüfften Fremden aus aller Welt abrollte.

Natürlich hatte Österreich als Gastland den Löwenanteil an den Programmen. Eine ganze Matinee war Wiener Zeitgenossen gewidmet (Walter Klein, Ernst Kanitz, Hugo Kauder, Egon Lustgarten, Karl Horwitz, Karl Alwin, Wilhelm Grosz, Karl Weigl); der Spätromantiker Josef Marx figurierte zweimal auf den Programmen, und die Schönbergschule war mehrfach vertreten: durch den Meister selbst, durch Anton Webern, Paul A. Pisk und Egon Wellesz. Der Initiant des Ganzen, Réti, geistig dem Schönbergkreis nahestehend, war mit Liedern dabei.

„Zwanzig Stunden Musik!" klagte ein englischer Kritiker. Aber die zwanzig Stunden leiteten eine Epoche ein. Edward Dent nennt die Organisation des Festes etwas chaotisch, da die gedruckten Programme nicht gestimmt hätten; aber er rühmt die „entzückende Atmosphäre von Freundlichkeit und Informalität". Immerhin kam es zu Protesten im Publikum, und nach dem Streichquartett von Webern gerieten der junge Wilhelm Grosz und der Architekt Adolf Loos, ein alter Freund Schönbergs und trotz seiner schon damals beginnenden Schwerhörigkeit ein Habitué aller modernen Konzerte, aneinander.

Aus Gesprächen, die den Konzerten folgten, entstand der Wunsch, solche Feste zu einer ständigen und, was noch wichtiger war, einer internationalen Einrichtung zu machen. Dent, Francis Poulenc, der Pianist und Komponist Jean Wiéner, Wellesz, Pijper, Bliss und der englische Kritiker Edwin Evans, der Schweizer Mäzen Werner Reinhart und der Deutsch-Amerikaner César Saerchinger, Vertreter des New Yorker „Musical Courier" in Berlin, machten den Anfang. Am 11. August 1922, dem Tag nach Beendigung des Festes, wurde in Salzburg die International Society for Contemporary Music mit dem Sitz in London und mit Edward J. Dent als Präsidenten gegründet, wobei die 1919 gegründete British Music Society als Protektorin herangezogen wurde.

Das erste Musikfest der I.S.C.M. fand im August 1923, ebenfalls in Salzburg statt, diesmal mit sechs Kammerkonzerten. Wieder sind die großen Namen Schönberg, Strawinsky, Bartók und Busoni auf den Programmen; Frankreich ist mit Florent Schmitt, Roland-Manuel, Maurice Ravel, Albert Roussel, Darius Milhaud, Francis Poulenc und Charles Koechlin sehr stark vertreten. Alois Hába führte ein Streichquartett in Vierteltönen vor, seltsamer Kontrast zu dem anderen bedeutenden Werk aus der Tschechoslowakei, Janáčeks Sonate für Violine und Klavier. Schönbergs Schule hatte das Quartett von Alban Berg und Lieder von Pisk beigesteuert. Aus Deutschlands Avantgarde figurierten Eduard Erdmann, Manfred Gurlitt, Philipp Jarnach und Hindemith (mit dem Klarinettenquintett) auf den Programmen. Auch sowjetrussische Komponisten traten nun zum erstenmal in Erscheinung: Prokofieff mit einer Ouvertüre über hebräische Themen für Klarinette, Streichquartett und Klavier, Nicolas Mjaskowsky mit seiner dritten Klaviersonate. Neben Bliss, der schon 1922 dabei gewesen war, kamen zwei Engländer zu Wort: Lord Berners, ein Freund Strawinskys, mit vierhändigen, frechen „Valses bourgeoises", und der sehr junge William Walton mit einem Streichquartett. Und noch ein ganz junger Musiker machte von sich ausdrücklich reden: Ernst Křenek, dessen drittes Streichquartett das zweite Programm beschloß.

Daß Honegger, Szymanowski, Falla, Malipiero, Kodály vertreten waren, verstand sich fast von selbst. Die Lieder von Othmar Schoeck und Yrjö Kilpinen standen stilistisch etwas abseits. Sem Dresden, Mario Castelnuovo-Tedesco, Emerson Withorne und Fidelio Finke vervollständigten das kosmopolitische Bild.

Dent hatte in London und Cambridge alle Hände voll mit den Vorbereitungen zu schaffen gehabt. Im Dezember 1922 hatte eine Versammlung in London stattgefunden, bei der die internationale Jury gewählt wurde. Diese traf in Winterthur im gastlichen Hause Werner Reinharts zusammen. Die Mitglieder waren Ernest Ansermet, der Dirigent des Orchestre de la Suisse Romande in Genf, ein Freund und Mitarbeiter Strawinskys; André Caplet, Komponist und Freund Debussys; Edward Dent; Hermann Scherchen, schon damals Deutschlands leidenschaftlichster Vorkämpfer neuer musikalischer Ideen und Kräfte; und Egon Wellesz, der Komponist und Musikwissenschaftler, der gerade an seiner Schönberg-Biographie arbeitete.

Křenek war nun schon zum drittenmal bei solchen Gelegenheiten zur Aufführung gekommen. Die Donaueschinger Feste hatten 1921 und 1922 Werke von ihm gebracht. Scherchens Berliner Neue Musikgesellschaft machte auf ihn aufmerksam. Er galt neben Hindemith als der kommende Mann, war aber, Jahrgang 1900, noch fünf Jahre jünger als dieser. Der Stil seiner Frühwerke war scharf dissonant, kontrapunktisch bis zur linearen Heterophonie, von einer freudlosen, pessimistischen Härte, die nur zuweilen in grimassierenden Sarkasmus umschlug. Franz Schreker war sein Lehrer gewesen; aber geistig stand Křenek dem Schönbergkreis ungleich näher als dem weich-sinnlichen Theaterlyrismus des Mannes, der immer mehr einem zeitfernen Legendenstil zustrebte. Er schreibt entschlossen atonal, mit einer oft wahllos unbekümmerten Hand Akkorde türmend und Stimmen nebeneinander her schiebend. Seine Musik ist mit starken rhythmischen Impulsen durchsetzt, formal von einer neuen, schwer analysierbaren, aber mitreißenden Logik.

Das Verblüffendste an diesem jungen blonden, sehr intellektuellen Wiener aus tschechischer Familie ist die Geschwindigkeit, mit der er Werk auf Werk herausschleudert. Er übertrifft selbst Hindemith an Fruchtbarkeit, und von Anfang an stehen in seinem Schaffen Klavierwerke neben Symphonischem, Kammermusiken neben Liedern, Bühnenwerke neben Konzerten. Er ist der erste aus der jüngsten Generation, mit dem Emil Hertzka schon 1921 einen Dauervertrag abschließt, der Křenek an die Universal-Edition bindet.

Kaum einer der modernen Komponisten zwischen 1920 und 1930 hat auf die Schicksale der Neuen Musik mit so seismographischer Zuverlässigkeit reagiert wie Křenek. Er wandelt sich von Jahr zu Jahr, stürzt sich in ein Stilexperiment nach dem anderen, versucht es heute mit freier Atonalität und morgen mit Jazz, einmal mit Klassizismus und ein andermal mit schubertischen Liederkreisen, kehrt schließlich zur Atonalität zurück und wird einer der konsequentesten Vorkämpfer der Zwölf-Töne-Technik. Wenn die Internationale Gesellschaft für Neue Musik ihn immer wieder, und zwar zuerst gleich dreimal hintereinander, in Salzburg 1923 und 1924 sowie in Prag 1925, dann 1933 in Amsterdam, 1936 in Barcelona, 1938 und 1946 in London auf ihre Festprogramme setzt, so geschieht das aus guten Gründen. Er ist nicht nur einer der begabtesten in dieser Phalanx der Neutöner, sondern auch ein Musiker, der immer wieder repräsentativ für seine Zeit spricht, die letzten kompositionstechnischen Entwicklungsstufen in bedeutende Formen bringt und dabei – das ist das Rätselhafte an seiner Erscheinung – stets sein Gesicht wahrt, seine eigene, unverkennbare Sprache redet.

Typisch für die Diskrepanz und den weiten geistigen Radius seiner Ideenwelt ist ein großes Klavierwerk, das er 1922 schreibt: Toccata und Chaconne über den Choral „Ja, ich glaub' an Jesum Christum". Mit Anhang: eine kleine Suite über denselbigen Choral verschiedenen Charakters. „Der Choral" ist Křeneks eigene Erfindung, musikalisch wie textlich. Es ist ein Thema, das in kleinen Terzen vom e′ eine Dezime aufsteigt und dann auf weitem Umweg wieder zum e′ zurückkehrt, choralhaft nur in dem lapidaren Rhythmus seiner unveränderten Dreiviertelnoten, harmonisch ohne alle tonalen Schwerpunkte, dabei aber homophon begleitet. In den weiten Architekturen der mehrteiligen Toccata und einer streng gearbeiteten Chaconne disponiert Křenek mit einer souveränen Kraft über die vielfachen Gestalten einer völlig neuen Klangwelt. Die dynamische Energie dieser beiden Großformen ist außerordentlich; man spürt die Besessenheit eines jungen, spekulativen, faustisch ringenden Geistes, der sich hier auch mit der Klaviertechnik auf kühne Weise auseinandersetzt. Um so verblüffender ist die leichte, ironische Wendung, die er dem Thema in den kleinen Tanzsätzen des Anhangs, einem Walzer, einer Gavotte, einer Fuge und einem Foxtrott gibt.

Mit diesem Anhang ist der Übergang zur Welt des Jazz geschaffen, hier allerdings mit echt křenekscher Paradoxie und einer Stildiskrepanz, die surrealistische Muster vorausahnt, in Verbindung mit der religiösen Geste eines fiktiven Chorals gebracht. Ob Křenek die neue Frömmigkeit, die sich in manchen Werken der Avantgarde hervortat, geißeln wollte? Hindemith arbeitete damals an einem seiner reifsten Werke, dem 1924 beendeten „Marienleben", einem Liederzyklus nach Gedichten von Rainer Maria Rilke. Auch bei ihm lief diese Arbeit parallel mit grimassierenden Großstadtmusiken wie der Klaviersuite 1922. Es scheint charakteristisch für die extremen Stimmungskurven der damaligen Moderne zu sein, daß sie sich in Schwankungen vom Metaphysischen zum Vulgären gefällt, die mitunter ein einziges Werk beherrschen mögen. 1924, am 9. Juni, drei Tage nach Abschluß des Prager Musikfestes der Internationalen Gesellschaft für Neue Musik, kam in Frankfurt Křeneks Oper „Der Sprung über den

Schatten" zur Uraufführung. Es war nicht das erste Werk, das er für die Bühne schrieb; 1922 war ihm eine „szenische Kantate", „Die Zwingburg", vorausgegangen. Aber es war das erste, mit dem der Křenek den Weg auf die Bühne fand. Das Stück, völlig grotesk in seinen Vorgängen wie in seiner Musik, beginnt mit einer Foxtrott-Ouvertüre und endet mit einem Galopp, der Offenbachs „Orpheus" parodistisch nachgebildet ist und bei dem drei vergeblich versuchen, ihre Schatten zu überspringen, begleitet von einem Orchester, das Banjo, Signalpfeife und Autohupe als Instrumente enthält. Ein hypnotisierender Arzt und seine Klienten, ein Dichter namens Laurenz Goldhaar, ein Privatdetektiv und ein Fürstenpaar gehören zum Personenregister, Maskenfest und Gerichtssaal zu den Schauplätzen; es gibt einen Chor der Masochisten, eine Quartettfuge im Gerichtssaal, eine Art Passacaglia, bei deren chromatisch sich schiebenden Akkorden der Fürst und die Zofe Odette verhaftet werden.

Mit dem „Sprung über den Schatten" hat die Neue Musik das Territorium der Operette betreten. Křenek hat den Versuch zwei Jahre nach der Frankfurter Premiere ungleich erfolgreicher wiederholt; seine Jazzoper „Jonny spielt auf", im Februar 1927 am Leipziger Opernhaus uraufgeführt, hat es zu ephemerem Weltruhm gebracht, zwar nicht das erste, aber das begabteste und in der Spiegelung des Zeitgeistes konsequenteste Bühnenwerk, das Foxtrott und Blues zur Dekoration einer urbanistisch-modernen Handlung verwendet und mit den Sprachmitteln des linearen Kontrapunktes und der atonalen Harmonik verknüpft.

Křeneks Weg als Opernkomponist hat weiterhin seltsame Kurven beschrieben. Zwischen den beiden Jazzopern stand ein tiefernstes Werk „Orpheus und Eurydike". Es ist das einzige, dessen Libretto Křenek nicht selbst geschrieben hat, die wörtliche Vertonung eines Schauspiels von Oskar Kokoschka, aus demselben Dramenband, in dem auch Hindemith den Text zu „Mörder, Hoffnung der Frauen" gefunden hatte. So tief sich die schöpferische Phantasie des Komponisten von den Jazzstoffen hatte ins Tiefland der Persiflage führen lassen, so stark neigt sie hier zu Bildungen von kühner Vision und kompromißloser Härte. Der Typus der expressionistischen Oper ist in „Orpheus und Eurydike" ganz rein und beispielhaft ausgebildet, in den Formgerüsten weiter ausladend als Schönbergs „Glückliche Hand" oder Hindemiths „Mörder".

Die drei Einakter von 1926 und 1927, „Der Diktator", „Das geheime Königreich" und „Schwergewicht oder die Ehre der Nation", sind Prototypen dreier sehr verschiedener Stile: des Verismo, des lyrischen Märchendramas und der sketchartigen Farce, alle drei von Křeneks Personalstil getragen, aber im dramatischen Effekt nicht ganz ausreichend. „Das Leben des Orest" war 1930 ein Versuch, Elemente des surrealistischen Theaters auf die Singbühne zu übertragen, Hellenismus mit Jazz zur Synthese zu formen. Mit „Karl V.", Křeneks größtem und bedeutendstem Bühnenwerk, das 1938 mit seiner Uraufführung eine Epoche deutschen Kulturliberalismus in Prag beschloß, ist eine visionäre, zukunftsfähige dramatische Form erreicht, die als konstruktives musikalisches Prinzip die Zwölf-Töne-Technik verwendet.

Křenek heiratete sehr jung Gustav Mahlers Tochter Annie; Alma Maria Mahler vertraute ihm die Vollendung der Mahlerschen zehnten, als Fragment hinterlassenen Symphonie an. Die Ehe mit der Mahlertochter war aber nur von kurzer Dauer. Zu Křeneks vielseitigen Tätigkeiten gehörte eine beratende Mitarbeit an den von Paul Bekker geleiteten Opernhäusern in Kassel und Wiesbaden, 1925 bis 1927; später die eines Mitarbeiters der Frankfurter Zeitung, für die er höchst brillante Feuilletons über alle möglichen Gegenstände, aber nicht über Musik schrieb.

Inzwischen hatte die Internationale Gesellschaft für Neue Musik in allen angeschlossenen Ländern Sektionen errichtet. Die aktivste Kraft für Deutschland war der Musikkritiker

Prof. Dr. Adolf Weißmann, ein begeisterter und geistvoller Vorkämpfer vor allem der westlichen Richtungen zeitgenössischer Musik, dessen Buch „Die Musik in der Weltkrise" 1922 eine glänzende, ungemein vielseitige Analyse der kompositorischen Weltlage lieferte. Er wurde der erste Präsident der deutschen Sektion, die vor allem in Berlin sehr stark für das Verständnis neuer Musik warb. Als Weißmann von seinem Amt zurücktrat, wurde Wilhelm Furtwängler zum Präsidenten gewählt. Zu den wichtigsten Mitarbeitern der deutschen Sektion, im Vorstand wie in der Jury, gehörten Heinz Tiessen, der Kritiker und Musikwissenschaftler Prof. Dr. Hermann Springer und der hochbegabte Komponist und glänzende Organisator Max Butting, der ja selbst unter den Autoren des Donaueschinger Kammermusikfestes 1922 figuriert hatte.

Die italienische Sektion, 1923 von Malipiero und Casella gegründet, erfreute sich der Mitarbeit und Großzügigkeit des Dichters Gabriele d'Annunzio. In der Tschechoslowakei spiegelte die Gesellschaft die nationalpolitische Lage: es war das einzige Land, das in offenem Gegensatz zu den Statuten zwei Sektionen gründete, beide mit dem Sitz in Prag: eine tschechische unter der geistigen Führung Alois Hábas und eine deutsche, der Prof. Dr. Erich Steinhard, der Herausgeber des „Auftakt", vorstand.

Prag wurde Gaststadt für das zweite und das dritte der Internationalen Musikfeste 1924 und 1925 sowie später dann noch einmal 1935. In diesen beiden Jugendjahren der Gesellschaft feierte man je zwei Feste: in Prag mit Orchesterkonzerten und Oper, in Salzburg (1924) und in Venedig (1925) mit Kammermusik. Dazwischen lagen dann noch die Donaueschinger Kammermusikfeste. Es war damals für moderne Komponisten nicht allzu schwer, zu Aufführungen bei einem dieser Musikfeste zu kommen, und tatsächlich sind die wichtigsten modernen Werke aller Richtungen während dieser frühen zwanziger Jahre gespielt, sogar oft gut gespielt, diskutiert und in der internationalen Presse ausführlich besprochen worden.

Die Atmosphäre dieser Feste, in der Barockstadt Salzburg, zwischen den gotischen Türmen Prags, in Venedigs Teatro Fenice, mit Besuchern aus allen Teilen der Welt, die alle auf das Musikgenie des Jahrhunderts warteten, mit Programmen, die von Saties „Socrate" bis zu Schönbergs Serenade und Strawinskys Oktett reichten, muß unvergleichlich gewesen sein. Dents Memoiren sind voll von Schilderungen der kuriosen Zwischenfälle, nach denen Komponisten, Kritiker und Pianistinnen versöhnt werden mußten.

Bis zum Ausbruch des zweiten Weltkriegs ist die Reihe dieser Internationalen Feste in allen möglichen Städten Europas weitergeführt worden. Zürich, Frankfurt, Siena, Genf, Lüttich, Oxford und Wien, 1933 Amsterdam, danach Florenz, Prag, Barcelona, Paris, London und Warschau waren die Gaststädte. Symbolisch genug schließt die Reihe 1939 in Warschau, wenige Wochen bevor Hitlers Armeen in Polen einfielen und seine Hauptstadt zerstörten. 1941 und 1942 war Amerika das Gastland, das ja auch die bedeutendsten der modernen Komponisten, Schönberg, Bartók, Strawinsky, Hindemith, Milhaud, Křenek und viele andere, aufgenommen hatte. In New York und San Francisco fanden die beiden einzigen Internationalen Musikfeste während des Krieges statt. 1946 wurde die Reihe dann in London wieder aufgenommen; Kopenhagen (1947), Amsterdam (1948), Palermo (1949) und Brüssel (1950) sind gefolgt.

Von den mehr als dreihundert Komponisten, die mit etwa tausend Werken bei diesen Festen zu Wort kamen, konnten nicht alle Genies sein. Die Mehrzahl der Werke bei allen Festen solcher Art ist notwendig zweiten oder dritten Ranges. Dennoch sind auch sie von Wert für die Entwicklung eines neuen Stils, neuer künstlerischer Ausdrucksmittel. Die stilbildende Arbeit, die bei diesen Veranstaltungen geleistet wurde, ist ebenso immens wie die Gehörschulung, die sie allmählich bei ihren Hörern herbeigeführt haben.

Die meisten der führenden Komponisten, und zwar gerade

die besonders problematischen, wurden immer wieder aufgeführt. Bartók und Webern kamen bis 1948 achtmal zu Wort, Křenek, Malipiero, Schönberg, Strawinsky und Szymanowski je siebenmal, Berg und Hindemith sechsmal. Viele der Werke, die hier zum erstenmal der Öffentlichkeit vorgeführt wurden, sind rascher oder langsamer in den Konzertsaal übergegangen; manche von ihnen gehören zu den Standardwerken der zeitgenössischen Musik.

Bei aller Konsequenz, mit der die Internationale Gesellschaft die fortschrittlichen Ideen der Musik auswählte und förderte, waren ihre Programme nie einer einzigen Richtung allein zugewandt. Die Schulen einer musikalischen Neuordnung vom Material her (Zwölftönemusik, Vierteltonmusik) waren ebenso vertreten wie die verschiedenen Schattierungen des Neoklassizismus; der modernistische Folklorismus kam ebenso zu Wort wie das abstrakte physikalisch-akustische Experiment; die Polytonalität ebenso wie die freie Atonalität, der stilisierte Jazz ebenso wie die neuen Formen der Kirchenmusik.

Politisch hat sich die Gesellschaft stets zu liberalistischer Toleranz bekannt. Nur dem nationalsozialistischen Deutschland gegenüber hat sie eine streng ablehnende Haltung gewahrt, deutsche Komponisten aber, die dem Hitlerregime fernstanden, wie Karl Amadeus Hartmann, auch dann aufgeführt, wenn diese in Deutschland lebten.

In der Sowjetunion wurde die Gesellschaft Anfang der dreißiger Jahre aufgelöst und als unerwünscht bezeichnet. Dennoch figurierten sowjetische Komponisten wie Mjaskowsky, Prokofieff, Feinberg, Mossolow, Knipper, Schebalin und Starokadomsky auch später noch auf den Festprogrammen. Nur Schostakowitsch ist auffallenderweise nie bei diesen Festen aufgeführt worden.

In Deutschland wurde die I.G.N.M. 1934 verboten und durch den sogenannten Ständigen Rat, eine Gruppe nationaler Musiker, ersetzt.

AUSBREITUNG UND KONSOLIDIERUNG

Die Zentralisierung der Internationalen Gesellschaft in London hatte nicht nur bürokratische Gründe. England begann um diese Zeit ein musikalisches Leben zu entwickeln, das die Hoffnung weckte, es könne wieder einmal zu einer Elisabethanischen Hochblüte der Komposition führen. Die Komponisten, die es auf den Internationalen Musikfesten zur Diskussion stellte, namentlich Arthur Bliss mit seiner Rhapsodie für Flöte, Englisch Horn, Streichquartett, Kontrabaß und zwei Singstimmen, die rein instrumental behandelt sind, oder William Walton mit dem ersten Streichquartett, später der Ouvertüre Portsmouth Point und dem Bratschenkonzert, konnten an künstlerischer Phantasie und technischem Handwerk jede Konkurrenz aufnehmen. Bei allen, vielleicht mit Ausnahme Arnold Bax', war die Zugehörigkeit zum westlichen Kulturkreis, die Beeinflussung durch Meister wie Ravel, Debussy oder Strawinsky evident. Die deutsche romantische Musik bedeutete für sie alle nur ein sehr vorübergehendes Erlebnis, und auch eine Erscheinung wie die Schönbergs hatte zunächst in England keine direkte Nachfolge.

Hingegen zeigten alle diese Engländer wenigstens zeitweise einen sehr insularen Hang zur Satire, zur lachenden oder lächelnden Grimasse. Lord Berners (ursprünglich Gerald Tyrwhitt), der eigentlich Diplomat war und während seiner Tätigkeit als Attaché in Rom 1911–1919 Freundschaft mit Casella und Strawinsky geschlossen hatte, spezialisierte sich in einer an Satire und der Vulgärmusik geschulten Clownsmusik sehr modernen und aggressiven Stils; seine „Valses bourgeoises" für vierhändiges Klavier verblüfften in Salzburg 1923 ebensosehr wie später die drei Trauermärsche

(für einen Staatsmann, einen Kanarienvogel und eine reiche
Tante) oder das Ballett „Luna-Park". Grotesken solcher Art
gehören zur Neuen Musik aller Länder als eine paradoxe
Kehrseite der Lebensangst, die der erste Weltkrieg schon
hervorgerufen hatte: Malipiero schrieb seine „Omaggi",
Casella seine „Pupazzetti", der Prager Erwin Schulhoff zahlreiche Grotesken, Walton seine „Fassade", die „Six" in Paris
alle Arten burlesker Parodien, Hindemith und Křenek Jazzmusik in Opern- und Konzertform.

Die Gabe des Humors ist unter englischen Gebildeten nichts
Ungewöhnliches, und Englands Musik hat im 15. und
16. Jahrhundert reichlich Zeugnis davon gegeben. Auch die
jüngste Generation englischer Komponisten, die erst nach
der heroischen Entwicklungszeit der Neuen Musik, also
nach 1930 zur Reife kam, hat in Benjamin Britten und Lennox
Berkeley Musiker aufzuweisen, die dem Heiteren wie dem
Ernsten gleichermaßen geneigt sind.

In der Generation der Nuove Musiche aber dominiert die
Figur eines Mannes, der an Breite des geistigen Raums allen
anderen Engländern überlegen ist, wenn auch seine Musik
unter den Radikalismen der Jahre 1924 und 1925 weniger
auffiel: Ralph Vaughan Williams. In Salzburg, Venedig und
Prag kamen im zweiten und dritten Jahr der Internationalen
Musikfeste drei Werke des 1872 Geborenen zur Aufführung.
Vaughan Williams kam aus einem Pfarrerhaus, wurde als
Organist ausgebildet, studierte in Berlin bei Max Bruch,
nachdem er von den englischen Meistern Charles Parry und
Charles Stanford grundlegende Unterweisung empfangen
hatte. Er fand flüchtigen Kontakt mit Maurice Ravel, sammelte als einer der ersten nach modernen musikwissen-
schaftlichen Methoden englische Volksmusik und entwickelte
sich zu einem schaffenden Musiker von großer Fruchtbarkeit
und zunehmender Selbständigkeit. 1914 schon ist seine
London-Symphonie ein Standardwerk des englischen Impressionismus. Später wird sein Stil durchsichtiger, mit

starker Betonung des Melodischen, das aber bei ihm stets an unromantische Typen anknüpft, bald an die altenglischen Madrigale, bald an alte Volkslieder, mit archaischen Fünftöneleitern und Wendungen, die unmittelbar aus dem Geist der Renaissance-Musik stammen.

Als Harmoniker hat Vaughan Williams, auf den Klangstil seiner französischen Meister aufbauend, ein eigenes Idiom ausgearbeitet, das in seinen kühnsten Konsequenzen (etwa in der späten Symphonik) die Bitonalität und Polytonalität Milhauds ebenso streift wie die Atonalität des mittleren Schönberg. Der elegische, träumerisch-lyrische Unterton seiner meisten Musik weicht mitunter einem frischen, herben Humor, der in seinen heiteren Opern („Die Wespen" nach Aristophanes) tonmalerische Nuancen neuer Art findet.

In der Bewegung der Neuen Musik war Vaughan Williams niemals aktiv, doch sein Beispiel und sein Einfluß sind an der jungen Generation seines Landes und Amerikas nicht spurlos vorübergegangen. Die aktiven fördernden Kräfte für die Idee einer avantgardistischen Musik gingen in England vor allem von der Musikwissenschaft und der Kritik, insbesondere von Edward J. Dent und Edwin Evans, dann aber auch von dem unermüdlich für die I.S.C.M. tätigen Edward Clark aus, der als Dirigent und Berater der British Broadcasting Corporation Unschätzbares für die zeitgenössischen Komponisten getan hat. In den Jahren 1926 bis 1930 hat die B.B.C., Londons großer, künstlerisch ambitionierter Sender, fast alle wichtigen Werke der Neuen Musik zu exemplarischen Aufführungen gebracht. Sie verpflichtete dazu nicht nur die Komponisten selbst als Spieler oder Dirigenten ihrer Werke, sondern auch die besten Interpreten moderner Musik aus allen Ländern Europas. Strawinsky hat in der B.B.C. unter anderem seinen „Oedipus Rex" dirigiert, Schönberg seine „Erwartung" mit Margot Hinnenberg-Lefèbre, die auch mit dem Kolisch-Quartett das Sopransolo im fis-moll-Quartett sang. Pianisten wie Erdmann, Steuer-

mann, Jean Wiéner und Arthur Rubinstein standen hier im
Dienst neuer Musik, Kammermusikensembles wie das
Wiener Kolisch-Quartett, das Brüsseler Pro-Arte-Quartett
oder das Tschechische Nonett brachten zeitgenössische
Werke zu vorbildlichen Aufführungen.

In vielen Ländern hatten sich hervorragende ausübende
Musiker mit den Interpretations-Problemen des neuen Stils,
mit den klanglich-polyphonen Schönbergs, Alban Bergs,
Anton Weberns, den rhythmisch-dynamischen Strawinskys
und seiner Nachfolge auseinandergesetzt und eine besondere
Art von Virtuosität auf diesem Gebiet entwickelt, die den
Standard der Instrumentaltechnik wieder einmal veränderte
und erhöhte. In Berlin hatte das Lambinon-Quartett und
später das Havemannquartett bahnbrechend für neue Musik
gewirkt; in den Konzerten der Neuen Musikgesellschaft,
der Melos-Gemeinschaft, der Novembergruppe und der
deutschen Sektion der I.S.C.M. hörte man Werke aller modernen Richtungen in wachsender Qualität der Wiedergabe.
Pianisten wie Franz Osborn, Geiger wie Stefan Frenkel
standen ganz im Dienst der Moderne, und in Dresden führte
der Pianist Paul Aron jahrelang Konzertreihen durch, in
denen alle wichtige Kammermusik der Gegenwart zu Gehör
kam. Auch Sänger fanden sich für die zeitgenössische Musik;
Marie Gutheil-Schoder war schon vor dem ersten Weltkrieg
in Wien für Schönberg eingetreten, ebenso Felicie Hüni-Mi-
hacsek in München, Marya Freund in Paris. Nun kamen
Martha Winternitz-Dorda, Nora Boas-Pisling und Margot
Hinnenberg-Lefèbre hinzu.

Als Dirigenten waren Hermann Scherchen zuerst in Berlin,
dann in Leipzig, Königsberg und Winterthur, Ernest
Ansermet in Genf und Paris, Otto Klemperer in Köln und
Berlin, Gustav Brecher in Leipzig, Alexander von Zemlinsky
in Prag und Berlin, Hans Wilhelm Steinberg in Prag und
Frankfurt zu Förderern der Sache geworden. Auch Furtwängler hatte sich mehrfach für radikale Partituren einge-

setzt, vor allem während seiner Präsidentschaft in der deutschen Sektion der I.S.C.M. In Prag nahmen sich Otakar Ostrčil und nach seinem Tod Václav Talich zeitgenössischer Musik an.

Zu den bedeutendsten Förderern neuer russischer, später überhaupt neuer Musik gehörte Sergej Kussewitzky. Mit seiner Frau Natalie Kussewitzky zusammen gründete er 1909 den Russischen Musikverlag, der die Frühwerke Strawinskys, Prokofieffs, Medtners und vieler anderer Komponisten druckte. 1921 verließ er Sowjetrußland und entfaltete zuerst in Paris, dann in Nordamerika eine großzügige Doppeltätigkeit als Dirigent und Mäzen lebender Komponisten. Die Uraufführungen von Skrjabins „Prometheus", der Konzertfassungen von Strawinskys „Petruschka" und „Sacre", von Honeggers „Pacific 231" und vieler bedeutender anderer Werke fanden unter ihm statt.

Die Doppelrolle von Dirigent und Mäzen spielte in der Schweiz seit 1927 Paul Sacher, der mit dem von ihm gegründeten und geführten Basler Kammerorchester zum Anreger und Interpreten außerordentlich zahlreicher Werke von Strawinsky, Honegger, Martinu, Bartók und vielen anderen wurde.

Mäzenatentum großen Maßstabes übte in der Schweiz der Winterthurer Industrielle Werner Reinhart, dem Strawinsky seine Stücke für Klarinette solo widmete und der Männern wie Anton Webern, Felix Petyrek und anderen mit Kompositionsaufträgen entscheidend half.

In den Vereinigten Staaten wurde Elizabeth Sprague-Coolidge zum wahren Schutzengel moderner Kammermusik. Sie begründete mit bedeutenden finanziellen Mitteln und großer künstlerischer Einsicht 1918 die Berkshire-Kammermusikfeste, gliederte 1925 der Kongreßbücherei in Washington eine Stiftung an, die der Veranstaltung von Konzerten und Musikfesten gewidmet ist und vergab Kompositionsaufträge an die meisten führenden Musiker der Avantgarde. Schön-

berg, Strawinsky und Bartók, Malipiero, Casella und Prokofieff, Charles Martin Loeffler und Walter Piston haben
Bedeutendes für sie geschaffen, das Pro Arte-, das Kolisch-
und das Rothquartett haben mit ihrer Hilfe Tourneen durch
viele Länder der Alten und Neuen Welt gemacht.

Als 1924 Deutschland begann, sich von den wirtschaftlichen
Folgen des ersten Weltkriegs und der Inflation zu erholen,
zeigte sich der weitverzweigte Apparat des deutschen The-
ater- und Konzertlebens besonders aufgeschlossen für experi-
mentelle Kunst. Wie schon 1921 Donaueschingen, entwickelten nun auch andere kleine und größere Residenzen
und in deren Gefolge schließlich auch die bürgerlichen Großstädte den Ehrgeiz, als Kulturstätten hervorzuragen. Diese
Epoche, die etwa bis 1931 dauerte und deren Ende teils mit
der wachsenden Macht politisch und kulturell reaktionärer
Kräfte, teils mit dem Schwund öffentlicher Gelder infolge
der Weltwirtschaftskrise zusammenhing, war eine der leben-
digsten, künstlerisch fruchtbarsten und kosmopolitisch tole-
rantesten der neueren Geschichte. Die unabsehbare Fülle der
neuen Versuche, die überall im Theater, auf Universitäten,
Musik- und Kunsthochschulen, in Filmateliers und Konzert-
sälen, in den Studios der Rundfunksender und der Schall-
plattenindustrie gemacht wurden, ist in ihren sprachbereichernden Folgen noch heute nicht erschöpft.

Städte wie Essen mit seiner Folkwangschule und einem
·Theater, das unter dem Dirigenten Rudolf Schulz-Dornburg
allem Neuen, Abseitigen geneigt war, oder wie Weimar und
später Dessau mit dem Bauhaus, waren keine Ausnahmen.
In einer konservativen Stadt wie Bremen baute Roselius
seine Böttcherstraße, nach der sich eine avantgardistische,
ebenfalls von ihm finanzierte Zeitschrift von höchstem
Niveau nannte.

Zum Mittelpunkt aller dieser optimistischen, an die kulturelle Zukunft der neuen Ideen glaubenden Aktivität wurde
Berlin. Hier, wo Schreker und Busoni, später Schönberg ein-

flußreiche Lehrstellen bekleideten, entfaltete bald nach dem Weltkrieg die Oper einen Glanz und eine Kühnheit des Spielplans, wie kaum je zuvor. 1923 war der 33jährige Erich Kleiber, geborener Wiener, in Düsseldorf und Mannheim aufs glänzendste bewährt, zum Generalmusikdirektor der Staatsoper berufen worden. Mit ihm zog in das altehrwürdige Institut Unter den Linden ein neuer Geist ein, der sich bald in bedeutenden neuen Inszenierungen und Erstaufführungen zeitgenössischer Werke manifestierte. Zwei Jahre darauf gewann die Städtische Oper in Charlottenburg, so lange Zeit ein Sorgenkind der Stadt, zwei Männer in ihre künstlerische Leitung, die hohen Ehrgeiz mit überragendem Können verbanden: Heinz Tietjen als Intendanten, Bruno Walter als musikalischen Leiter. Die Rivalität der beiden Institute führte bald zu einer außergewöhnlichen Steigerung des gesanglichen und des dramatischen Niveaus. Und abermals zwei Jahre später, 1927, eröffnete der Preußische Staat als drittes Opernunternehmen in der Reichshauptstadt die Krolloper am Platz der Republik, die – von Besucherorganisationen wie der sozialistischen Volksbühne und dem deutschnationalen Bühnenvolksbund unterstützt – den Nachdruck auf alles wirklich Neue in der zeitgenössischen Produktion legte.

Der Geist dieser Klempererschen Krolloper, die schon nach vierjährigem Bestehen 1931 geschlossen wurde (wobei finanzielle Scheinargumente geschickt verdeckten, daß den Machthabern die ganze Richtung nicht paßte), war einzigartig und unvergleichlich. Eine Reihe kühner Modernisten versammelte sich um die Hünengestalt des genialen und fanatischen Generalmusikdirektors, in dem die reine Flamme Gustav Mahlerscher Kunstbesessenheit weiterzubrennen schien. Franz Dülberg als Regisseur, Hans Curjel als Dramaturg, Jürgen Fehling als Gastregisseur, Bühnenmaler wie Lászlo Moholy-Nágy und Giorgio de Chirico, Kapellmeister wie Alexander von Zemlinsky, Fritz Zweig, Karl Rankl,

Sänger wie Jarmila Novotna und Fritz Krenn waren unter
den Mitarbeitern.

Es gab keine Idee der neuen Musik, der avantgardistischen
Malerei, des entfesselten Theaters, die hier nicht wenigstens
experimentell zur Diskussion gestellt wurde. Die revolutionären Inszenierungen Erwin Piscators, die Bühnengestal-
tungen Tairoffs oder Meyerholds, die kubistischen und konstruktivistischen Versuche des Théâtre Beriza in Paris oder
der Bauhausbühne in Dessau – sie alle wurden hier reflektiert
und angewandt, teils auf Repertoirestücke wie „Madame
Butterfly" oder „Hoffmanns Erzählungen", teils auf die
modernste Produktion.

An Premieren von Weltruf gab es hier die szenische Uraufführung von Strawinskys „Oedipus Rex", die der Komponist als ersten Ranges bezeichnete. Neben diesem Werk
standen noch „Petruschka" und die in Deutschland damals
unbekannte „Mawra" auf dem Programm. Dülberg hatte
für „Oedipus" eine Dekoration von statuarischer Strenge
aus aneinandergesetzten Würfeln geschaffen; das Ganze
atmete eine Atmosphäre hieratischer Kühle und Erdenferne,
es war die zur höchsten künstlerischen Potenz gesteigerte
Ausdruckslosigkeit, deren von Strawinsky angestrebtes
Wesen Klemperer intuitiv erfaßt in tönende Wirklichkeit
umgesetzt hatte.

Von Hindemiths Opern kam „Cardillac" hier zur Aufführung und das burleske „Neues vom Tage", eine Art
kabarettistischen Oratoriums, zur Uraufführung. Ernst
Křeneks aus Hellenismus und Jazz seltsam und surrealistisch gemischtes „Leben des Orest", in Leipzig aus der
Taufe gehoben, fand hier stärkste Diskussion, ebenso wie
bald nachher seine drei Einakter „Der Diktator", „Das
geheime Königreich" und „Schwergewicht oder die Ehre
der Nation". Schönberg, der 1924 die durch Busonis Tod
verwaiste Klasse an der Akademie der Künste übernommen
hatte, erlebte in dem schönen, modernen, von Berlins (ja oft

von Europas) geistiger Elite besuchten Haus vollendete Aufführungen seines Monodrams „Erwartung" und der Oper „Die glückliche Hand". Von Leoš Janáček kam die nach Dostojewskys sibirischen Erinnerungen komponierte Oper „Aus einem Totenhaus" zu einer phänomenalen Wiedergabe unter Fritz Zweig.

Der Tod Busonis in seiner Berliner Wohnung am 27. Juli 1924 war ein Schicksalsschlag für die gesamte europäische Kultur. Mit ihm starb ein Mann, der wie wenige dem Ziel eines kulturellen Weltbürgertums zugestrebt, in dessen Person sich höchste abendländische Bildung über das Spezialistentum des Musikers und Virtuosen hinaus entwickelt hatte. Der humanitäre Geist, der von ihm so stark ausströmte, war längst in vielerlei Bezirken fruchtbar geworden. Aus Busonis Lehre war einmal Leo Kestenberg hervorgegangen, der eine Pianistenlaufbahn aufgab, um sich ganz der Reform des musikalischen Erziehungswesens zu widmen. 1918 in das preußische Kultusministerium berufen, später zum Ministerialrat avanciert, hat Kestenberg in Preußen die Musikerziehung mit so sinnvollen Gesetzen und Erlassen neu aufgebaut, daß noch heute – nach 12 Jahren nationalsozialistischer Entgleisung – die Wesenszüge davon erhalten geblieben sind. 1933 hat Kestenberg Berlin verlassen, um ähnliche Kulturarbeit in Prag zu leisten; von dort ist er schließlich nach Palästina ausgewandert. Auch er zählte zu den entschlossensten Förderern neuer Musik, und der lebensvolle, optimistische Geist zeitgenössischer Kunstpflege, der zu den schönsten Zügen der Weimarer Republik gehörte, ist nicht zum geringsten Teile sein und damit indirekt Busonis Verdienst.

Busoni hatte sein größtes Werk, die Oper „Doktor Faust", unvollendet hinterlassen. Der Text, von ihm selbst nach dem Vorbild des Faustpuppenspiels geschrieben, ist mystischer Sinnbilder und phantastischer Gleichnisse voll; es ist eine dramatische Dichtung von hohem literarischem Rang und

ganz erfüllt von der Luft des Wunders und der Zauberei,
die Busoni als die Voraussetzung für jede Oper bezeichnet hatte. Philipp Jarnach, Busonis ältester und
begabtester Kompositionsschüler, vollendete die Partitur.
Am 21. Mai 1925, kaum ein Jahr nach Busonis Tod, kam
das Werk an der Dresdener Staatsoper zur Uraufführung,
inszeniert von Alfred Reucker und musikalisch geleitet von
Fritz Busch.

Unter den vielen musikalischen Gestaltungen des Faust-
Stoffes ist es die busonische, die den mythischen Ursprüngen
der Sage am nächsten kommt. Die Szene am Hof des Herzogs
von Parma mit ihren magischen Vorführungen und der fast
hypnotischen Kaptivierung der Herzogin nimmt breiten
Raum ein. Mephistopheles, in sechs verschiedenen Gestalten
den Lauf der Handlung bestimmend, wirft Fausten ein totes
neugeborenes Kind vor die Füße, das er im letzten abermals
empfängt, aus den Armen einer Bettlerin, in der man die
Herzogin erkennt. Der geharnischte Geist des Soldaten, der
als eifersüchtiger Bruder Gretchens den Tod gefunden hat,
erscheint ihm; das lebensgroße Kruzifix an der Wittenberger
Mauerecke verwandelt sich nächtens in die Vision der
Helena. In optimistischer Symbolik folgt dem Tod des Faust
ein pantomimisches Bild: wo das tote Kind gelegen hatte,
steigt ein nackter halbwüchsiger Jüngling auf, in der Hand
einen blühenden Zweig. Mephistopheles als Nachtwächter
leuchtet mit seiner Laterne über Fausts Leichnam und spricht:
,,Sollte dieser Mann verunglückt sein?"

Auch musikalisch will Busoni an die Quellen, ,,zu den
Müttern" zurück. Sein Lebensziel war, romantischen Inhalt
in klassische Formen zu gießen. Die formale Geschlossenheit
jeder Szene im ,,Doktor Faust" ist nicht allein technisch
gesichert, sondern der eigentliche Ausgangspunkt jeden
Einfalls. Es gibt nichts, was dem Ideal des durchkomponierten Wagnerschen Musikdramas so zuwiderliefe wie diese
wechselnden, in sich völlig gerundeten, mehr innerlich als

rational aufeinander bezogenen Szenen. Rein instrumentale
Musik nimmt einen breiten Raum ein: da ist die Symphonie
mit dem lyrischen Titel „Ostervesper und Frühlingskeimen",
da ist der große Cortège, der die Szene des Soldatenmords
mit dem Hochzeitsfest zu Parma, da ist die Sarabanda, die
das Hochzeitsfest mit der Schänke in Wittenberg verbindet.
In die Handlung führt, ganz nach Goethes Vorbild, ein gesprochener Prolog des Dichters an die Zuschauer ein. Zwei
„Vorspiele" führen uns in das Studierzimmer; Bild 1, 2 und
3 sind die Szenen zu Parma, in der Schänke, auf der nächtlichen Wittenberger Straße.

Das Element der Melodik, das in dieser so modernen und
doch so vorklassisch-archaischen Partitur herrscht, ist mit
dem sinnlichen der italienischen Opernmelodie nicht zu
vergleichen. Es ist eine durchaus zeichnende Melodie der
weitgespannten Bögen, die Busoni in seinem Altersstil ausgebildet hat, und sie prägt auch die besondere Form der Vielstimmigkeit, zu der seine Musik mehr tendiert als zum
Klanglichen. Hier strebt alles von dem Sinnenrausch des
Illusionstheaters fort; Gliederung des Textvorgangs, der
dramatischen und logischen Handlung, Intensivierung, aber
nicht dynamische Steigerung wird zur Funktion einer Musik,
die ihren eigenen Gesetzen kompromißlos folgt. Busonis
„Faust" ist das Drama, ist die Oper des geistigen Europäers;
in der Partitur fließen viele Strömungen der modernen Kunst
zu einer Synthese zusammen, deren Größe vielleicht erst
späteren Generationen deutlich sein wird. Das Werk ist
klassizistisch, aber nicht in dem rein spielerischen Sinne Erik
Saties (der Busonis Altersgenosse war und ihn nur um ein
Jahr überlebte), sondern in dem Sinne einer höheren Einheit,
die aus der Erkenntnis der Form gewachsen ist.

Als wenige Wochen nach der Dresdener Uraufführung
Busonis Grabdenkmal, eine Schöpfung Georg Kolbes, auf
dem Friedhof am Südwestkorso in Berlin-Friedenau enthüllt
wurde, hielt Paul Bekker, der große Musikschriftsteller und

Exeget des neuen Stils, eine Gedenkrede, in der er auf die eigentümliche Heiterkeit Busonis zu sprechen kam. Diese innere Heiterkeit, Gelöstheit und Gelassenheit, in sehr polemischem Gegensatz zur Tränenseligkeit der romantischen Schwermut und zur Hysterie des Modernismus, ist in der Tat ein Wesensbestandteil seiner Kunst. Wie bei Mozart war sie auch bei Busoni keineswegs Produkt einer schnellfertigen Oberflächlichkeit im Erlebnis, sondern einer höheren Stufe der Geistigkeit. Von dieser echten, spirituellen und nun ins Moderne gerichteten Heiterkeit (als ihr Gegensatz und gleichzeitig als Prototyp einer abgesunkenen Tragik hat uns etwa die neuere Operette und namentlich die Musik Franz Léhars zu gelten) ist Busonis „Doktor Faust" auch in seinen todesnahen, jenseitsahnenden Bildern latent erfüllt. Das ist sein stärkstes Vermächtnis an die folgende Generation. Nur wenige haben es seinerzeit verstanden; zu ihnen gehörte Paul Hindemith. Unter den jüngsten Komponisten ist vor allem Benjamin Britten durch Busonis Werk merklich beeinflußt worden.

Busoni hat die tiefe Wirkung seines Meisterwerks nicht mehr erleben dürfen. Unter seiner Leitung waren noch an der Berliner Staatsoper „Arlecchino" und „Turandot", die beiden Einakter, aufgeführt worden. Unter Leo Blech, inszeniert von Franz Ludwig Hörth, kam nun auch der „Faust" nach der Dresdner Premiere in Berlin Unter den Linden heraus. Schon vorher hatte die Staatsoper mit der Aufführung von Křeneks szenischer Kantate „Die Zwingburg" ihren Willen bekundet, Opern der jüngsten Schule zur Debatte zu stellen. Im allgemeinen aber überließ man Uraufführungen den großen deutschen Provinzstädten. Frankfurt, Köln, Dresden, Leipzig, selbst Stuttgart waren für solche Gelegenheiten nicht nur aufgeschlossener; die Komponisten und ihre Verleger zogen oft eine Premiere außerhalb Berlins vor. Zum Teil hing das damit zusammen, daß die Berliner Kritik als konservativ galt, und man glaubte, daß ihr Vorurteil gegen ein modernes Werk durch die Annehmlichkeiten einer Premierenreise in die Provinz gemildert würde.

Unter der Führung Adolf Weißmanns hatte sich allerdings auch die Berliner Musikkritik verjüngt und mehr und mehr den modernen Ideen aufgeschlossen. Hermann Springer, ausgezeichneter Wissenschaftler und Musikbibliothekar, hatte seit Jahrzehnten das Referat an der ultra-konservativen „Deutschen Tageszeitung", wo er zum Erstaunen vieler Leser begann, sich für die gewagtesten zeitgenössischen Musiker einzusetzen. Der Königsberger Walter Schrenk führte seit 1920 eine geistvolle und begeisterte Feder im Dienst der modernen Musik an der schwerindustriellen „Deutschen Allgemeinen Zeitung". Sigmund Pisling trug die Geistigkeit des Wiener Schönbergkreises in sein Musikreferat am „Acht-Uhr-Abendblatt", und nach seinem Tode 1926 setzte seine Witwe, Nora Boas-Pisling, selbst eine vielbewährte Sängerin modernster Musik, diese Tradition in noch verjüngter Weise fort. Mit Heinrich Strobel kam 1927 ein avantgardistischer Kämpfer, vor allem für die Sache Hindemiths, in die Redaktion des „Berliner Börsen-Couriers", wo schon der alte geistvolle Oskar Bie den Boden für alles Neue seit langem bereitet hatte. Und als Weißmann 1929 gestorben war, übernahm der Verfasser dieses Buches seine Position an der einflußreichen „B. Z. am Mittag".

Erich Kleiber wagte viel, als er Alban Bergs „Wozzeck" zur Uraufführung an der Berliner Staatsoper annahm. Schon daß der Komponist der Schönbergschule angehörte und in seinen damals in Berlin bekannten Kompositionen die äußerste Avantgarde vertrat, mußte ihn den konservativen Kreisen um die Staatsoper verdächtig machen. Lange vor Beginn der Proben hatte sich das Gerücht von den exorbitanten Schwierigkeiten verbreitet, die es für Sänger und Instrumentalisten enthielt. Zu alledem kam der Text. Georg Büchners „Wozzeck"-Drama, die Leidensgeschichte einer von vielen Seiten her bedrohten und gequälten Kreatur, ein sozi-

alistisches Stück von einem ehemals staatsfeindlichen Autor,
widersprach durchaus den Traditionen der ersten preußischen
Staatsbühne. Alban Berg, der den Text selbst bearbeitete, zog
das Wesentliche der Handlung in drei Akte zu je fünf Bildern
zusammen. Der erste Akt stellte zunächst den Soldaten
Wozzeck seinem weichmütigen, vulgär philosophierenden
Hauptmann entgegen, den er rasiert, dann seinem Freunde
Andres, ferner seiner Geliebten, Marie, und schließlich dem
experimentierenden Doktor. Die letzte Szene vor Mariens
Wohnung führt den Tambourmajor ein, die männisch-eitle
Uniform, der ihre Sinnlichkeit und Habgier verfällt. Der
zweite Akt zeigt Wozzecks psychologische Umformung
durch die Erkenntnis der Rolle, die der Tambourmajor in
Mariens Leben spielt, und gipfelt in der gespenstischen Wirts-
hausszene mit dem an Shakespeare und an Mussorgskys
„Boris Godunow" erinnernden Narren, der das Blut des
dumpf sich vorbereitenden Mordes wittert. Im dritten Akt
kommt es zum Mord; Wozzeck führt die ahnungsvolle
Marie, die gerade vorher ihr Gebet gesprochen hat, an den
Teich im Wald und ersticht sie mit einem Messer. An derselben Stelle ertrinkt er später bei dem Versuch, sich vom
Blut zu reinigen; Hauptmann und Doktor, die am Teich
vorbeikommen, ahnen nur, daß da ein Mensch stirbt. Die
letzte Szene, von Berg genial als Schluß konzipiert, zeigt den
Knaben, Mariens und Wozzecks Söhnchen, im Spiel mit
anderen Kindern. Der Botschaft, daß die Mutter tot sei, setzt
er, nur seinem Steckenpferd hingegeben, ein „Hopp, hopp"
entgegen. Er reitet fort; über leerer Bühne fällt der Vorhang.
Mit allen Naturalismen und Symbolismen, der Fülle skurriler
Figuren und greller Situationen, mit dämonisch glühenden
Monden und Naturlauten im windbewegten Schilf ist das
ein suggestiver Vorwurf für eine Oper. Bergs hypertrophisch
wuchernde Phantasie, dem Nächtlichen, Dämonischen,
„Unterschwelligen" mit Lust von jeher zugewandt, sieht sich
angesichts dieses Textes vor ein Pandämonium von Bildern

gestellt. Es scheint fast unmöglich, die Überfülle der Gesichte zu bändigen. In immer neuen Extravaganzen des Klangs, der rhythmischen, melodischen und instrumentalen Kombinationen droht die Inspiration sich ans Grenzenlose zu verlieren. Ein Riesenapparat schwebt ihm vor. Das Orchester mit vierfachem Holz und Blech plus Kontrabaßtuba besetzt, fünfzig bis sechzig Streicher dazu, zwei Paar Pauken, vielfaches Schlagzeug mit Rute, mehreren kleinen Trommeln, zwei Tamtams, endlich Xylophon, Celesta und Harfe. Das alles im Lauf der Oper mehrfach geteilt, mit einer Militärmusik, einer Heurigenmusik einschließlich Akkordeon und Gitarren, Geigen, die um einen Ton höher gestimmt sind, einem verstimmten Pianino, all das zu besonderen Effekten auf der Bühne verteilt. Für die dritte Szene des 2. Akts (die Auseinandersetzung Marie–Wozzeck) ein Kammerorchester, das genau der Besetzung von Schönbergs Kammersymphonie opus 9 nachgebildet ist (Flöte, Oboe, Englisch Horn, Es-Klarinette, A-Klarinette, Baßklarinette in B, Fagott, Kontrafagott, zwei F-Hörner, zwei Geigen, Bratsche, Violoncello und Kontrabaß). An Sängern drei Tenöre, ein Tenorbuffo, zwei Baritone, zwei Bässe, Sopran, Alt, Kammerchor. Drei Solisten (Wozzeck, Andres und ein Handwerksbursch) auch mit Sprechstimme à la „Pierrot Lunaire" eingesetzt.

Der Stil der Musik war prädestiniert; es konnte nur ein psychologischer Expressionismus sein, der auf Schönbergs „Glückliche Hand" aufbaute. Aber die Formen waren im Fall des „Wozzeck" ungleich breiter, die Gefahr eines chaotischen Auseinanderfließens unverkennbar. Berg stellte dem Chaos eine Remedur aus dem anderen Extrem entgegen. Er ging von einer formalen Struktur aus, die an Strenge nicht zu überbieten war. Die ganze Handlung und jede einzelne Szene wurde auf je eine Formgrundlage der absoluten Musik gestellt, deren Konturen genau mit dem szenischen Plan in Übereinstimmung gebracht sind.

Die erste Szene (Wozzeck rasiert den Hauptmann) hat die Form einer Suite, die mit einem Präludium beginnt, eine Art Pavane folgen läßt (philosophierender Monolog des Hauptmanns), dann eine Gigue (Unterhaltung über das Wetter), eine Gavotte mit zwei Doubles (Moralpredigt), eine Air (Wozzecks Exkurs über die „Tugend", beginnend mit „Wir arme Leut") und schließlich die variierte Reprise des Präludiums; dem allen wird eine Verwandlungsmusik über das thematische Material der Suite angehängt, die den Charakter einer symphonischen Durchführung trägt.

Die nun folgende Szene, wenn Wozzeck und Andres im Gebüsch Stöcke schneiden, ist eine Rhapsodie über drei fünfstimmige Akkorde, ein Stück von genialer Ausdruckskraft, das in einem langsamen Satz ausklingt und plötzlich von einem grellen Militärmarsch auf der Bühne übertönt wird. Marie sieht den Tambourmajor vorbeimarschieren. Und unmittelbar, nur von dem Wortwechsel mit der hämischen Nachbarin unterbrochen, schließt sich das Wiegenlied an, das Marie ihrem Kinde singt, ein unendlich zartes, inniges Stück Musik, reine Melodie, von sparsamen Akkorden begleitet.

Als Passacaglia mit 21 Variationen, also durchaus als „gelehrte" Form, ist die Szene in des Doktors Studierstube angelegt. Das Thema besteht aus zwölf verschiedenen Tönen; jeder von ihnen wird bei der Exposition in irregulären Rhythmen vielfach angeschlagen. Auch diese Passacaglia gehört zu den Vorstufen der Zwölf-Töne-Technik; „Wozzeck" wurde 1922 beendet.

Die kurze Szene, die den Treubruch Mariens zeigt, beschließt eindeutig und brutal den Akt; die Akkorde spielen, nach Art eines langsamen Trillers wechselnd, ins Leere. Es sind die gleichen Töne ces und des, mit denen auch die anderen beiden Akte ebenso unbestimmt enden werden.

Der ganze zweite Akt ist eine Symphonie in fünf Sätzen. Mariens Zimmer (Szene Marie, Kind, Wozzeck) als Sonatenallegro gesehen; die Stadtstraße mit Hauptmann, Doktor und

Wozzeck als dreithemige Phantasie, ein Thema für jede der drei Personen, die sich in der anschließenden Fuge kontrapunktisch verschränken; die Auseinandersetzung Marie—Wozzeck (dritte Szene) als Largo für Kammerorchester von 15 Instrumenten; der Wirtshausgarten mit den Betrunkenen als zweiteiliges Scherzo im Zeitmaß eines langsamen Ländlers, mit einem Trio, das den „Jäger aus Kurpfalz" pandiatonisch singen läßt, d. h. so, daß jede Stimme auf C einsetzt, dann aber jeweils eine Stufe höher hinaufstrebt, bis c, d, e, f, g, a zusammenklingen; die fünfte Szene (Wachstube) als Rondo martiale, eingeleitet von einem Chor der schläfrigen Soldaten.

Am merkwürdigsten ist der Aufbau des dritten Aktes, der aus sechs Inventionen besteht: über ein Thema (als Folge von sieben Variationen mit anschließender Fuge) in Mariens Stube; über einen Ton h in der Mordszene am Teich, mit dem unerhörten Effekt eines sukzessiven Einsatzes aller Instrumente (das Schlagzeug ausgenommen) auf dem kleinen h und anschließendem Crescendo; über einen unsäglich trivialen Polkarhythmus in der folgenden rüden Schenkenszene; über einen Sechsklang b-cis-e-gis-es-f und alle seine Transpositionen in der zweiten Teichszene mit dem Tod Wozzecks und dem Dialog Hauptmann—Doktor; über eine Tonart (d-moll) bei einem breiten Adagio-Zwischenspiel des Orchesters; und über eine gleichmäßige Achtelbewegung in der Kinderszene des Finales.

Diese phänomenale Mannigfaltigkeit musikalisch-formaler Gesichte ist aufgebaut auf eine kleine Anzahl von Kernmotiven, die dem Ganzen eine Kontinuität ohnegleichen geben. Klänge wie die Begleitungsakkorde des Wiegenlieds kehren als psychologische Widerhaken zurück, stellen Querverbindungen der Erinnerung her, ohne mit der primitiven Plakathaftigkeit Wagnerscher Leitmotive zu wirken. Polyphone Formen wie die Fuge werden in unmittelbarer begrifflicher Funktion der dramatischen Handlung eingebaut. Und

das Erstaunliche ist, daß diese Musik dramatisch und melodisch voller Spannung ist, einleuchtend auch demjenigen, der
von ihrer musikalisch-formalen Lückenlosigkeit nichts gewahr wird.

Wie Busoni im „Doktor Faust" versuchte Berg im „Wozzeck"
die Form der Oper durch absolut-musikalische Mittel und
klassische Strenge des Aufbaus zu legitimieren. Die höchste
künstlerische Moral war hier am Werk, die letzte Verant-
wortung trug eine Kunst des Extrakts und der geistigen Kom-
primierung, die wie ein Sturmwind über die Hörer niederging.
137 Proben hatte die Staatsoper an die Aufführung gewandt;
sie wurde zu einem musikalischen Weltereignis. Kleiber
dirigierte; Franz Ludwig Hörth vollbrachte ein Meisterstück
psychologischer Regie in den farbensatten, phantasievollen
Dekorationen von Panos Aravantinos. Leo Schützendorf als
Wozzeck, Fritz Soot als Tambourmajor und Sigrid Johanson
als Marie gaben der Wiedergabe eine sängerische und dar-
stellerische Dichte, die keinen Wunsch offen ließ.

So sehr die Meinungen für und wider das Werk aufeinander-
prallten, so viele Proteste es auch in die Generalintendanz der
Preußischen Staatstheater regnete, der Erfolg ließ sich nicht
aufhalten. Zwar schrieb Paul Zschorlich, einer der offensten
Feinde des neuen Stils, in seiner „Deutschen Zeitung", er
habe sich im Irrenhaus gefühlt. Aber „Wozzeck" blieb im
Spielplan, und alle Bannflüche, die seither noch von nationalsozialistischer (Alfred Rosenberg) wie von sowjetischer
(Boris Asafjeff) Seite gegen das Werk und seinen Komponisten ausgesprochen worden sind, zergehen in Nichts vor
der Echtheit und genialen Eingebung dieser Musik.

Den Weg, den Busoni mit „Doktor Faust" und Berg mit
„Wozzeck" gewiesen hatten, ging die deutsche Oper nur
zögernd weiter. Gewisse Elemente solcher musikalischen
Absolutierung der Oper zeigt viel später die „Lady Macbeth
von Msensk", das vielumstrittene zweite Opernwerk Dmitri
Schostakowitschs; in den Opern des Schönbergschülers Win-

fried Zillig („Rosse", „Troilus und Cressida") ist einiges von
dieser Tradition spürbar, und in Benjamin Brittens „Peter
Grimes" sind manche Wesenszüge, die sich auf Busoni und
auf Berg zurückführen lassen.

Paul Hindemith war von seinen erotisch-provozierenden Ein-
aktern bemerkenswert abgerückt, als er an die Komposition
seiner ersten abendfüllenden Oper „Cardillac" ging. Das
Stück, von Ferdinand Lion nach Motiven E. T. A. Hoffmanns über die Gestalt des Goldschmieds geschrieben, der
sich von seinen Erzeugnissen nicht trennen will und einen
Käufer mordet, ist ein durchaus romantisches Opernsujet,
das gut einer der Komponisten des 19. Jahrhunderts vertont
haben könnte. Hindemith machte allerdings keineswegs eine
romantische Oper daraus. Schon die kammerhafte Orchester-
besetzung, die zum zwei- bis dreifachen Holz ein Tenor-
saxophon fügt, nur ein Horn neben je zwei Trompeten und
Posaunen und eine Baßtuba stellt, das Schlagzeug stark, die
Streicher nur sechs- und vierfach besetzt und ein Klavier verlangt, ist eher klassischen Idealen des 18. Jahrhunderts zugewandt als romantischen. Man hat im Hinblick auf den
„Cardillac" von Beziehungen zur Händel-Renaissance gesprochen, die damals von Göttingen aus betrieben wurde.
Aber auch zu Mozart führen Fäden von dieser Partitur. Sie
ist die Liquidierung des durchkomponierten Musikdramas,
wie sie Busoni vorgeformt hatte, die Teilung der Vorgänge
in musikalisch definierte Formen, wie sie Berg im „Wozzeck"
durchführt. Aber dem Psychologismus Bergs stellt Hindemith
ein Ideal der Sachlichkeit und der „uninteressierten" Musik
entgegen. Das Formenwesen des „Cardillac" ist im musikalischen Sinne absolut und oft bewußt von jedem Anklang
an das Drama abgerückt. Es ist ein Simultanprozeß dramatischer und musikalischer Entwicklung, die sozusagen linear
gegeneinander herlaufen, wobei es gleichsam dem Zufall
überlassen bleibt, was sich für synästhetische Zusammenklänge ergeben mögen.

Und darin eben ist das Werk ebenso weit von Händel wie von Mozart entfernt, die ja immer bemüht waren, enge Zusammenhänge zwischen Text und Komposition zu schaffen. Die starke Inspiration, die Hindemith bei der Komposition gerade dieses Werks kaum je verlassen hat, sorgt, daß das Interesse des Hörers stets wachgehalten bleibt. Es gibt Formen, bei denen die Kongruenz zwischen Wort und Ton trotz aller anders gerichteten Ästhetik vollkommen ist; das kurze Vorspiel bereitet klar und präzis auf den Vorgang des ersten Bildes vor. Die Arie des Kavaliers, einige der Duette sind echte moderne Opernmusik. In anderen Szenen dominiert das Musikalische weit über die Szene, etwa in dem kanonischen Duett für zwei Flöten, das die Pantomime am Schluß des ersten Akts begleitet, in der neobarocken Arie mit konzertierenden Instrumenten (Violine, Oboe und Horn), zu denen sich der Sopran der Cardillac-Tochter im zweiten Akt gesellt. Und vor allem in dem großartigen Wechselgesang kurz vor dem Finale des Schlußaktes. Dies breit angelegte Variationenstück, das etwa die Form der Chaconne erweitert, ist auf ein sechsaktiges $^3/_2$-Thema aufgebaut, das neunmal unverändert in allen Oktavlagen wiederholt, dann in Abwandlungen von wechselnder Freiheit vor allem rhythmisch variiert wird, um in mächtiger Schlußsteigerung einen Formkreislauf von imposanter Größe abzurunden. Zu den Vorgängen, die ihren Wortausdruck in den Stimmen des Volks und dem Solo Cardillacs während dieses Bildes finden, steht die Musik in keinem äußerlich erkennbaren Zusammenhang.

Die Dresdener Staatsoper brachte den „Cardillac" im November 1926, also etwa ein Jahr nach der Berliner „Wozzeck"-Premiere zur Uraufführung, deren Erfolg dem Werk bei seinem Weg über viele deutsche Bühnen treu blieb. In Hindemiths geistiger Entwicklung bedeutet „Cardillac" die Überwindung des expressionistischen Hochspannungsstils und den Übergang zu Versuchen, die dem Neoklassizismus Strawinskys und der neuen Franzosen verwandt sind. Wie sehr die Versuche einer Rückorientierung im Sinne des klassisch Bewährten gerade um diese Zeit, um die Mitte der zwanziger Jahre an internationaler Ausbreitung gewinnen, das mögen zwei Daten bezeugen: im Jahr der „Cardillac"-Uraufführung beendet Alfredo Casella in Rom die Komposition seines erfolgreichsten neoklassizistischen Werks, der „Scarlattiana", nach Themen von Domenico Scarlatti für Klavier und Orchester. Und in Paris erscheint ein zweites Buch Jean Cocteaus, in dem sich der Dichter und Universalkünstler mit den Problemen der zeitgenössischen Musik befaßt, „Le Rappel à l'Ordre". Das ist abermals und endgültig die Absage an den musikalischen Impressionismus mit seinen poetischen Stimmungen und Stücktiteln, das Bekenntnis zu Strawinsky und zu Erik Satie, namentlich zu seiner „Parade". So sehr diese kleinen Schriften des Literaten auch vom rein Ästhetischen her an die Musik herangehen, vom Gesichtspunkt der Stilbildung und der Analyse und Definition der Moderne sind sie das Gewichtigste, was der Neoklassizismus Frankreichs dem theoretischen Schrifttum der Deutschen und Schweizer, namentlich Paul Bekkers und Ernst Kurths, entgegenzustellen hat.

Fast gleichzeitig mit Cocteau begann sich in Deutschland ein Mann mit Fragen des Theaters und der Musik zu beschäftigen, der in ähnlicher Weise Einfluß und Suggestion über viele Musiker seines Umkreises gewinnen sollte: Bertolt Brecht. Für ihn ist die Musik vor allem Funktion eines epischen und gesellschaftskritisch gerichteten Theaters, dessen Typen er in Berlin selbst praktisch erprobt. Brecht ist geflissentlich Antiästhet. Er nennt die Oper eine kulinarische Form, die er durch Elemente der Diskussion, der einfachsten und nackten Aussage überwinden will. Seinem dichterischen Geist schwebt der klare Begriff einer plakathaften Musik vor, die sich auf anspruchslose Formen, kurze Aussagen, faßliche Melodien und Rhythmen zurückzieht. Er möchte seinem Epischen Theater als formende Kraft eine Art leicht auf- und

abmontierbaren tönenden Spruchbandes einverleiben. All
das ist erfüllt von sozialistischen Gedanken, von dem
Wunsch, nein der Forderung, nach einer Kunst, die sich nicht
an Eingeweihte wendet. Musik als Betäubung, als Opiat, ist
Brecht so verhaßt wie das Theater der Illusion oder wie der
gedankenvernebelnde Weihrauchgeruch in der Kirche.

Das soziologische Fragezeichen stand hinter aller neuen
Kunst schon seit ihrem Aufkommen. In den Jahren nach der
Revolution von 1918 gingen Sozialismus und Avantgardis-
mus zunächst in begeisterter Freundschaft zusammen. Insti-
tutionen wie die Berliner Volksbühne stellten sich in den
Dienst aller radikalen Literatur, Musik und Bühnenbild-
kunst. Kestenbergs Musikreformen waren das Werk eines
Sozialisten, der in der Welt der Neuen Musik lebte. Noch
Klemperers Krolloper mit ihrem Publikum des kleinen
Mittelstandes und ihrem hypermodernen Spielplan stützte
sich 1927 auf diese Entente cordiale von Revolution und
Moderne. Im Geleitwort zum ersten Jahrgang seiner Zeitschrift „Melos" hatte Hermann Scherchen als einen der vier
Hauptteile ihres Arbeitsgebiets den „soziologischen Unterbau der Musik" bezeichnet. In Deutschland begann nach dem
ersten Weltkrieg ein großzügiger Versuch der Wissenschaftler, künstlerische Phänomene aus dem Gesichtswinkel
der Gesellschaftskritik zu untersuchen. Eine der Quellen
solcher Untersuchungen bildete Max Webers fragmentari-
sche, aus nachgelassenen Notizen zusammengestellte Schrift
„Soziologie der Musik", in der vor allem die historischen
Rationalisierungsprozesse in der Musikgeschichte analysiert
waren.

Brecht war an der wissenschaftlichen Seite des Problems zwar
auch interessiert und zog an seinen Diskussionsabenden zahlreiche moderne Komponisten in den Bann seines großartigen
Syllogismus. Aber noch wichtiger war ihm die praktische
Realisierung seiner Gedanken. Er begegnete um die Mitte
der zwanziger Jahre Kurt Weill, der mit Heinz Tiessen, Max

Butting, Philipp Jarnach, Stefan Wolpe, George Antheil und dem Verfasser dieses Buchs den musikalischen Sektor der Berliner „Novembergruppe" bildete. Weill hatte sich vom strengen Kammermusiker Busonischer Observanz zum Opernkomponisten entwickelt, der von Georg Kaiser und Iwan Goll seine literarischen Anregungen bezog. Weill stand 1927 im Scheinwerferlicht eines jungen Opernruhms. Am 2. März brachte die Berliner Staatsoper sein „Royal Palace" heraus, knapp drei Wochen nach der Leipziger Uraufführung von Křeneks Jazzoper „Jonny spielt auf", die schlagartig ihrem Autor Weltruf brachte. Weill war klug genug, die positiven Eigenschaften dieses unbedenklichen Erfolgswerks von Křenek zu sehen, die starke musikalische Phantasie des Wiener Altersgenossen, seine wienerisch-tschechische Musikantennatur, die ein merkwürdig bohrender Intellektualismus mühsam genug bändigte. Er sah aber auch die Schwächen des Stücks, seine literarischen Mängel, seine Haltungslosigkeit und Widersprüchlichkeit. Der Sensationserfolg des „Jonny" bestärkte ihn in der Überzeugung, die Oper müsse sich einfacheren Formen und sozialkritischen Stoffen zuwenden. Er suchte den Anschluß an das, was man damals das „Zeittheater" nannte.

Die „Dreigroschenoper" war die Probe aufs Exempel. Brecht hatte das Bettlerstück von Gay und Pepusch, das 1728 Händel zum Schließen seines Operntheaters zwang, modernisiert und auf seine Weise dichterisch und dramaturgisch erhöht. Er übernahm das Personal von Bettlern, Verbrechern und Dirnen, übernahm die Figur des Polizeipräsidenten, der mit den Verbrechern auf gutem Fuß steht, und übernahm schließlich den Grundton kaustischer Kritik an der herrschenden Klasse. Aber er übertrug alles ins Moderne.

Weill übernahm fast nichts. Er stellte dem Spiel eine Ouvertüre in fast hindemithischem Neobarockstil voran und gliederte den Stoff singspielhaft in Musiknummern, die gesprochener Dialog verband. Hauptform wurde das, was Brecht schon vorher als „Song" in seine Lyrik eingeführt, aber nicht über ein primitives Lautenlied-Gerüst hinaus differenziert hatte. Diese Songs hatten wechselnden Charakter, Foxtrott-, Shimmy- und Tangorhythmen, frechen oder sentimentalen Grundton. Sie waren melodisch außerordentlich leicht faßbar und gesanglich so einfach, daß es keiner Sängerstimmen bedurfte, sie richtig vorzutragen. Ja, gerade geschultes Singen war das, was ihnen am wenigsten gerecht wurde. Sie waren stilistisch aus der Spezies des Dienstmädchenliedes abgeleitet, eines tränenreichen, rubato zu singenden Typus, der auf Hinterhöfen einer Großstadt, von Drehorgel oder Akkordeon begleitet, die Bewunderung einfacher Gemüter fand. Weill steigerte den Typus durch maschinenhafte Synkopen, ruckhaften Harmoniewechsel (der sogar als „atonal" mißverstanden wurde, ohne es auch nur im entferntesten zu sein) und kleine Polyphonismen in der Begleitung. In einigen Fällen gewann der Stil an Tiefe und Bedeutsamkeit durch ensemblehafte Verbindung von Stimmen und durch Choralstücke. Die Erfolgsträger aber waren Songs wie das Lied des Mackie Messer „Und der Haifisch, der hat Zähne", der „Kanonensong", die „Seeräuberjenny".

Der Erfolg der „Dreigroschenoper" übertraf weit den von Kreneks „Jonny spielt auf". Jede bessere Schauspielbühne konnte sie spielen, und das Stück brachte es bald auf 2000 Aufführungen. Die moderne Musik, wenn auch in einer klassizistisch und durch Vulgärmelodik gemilderten Form, drang damit in die Welt des Schauspiels und später auch des Films vor. Weills Songstil wurde von Dutzenden von Komponisten übernommen und kopiert, in einigen Fällen auch über den Urtypus hinaus entwickelt. Alle deutsche „Gebrauchsmusik" der zwanziger und dreißiger Jahre trug seinen Stempel. Noch in den Opern des stilistisch so selbständigen und bedeutenden Boris Blacher, in den Opern Rudolf Wagner-Regenys, den Radiokantaten von Walter

Gronostay, den Rundfunkopern von Walter Goehr, den sozialistischen Funktionsliedern von Hanns Eisler ist die Nachwirkung des Weill-Songs spürbar.

Im selben Jahr 1927 fand in Baden-Baden das Kammermusikfest statt, das die Tradition der Donaueschinger Feste 1921 bis 1926 übernahm und dessen geistiger Leiter Paul Hindemith war. Es schloß sich nach vierzehntägiger Pause an das Musikfest der Internationalen Gesellschaft für Neue Musik in Frankfurt an. Niveau und Programm dieser beiden sommerlichen Veranstaltungen, die auf süddeutschem Boden von Ende Juni bis über die Julimitte 1927 sich erstreckten, waren erstaunlich. Busonis „Doktor Faust" leitete mottoartig das Frankfurter Fest ein, dessen Höhepunkte das Kammerkonzert für Klavier, Violine und 13 Instrumente von Alban Berg, das Concertino von Leoš Janáček, die Klavierkonzerte von Béla Bartók (Nr. 1) und von Ernst Toch, Streichquartette des Sowjetrussen Alexander Mossolow und des Busonischülers Wladimir Vogel, die Violinsonate von Alexander Jemnitz und die Music for the Theatre für Kammerorchester von Aaron Copland wurden. Auch Křeneks „Sprung über den Schatten" stand auf dem Rahmenprogramm.

In Baden-Baden stellte man eine Reihe von Miniaturopern nebeneinander, darunter Darius Milhauds „opéra-minute", „Der Raub der Europa", ein reizendes Kleinkunstwerk mit Zügen von neoklassischer Polytonalität und Hindemiths „Hin und zurück", ein Trick-Dramolet, dessen Handlung ebenso wie die Musik von der Mitte an Szene für Szene und Note für Note zum Ausgangspunkt zurückläuft; außerdem Ernst Tochs reizendes musikalisches Märchen „Die Prinzessin auf der Erbse" und schließlich ein Stück aus dem Geist der Dreigroschenoper, Brecht-Weills Songspiel „Mahagonny". Es war die Urfassung einer abendfüllenden Oper, die sich „Aufstieg und Fall der Stadt Mahagonny" nannte und deren Leipziger Uraufführung 1929 einen Proteststurm hervorrief. Brecht ging hier in der Härte seiner Gesellschaftskritik noch weiter; er zeigte Gauner, Vielfraße, Spekulanten und Huren in bilderbogenhaften Szenen von rüder Eindeutigkeit. Und auch Weills Songstil verschärfte sich, war konzentrierter im Melodischen, aufreizender in der Monotonie der Begleitung. Die Mahagonny-Oper wurde zum Sinnbild aufrührerischer Großstadtkunst; sie verkörperte in ungeschminktem Selbstbewußtsein das, was man von reaktionärer Seite her als Asphaltgeist beschimpfte.

Mit diesen Werken mündete die moderne Oper in den wachsenden Strom soziologisch und sozialistisch gebundener Funktionskunst; Weill selbst ging den Weg nicht weiter. Er hat mit Brecht zusammen noch zwei wichtige Arbeiten geschrieben, die aber nicht für die Bühne bestimmt waren: das Lehrstück vom Jasager und den „Lindberghflug", eine Art Radio-Oratorium, das Klemperer 1929 in Berlin uraufführte.

Betrachtet man das Repertoire und die Uraufführungsstatistik der deutschen Opernbühnen in den Jahren nach dem ersten Weltkrieg, so sieht man, wie der Geist der Neuen Musik sich immer mehr gegen die Trägheitsgesetze der Überlieferung durchsetzt. Von Köln aus findet Janáčeks tragische und genial-gefühlsstarke „Katja Kabanowa" 1922 ihren Weg auf die deutschen Bühnen. Szymanowskis „Hagith" wird 1923 in Darmstadt uraufgeführt, und im selben Jahr bringt Mannheims Nationaltheater die „Nachtigall" von Strawinsky heraus. Köln ist von den Großstädten der deutschen Provinz am rührigsten. Es hatte schon 1920 (zusammen mit Hamburg) die „Tote Stadt" des 23jährigen Wieners Erich Wolfgang Korngold herausgestellt, die jahrelang ein fester Bestandteil des deutschen Opernspielplans bleiben sollte, ein Werk des gesanglichen Impressionismus mit straußischen Klangverschärfungen. Vier Jahre später wagte sich Köln an die Uraufführung von Franz Schrekers „Irrelohe" und 1925 an Prokofieffs „Liebe zu den drei Orangen". Auch die Opern und Ballette Strawinskys,

Bartóks, de Fallas fanden immer mehr das Interesse der deutschen Bühnen. In diesen Jahren erlebte Schreker den Höhepunkt seiner Beliebtheit, bis dann nach den geringen Erfolgen von „Irrelohe" und „Der Schmied von Gent" auch sein übriges Schaffen allmählich an Schätzung verlor.

Das Beispiel von Křeneks „Jonny" und das noch verwirrendere von Weills „Dreigroschenoper" wirkte indessen auch auf einen Musiker von anderer Artung wie Paul Hindemith. Er war seit 1927 Professor an Schrekers Berliner Hochschule, und in seiner Klasse herrschte der heitere Musiziergeist, der immer um ihn gewesen ist. In Berlin aber gerät Hindemith, ein von Natur aus gar nicht großstädtischer Typus, in den Bann eines amerikanistischen Urbanismus, der damals die meisten europäischen Weltstädte beherrschte. Berlins Broadway, der Kurfürstendamm, will seine eigene Kultur durchsetzen, eine Art Wiedergeburt der Offenbachkultur in den fünfziger und sechziger Jahren von Paris. Die kleinen Schauspielbühnen des mondänen Berliner Publikums stellen einen neuen Revuetyp heraus, kleine, mit Geist gemachte, von aktuellen Anspielungen erfüllte Singspiele für hervorragende Schauspieler. Die besten Männer der leichten Musik, Friedrich Holländer, Mischa Spoliansky und Ralph Benatzky, schreiben Partituren dazu, in denen sich Jazz, Wiener Walzer und vorsichtig dosierte harmonische Kühnheiten verbinden. „Die fleißige Leserin" und „Es liegt in der Luft" werden berühmt; manche von diesen Kleinkunstwerken bringen es zu monatelangen Aufführungen en suite.

Einer der Mitarbeiter des Berliner Boulevardtheaters ist der Kabarettist und Lyriker Marcellus Schiffer, der nach einer atemberaubenden Karriere plötzlich Selbstmord begangen hat. Mit ihm tat sich Hindemith zusammen; Resultat war eine heitere und aktuelle Oper vom Typus der neusachlichen „Gebrauchsmusik". Sie hieß „Neues vom Tage", behandelte im Stil eines Brettl-Oratoriums die Großstadterlebnisse eines mondänen Paares und stieß den kleinbürgerlichen Geschmack durch vieles vor den Kopf. Die meistbestaunte Szene war die, in der die Heldin in der Badewanne sitzend ein Lob der Warmwasserversorgung singt. Es war viel dadaistischer Ulk in dem Stück, wie die pathetisch gesungene Vorlesung eines Geschäftsbriefs, aber auch viel ausgezeichnete Musik. Die zauberhafte Ouvertüre mit dem Geräusch rhythmisch bedienter Schreibmaschinen ist ein Kabinettstückchen, das auch Furtwängler seinen philharmonischen Abonnenten nicht schuldig blieb. Die Aufführung der Oper fand am 8. Juni 1929 während der Berliner Kunstwochen in der Krolloper statt. Klemperer dirigierte sie. Das Werk trug viel dazu bei, die Situation der Krolloper und die der modernen Musik überhaupt zu verschlechtern. Schon damals begann die politische Hetze gegen Hindemith und das Institut am Platz der Republik (schon dieser Name war odios), die in die Kulturpolitik des Hitlerreichs münden sollte. Ja, es wird behauptet, daß Hitler einer Aufführung von „Neues vom Tage" beigewohnt hat, die ihn mit unstillbarem Haß gegen Hindemith und alle artverwandte Musik erfüllt habe.

Wenige Monate vor dieser Premiere beendete Arnold Schönberg in Berlin die Komposition einer Oper, deren textliche Voraussetzungen denen von Hindemiths Buffa nicht unähnlich sind, „Von heute auf morgen". Allerdings ist die Musik bei aller Heiterkeit so schwer zugänglich und kompliziert, daß sich nach der Frankfurter Uraufführung unter Hans Wilhelm Steinberg 1930 nur noch die Berliner Funkstunde an eine Aufführung wagte. Schönberg selbst leitete sie, und für die unsagbar schweren Gesangspartien standen ihm Interpreten wie Margot Hinnenberg-Lefèbre und Gerhard Pechner zur Verfügung.

Mit dieser heiteren Oper hat Schönberg die volle, souveräne Freiheit in der Komposition mit zwölf aufeinanderbezogenen Tönen erreicht; der Weg dahin führt über die Chöre opus 27 und 28 und die Suite opus 29 (für Klavier, drei Klarinetten und Streichtrio) zu dem dritten Streichquartett für Elizabeth

Sprague-Coolidge, das die Kolisch-Quartett-Leute in den Musikstädten von halb Europa spielen, und die Orchester-variationen opus 31, die in einem Berliner Philharmonischen Konzert unter Furtwängler schon im Publikum scharfe Aus-einandersetzungen verursachten. Jedes dieser Werke ist eine andere Probe auf die Vielseitigkeit der neuen Ordnung; in den Drei Satiren für gemischten Chor findet die Abneigung Schönbergs gegen Folkloristen und Klassizisten, namentlich aber gegen Strawinskys Musik ihren tönenden Ausdruck, nicht nur in den beißend scharfen Texten von ihm selbst, sondern auch in den parodistischen Wendungen der Musik.

Die Ablehnung des Folklorismus teilt Strawinsky mit ihm. Auch er stellt in den Jahren 1925 bis 1930 Werk auf Werk heraus, die von ihm erstrebte Ordnung erprobend und be-während, die nicht wie die Schönbergs vom Material ausgeht, sondern vom Stil. Der Klassizismus nimmt vielerlei Gestalt an, sucht sich verschiedenste Vorbilder. Im „Oedipus Rex", zu dem Cocteau den Text liefert (der dann ins Lateinische übertragen wird), sind es mittelalterliche und antik-helle-nische Muster, die stilisiert werden, in dem Ballett „Apollon Musagète" wird ein barockes, lullysches Ideal vorgespiegelt, im „Baiser de la Fée" liefern Tschaikowskysche Melodien die Substanz, im „Capriccio" für Klavier und Orchester, dessen Uraufführung Strawinsky selbst im Salle Pleyel zu Paris spielt, ist es etwa die romantische Brillanz Carl Maria von Webers, an der sich der Satz orientiert.

Beide Komponisten sind nun Weltbürger und in gesicherten Lebensverhältnissen; wie Schönberg in London, dirigiert Strawinsky die Uraufführung seiner Orchester-Etüden und später die des Violinkonzerts in Berlin als Gast der Funk-stunde. Wie Strawinsky in Nizza, findet Schönberg in Nordspanien ein Haus in südlicher Landschaft und mildem Klima.

An ihren Werken orientiert sich die Majorität der Kom-ponisten, die an der sprachbereichernden Neuordnung des

Stils teilhaben. Selbst die Folkloristen, soweit sie eigenes
Gewicht zeigen, vor allem Bartók, stehen zwischen Schönberg und Strawinsky, dem einen oder dem anderen näher.
Einen Ausgleich der beiden Ordnungen, von ihren Mitteln
das jeweils auswählend, was dem synthetischen Ziel entspricht, stellt erst die nächste Generation her. Und immer
mehr erweisen sich als die fruchtbarsten Kräfte dieser zweiten
Neutöner-Generation Paul Hindemith und Darius Milhaud.
Seit „Neues vom Tage" ist Hindemith dem Theater für eine
lange Weile untreu geworden. Er ist in pädagogisch-prag-
matische Aufgaben vertieft, arbeitet an einer Systematisierung
seines Kompositionsunterrichts, aus der viel später die
„Unterweisung im Tonsatz" hervorgehen sollte. Ihn beschäftigen Fragen der Praxis wie die Aufführung alter Musik
auf den Instrumenten der Entstehungszeit; zusammen mit
Georg Schünemann, beraten durch die Autorität Curt Sachs',
bemüht sich Hindemith um Gamben, Violen, Zinken und
Pommer. Für Schulen und Laien werden Chöre und Instru-
mentalsätze geschrieben. Allmählich aber reift wieder ein
großes Werk, ein abendfüllendes Oratorium auf einen philosophierenden, sprachlich hochdifferenzierten, dem naiven
Musikantenideal Hindemiths durchaus nicht konformen Text
des Arztes und Schriftstellers Gottfried Benn. Das Stück
kommt 1932 in Berlin unter Klemperer mit Adelheid Arm-
hold (Sopran) zur Aufführung. Es enthält geniale Musik, im
Solistischen wie im Chorischen zeigt es eine neue Einfachheit
und Wesentlichkeit, die über das kühlherzliche Sachlichkeits-
ideal des motorischen Hindemithstils ebenso weit hinaus-
weist wie über die expressionistische Religiosität des „Marienlebens". Aber die Krise, an der Hindemith innerlich arbeitet,
wird in der Aufführung ganz deutlich. Von dieser literarischen Intellektualität und kritischen Zeitanalyse aus gibt es
keinen Zugang zu Hindemiths synthetischer Tonsprache.
Das Schisma des neuen deutschen (und nicht nur deutschen)
Geistes wird bloßgelegt.

An diesem Schisma nimmt Frankreich nur als Beobachter teil. Hier sind die traditionellen Kräfte der Zusammenfassung ungleich stärker; das Lebens- und Geistesideal des westlichen, des romanisch-westlichen Menschen empfindet die Form in jedem Sinne als eine Verpflichtung und einen schönen Adel. Zerstörung von Formen kann nie auf längere Zeit das Ziel dieser Menschen sein. Die Konsolidierung des französischen Geistes, auch wo er sich als Avantgarde absondert, ist im Zeichen der Form nie ein Problem gewesen.

Darius Milhauds Freundschaft mit Paul Claudel geht auf die Kriegsjahre zurück, in denen er von dem Dichter und Botschafter als Marineattaché an die französische Botschaft in Rio de Janeiro verpflichtet wurde. In Werken wie „L'Homme et son Désir", den Quatre Poèmes und den Aeschylos-Übersetzungen („Les Choephores") hatte es früh (seit 1915) einen guten Zusammenklang zwischen Claudels Versen und Milhauds Musik gegeben. Aber Milhauds vielseitiger Geist verlangte noch andere Bindungen. Nach André Gides Text schreibt er 1917 die Kantate „L'Enfant Prodigue", nach einem Szenar von Blaise Cendrars „La Création du Monde" mit der idée fixe eines Blues-Melismas. Mit Jean Cocteau hat er mehrfach zusammengearbeitet, seit die Farce „Le Bœuf sur le Toit" ihre Namen zum erstenmal vereinte. Das Ballett „Le Train bleu" ist, auch im Satieschen Geist eines intellektualisierten Varietés, ihr gemeinsames Werk ebenso wie „Le pauvre Matelot", eine kleine Oper, die 1927 an der Opéra Comique herauskommt und von da ihren Weg über Europa findet. An der Berliner Krolloper steht das tragische Werkchen auf einem französischen Repertoireabend neben Ravels „L'Heure espagnole" und Jacques Iberts „Angélique".

Der große dramatische Wurf aber führt zu Claudel zurück. Zwischen dem dreißig Jahre älteren katholischen Mystiker und konservativen Experimentator Claudel und dem nervösen südfranzösischen Anti-Impressionisten aus jüdischer Patrizierfamilie, Milhaud, besteht eine merkwürdige Wahlverwandtschaft. Ihre Geister finden sich in der gewaltigen Konzeption einer dramatischen Lebensgeschichte des Columbus. Claudel sieht in ihm den Einiger der katholischen Welt, den tragischen Erfüller des Pionierschicksals, fast einen Heiligen. Milhaud reizt an dem Stoff die Weltweite, das Kaleidoskop von surrealistisch ineinander greifenden Bildern, die phantastisch-exotische Welt der Aztekengötter, der Pomp des spanischen Hofzeremoniells. In 27 Bildern spiegelt sich die Lebenskurve des Entdeckers. Columbus tritt sich selbst gegenüber; der Greis setzt sich mit dem Jüngling auseinander. Huichtlipochtli, Quetzalcoatl, Tlaloc und Ixtlipetzloc, die Heidengötter, inszenieren ein phantasmagorisches Tauziehen, um die Caravelle der Spanier im Sturm zu zerbrechen. Der Christengott ist stärker.

Im Personenverzeichnis der Manuel de Falla gewidmeten Partitur steht als eine Hauptfigur: der Chor. Er hat überragende Bedeutung in der Verdeutlichung der Texte und der Handlung. Er ist Hauptperson, ganz wie in der griechischen Tragödie. Zu der Handlung auf der Szenenfläche gesellt sich eine zweite, die filmisch auf eine erhöht gespannte Leinwand projiziert wird. „Eine Seelenlandschaft", sagt Claudel im Vorwort, „tritt hier an die Stelle der alten, materiellen Landschaft."

Für die Komposition baute Milhaud seine Polytonalität ins Monumentale aus. Zwei, drei, vier Tonarten werden konsequent verkoppelt, Akkordfolgen gegeneinander geführt, und so entsteht eine Vielschichtigkeit des Klangs, des harmonischen Gewebes, die ebenbürtig neben der Vielschichtigkeit der Dichtung sich behauptet. Das Hauptgewicht liegt im Vokalen; gegen die Solostimmen und Chöre tritt das relativ schwach besetzte Orchester meist zurück. Nur die Schlagzeuggruppe erhebt sich zu großer Bedeutung und Selbständigkeit. Ganze Teile der Partitur, vor allem die vom Erzähler gesprochene Chronik, werden nur von Schlaginstrumenten begleitet. Die Ostinatotechnik, von Strawinsky übernommen, wird für Szenen eingesetzt, die sich ganz auf der Wiederholung eines kurzen Motivs aufbauen. Neben Strecken von äußerster Härte und „depouilliertem" Klang stehen solche von fast impressionistischer Weichheit und glitzerndem, pointillistischem Glanz. Manches ist mit einer provençalischen Grelle und Flachheit der Farbe hingesetzt, wie die spanischen Rhythmen und Synkopen, die den Hafen von Cadix schildern, in die eine transformierte Volksliedhaftigkeit hineinspielt.

Die Aufführung des genialischen, selbst in seinen dramaturgischen Schwächen noch anregenden „Christoph Columbus" fand am 6. Mai 1930 in der Berliner Staatsoper statt. In Paris wäre sie an der finanziellen Schwäche der Nationalopern gescheitert. Berlin setzte für die „Welturaufführung" (der tautologische Ausdruck war von der Filmindustrie in den deutschen Theaterbetrieb übernommen worden) seine besten künstlerischen und materiellen Kräfte, die Bühnentechnik der neu umgebauten Staatsoper Unter den Linden (der Bau hatte elf Millionen Mark gekostet, bot aber nun Möglichkeiten wie kaum ein anderes Theater der Welt), die reife Dirigentenkunst Erich Kleibers, die nimmermüde Phantasie des Regisseurs Franz Ludwig Hörth, die Farbenfülle des griechischen Malers Panos Aravantinos ein. Es wurde eine Wiedergabe von unerhörter Vollkommenheit und Eindruckskraft. Milhaud wohnte ihr bei; zu einer der Wiederholungen kam auch Claudel.

Dem Presse-Echo widmete das Mai-Juni-Heft der Monatsschrift „Melos" eine eigene Untersuchung. Der Schauspielkritiker Herbert Ihering erklärte sich im „Tagebuch" mit hohem Respekt gegen das Stück: „Es gibt kein Werk, in dem alle Elemente der Entwicklung und des Stillstandes, der Aktion und des Besinnens so nebeneinander liegen ... der Versuch, alle Formelemente des modernen Theaters in den Dienst der katholischen Bewegung zu stellen ... In der Mitte der Erzähler, also episches Theater, und auf der

Hinterbühne große Oper mit allem dekorativen Zauber. Lehrstück und Messe. Brecht und Calderon, Piscator und Richard Wagner ..." Zschorlich in der „Deutschen Zeitung" sprach von einem europäischen Skandal, dürftigem Zeugnis der Impotenz, mißtönender Mache und musikalischem Schwindel.

Der politische Unterton fast aller Kritiken fällt auf. Man beginnt in Deutschland schon, Kunst und Kultur gar nicht mehr anders als unter dem Blickwinkel von Politik und Weltanschauung sehen zu können. Als die Frankfurter Oper knapp drei Wochen später die Uraufführung von George Antheils „Transatlantic" herausbrachte, mit einer Präsidentenwahl, einem Personenverzeichnis voller Namen aus Ilias und Odyssee, Jazzklängen und Oratorienformen, war die Wirkung nicht weniger aufreizend.

Das Jahr 1930 brachte in Deutschland einen unüberbietbaren Rekord an Aufführungen neuer Musik. Berlin hatte seine traditionell gewordenen Kunstwochen, bei denen die Mailänder Scala, das New Yorker Philharmonische Orchester unter Arturo Toscanini und viele andere Attraktionen geboten wurden, durch eine Veranstaltung „Neue Musik Berlin 1930" erweitert. Dabei gab es schon bei der Programmbildung Kontroversen zwischen dem veranstaltenden Magistrat und den Vertretern sozialistischer Funktionsmusik, namentlich dem Dichter Bertolt Brecht, den Komponisten Hanns Eisler und Kurt Weill. Die Programme zeigten als Neuheiten Originalwerke von Hindemith und Ernst Toch für das damals noch wenig bekannte Trautonium, ein Ätherwellen-Instrument, das der Berliner Ingenieur Dr. Ludwig Trautwein erfunden hatte, und eine Anzahl von Lehrstücken (Tochs „Wasser" nach einem Text von Alfred Döblin) und Kinderspielen („Wir bauen eine Stadt" von Hindemith, „Das schwarze Schaf" von Paul Höffer usw.) und Rundfunkstücken („Orpheus" von Robert Seitz und Paul Dessau, „Sabinchen" von Hindemith).

In Königsberg stand das Tonkünstlerfest des Allgemeinen Deutschen Musikvereins unter der Leitung Hermann Scherchens, der dort Musikchef des Rundfunks und gerade zum Ehrendoktor der Universität gemacht worden war. Auch hier trat Ernst Toch in Erscheinung, und zwar mit einer Oper „Der Fächer". An Symphonischem gab es ein Werk von Nikolai Lopatnikoff, einem hochbegabten russischen Neoklassizisten, und die wilde, erschreckende Sinfonia Fugata von Wladimir Vogel, dem Polyphonisten aus Busonis Schule, der sich später zum Dodekaphonismus bekannte.

Wolfgang Fortner fiel mit einem ersten Streichquartett auf, von Alban Berg gab es die Baudelaire-Konzertarie „Der Wein" und im Opernhaus den „Wozzeck". Derselbe „Wozzeck" wurde in einer Aufführung des Aachener Stadttheaters den Besuchern des Internationalen Musikfestes der I.S.C.M. in Lüttich geboten, wo die naturalistische „Eisengießerei" (heute in der Sowjetunion ein verpöntes Stück) von Alexander Mossolow neben dem erdfernen, in zwölftönigen „Tropen" geschriebenen Violinkonzert von Josef Matthias Hauer, ein hochpolyphones Präludium von Ernst Pepping neben der Sportdichtung „Start" des Prager Neoklassizisten Pavel Bořkovec stand, und wo das Pro-Arte-Quartett eine seiner unvergessenen Aufführungen des vierten Streichquartetts von Bartók zeigte.

Neben diesem Musikfest der I.S.C.M. aber gab es noch eines, das die deutsche Sektion in Bad Pyrmont veranstaltete und wo neben dem polnischen Strawinskyjünger Alexander Tansmann, dem Wiener Hans Jelinek (einem späteren Zwölftöner), dem Schweizer Frank Martin und dem Ungarn Matyas Seiber den Haupterfolg Vladimir Vogel für seine „Vokalisen" für Chor und fünf Saxophone buchen konnte. Die bedeutendste Veranstaltung aber war die in München vom 2. bis 11. Oktober abgehaltene „Woche neuer Musik". Sie brachte unter anderem an Uraufführungen Ernst Křeneks

4. Quartett, das Schulwerk von Carl Orff und Karl Marx, Funkspiele von Gerhart von Westerman („A propos Bahnhof") und Werner Egk („Trebitsch Lincoln"), Slowakische Lieder von Hans F. Redlich, Kantaten von Karl Marx, Hermann Reutter, Béla Bartók und Orff. Im gleichen Rahmen brachte Scherchen im Mai 1931 Alois Hábas Vierteltonoper „Die Mutter" und G. Francesco Malipieros Oper „Komödie des Todes" zur Uraufführung.

Indem aber die Neigung, neue Musik in Festen zusammenzufassen, zunahm und um 1930 einen Höhepunkt erreicht, von dem es rasch abwärts ging, verlor in Berlin schon die Sektion der Internationalen Gesellschaft für Neue Musik derart an Zuspruch, daß man die Einstellung ihrer Konzerte erwog. Neue Musik war tatsächlich zu einem Bestandteil der Programme geworden. Die wichtigsten Richtungen waren konsolidiert, ihre Träger zu Ruhm und Ansehen gelangt. Vom Technischen und Ästhetischen her war 1930 der Kampf um die Neue Musik im wesentlichen beendet. Sie war längst ins Zentrum einer ganz anderen Auseinandersetzung gerückt worden: der politischen von links und rechts.

Viele begabte Musiker der jüngeren Generation hatten sich zum Sozialismus bekannt und stellten ihre Arbeit ganz oder teilweise in seinen Dienst. In Berlin leitete Heinz Tiessen den „Jungen Chor" und den Schubert-Chor. Da gab es Funktions- und Kampflieder von ihm selbst, von Scherchen, Paul Höffer, Leo Spies, Hugo Distler, Hanns Schröder, Hanns Eisler, Hermann Simon. Werke wie der „Jasager" von Brecht und Weill, das Lehrstück von Brecht und Hindemith, die „Maßnahme" von Eisler gehören (bei aller ideologischen und musikalischen Verschiedenheit der Voraussetzungen) sämtlich dieser Sphäre an und halten einen künstlerischen Standard, der ihrer Autoren würdig ist.

Es ist bemerkenswert, daß der musikalische Stil aller dieser „Gebrauchsmusik" nach heutigen sowjetischen Begriffen westlich dekadent und unzulässig ist, durchaus ebenso unzulässig wie etwa ein „formalistisches" Werk von Schönberg, Strawinsky oder Hindemith.

Auf der nationalsozialistischen Seite konnte diesen Werken nie Ebenbürtiges an die Seite gestellt werden. Die Schlagworte, mit denen der Nationalsozialismus sich gegen die Neue Musik wandte, und sie, ihre Vertreter und Wortführer schließlich ausmerzte, sind zum größten Teil wörtlich identisch mit denen, die etwa seit 1930 von sowjetischer Seite aus gegen sie formuliert wurden.

Nur auf katholischer Seite entstand eine Literatur, die als ideologisch-musikalisches Gegengewicht gegen die sozialistische Funktionsmusik zu gelten hat. Ihr Hauptwerk ist die 1930 (vom Januar bis August) komponierte Psalmensymphonie von Strawinsky, „komponiert zum Ruhm Gottes, und dem Bostoner Symphonie-Orchester zur Feier seines 50jährigen Bestehens gewidmet". Das Werk leitet eine neue Epoche in der Kunst Strawinskys ein; es ist, bei fester Tonalität, von einer nahezu schönbergischen Strenge und Logik des Aufbaus, aus wenigen Motivkeimen wahrhaft symphonisch entwickelt, gipfelnd in einer Doppelfuge für Chor und Orchester.

In allen diesen Werken, den heiteren Gebrauchsopern von Hindemith, Křenek, Weill und Schönberg, den Arbeiter-Chorliedern von Eisler und Tiessen, den Messen und biblische Texte verwendenden Chören von Strawinsky, Kodály und Janáček, ist trotz aller weltenfernen Distanz doch eine gemeinsame Tendenz unverkennbar. Die Neue Musik, einst esoterisch und ohne jeden Wunsch nach Resonanz in eiserner Logik entwickelt, soll an breitere Hörerkreise herangetragen werden. Das Publikum der Theater, die Gemeinschaft des Arbeiter-Chors, die Gemeinde der katholischen oder protestantischen Liturgie werden an ihre Probleme herangeführt. Der soziologische Unterbau, auf den 1920 Scherchen im „Melos" hingewiesen hat, wird systematisch verbreitet.

Hatte die Epoche des Experiments, in der alle bestehenden Traditionen in Frage gestellt wurden, das Jahrzehnt von etwa 1910 bis 1920 ausgefüllt, so war die Zeit bis 1930 der Neuordnung, der Aufstellung anderer Gesetze oder, wie es Strawinsky etwas heiterer nennt: Spielregeln gewidmet. Von 1930 an hätte die Ausbreitung beginnen sollen. Die politische Entwicklung des Abendlandes wollte es nicht. Noch ein paar Jahre waren der Entwicklung der avantgardistischen Künste vergönnt, dann wurde der fortschrittliche Geist auf das Prokrustesbett der totalitären Kulturen gelegt und nach dem Belieben der Machthaber zurechtgestutzt. Die europäische Avantgarde emigrierte. Sie fand neue Lebens- und Wirkungsmöglichkeiten in der Neuen Welt. Die Flamme ihres Vermächtnisses erlosch nicht. Sie wurde, wie das olympische Feuer, weitergetragen, an ferne Küsten, um von dort zurückzuleuchten in ihre Ursprungsländer.

Als nach 1933 die Apokalypse der politischen Verwirrung fast alle großen Musiker der europäischen Avantgarde in ihren Heimatländern rechtlos machte, begann eine Massenemigration. Arnold Schönberg, Ernst Toch, Erich Wolfgang Korngold, Ernst Křenek, Paul Hindemith, Béla Bartók, Igor Strawinsky, Darius Milhaud, Karol Rathaus und viele andere, auch Theoretiker und Kritiker wie Paul Bekker, Alfred Einstein und Theodor Wiesengrund-Adorno, fanden in den Vereinigten Staaten die neue Heimat. Ihr Einfluß auf die junge amerikanische Generation ist außerordentlich stark gewesen.

Es hätte indessen dieses Einflusses nicht bedurft, um in Amerika die Sache der Neuen Musik bodenständig zu machen. Die Revision der überlieferten Kompositionsmittel hatte hier sehr früh begonnen, und wenn ihr auch Breite der Resonanz zunächst versagt war, ließ sie doch an Radikalismus der Gesinnung und der Erneuerung nichts zu wünschen übrig. Seit der Jahrhundertwende schrieb der 1874 geborene Charles Ives Werk auf Werk einer sehr persönlichen, oft zum radikalen Experiment neigenden Musik nieder. Symphonien, Lieder, Kammermusik und gewaltige Sonaten für Klavier allein oder in Verbindung mit anderen Soloinstrumenten zeigen seine Phantasie, seine bald unbeholfene, bald kühne Satztechnik. Neben völlig konventionellen Arbeiten stehen schon früh solche, in denen die Tonart liquidiert wird, mehrere Tonarten zusammengekoppelt auftreten, Volkstänze zu skurrilen polyphonen und polymetrischen Gebilden vereinigt werden. Zwischen 1909 und 1915 schreibt Ives seine riesenhafte viersätzige „Concord"-Sonate mit Anspielungen auf die Geschichte der Vereinigten Staaten,

Zitaten aus der amerikanischen Folklore und aus Beethovens Fünfter Symphonie, harmonischen und rhythmischen Experimenten, Tontrauben, wie sie Henry Cowell 1912 in Kalifornien vorgeführt hatte. Erst 24 Jahre nach seiner Vollendung wurde das Werk in New York uraufgeführt.

Carl Ruggles, nur zwei Jahre jünger, aber viel später zu eigenem Stil vorgedrungen als Ives, ist der andere amerikanische Neutöner dieser Generation. Sein Name ist seit der Aufführung seiner „Angels", einer kurzen, aber hochdissonanten Komposition für sechs Trompeten beim Internationalen Musikfest in Venedig 1925 ein Begriff. Ruggles entwickelt da und in seinen späteren Werken eine Polyphonie der kleinsten Stimmabstände, durch die die musikalischen Spannungen bis an die Grenze der Erträglichkeit gezogen werden. „Angels", 1920 komponiert, bildet einen Teil einer Symphonie, die Ruggles „Men and Angels" nennt; ihr läßt er 1924 „Men and Mountains", 1925 ein Werk für Streichorchester, „Portals", folgen. 1932 entsteht sein meistgespieltes Werk „Sun-Treader".

Das Experimentieren mit engliegenden Intervallen, Tontrauben und vielstimmigem dissonantem Kontrapunkt wird zum Spezifikum der amerikanischen Musik seit etwa 1910. Es bildet eine Sonderrichtung der Moderne und entwickelt einen erweiterten Klangsinn, der nicht unbedingt von der Voraussetzung der Atonalität ausgeht, sie aber in den harmonischen Ergebnissen vielfach bestätigt. Die Wurzeln dieser Versuche liegen bei Debussy, seinen vieltönigen Akkordketten und Zusammenklängen von zwei bis drei Sekunden-Intervallen, die ihrerseits wieder auf Mussorgsky zurückgeführt werden können. Zum Champion der Bewegung wird nach frühen Anfängen Henry Cowell (1897), der in seinen Klavierstücken Akkordsäulen von zwei Oktaven Länge mit beiden Unterarmen anschlagen läßt und aus diesen geräuschnahen Klängen wirklich musikalisches Material gewinnt. Cowell verkörpert die Synthese von Mathematiker,

Ingenieur und Komponist, die für einen wichtigen modernen
Musikertypus so bezeichnend ist. Er studiert nicht nur Komposition, sondern auch vergleichende Musikwissenschaft (bei
Erich von Hornbostel), macht sich die Kulturen asiatischer und
indianischer Stämme zu eigen, erfindet elektrische Instrumente
zusammen mit dem russischen Physiker Leon Theremin.
Ähnliche Ziele der Verbindung von Musik und Technik verfolgt ein Mann, der zwar nicht in Amerika geboren, aber für
die amerikanische Avantgarde entscheidend wichtig geworden ist: Edgar Varèse. Franzose italienischer Abkunft,
Weltbürger der Gesinnung nach, in Paris 1885 geboren,
Freund Debussys und Busonis, kam Varèse 1915 nach
Amerika. Er gründete 1921 die International Composers'
Guild in New York, wo er schon 1919 mit einem Orchester-
konzert für Neue Musik eingetreten war. Sie wurde 1926 aufgelöst, nachdem ihre Tätigkeit weitgehend in die der Internationalen Gesellschaft für Neue Musik übernommen worden war. 1923 wurde in New York sein „Hyperprism" für
Bläser und Schlagzeug aufgeführt. Leopold Stokowski stellt
1926 und 1927 in Philadelphia seine „Amériques" und
„Arcana" zur Diskussion. 1931 entsteht in Paris das Werk,
das die Tendenzen der vorhergegangenen exemplarisch zu-
sammenfaßt. Es heißt „Ionization" und verwendet ausschließlich Schlagzeug mit unbestimmter Tonhöhe und tiefe
Tontrauben des Klaviers. Varèse ist, praktisch wie theoretisch, der radikalste Verfechter des Gedankens, daß die
moderne Menschheit noch in musikalischen Begriffen des
17. und 18. Jahrhunderts lebt und daß nur ein gründlicher
Rationalisierungsprozeß, gefördert durch Mathematik und
neue Instrumente, eine wahrhaft aktuelle Musik herbeiführen kann. Seine Geräuschmusik setzt Bestrebungen fort,
die von den italienischen Futuristen um Russolo und Pratella
begonnen und als Bruitismus bezeichnet wurden. Varèse ist
in der Konsequenz und Ehrlichkeit des Denkens einer der
großen Pioniere der musikalischen Avantgarde, in vielem

verwandt mit den Architekten und Malern des Bauhauskreises.

Von Osteuropa her trug der Südrusse Leo Ornstein (1895) einen Modernismus mehr emotioneller Art nach Amerika, wo er 1906 einwanderte. Eminenter Klavierspieler begann er mit Arbeiten für sein Instrument, die seit 1909, vor allem in den „Préludes" und „Impressions de Notre Dame" die Tonart liquidieren. Der Einfluß Schönbergs ist spürbar, aber nicht entscheidend. Ornstein schreibt in diesen Werken einen Stil freier Atonalität, der auffallenderweise ebenfalls von Tontrauben Gebrauch macht. Er kommt vom Klang her, nicht von der Polyphonie. 1925 erregt sein Klavierkonzert, in New York von Leopld Stokowski dirigiert und vom Komponisten gespielt, Aufsehen durch die kühne Klanglichkeit seines Stils.

Zu den europäischen Modernisten, die das musikalische Gesicht Amerikas beeinflussen, gehört auch der seit 1917 in New York lebende Schweizer Ernest Bloch, dessen „Macbeth"-Oper einst in Paris Aufsehen gemacht und dessen „Schelomo"-Fantasie 1916 eine Weltkarriere begonnen hatte. Aus Blochs Schule ging George Antheil hervor, der zu den frühen Pionieren amerikanischer Musik in Europa gehört.

Antheil, der sein Leben in einem Dichtung und Wahrheit mischenden Buch „Bad Boy of Music" beschrieben hat, trat 1922 in Berlin als „Pianist-Futurist" auf und spielte eigene Sachen von faszinierender Rhythmik, pianistisch wilde Arbeiten, die er mit Titeln wie „Sonate Sauvage", „Aëroplan-Sonate" und „Der Tod der Maschine" versah. Er kam von Strawinsky her, liebte es, Jazzrhythmen zu denaturieren, wollte von Atonalität nichts wissen, experimentierte aber mit neuen Akkorden und gespaltenen Tonalitäten. Sein Pariser Erfolg mit dem „Ballet Mécanique" (das eigentlich zu einem Film von Fernand Léger komponiert war), gab ihm eine Art verruchten Ruhms. Das Stück war für acht Klaviere, Xylophone und Schlagzeug geschrieben. Es war eine rhythmische

Studie von unwahrscheinlichem Radikalismus, nur in der Zeitdimension erfunden, mit hundertfachen Wiederholungen eines Motivs, mit Propellergeräusch und elektrischen Klingeln. Die Uraufführung in Paris dirigierte 1926 Wladimir Golschmann. Ein Jahr darauf verblüffte das Stück die Besucher eines Galakonzerts in der New Yorker Carnegie Hall. Der Amerikanismus Antheils ist eine schwer faßbare Synthese von Primitivität und Raffinement. Seine melodischen Einfälle sind mitunter von tiefer Sentimentalität, seine Harmonik ist überraschend und meist tonal gebunden. Die Einflüsse des Jazz und der vielfältigen amerikanischen Folklore liegen auf der Hand. Alle diese Elemente sind in der Oper „Transatlantic" zusammengetragen, die 1930 in Frankfurt zur Uraufführung kam, einem Stück von ungleicher Erfindung, aber manchen kraftvollen Strecken. Antheil ist ein Musikant, der sich mit zunehmender Reife von Strawinskys Vorbild abgewandt und einem neo-romantischen Ideal zugeneigt hat. Zum Bild der europäischen und amerikanischen Avantgarde gehört er als einer der phantasievollsten Experimentatoren und geistreichsten ästhetischen Spekulanten.

Die Generation der um 1900 Geborenen bringt neben Antheil eine große Anzahl hochbegabter, zum Teil bedeutender Musiker hervor, unter ihnen Aaron Copland, Roy Harris, Marc Blitzstein, Roger Sessions, Walter Piston und Virgil Thomson. Sie streben sehr verschiedenen Zielen zu, Neo-Klassizismus, Zwölf-Töne-Technik, sozialistische Funktionsmusik und Gebrauchsmusik sind unter ihren Arbeiten bedeutend vertreten. Und sie haben alle dazu beigetragen, die Idee der Neuen Musik in ihrem mächtigen Lande zu verbreiten.

Dabei entstand eine Reihe von Unternehmungen, die in vorbildlicher Weise in den Dienst der Avantgarde gestellt wurde. Aus Varèses International Composers' Guild, die 1922 ihr erstes New Yorker Konzert Werken von Honegger, Dane Rudhyar, Lazare Saminsky, François Gaillard, Ravel,

Ruggles und Arthur Lourjé gewidmet hatte, löste sich 1923 eine Gruppe von Sezessionisten: die League of Composers. Aus ihrem Kreis geht 1924, geleitet von der klugen und rührigen Minna Lederman, die Vierteljahresschrift „Modern Music", geheißen anfangs noch „League of Composers' Review", hervor. Sie wird bald zu einem internationalen Sammelpunkt der neuen musikalischen Ideen und hat in den fast 25 Jahren ihres Bestehens keine Erscheinung der europäischen und amerikanischen Avantgarde unberücksichtigt gelassen. Als einzige Musikzeitschrift der Welt war sie stets unabhängig sowohl von verlegerischen Interessen als auch von Inseraten, die aus ihr grundsätzlich verbannt blieben.

Eine Publikationsreihe von ähnlicher Bedeutung wurde seit 1927 Henry Cowells „New Music", eine ebenfalls in dreimonatigem Abstand erscheinende Folge von Heften mit ausschließlich modernster Musik. Begonnen mit Carl Ruggles' „Men and Mountains" brachte die Serie im Lauf der Jahre Werke von allen bedeutenderen amerikanischen Avantgardisten und einer großen Anzahl europäischer Meister heraus, darunter eines der Klavierstücke opus 33 von Schönberg.

Wie die Einflüsse des Jazz seit 1918 in die Neue Musik übergingen, so hat umgekehrt diese auf die amerikanische Tanzmusik eingewirkt. Unter den improvisierenden Kapellen gibt es solche, die einen organischen, musikalisch gestalteten dissonanten Kontrapunkt pflegen. Zwei so verschiedene Stile wie die Woodie Hermans (für den Strawinsky sein „Ebony Concerto" schrieb) und Stan Kentons sind aus dieser Tradition hervorgegangen.

In einem Fall hat das Zusammenwirken von kommerzieller Musik und Avantgardismus schöpferische Früchte getragen. George Gershwin, der als Schlagerfabrikant anfängt und später in Hollywood Schönbergs Freund wird, hat mit zunehmender Reife Sprachmittel der Moderne in seine Kompositionstechnik aufgenommen. Seine Negeroper „Porgy

and Bess" ist in ihrer lyrisch-dramatischen Geschlossenheit
ohne den Einfluß Ravels, Strawinskys und Alban Bergs nicht
denkbar.

So schließt sich hier ein Kreis, den die Gebrauchsmusik-
bestrebungen der Alten Welt um 1925 vergeblich zu ziehen
versuchten. Die Neue Musik, ursprünglich auf eine kleine
Gemeinde Verstehender beschränkt, esoterisch im guten wie
im schlechten Sinne, findet Zugang zu breiteren Hörer-
schichten. Die Jugend der Neuen Welt, die wißbegierig und
allem Neuen aufgeschlossen die Universitäten und Colleges
Nordamerikas bevölkert, überwindet die Schranken des Verständnisses auch für extremste Versuche der Neuen Musik
sehr leicht. Radikalismus des Denkens ist ihr geläufig. Was
in den heroischen Jahrzehnten der neuen kompositorischen
Entwicklung an Werten akkumuliert wurde, hat Amerika
als festen Bestand übernommen. Ob und wie diese Bewegung
noch einmal zur Alten Welt zurückströmt, das wird die
Schicksalsfrage der künftigen Musik sein.

ANHANG

TEXTE UND NOTEN

GEORGE ANTHEIL

MUSIK DER PRÄZISION

Eines Tages rief mich Margaret Anderson an und fragte mich, ob ich gerne bei der Eröffnung des Ballet Suédois spielen würde, das nach Djaghilews Ballet Russe das wichtigste gesellschaftliche Ereignis in Paris war. Ich sagte sofort zu — wer hätte das nicht getan? Alles, was Rang und Namen hatte, würde am 4. Oktober 1923 da sein.

Margaret ermahnte mich: „Fang an zu üben und achte darauf, daß du deine radikalsten Stücke mit auf das Programm setzt — die Sonaten, die in Deutschland soviel Aufruhr verursachten." Ich würde im ersten Teil des Programms auftreten, fügte sie hinzu, noch vor Beginn des Balletts. Als weiterer Anreiz (als ob ich dessen bedurft hätte) erwähnte sie, daß auch Satie da sein würde.

Satie war ein überaus sonderbarer kleiner alter Mann, der am Tage in einem Postamt als Schalterbeamter tätig war und Briefmarken verkaufte und dann am späten Nachmittag und am Abend zu einem hohen und mächtigen Potentaten der musikalischen Welt Frankreichs wurde. Er war zu dieser hohen Stellung gekommen, weil er als einer der ersten Franzosen Debussy, Ravel, Strawinsky und schließlich Les Six sowie die jüngste Schule der französischen Komponisten, die „Ecole Arcueil" — anerkannt hatte. Er gehörte tatsächlich *immer* zur Avantgarde. Auch war er ein „Spezialist des Genies" und außerdem ein großer Komponist, der mit seinem wunderbaren „Socrate" mehr für die Einführung wirklich neuer und guter französischer Musik getan hatte als irgendein anderer.

Als ich am Abend jenes 4. Oktober auf die Bühne des Champs-Elysées-Theaters trat, bemerkte ich, daß Satie und seine Freunde drei Logen besetzt hatten. Satie die mittlere und Milhaud die daneben. Starke Scheinwerfer, stark wie die Scheinwerfer eines Schlachtschiffes, spielten die Bühne entlang. Scheinwerfer für Bühnen waren an sich nicht ungewöhnlich, doch schienen mir diese besonders stark zu sein.

Ich hatte drei Sonaten auf mein Programm gesetzt: meine „Sonate Sauvage", „Airplane Sonata" und die neue, „Mechanisms". Ich begann mit der „Sonate Sauvage". Sofort fühlte ich, wie ein stählernes Schweigen durch das Publikum kroch.

Das — und jeder Konzertkünstler wird es bestätigen — ist recht ungewöhnlich. Wenn die Zuhörer ein Stück wirklich genießen, fahren sie fort zu husten, sich im Stuhl zu bewegen, zu flüstern; dies ist der normale, vertraute Hintergrund der Konzerte. Aber wenn plötzlich alles in stählernes Schweigen fällt — Vorsicht!

Mitten in der zweiten Sonate bemerkte ich plötzlich, daß sich eine scharfe kleine Welle durch das Publikum kräuselte (das erinnert mich immer an den ersten Windstoß, der vor dem großen Sturm über das Meer fegt). Dann brach der Sturm aus.

Irgend jemand in der ersten Reihe fing an zu pfeifen, worauf er von seinem Nachbarn einen Kinnhaken bekam; eine gefährliche Bewegung lief durch den ganzen Saal. Im Orchester sprang jemand auf und rief wütend: „Ruhe! Ruhe!" Der Aufruhr hatte seinen Höhepunkt erreicht.

Ich fühlte nach meiner automatischen Pistole unter meinem Arm und spielte weiter. Ich hatte zwar einen ähnlichen Tumult schon in Deutschland erlebt, aber dies hier schien wirklich etwas Besonderes zu werden. Die Franzosen sind eben eine andere, leidenschaftlichere Rasse — Nachkommen jenes Volks, das hinter dem Henkerkarren zur Guillotine hermarschierte! Ein kalter Hauch nahender Katastrophen lief mir über den Rücken. Aber bei Konzerten waren mir Katastrophen vertraute Genossen. Ich fühlte mich „zu Hause". Als ich wieder sicher war, ließ meine Spannung plötzlich nach, ich faßte mich, „der Übermensch reitet über die Wasser". Außerdem konnte ich mir ja immer noch mit meiner Pistole einen Ausweg bahnen.

Ich hatte sogar Zeit, mir selbst zuzuhören und zu denken: „Was für ein wunderbarer Pianist bist du doch, Antheil, altes Haus!" Meine Sinne schalteten den vierten Gang ein. Ich spielte die zweite der vorgesehenen Sonaten zu Ende und blickte zu Satie herauf. Er applaudierte heftig; Milhaud schien ihn zurückhalten zu wollen — ich konnte es nicht genau erkennen. Satie, mit seinem liebenswürdigen Ziegenbärtchen, sah aus wie ein wohlwollender ältlicher Ziegenbock! Ich wußte, sein Applaus bedeutete den allmächtigen Kreisen um ihn herum alles.

Ich stürzte mich kopfüber in meine „Mechanisms". Daraufhin brach wirklich die Hölle los. Die Leute schlugen ungehemmt aufeinander ein. Niemand blieb sitzen. Eine Welle von Menschen schien sich an der anderen zu brechen. So fängt eine Schlägerei an: eine Welle nach der anderen. Die Leute schlugen sich im Gang, schreiend, schlagend, heulend! Pandämonium!

Plötzlich hörte ich Saties schrille Stimme: „Quelle précision! Quelle précision! Bravo! Bravo!" und unaufhörlich klatschten seine kleinen behandschuhten Hände. Jetzt klatschte Milhaud, er klatschte wirklich. Mittlerweile hatten einige Leute auf der Galerie ihre Sitze losgerissen und warfen sie auf das Orchester herunter; die Polizei kam dazu, und unzählige Surrealisten, Gesellschaftsgrößen und Leute aller Art wurden verhaftet.

Ich beendete meine „Mechanisms" so ruhig wie eine Gurke.

Paris hatte seit Strawinskys Premiere „Sacre du Printemps" nichts Derartiges erlebt. Jack Benny würde sagen: „Junge, haben die in Paris mich aber geliebt!" Der spätere Aufruhr in der Carnegie-Hall über mein „Ballet Mécanique" war dagegen nur ein blasser Abklatsch. Am nächsten Morgen brachten die Pariser Zeitungen auf der ersten Seite Karika-

turen von mir. Eine stellte mich in Overalls vor einem Flügel
dar, auf dem eine kleine Dampfmaschine befestigt war; ich
regulierte ein ganzes System von Skalen, Schaltern, Hebeln
an Stelle der Tastatur. Die Unterschrift lautete: „Die Zu-
kunftsmusik von gestern abend beim Ballet Suédois."

Von nun an wußte ich, daß ich — zumindest für eine Weile —
der neue Liebling von Paris sein würde. Ich war in Paris
berüchtigt und daher berühmt geworden. Picasso würde in
Paris nie berühmt geworden sein, wäre er nicht vorher berüchtigt gewesen; das gleiche gilt für Strawinsky. Paris liebt
dich, wenn du ihm Gelegenheit zu einer netten Schlägerei
gibst, und ein künstlerischer Skandal läßt noch keine aristo-
kratischen Lorgnetten aufblitzen.

Ja, der Ruhm, der dir in Paris, London, New York oder
Berlin zuteil wird, ist verschieden. In Paris ist die allgemeine
Haltung und Reaktion nach einem sogenannten „Succès de
scandale": „Paß mal auf, wo Rauch ist, ist vielleicht auch
ein Feuer." In New York dagegen ist sie allzu oft: „Da ist
zuviel Rauch, wir wollen lieber gehen, es riecht nicht gut."
Durch Saties Unterstützung wurde meine Karriere in Paris
zur feststehenden Tatsache, zumindest für die nächsten drei
oder vier Jahre. Berichte über diesen außergewöhnlichen
Tumult wurden nach New York telegraphiert. Hanson
sandte mir ein Glückwunschtelegramm. Nachmittags gingen
Boski und ich in das Café du Dôme und bemerkten dabei,
daß fast alle vorhandenen Augen uns bis an unseren Tisch
verfolgten. Ich wußte, fast jeder sprach über mich. Ich muß
sagen, es ist ein sehr interessantes, aber kein allzu gesundes
Gefühl.

Ein paar Tage später kündigte ich der Presse an, daß ich an
einem neuen Stück arbeite mit dem Titel „Ballet Mécanique",
und daß ich nach einer Film-Begleitung für dieses Stück
suche. Die Zeitungen und Kunstzeitschriften schienen nur
zu glücklich zu sein, diesen Wunsch zu veröffentlichen, für
den sich auch ein junger amerikanischer Kameramann,

Dudley Murphey, interessierte. In Wahrheit war er dazu von Ezra Pound angeregt worden, der ihn überredete. Murphey willigte ein, den Film zu drehen, vorausgesetzt, daß der französische Maler Fernand Léger seine Mitarbeit zusichere. Léger stimmte zu. Woraufhin Erik Satie sofort ankündigte, auch er würde ein mechanisches Ballett schreiben unter dem Titel „Relâche". René Clair und Man Ray sollten dazu einen surrealistischen Film als (teilweise) Begleitung schreiben.

Dies war natürlich die höchste Anerkennung. Man fing jetzt endlich an, Ezras Buch (Anm.: über George Antheil) zu kaufen. Die Leute glaubten sogar fast, was darin stand. Die Franzosen begannen darauf zu achten, was einige der fortschrittlichsten Kunstkritiker in den französischen Literaturzeitschriften über mich zu sagen hatten. Ein Artikel behauptete, meine Musik habe die außergewöhnliche Fähigkeit, Dämonen entweder zu verjagen oder zu erwecken (ich weiß nicht genau, was von beiden), und bezichtigte mich der Zusammenarbeit mit gewaltigen „elementaren" Mächten.

Satie schrieb tatsächlich das angekündigte Ballet Relâche, das ein Jahr später vom Ballet Suédois aufgeführt wurde, teilweise begleitet von René Clairs Film, mit vollständiger Ausstattung und Buch von Picabia. Es war gleichzeitig Saties Schwanengesang; er starb kurz darauf.

Übrigens heißt „Relâche": „Im Sommer geschlossen." Sie erinnern sich vielleicht, daß in Paris die Theaterprogramme und -ankündigungen immer auf jene dicken, runden, hohen Zylinder mit einem Dach, genannt Kiosques, geklebt werden, die die Pariser Straßenecken so typisch machen. Jedes Pariser Theater reserviert sich an diesem Zylinder irgendeine Ecke, im Sommer steht allerdings auf den meisten „Relâche". Satie erklärte uns den Grund für den Titel „Relâche" für sein Ballett: es sei schon immer sein Ehrgeiz gewesen, eines seiner Werke einmal in allen Pariser Theatern gleichzeitig aufgeführt zu sehen, und das sei nur auf diese Weise möglich und selbst dann nur teilweise.

Meine „Mechanisms" und das „Ballet Mécanique" erhielten
weitere Legions d'Honneur. Honegger folgte mit seinem
„Pacific 231". Prokofieff kam mit seinem Ballett „Pas
d'Acier" (Der stählerne Schritt) heraus, ein mechanistisches
Meisterwerk für großes Orchester — wirklich ein ausge-
zeichnetes Werk! Es war sein erster Schritt weg von dem
verweichlichten Paris, zurück nach Sowjetrußland, das ihn
dann mit offenen Armen aufnehmen sollte.

Ein Jahr später sah ich mir den Film „L'Inhumaine" mit
Georgette LeBlanc an. In diesem Stummfilm (der noch heute
in unserem New Yorker Museum für Moderne Künste aufbewahrt wird) können Sie, wenn Sie wollen, einen Massentumult in einem Zuhörerraum sehen, darunter so illustre
Persönlichkeiten wie James Joyce, Picasso, Les Six, die
Polignacs, den Fürsten von Monaco, die Surrealisten-Gruppe
und Man Ray — obgleich diese zum größten Teil sitzen-
blieben. Das Publikum tobt, schreit, kreischt, springt von
den Sitzen auf; auch scheint das Toben gegen die von
Georgette LeBlanc dargestellte Dame gerichtet zu sein; sie
soll nämlich eine „unmenschliche" Opernsängerin darstellen,
die, da sie vorher irgend etwas Gräßliches getan hat, dieses
snobistische Publikum zwingt, zu toben, anstatt ihr zuzuhören. (Das ist der Inhalt des Films.)

So seltsam es klingt, dieser Massentumult ist nicht gestellt.
Es ist tatsächlich ein Tumult, derselbe, den ich an jenem
Abend des 4. Oktober 1923 überspielte und überlebte. Als
ich diesen Film ein Jahr später zum ersten Male sah, er-
innerte ich mich plötzlich daran, daß Georgette LeBlanc
damals auf den Flügel zukam, während die großen Scheinwerfer auf der Galerie uns beide gleichzeitig überfluteten.
Ich hatte das schon damals etwas merkwürdig gefunden.
Natürlich fragte ich daraufhin Margaret Anderson, nicht
ohne ein Grinsen der Anerkennung. Sie sagte ja, das sei
damals eine Art Verschwörung gewesen, aber sie und
Georgette hätten mit Bestimmtheit angenommen, daß ich

aus dieser Verschwörung großen Nutzen ziehen würde (wie richtig war doch ihre Annahme!). Sie habe geglaubt, ich wäre zu nervös geworden, wenn ich vorher gewußt hätte, daß die Scheinwerfer des Hauses vorher verstärkt und Kameras auf der Galerie versteckt wurden in der Hoffnung, daß meine Sonaten in Paris den gleichen Aufruhr verursachen würden wie in Deutschland.

So war es! Ich hatte ja immer geglaubt, daß die Chance, vor ganz Paris vor der Eröffnung des bedeutendsten Herbst-Ballettabends zu spielen, zu schön sei, um wahr zu sein. Sie, die Leute vom Ballet Suédois, in Zusammenarbeit mit den Filmleuten, hatten nur einen Tumult in einem großen Theater gebraucht. Nun kannte ich die Wahrheit.

Aus „Bad Boy of Music", Copyright 1945 by George Antheil

MUSIKFOLKLORE

Die vergleichende Musikfolklore — einer der jüngsten Zweige
der Musikwissenschaft einerseits, der Folklore anderseits —
hatte kaum die allerersten Schritte ihres Weges zurückgelegt,
als ihrer intensiveren Entwicklung der Ausbruch des Weltkrieges hemmend in den Weg trat.

Da nun die Hindernisse doch wohl allmählich schwinden
werden und der internationale Verkehr nahe der Wieder-
eröffnung ist, scheint es zeitgemäß zu sein, sich darüber klar-
zuwerden, auf welche Art und Weise diese Wissenschaft am
besten gedeihen kann.

Bisher war die Leitung der zum Bereiche der Musikfolklore
gehörenden Arbeiten in den Händen einzelner öffentlicher
Institute, oder sie wurden gar von Fachmännern ganz auf
eigene Faust fortgesetzt. Da die wohl jedem höchst wün-
schenswerte Einheitlichkeit des Verfahrens und der Ziele
auf diese Weise nicht erreicht werden kann, scheint der erste
erforderliche Schritt einerseits das Heranziehen der Privat-
forscher an die betreffenden Institute zu sein, anderseits aber
ein Internationalisieren der Arbeiten durch Übereinkommen
der einzelnen Institute betreffs Ziel, Art und Weise der for-
schenden Arbeit. Als Ausgangspunkte der mit der Musikfolklore verbundenen Arbeiten sind die Volkslieder-Sammlungen des 19. Jahrhunderts anzusehen, deren Zustande-
kommen meistenteils patriotisch-chauvinistischen Gefühlen
zuzuschreiben ist. Dieser Umstand erklärt die merkwürdige
Tatsache, daß auf diesem Gebiete gerade die der politischen
Selbständigkeit beraubten, unterdrückten Völker Osteuropas
relativ Höheres leisteten als die freien Völker Westeuropas.
Es genüge der Hinweis auf die im Druck erschienenen
Sammlungen der Polen (Kohlberg), Tschechen (Erben,

Susil, Bartoš), Slowaken (Slovenské spevy), Jugoslawen (Kuhač), Ukrainer (Filarat Kolessa) und der Finnen (Ilmari Krohn). Die letzten zwei ausgenommen, bieten diese Arbeiten jedoch in musikalischer Hinsicht wenig Befriedigendes; die Melodien meistenteils durch Dilettanten aufgezeichnet, das systematische Ordnen des Materials (ebenso wie in den Volkslieder-Sammlungen Westeuropas) fast ausschließlich nach den Texten bewerkstelligt. Die Sammlung der Finnen bedeutet einen großen Fortschritt; das Material wurde mittels eines gewissen, von Ilmari Krohn zuerst angewandten Systems vom musikalischen Standpunkt aus geordnet.

Doch der wichtigste Schritt zu der Musikfolklore war die Einführung des Phonographen als unersetzbares Hilfswerkzeug des Sammlers. Eine jede Transkription sogar europäischer Melodien ist vom Folkloristen-Standpunkt aus unvollkommen, da nicht nur unsere Notenschrift, sondern auch die zur Ergänzung neu erfundenen diakritischen Zeichen die Art des Vortrages (Gleiten des Tones, Übergangsrhythmen, Rubato-Vortrag) unmöglich getreu veranschaulichen können. Davon zu schweigen, daß es Melodiearten gibt, die — wie z. B. die Dumy der Ukrainer — in derart improvisierender Manier vorgetragen werden, daß bei jeder Wiederholung selbst die Umrisse der Melodie nicht ein und dieselben bleiben. In diesen Fällen wieder gibt eine Transkription ohne Phonograph in jedem Falle nur eine approximative, eigentlich niemals existierende Form der Melodie. Dieser Fortschritt tritt, abgesehen von einzelnen Veröffentlichungen kleineren Umfanges, in denen der Ukrainer zutage, die, mit Zuhilfenahme des Phonographen, von Fachmännern systematisch gesammeltes Melodien-Material wissenschaftlich geordnet herausgegeben haben.

In Ungarn kündigte sich seit anderthalb Jahrzehnten ein ähnliches Bestreben an, mit dem Unterschied, daß es sich von dem exklusiv-nationalen Standpunkt lossagte und sich das *vergleichende* Studium des Melodien-Materials sämtlicher

ungarländischen und angrenzenden Völker zum Ziele setzte.
Trotz der ungünstigen Verhältnisse wurden etwa 10000
ungarische, slowakische und rumänische, weit weniger
ukrainische (ruthenische), serbische, bulgarische und Zigeu-
ner-Melodien teilweise phonographiert, teilweise — besonders
die einfacheren — nach dem Gehör notiert, das gewonnene
Material jeder einzelnen Nationalität für sich geordnet, miteinander verglichen, und somit wurde auf die *vergleichende*
Musikfolklore übergegangen. Die Resultate dieser Arbeiten
konnten — abgesehen von einigen kürzeren Aufsätzen — bis
jetzt im Drucke nicht erscheinen.

Institute, die zur Zeit zur Aufbewahrung und Behandlung
einer größeren Zahl Phonogramme oder Grammophon-
platten folkloristischen Inhalts eingerichtet sind, sind unseres
Wissens folgende:

1. Das musik-psychologische Institut der Universität zu
Berlin unter Leitung E. von Hornbostels. Es umfaßt eine
größere Zahl Phonogramme namentlich exotischer Länder,
die vor allem durch Kupfernegative vervielfältigt, dann in
Notenschrift umgesetzt werden. Die Schwingungen der
Tonleiterstufen der einzelnen Melodien werden durch einen
entsprechenden Apparat festgestellt. Ob ein weiteres Be-
handeln des Materials (Ordnen nach verschiedenen Stand-
punkten usw.) besteht oder nicht, ist uns nicht bekannt.

2. Das Phonogramm-Archiv zu Wien.

3. Die Ethnographische Abteilung des ungarischen Na-
tionalmuseums zu Budapest, in welcher sich 2151 Phonogramme (1132 mit ungarischen, 794 mit rumänischen, 161
mit slowakischen, 38 mit ruthenischen, 12 mit jugoslawischen,
3 mit bulgarischen, 11 mit tscheremissischen Aufnahmen)
befinden. Ein Teil der Phonogramme, 754 an der Zahl,
wurde von Nichtmusikern eingeliefert. Die Originalaufnahmen werden leider nicht reproduziert, sind also einer
ständigen, sich bis zur Unbrauchbarkeit der Aufnahmen
steigernden Abnützung ausgesetzt.

Außerdem sind derzeit in Budapest über 1000 Phonogramme in Privatbesitz. Die Resultate der oben erwähnten vergleichenden musikfolkloristischen Studien sind ebenfalls in Privathänden.

Die ersten erforderlichen Schritte wären nun:

1. daß die genannten und eventuell noch außerdem existierenden Institute mit ähnlicher Einrichtung miteinander in Fühlung treten, sich mit einem Arbeitsplan einigen sollen und ständig in Kontakt bleiben; 2. es sollte ihrerseits an ethnographische oder ähnliche Museen anderer Länder mit einem gemeinsamen Aufruf herangetreten werden, um letztere zu bewegen, sich ihrer Arbeit durch Schaffung einer Phonogramm-Sammlung beizugesellen; 3. die Privatbesitzer respektive Sammler von Phonogrammen sollten aufgefordert werden, die Walzen in das eine oder das andere der betreffenden Institute einzusenden oder dort zu deponieren und ihre Arbeit zur Bereicherung dieser öffentlichen Sammlungen fortzusetzen.

Ein idealer Einrichtungs- und Arbeitsplan wäre unseres Ermessens etwa folgender:

Das gemeinsame Ziel wäre: die Erforschung der durch mündliche Tradition fortgepflanzten Musik (einschließlich Volksgebräuche, die mit Musik verbunden sind) sämtlicher Völker. Hierbei sei bemerkt, daß in Europa wohl nur Volksmusik im engsten Sinne des Wortes (d. h. Bauernmusik), in exotischen Ländern dagegen auch städtische Kunstmusik, die ja dort ebenfalls nur auf diese Weise von Generation zu Generation vererbt wird, in Betracht kommen kann. Die Arbeit des Sammelns sollte ausschließlich durch Fachmänner, und zwar an der Heimatstelle der Melodien durch systematisches Erforschen des Materials durchgeführt werden. (Ein „Gelegenheits"-Sammeln bei zufälligem Eintreffen fremder Volkssänger sollte nur ganz ausnahmsweise vorgenommen werden.) Höchst wünschenswert wäre hierbei das ständige Mitarbeiten eines Musikfolkloristen und eines Sprachforschers. Der Musiker muß zwar unbedingt einige Kenntnis der Sprache des zu erforschenden Gebietes mitbringen, sonst könnte er gewisse Beziehungen zwischen Wort und Musik nicht ergründen; doch zu einer tadellosen phonetischen Niederschrift des Textes selbst in der Muttersprache ist eine linguistische Schulung nötig, die bei einem Musiker kaum je anzutreffen sein wird. Falls jedoch auf einen der zwei Mitarbeiter verzichtet werden müßte, soll dies jedenfalls der Sprachforscher sein. Denn das von einem Nichtmusiker mittels Phonographen gesammelte Material ist in jedem Falle höchst mangelhaft. Bei den meisten exotischen Völkern, wie z. B. bei den Arabern, ist die äußerst charakteristische, verschiedene Begleitung der Melodie auf Schlaginstrumenten ein höchst wichtiger Bestandteil ihrer Musik; die Art und Weise des Anschlages, ferner der Wechsel der Schläge zwischen beiden Händen ist aus dem Phonogramm unerkennbar: der manchmal ziemlich komplizierte Rhythmus muß an Ort und Stelle notiert werden. Es kommt häufig vor, daß der Sänger die Melodie aus verschiedenen Gründen fehlerhaft, verstümmelt, vom üblichen Tempo abweichend dem Phonographen vorsingt usw.; all dieses kann nur durch an Ort und Stelle vorgenommene Aufzeichnungen berichtigt werden; abgesehen davon, daß ein systematisches, womöglich gründliches Erforschen des Materials nur auf Grund der Ergebnisse der vorangegangenen Forschung ins Werk gesetzt, respektive fortgesetzt werden kann, wie z. B. das Auffinden von ergänzenden Varianten, das genauere Feststellen gewisser Schablonen im Vortrage usw. Diese Leistung kann nur von einem Musiker erhofft werden. Die Fehler der phonetischen Niederschrift der Texte können dagegen bis zu einer gewissen Grenze mit Hilfe guter Phonogramme durch einen Sprachforscher auch nachträglich berichtigt werden.

Zur Ausrüstung eines Phonogrammarchivs oder ähnlicher Institute wären einstweilen folgende Instrumente vorzuschlagen:

Ein Edison-Standard-Apparat und ein Pathéfon, beides sowohl zur Aufnahme als auch zur Reproduktion; eventuell ein Kinematograph zur Aufnahme der Tänze oder wenigstens ein Photograph-Apparat zur Aufnahme der Sänger, der Instrumente usw.

Es steht wohl außer Zweifel, daß eine Sprechmaschine mit Platten (Grammophon, Pathéfon usw.) bedeutend bessere Aufnahmen liefert als eine mit Walzen (Phonograph, Graphophon usw.). Es scheint, daß unter den ersteren der Vorzug dem Pathéfon zu geben wäre. Dieses besitzt nämlich — abweichend von den Grammophon-Apparaten — einen „Reproducer" mit Steinnadel zum sofortigen Abspielen der Wachsplatte. Der unvergleichliche Vorzug dieser Eigenschaft bedarf wohl keiner eingehenderen Erklärung. Die Anwendung auch eines Phonographen wäre nicht aufzugeben, da man oft gezwungen ist, an solchen Orten (z. B. in entlegenen Bergdörfern, in winzigen Bauernhütten fast ohne jede Möbeleinrichtung) zu sammeln, wo man infolge Mangels an geeigneten Wagen und Raum zur Aufstellung des etwa 100 kg schweren Apparates nur mit einem Phonographen arbeiten kann. Da jedoch die Phonogramme auf mechanischem Wege auf Pathéfon-Platten übertragen werden können — ein weiterer Vorzug des Pathéfon —, bildet dieser Umstand kein besonderes Hindernis für die Einheitlichkeit der Einrichtung.

   Es wäre nun folgendes Verfahren zu verfolgen:

   1. Die bereits eingelaufenen Phonogramme auf Pathéfon-Metallnegativplatten zu übertragen.

   2. Nach jeder Forschungsreise die Metallnegativplatten nach den Originalaufnahmen (sowohl Platten als auch Walzen) sofort herzustellen.

   3. Die Umsetzung in Notenschrift bereits nach den Kopien vorzunehmen.

   4. Sämtliche miteinander in Kontakt stehenden Institute sollten ein Tauschsystem adoptieren: die jährliche Bereiche-

rung ihres Materials sollte in Kopien sowohl der Aufnahmen als auch ihrer Transkription gegenseitig ausgetauscht werden.

5. Die Transkription der auf diese Art — sowohl durch Tausch als auch durch eigene Sammlung — erworbenen einzelnen Melodien soll in jedem der Phonogramm-Archive in vier Exemplaren vorhanden sein. Ein Exemplar soll der Katalognummer gemäß eingereiht, das zweite der Melodie gemäß nach gewissen wissenschaftlichen Systemen, das dritte hinsichtlich der Texte, das vierte hinsichtlich des geographischen Ursprunges geordnet werden.

Zur Erlangung eines einheitlichen Notierungs- und Gruppierungs-Systems wären wohl längere gemeinsame Erwägungen seitens der Leiter der betreffenden Institute nötig. (Betreffs ersteren vgl.: Otto Abraham und E. von Hornbostel, Vorschläge für die Transkription exotischer Melodien; Sammelbände der Internationalen Musikgesellschaft, XI, 1.)

Ein weiteres Arbeitsfeld wäre das systematische Ordnen des bereits in Druck erschienenen Materials. Die Art und Weise der Inangriffnahme dieser ungeheuren Arbeit ist selbstverständlich wohl zu erwägen; ihre Ausführung ist jedoch unerläßlich, da ja auch ältere, vom wissenschaftlichen Standpunkt aus zwar auch anfechtbares Material enthaltende Sammlungen vieles für die vergleichende Musikfolklore Brauchbare, teilweise Unersetzbare enthalten.

Infolge der allgemeinen wirtschaftlichen Krise ist kaum zu erwarten, daß den oben vorgelegten idealen Ansprüchen in absehbarer Zeit vollkommen Rechnung getragen werden kann. Im besten Falle ist einstweilen das Akzeptieren bescheidener Vorschläge zu erhoffen: z. B. eine Beschränkung auf die ausschließliche Verwendung des Phonographen.

Im Jahre 1914 war der Ladenpreis einer Edison-Blankwalze 1,50 Frcs.; die Reisekosten betrugen in Osteuropa durchschnittlich 3 Frcs. pro Walze. Die Herstellung einer Kupfernegativwalze bedurfte etwa 4,50 Frcs.; die nach dem Negativ gegossene Kopie ca. 1 Frc. Somit beliefen sich die Roh-

kosten einer Walze auf 10 Frcs. Da nun eine Arbeitskraft
jährlich etwa 600 Walzen samt ihren Transkriptionen liefern
kann und man zum Lebensunterhalt einer Person jährlich
etwa 4200 Frcs. berechnen kann, wären die auf eine Walze
entfallenden Gesamtkosten auf 17 Frcs. zu schätzen. Im
äußersten Fall könnte sogar die sofortige Herstellung der
Negative und Kopien einstweilen ausgeschaltet werden. Im
Falle ein einziges Institut die jährlichen Beschaffungskosten
der 600 Walzen — 10200 Frcs. oder ohne Negativherstellung
6950 Frcs. — nicht erschwingen kann, wäre bei der obengeschilderten gemeinsamen Aktion mehrerer Institute das
Problem auch derart zu lösen, daß die Beschaffung dieses
jährlichen Materials durch mehrere Institute, je nach deren
Leistungsfähigkeit verteilt, ermöglicht wird. Die Wahl der
Sammlungsstätten würde sich einerseits nach der Sprachen-
bereitschaft der angestellten Fachmusiker richten, anderseits
nach der Erwägung dessen, an welchen Stätten die auto-
chthone Musikkultur durch fremden Einfluß am meisten
gefährdet ist.

Dieses ist jedenfalls der allerbescheidenste Rahmen zur Er-
möglichung eines nur einigermaßen befriedigenden Weiter-
arbeitens. Sie gewährt eigentlich die Verfolgung nur eines
(allerdings des wichtigsten) der obengeschilderten Ziele:
das eifrige Sammeln des Materials. Eben dieses dürfte nach
der Hemmung der letzten Jahre keinen weiteren Aufschub
erleiden. Die selteneren Instrumente sterben aus; es schwinden von Jahr zu Jahr gewisse Eigentümlichkeiten jedes
Volksgesanges; die alten Stilarten werden durch neue, in
Entstehung begriffene, verdrängt. Es sei hier namentlich
darauf hingewiesen, daß die Völker Osteuropas höchst wertvolles, größtenteils unerforschtes Material bergen, dessen
altertümlicher Charakter infolge des Eindringens west-
europäischer Kultur einer Alteration besonders ausgesetzt
ist. Jedes Jahr Säumnis bedeutet einen unersetzbaren Verlust
an Kulturwerten.

Die erforschten Stilarten einer mehr oder minder exotischen Volksmusik scheinen ein unvergleichlich höheres Interesse bei schaffenden Musikern zu erwecken, als z. B. ethnographische Sammlungen bei bildenden Künstlern oder Volkstexte bei Schriftstellern. So daß es sich hier nicht nur um die Erreichung rein wissenschaftlicher Ergebnisse handelt, sondern auch um solche, die auf schaffende Musiker anregend wirken.

Wir wären sehr dankbar, wenn unsere Vorschläge in maßgebenden Kreisen einen Widerhall fänden, und bitten die Fachmusiker um eventuelle Gegenvorschläge.

Musikblätter des Anbruch 1919

FERRUCCIO BUSONI

JUNGE KLASSIZITÄT

Zürich, Januar 1920

Sehr verehrter Herr Paul Bekker!

Ich habe Ihren Aufsatz „Impotenz — oder Potenz?" mit
Teilnahme und Sympathie gelesen; für manches darin Gesagte bin ich Ihnen herzlich zu Dank verpflichtet. Wenn-
gleich Pfitzner meine Teilnahme und Sympathie nicht ebenso
wecken kann — er wünscht diese auch nicht —, so kann ich
den Zweifel nicht ganz überwinden, daß zwischen ihm und
dem, was er bekämpft, Mißverständnisse bestehen; nicht nur
glaube ich, daß wir alle — die es ehrlich meinen — das Beste,
das möglichst Vollkommene in der Musik erstreben — eine
gemeinsame Eigenschaft, die jede Gegnerschaft aufheben
müßte —, sondern ich glaube ferner, daß es wohl Unterschiede in den heutigen Kompositionsversuchen gibt —
namentlich Unterschiede der Begabung! —, nicht aber Klüfte,
die sie trennen: ich glaube, daß sie mitsamt einander ähnlicher sind, als wir vermuten oder uns einreden. (Anders
steht es mit dem Unterschied der Gesinnung — — —)
Zu jeder Zeit gab es — muß es gegeben haben — Künstler,
die an die letzte Tradition sich klammerten, und solche, die
sich von ihr zu befreien suchten. Dieser Dämmerungszustand
scheint mir der stabile zu sein; Morgenröte und volle Tages-
beleuchtungen sind perspektivische Betrachtungen zusam-
menfassender und gern zu Ergebnissen gelangender Historiker. — Auch die Erscheinung von einzelnen in der Karikatur
mündenden Experimenten ist eine ständige Begleiterin der
Evolutionen: bizarre Nachäffung hervorspringender Gesten
jener, die etwas gelten; Trotz oder Rebellion, Satire oder

Narrheit. In den letzten 15 Jahren ist derartiges wieder dichter aufgetreten; es fällt um so stärker auf nach dem Stillstand der achtziger Jahre, der in der Kunstgeschichte recht vereinzelt dasteht (und leider gerade mit meiner eigenen Jugend zusammenfiel). Aber das Allgemeinwerden der Übertreibung — womit heute bereits der Anfänger debütiert — weist auf die Beendigung eines solchen Abschnittes; und der nächste Schritt, den der Widerstand fördernd herbeiführen muß, ist der, der zur neuen Klassizität lenkt.

Unter einer „jungen Klassizität" verstehe ich die Meisterung, die Sichtung und Ausbeutung aller Errungenschaften vorausgegangener Experimente: ihre Hineintragung in feste und schöne Formen.

Diese Kunst wird alt und neu zugleich sein — zuerst. Dahin steuern wir — glücklicherweise — bewußt und unbewußt, willig oder mitgerissen.

Diese Kunst soll aber — um in ihrer Neuheit rein zu erstehen, um dem Historiker wirklich ein Ergebnis zu bedeuten — auf mehreren Voraussetzungen basieren, die heute noch nicht völlig erkannt sind. Als eine der wichtigsten von diesen noch nicht erfaßten Wahrheiten empfinde ich den Begriff der Einheit in der Musik. Ich meine die Idee, daß Musik an und für sich Musik ist, und nichts anderes, und daß sie selbst nicht in verschiedene Gattungen zerfällt; außer wenn Worte, Titel, Situationen, Deutungen, die völlig von außen in sie getragen werden, sie scheinbar in Varietäten dekomponieren. Es gibt keine „Kirchen"-Musik an und für sich; sondern absolut nur Musik, der entweder ein kirchlicher Text unterlegt oder die in der Kirche aufgeführt wird. Ändern Sie den Text, so ändert sich scheinbar auch die Musik. Nehmen Sie den Text ganz fort, so bleibt — illusorisch — ein symphonischer Satz. Fügen Sie Worte zu einem Streichquartett-Satz, so entsteht eine Opernszene. Spielen Sie den ersten Satz der „Eroica" zu einem amerikanischen Indianerfilm, und die Musik wird Ihnen bis zur Unkenntlichkeit verwandelt erscheinen. —

Darum sollten Sie nicht von „Instrumentalmusik" und „dem echten Symphoniker" sprechen, wie es in Ihrem Aufsatz über Kammersymphonien Ihnen entschlüpfte: ich erlaube mir nicht, Sie zu kritisieren, aber ich litt unter dem Eindrucke, daß Sie sich mit dieser Terminologie Pfitzner näher stellten, als Sie sicherlich beabsichtigten.

Zur „jungen Klassizität" rechne ich noch den definitiven Abschied vom Thematischen und das Wiederergreifen der Melodie — (nicht im Sinne eines gefälligen Motives) — als Beherrscherin aller Stimmen, aller Regungen, als Trägerin der Idee und Erzeugerin der Harmonie, kurz: der höchstentwickelten (nicht kompliziertesten) Polyphonie.

Ein drittes — nicht minder Wichtiges — ist die Abstreifung des „Sinnlichen" und die Entsagung gegenüber dem Subjektivismus (der Weg zur Objektivität — das Zurücktreten des Autors gegenüber dem Werke — ein reinigender Weg, ein harter Gang, eine Feuer- und Wasserprobe), die Wiedereroberung der Heiterkeit (Serenitas): nicht die Mundwinkel Beethovens, und auch nicht das „befreiende Lachen" Zarathustras, sondern das Lächeln des Weisen, der Gottheit und — absolute Musik. Nicht Tiefsinn und Gesinnung und Metaphysik; sondern: — Musik durchaus, destilliert, niemals unter der Maske von Figuren und Begriffen, die anderen Bezirken entlehnt sind. Menschliches Empfinden — aber nicht menschliche Angelegenheiten — und auch dieses in den Maßen des Künstlerischen ausgedrückt.

Maße des Künstlerischen beziehen sich nicht nur auf die Proportionen, auf die Grenzen der Schönheit, die Wahrung des Geschmackes — sie bedeuten vor allem: einer Kunst nicht die Aufgaben zuerteilen, die außer ihrer Natur liegen. (Beispielsweise in der Musik: die Beschreibung.)

Dieses ist, was ich denke. Kann das — um auf das zuerst Gesagte zurückzugreifen —, kann diese Ansicht von ehrlichen Männern bestritten werden? Reiche ich nicht vielmehr die Hände zur allgemeinen Verständigung? Ist es möglich, daß

diese Theorien als schädlich, gefährlich einerseits, als retro-
grad, kompromißhaft andererseits betrachtet werden sollten?
— Ich vertraue sie Ihnen an.

Ihr ganz achtungsvoll ergebener
F. B.

Dieser Brief gelangte als persönliche Zuschrift aus Anlaß der Polemik mit
Hans Pfitzner an Paul Bekker und wurde zuerst veröffentlicht in der „Frank-
furter Zeitung" vom 7. Februar 1920, sodann abgedruckt im Busoni-Heft des
Anbruch, 1921.

Berlin, Januar 1922
Lieber Herr Windisch!

Ich habe bereits einige Male angedeutet, betont, daß in
unserer Kunst der Geist, das Können und der Gehalt für
die Schätzung und das Bestehen des Werkes maßgebend
sind. Heute ist unter den Kritikern fortschrittlicher Haltung
eine Verwechslung großgezogen worden, die nicht nach dem
Werte eines Stückes, sondern nach dessen Richtung unterscheidet; gute Sachen älterer Richtung verwirft, schlechte
Erzeugnisse neuestens Gebarens verkündet. Es gibt aber
eine Kunst, die „jenseits von Gut und Böse" steht, und die
zu jeder Zeit eine große Kunst bleibt; vor der auch jene
Kritiker fortschrittlichster Haltung instinktiv sich beugen:
wie vor einem Bach, einem Beethoven und — nolens volens
— einem Wagner. Die Unterscheidung dieser Kritiker betrifft
die Lebenden, und unter diesen wird messerscharf Gealtertes
und Gegenwärtiges getrennt, jenes abgelehnt, dieses proklamiert. Nun ist ein Stück nicht deshalb gut, weil es neu
ist, und (dies ist das Lustige) es ist nicht deshalb neu, weil
es ohne Form und Schönheit auftritt[1]. Es gibt drei Hand-

---

[1] Letzten Endes kann man in einem solchen Stück ein Überbleibsel von
Wagner, einen verkappten Debussy, eine verschämte Salon- und Tanzmusik
erkennen.

haben des Neo-Expressionismus: die Harmonik, die Hysterik, die Temperament-Gebärde.

Die „Harmonik" kann nicht anders als von den uns zur Verfügung stehenden zwölf Halbtönen schöpfen: alle möglichen Kombinationen sind versucht und angewandt worden. Charakteristisch bleibt nur die Entfernung der Konsonanz und die Unauflösung der Dissonanz. Damit ist die Harmonik als Ausdrucksmittel verkümmert und auch die Individualität des Autors verwischt: mir wenigstens klingen alle neoexpressionistischen Harmoniegebilde gleich, welchen Komponistennamen sie auch tragen. Namentlich sind es die übermäßige Oktave und die Quartintervalle, denen man überall begegnet.

Die „Hysterik" stützt sich auf kurze unzusammenhängende Formeln des Seufzens, des Anlaufnehmens, der eigensinnigen Wiederholung von einem oder mehreren Tönen, des Verklingens, des Anschlagens höchster Höhe und tiefster Tiefe, der Luftpausen und des Häufens verschiedener Rhythmen innerhalb eines Taktes: alles brauchbare Ausdrucksmittel, sofern sie innerhalb einer Konstruktion ihren Platz angewiesen bekommen.

Die „Temperament-Gebärde" äußert sich vorzüglich im Orchestersatz, dem eine Schein-Polyphonie noch mehr Unruhe aufdrückt.

Im ganzen ist dieses aber bezeichnend, daß alle Mittel und Formeln von Beginn des Stückes an sofort in ihrer stärksten Heftigkeit auftreten und verbraucht werden, so daß für einen besonderen Akzent im Verlaufe des Gebildes jede Möglichkeit vorweggenommen ist.

Im allgemeinen noch ist ein Verleugnen an Stelle eines Bereicherns an der Tagesordnung: scheinbar wird an der getanen Arbeit weiter geknüpft; in Wirklichkeit aber die getane Arbeit gesprengt, so daß zum gedachten neuen Ausgangspunkt kein vermittelnder Weg führt.

Es gibt eine hübsche Anekdote, nach der der Schah von Persien bei einem Besuch im nebligen London gefragt

worden sein soll, ob es wahr wäre, daß man in seinem Lande
die Sonne anbete. Soll der Schah erwidert haben: wenn Sie
die Sonne kennten, würden Sie sie auch anbeten.

So ließ mir einmal Strawinsky durch einen Dritten sagen, es
befremdete ihn zu hören, daß ich die deutschen Klassiker
bewundere. Darauf beauftragte ich den Dritten, Strawinsky
zu erwidern: wenn er die deutschen Klassiker kennte, so
würde auch er sie schätzen. (Ob die Erwiderung ihm über
bracht worden ist, habe ich nicht feststellen können.)

Warum aber spielt die Harmonik (von den Gegnern Kakophonie, von den Anhängern Atonalität genannt) eine so sehr
bevorzugte und entscheidende Rolle? Weil sie auf ein System
gebracht worden ist, das weder Können, noch Phantasie,
noch Gemüt erfordert, und einem jeden die Möglichkeit und
das Recht verleiht, nach Belieben hin und her zu taumeln. —
Die neue Harmonik aber könnte nur auf Grund einer äußerst
kultivierten Polyphonie natürlich (d. h. vollends absichtslos)
entstehen und eine Berechtigung ihres Erscheinens dokumen-
tieren: dieses fordert eine strenge Schulung und eine über-
legene Beherrschung der Melodik. Dieses System schlösse
nicht aus, daß man die überlieferten harmonischen Wendungen beibehielte, wo sie am Platze stünden, wo sie einen Kontrast hervorrufen könnten; schlösse nicht aus, daß man für
einfache Gedanken einfache Formeln benützte. Und es ist
fürwahr ein Unterschied, ob man einen schlichten „Guten
Morgen" in Musik setzt, oder einen ironischen oder gar
feindselig empfundenen Gruß. Es ist unvernünftig, einem
schlichten „Guten Morgen" eine unschlichte Harmonie
unterzulegen. Den Einwand, daß späteren Ohren auch das
schlicht erscheinen dürfte, was unserem Gehör heute be-
fremdend klingt, habe ich mir selbst vorgesagt. Nur, daß
auf diesem Wege die Möglichkeit jeder Differenzierung genommen wird.

Ich weiß auch, daß ich durch meinen kleinen Band „Entwurf
einer neuen Ästhetik" viel Mißverständnis heraufbeschworen

habe. Ich widerrufe keinen Satz, der darin steht, wehre mich aber gegen gewisse Auslegungen meiner Sätze. Mit Freiheit der Form meinte ich nie Formlosigkeit, mit Einheit der Tonart nicht eine unlogische und ziellose Kreuz- und Querharmonik, mit Recht der Individualität keine vorlaute Äußerung irgendeines Stümpers.

Wenn ein Arzt zum Genuß des Weines rät, so will er nicht, daß der Patient ein Säufer werde. — Die Anarchie ist nicht mit dem Zustande der Freiheit zu identifizieren, weil in der Anarchie jedes Individuum vom anderen bedroht wird. Großherzigkeit sei nicht Verschwendungssucht und zwanglose Liebe keine Prostitution. Und wiederum: ein guter Einfall ist noch keine Kunstschöpfung; ein Talent noch kein Meister; ein Samenkorn, wie kräftig und fruchtbar es auch sein möge, noch lange keine Jahresernte.

Weit entfernt davon abzuraten, daß jedes irgendwie wirksame Mittel in der Werkstatt unserer Möglichkeiten aufgenommen werde, verlange ich nur, daß es ästhetisch und sinnvoll verwendet werde; daß die Proportionen der Maße, des Klanges, der Intervalle kunstreich verteilt werden, daß eine Schöpfung — wie sie auch immer angelegt oder geartet sei — sich zum Range der Klassizität in dem ursprünglichen Sinne endgültiger Vollendung erhebe. Ich denke, mich deutlich genug ausgedrückt zu haben, und verbleibe als

Ihr freundlichst ergebener
F. B.

Aus Busoni, Von der Einheit der Musik
Mit Genehmigung von Max Hesses Verlag

RANDNOTEN

Kunst ist fleischgewordene Wissenschaft.

Ein Meisterwerk ist eine „schach-matt" gewonnene Schach-
partie.

Die Jugend soll keine sichern Werte kaufen.

Takt in der Kühnheit, das heißt: wissen, wie weit man zu
weit gehen darf.

Ein Künstler kann tastend eine Geheimtür öffnen, ohne je
zu begreifen, daß dahinter eine Welt lag.

Das Tempo eines Durchgängers zählt nicht.

Wenn ein Werk seiner Zeit voraus zu sein scheint, so ist ganz
einfach seine Zeit hinter ihm zurück.

Ein Künstler überspringt keine Stufen; Springen ist Zeit-
verlust, man muß nachher wieder herunterklettern.

Ein Künstler, der Zugeständnisse macht, verrät niemand
und nichts, er verrät nur sich.

Jeder beweisbare Kunst-Wert ist gewöhnlich.

Verachte den Beifall-Lüsternen; aber verachte auch, wer sich
einen Auspfiff wünscht.

Man muß ein lebender Mensch und ein nachlebender Künstler
sein.

Die Wahrheit ist zu nackt; sie erregt den Menschen nicht.

Ein Gefühlsskrupel, der uns die volle Wahrheit verbirgt, ist wie eine Venus, die ihre Blöße bedeckt. Also: die Wahrheit zeigt mit der Hand auf ihre Blöße.

Eklektizismus: das ist ein Erlöschen der Liebe und der Ungerechtigkeit. Nur ist in der Kunst Gerechtigkeit — Unrecht!

Beethoven ist ermüdend in der Durchführung, Bach nicht, denn Beethoven führt die Form durch, Bach den Gedanken. Beethoven sagt: „Dieser Federhalter hat eine neue Feder — eine neue Feder hat dieser Federhalter — neu ist die Feder dieses Federhalters" oder: „Gnädige Frau, Ihre schönen Augen..." Bach sagt: „Dieser Federhalter hat eine neue Feder, ich tauche ihn in die Tinte und schreibe damit..." oder „Gnädige Frau, Ihre schönen Augen lassen mich vor Liebe sterben und meine Liebe, die..." Dies der ganze Unterschied.

Manchmal hat man die Pflicht, zu stützen, was man miß-billigt. Beispielsweise: wie soll man nicht Strauß gegen die verteidigen, die ihn aus purem Germanenhaß oder ad majorem gloriam Puccinis angreifen?

Von den Sinnen: — Das Ohr wird durch gewisse Klänge beleidigt, erträgt sie aber; auf den Geruchsinn übertragen heißt das: sie würden uns in die Flucht jagen.

Ein Dichter hat immer zu viel Worte in seinem Vokabular, ein Maler zu viel Farben auf seiner Palette, ein Musiker zu viel Noten auf seiner Klaviatur.

Erst setzt man sich, dann denkt man.

Der Satz soll keine Ausflucht der „Gesetzten" sein. Ein richtiger Künstler ist stets in Bewegung.

Der Schöpfer ist notwendig Mann und Weib; das Weib ist dabei fast immer von Übel.

Das Publikum stellt Fragen. Sie müssen durch Kunstwerke, nicht durch Programme beantwortet werden.

Alles Schöne sieht sich leicht an. Darum verachtet es das Volk.

Eine gesunde Ansicht wird immer für eine literarische gehalten.

Ich arbeite an meinem Holztisch auf meinem Holzstuhl mit meinem Holzfederhalter; das hindert nicht, daß ich am Gestirnlauf gewissermaßen mitverantwortlich bin.

Man drückt den Toten sanft die Augen zu. Ebenso sanft soll man sie den Lebenden öffnen.

Nietzsche mißtraute gewissen kopulativen „Unds“: Goethe und Schiller beispielshalber, oder, noch schlimmer, Schiller und Goethe. Was würde er zu den Kulten: Nietzsche und Wagner — Wagner und Nietzsche vielmehr, gesagt haben!

Ich wende mich nicht gegen die moderne deutsche Musik. Schönberg ist ein Meister; alle Franzosen, Strawinsky eingeschlossen, verdanken ihm etwas, doch ist Schönberg vorzüglich ein Musiker der Wandtafel.

Sokrates fragte: „Wer ist der Mensch, der Brot ißt, als wäre es was Besonderes, und das Besondere, als wäre es Brot?“ Antwort: „Der deutsche Musiknarr.“

Deutschland hat den Typus einer geistigen Demokratie, Frankreich einer Monarchie.

In Frankreich findet ein junger Musiker sofort Widerstand, also Anreiz. In Deutschland findet er offene Ohren. Je länger sie sind, desto williger hören sie zu. Er wird anerkannt und angestellt und ist wohlgeborgen.
Keine Musik, in der man schwimmt, keine Musik, zu der man tanzt, sondern: Musik, zu der man schreitet!

Verjüngung: — Nichts macht schlaffer, als sich im lauen Bade langsam treiben zu lassen. Genug der Musik, in der man sich langsam treiben läßt!

Ein Freund erzählt mir, wenn man von New York kommt, möchte man die Pariser Häuser in die Hand nehmen. Euer Paris, meinte er, ist schön, weil es menschenartig gebaut ist. Unsere Musik sollte auch menschenartig sein.

Musik ist nicht bloß Gondel, Rennpferd, Drahtseil. Sie ist auch manchmal ein einfacher Stuhl.

Das Café-Konzert ist oft rein, das Theater immer verderbt.

Die letzte Weisheit: das ist's, was die Menge Verrücktheit nennt.

Nicht: panem et circenses müßte man sagen, sondern: circenses panis sunt oder noch richtiger: quidam circenses panis sunt.

Was das Gelächter der Menge erregt, ist nicht unvermeidlich schön oder neu, aber was schön und neu ist, erregt unvermeidlich ihr Gelächter.

Die Masse gebraucht das Gestern nur als Waffe gegen das Heute.

Was die Menge an dir tadelt, bilde es aus, das bist Du.

Wirklich, das Publikum liebt die Reminiszenzen. Es will nicht verwirrt sein. Das schlimmste Schicksal eines Werkes ist, daß man ihm nichts vorzuwerfen hat — daß man seinen Schöpfer nicht in die Opposition drängt.

Je mehr eine Kunst am Anfang einer langen Epoche ist, desto mehr ist sie voll, dicht, geschlossen wie das Ei, und desto mehr erleichtert sie den oberflächlichen Betrug.

Pelleas ist noch Musik, die man, das Gesicht in den Händen, hört. Alle Musik, die man mit den Händen im Gesicht hört, ist zu beargwöhnen. Wagner ist die typische Musik, Hand im Gesicht zu hören.

Publikum: Die das Heute verteidigen, indem sie sich des Gestrigen bedienen und das Morgen ahnen (1 Prozent). Die das Heute verteidigen, indem sie das Gestern zerstören und das Morgen leugnen werden (4 Prozent). Die das Heute leugnen, um das Gestern zu verteidigen, ihr Heute (10 Prozent). Die sich einbilden, daß das Heute ein Irrtum ist, und für Übermorgen ein Rendezvous geben (15 Prozent). Die von Vorgestern, die das Gestern annehmen, um zu beweisen, daß das Heute die erlaubten Grenzen überschreitet (20 Prozent). Die noch nicht begriffen haben, daß die Kunst fortdauernd ist, und der Meinung sind, die Kunst wäre gestern stehengeblieben, um morgen vielleicht wieder weiterzugehen (50 Prozent). Die kein Vorgestern, kein Gestern, kein Heute wahrnehmen.

Aus dem Aphorismen-Band „Le Coq et l'Arlequin", 1918
Musikblätter des Anbruch 1920

GUIDO M. GATTI

„SOKRATES" VON ERIK SATIE

Als ich mich vor einiger Zeit mit den Werken dieses französischen Komponisten beschäftigte, sprach ich von seiner
„dritten Kompositionsmanier". Ich dachte damals, ohne es
direkt auszusprechen, daß dies seine letzte und definitive
Kompositionsweise wäre. Darauf brachten mich nicht nur
Analogieschlüsse, sondern vor allem das genaue Studium
des Entwicklungsprozesses der Musikalität Saties, die entschieden in seinen letzten, ausschließlich im Jahre 1918
erschienenen Werken einer gewissen Vollendung entgegen-
geht. Nicht ohne Überraschung habe ich daher den „Sokrates" studiert, ein Werk, das in einer musikalischen Séance
der Fürstin Edmond von Polignac letzthin in Paris aufgeführt wurde und mit dem sich alle Kritiker dies- und
jenseits der Alpen ausführlich beschäftigt haben.
Ohne Zweifel kann der „Sokrates" weder mit den „Trois
Valses du Précieux dégoûté", noch mit den „Morceaux en
Forme de Poire" oder den „Pièces froides" verglichen werden;
er reiht sich vielmehr an die ältesten Werke der Satieschen
Kunst an, die „Sarabanden", „Gymnopädien" und „Gnos-
siennes", Werke der Jahre 1887—1890, welche ich seinerzeit
als Schöpfungen seiner „ersten Manier" zusammenfaßte.
„Sokrates" schließt also den Zirkel genau an dem Punkte,
von dem Saties Schaffen ausgegangen war, ein in der Musikgeschichte übrigens nicht seltener Fall. Die 40 Jahre sind
zwar sichtlich nicht spurlos vorübergegangen: wenn der
„Sokrates" auch in der Ästhetik — ich möchte lieber sagen,
im Ethos — der „Gymnopädien" geschrieben ist, bietet
er uns doch neue Gesichtspunkte und läßt die charakteristischen Eigenarten des Komponisten deutlicher hervortreten.

Für den, der genaue Daten liebt, füge ich hinzu: Erik Alfred
Leslie Satie wurde geboren in Honfleur am 17. Mai 1866.
Seine Mutter war eine Schottin. Er studierte einige Zeit am
Pariser Konservatorium, aber mit solcher Unlust, daß ihm
diese Zeit keine Früchte brachte. Er spielte jedoch fleißig
Orgel in den Kirchen der Hauptstadt und seiner Heimat, der
Normandie, und diese Betätigung, die Vorliebe für die
„Königin der Instrumente", sowie das ganze geheimnisvoll-
mystische Milieu ließen Spuren in den meisten Werken des
Komponisten zurück. Er war wie Peladan Okkultist und
Dämonist. Mit 45 Jahren besuchte er einen Kurs an der
„Schola Cantorum", als dessen Ergebnis zwei „Schul-
sammlungen" mit vielen Beispielen im fugierten Stile er-
schienen sind. So paradox es auch scheinen mag, auf eine
Verwandtschaft der Musik Saties mit jener der Musiker der
alten Schule hinzuweisen, so gibt es doch mehr als einen
Berührungspunkt zwischen seiner Kompositionsweise und
der Vincent d'Indys. — Zum Schlusse: Satie lebt in Arcueil,
antwortet nicht auf Briefe, kümmert sich wenig um die
Außenwelt und brummt über vieles in seinen Spitzbart. Das
dürfte für die Chronik genügen.

Das symphonische Drama „Sokrates" beleuchtet drei Lebens-
abschnitte des griechischen Philosophen, welche mit den
Worten der Dialoge des Plato erzählt werden. (Die französische Fassung stammt von Victor Cousin und ist in ihrer
Einfachheit sehr harmonisch.) Im ersten Abschnitt (Gastmahl) ist Alkibiades der Lobredner Sokrates', welcher zum
Schlusse selbst eingreift; der zweite Abschnitt (Phädrus)
behandelt den Dialog zwischen Sokrates und Phädrus an den
Ufern des Ilyssus; im dritten (Phädon) erzählt uns Phädon
den heiteren Tod des Philosophen.

Satie wollte vor allem eine Musik schreiben, welche die klare,
weitausholende Linie der Platonischen Dialoge wider-
spiegeln sollte; er stellte die drei Bilder trotz des Titels
„symphonisches Drama" nicht in dramatischer Form dar

und wollte auch keine musikalischen Übersetzungen der drei
Lebensmomente des Sokrates geben. Denn in diesem Falle
(besonders bei der Erzählung des Todes des Philosophen)
hätte er alles darangesetzt, um die dramatische Vision oder
den umgebenden Hintergrund oder andere Einzelheiten
musikalisch auszudrücken: er hätte vor allem die Worte
Platos als Richtschnur genommen, um sie in ihrer Intimität
zu beleben. Satie hat jedoch den Text Platos schon als den
idealen und unübertrefflichen Ausdruck der drei Lebens-
abschnitte des Sokrates angenommen und alle Mühe nur
darauf verwandt, eine Musik zu schaffen, die diesen Text
derart unterstreicht, daß er in seiner ganzen leuchtenden
Schönheit erstrahle. Die Person ist hier nur ein rezitierender
Geschichtsschreiber: aber sein Ausdruck ist der eines Menschen, der das Ereignis schon mit der universellen Vision
der Dinge betrachtet, und deshalb unterwirft er sich auch
nicht mehr den Veränderlichkeiten der Handlung, sondern
verläuft heiter und in gewissen Momenten kühl und objektiv.
Wenn auch gelegentliches Erschauern oder manche Betonung die innere Seelenbewegung verrät, faßt er sich doch
wieder sofort: gegenüber der Ewigkeit und der Unermeß-
lichkeit des menschlichen Pathos ist jede Leidenschaft nur ein
leichtes Gekräusel der Oberfläche, vergänglich und beinahe
unmerklich.
Der symphonische Kommentar ist nichts anderes und will
nichts anderes sein, als die Unterstützung des Wortes. Selbst
wenn die Vorstellung des szenischen Bildes, welche das Wort
wachruft, ihn in Versuchung führt, das Szenenbild musikalisch zu illustrieren, selbst nur mit einigen wenigen, flüchtig
hingeworfenen Strichen, widersteht er, um die ästhetische
Einheit des Werkes nicht zu durchbrechen. Eine Einheit,
welche — wir dürfen und wollen es nicht verschweigen —
manchmal in Monotonie ausartet; die Natur der dramatisch-
rezitativischen Form — eine Folge des an und für sich spekulativen Sujets, das eben deshalb unveränderliche und statische

Menschlichkeit verrät – mußte notwendigerweise zu einer
Monotonie des Musikalischen und der äußeren Linie führen,
zu einem Zurückgreifen auf Vorlagen und Harmonien, die
schließlich ermüden. Aber sicherlich dürfen wir das Werk
nicht beurteilen, ohne uns um seinen Charakter zu be-
kümmern. Von einem höheren Gesichtspunkte gesehen, von
einer philosophisch-platonischen Warte, verläuft auch das
Leben in seiner breiten Linie langsam und einförmig, und
alle Farben und Affekte, welche kaleidoskopartig einander
zu folgen scheinen, müssen im Auge des philosophischen
Betrachters beinahe in einer einzigen Farbe zusammenfließen, welche die Einheit in der Verschiedenheit hervorgebracht hat.

Im Grunde ist der religiöse Geist – religiös, natürlich, in
der weitesten Bedeutung des Wortes –, der in den „Ogires"
und den „Sarabanden" vorherrscht, gerade das, was dieses
letzte Werk belebt. Satie gewann seine ersten, lebhaften
Eindrücke in der alten Kirche der heiligen Katharina in
Honfleur: in der Stille der gotischen Kirche, als einsames,
verlassenes Kind von acht Jahren, vor dem Orgelmanuale,
bei dem fahlen Glanze der Orgelpfeifen, mit einer Seele, die
in weite Fernen schweift, sich verlierend in der langsamen
Auflösung der liturgischen Harmonien. Diese Atmosphäre
von Mystizismus und nirwanischer Heiterkeit, geschwängert
vom Dufte der großen Blüten des Gregorianischen Gesanges,
kehrt wieder im „Sokrates" nach einer Zeitspanne von
40 Jahren; die Auswahl des Sujets bestätigt uns das Wiedererwachen jener Tendenz, idealistisch bis zum Transzendentalen, welche Satie ebensoweit vom Verismus wie vom
Impressionismus trennt. Die oft behauptete Vorläuferschaft
Saties gegenüber Debussy reduziert sich auf eine gewisse
harmonische Analogie rein formaler Natur, ist daher von
geringer Bedeutung. Der Geist der beiden Komponisten ist
jedoch sehr verschieden. Der Irrtum in der Einschätzung
jener beiden Verwandtschaften beruht meiner Meinung nach

darauf, daß die beiden eine Zeitlang Seite an Seite gegen das veristische Melodram und das Wagnersche Drama kämpften: es sind also Verwandtschaften mehr negativer als positiver Natur.

Die moderne und leichte Polyphonie des französischen Komponisten zieht deutliche Konstruktionslinien und schafft gleichzeitig den Rahmen für eine auserwählte und reizvolle Klangfülle, durch welche sich unser Künstler auszeichnet: wenn man Debussy den Dichter kleiner Genrebildchen nennen könnte, wird man nicht umhin können, in der Musik von Erik Satie — und ganz besonders im „Sokrates" — den Reflex eines weiten, universellen Lebens und die Einfachheit des Weltweisen wiederzufinden.

Musikblätter des Anbruch 1921

ALOIS HÁBA

GRUNDLAGEN DER TONDIFFERENZIERUNG UND DER NEUEN STILMÖGLICHKEITEN IN DER MUSIK

Im gegenwärtigen Schaffen machen sich Bestrebungen bemerkbar, den musikalischen Ausdruck auf Grund einer weiteren Tondifferenzierung zu gestalten. Wenn man diese Bestrebungen als Fortsetzung der bisherigen Musikkultur erfassen will, muß man auf die Urgründe der europäischen Musikkultur zurückgehen. Die individuellen und nationalen Stileigentümlichkeiten sind auf der gemeinsamen Basis aufgebaut, welche die altgriechischen Musiktheoretiker aufgestellt haben. Sie haben grundsätzlich als Ziel aufgestellt, bewußt Töne und Intervalle zu bilden, und dadurch haben sie überhaupt zum erstenmal für Europa den Begriff einer Musikkultur geschaffen, d. h. den Begriff des bewußten, nicht zufälligen Schaffens.

Das menschliche Stimmorgan ist heute das vollkommenste Musikinstrument und infolge seiner Elastizität, soweit es der Stimmumfang gestattet, fähig, die verschiedensten Tonstufen in ihren feinsten Nuancierungen zu fixieren.

Die Ton- und Intervallbildungen des primitiven Menschen waren, wie alles Primitive zufällig. Ähnlich wie auf anderen Gebieten der denkende Geist des Menschen die Naturbedingungen bewußt beherrscht und nach eigenem Willen formt, ist auch in der Musik das bewußte Beherrschen der Töne das Resultat bewußten Denkens.

Die Grundbedingungen, welche die Natur geschaffen hat und die der menschliche Geist nicht ändern kann, sind:

1. die Entstehung des Tones durch regelmäßige Vibration eines Körpers,

2. die Zusammensetzung des Tones aus Aliquot — mit dem klingenden Ton zusammenhängenden Tönen,

3. die Aufnahmefähigkeit der Töne durch das menschliche Ohr, das Auge und das Tastempfinden.

Alle europäischen und außereuropäischen Tonsysteme und alle anderen Bedingungen sind, weil sie mit dem musikalischen Ausdruck zusammenhängen, Resultat menschlichen Denkens. Sie sind grundsätzlich in ihrem Wesen als Denksysteme gleichberechtigt. Ich sagte, daß die Basis der Musikkultur das bewußte Beherrschen der Töne ist; das bedeutet: nach Belieben sich Töne vorstellen und sie reproduzieren zu können. Daraus resultiert die Fähigkeit, Tonhöhen und Tonhöhenbeziehungen beliebig fixieren zu können.

Die bisherige europäische Musikkultur ist ein Beweis dafür, daß bis jetzt eine wichtige Etappe in der Entwicklung erreicht wurde, nämlich das bewußte Beherrschen der zwölf Halbtöne im Umfange einer Oktave mit Transpositionsfähigkeit auf sieben Oktaven des durch das Gehör mühelos wahrnehmbaren Tonumfanges.

Man ging vom Einfachen zum Komplizierten. Es wurden nach und nach Oktav, Quint, Quart, Terz, Sext, Sekunde, Septime und alle weiteren chromatischen Intervallfüllungen bewußt beherrscht. Die musikalisch-schöpferische Vorstellungskraft bemächtigte sich der Oktaven, Quinten, Quarten, Sexten, Terzen, der Zwei-, Drei-, Vier-, Fünf-, Sechs- und Siebenklänge, transponierte sie auf die zwölf Tonstufen, erfand ihre Umkehrungen und dehnte den Begriff der Harmonie bis zum Zwölfklang aus, welcher alle zwölf Töne des bewußt aufgebauten Tonsystems enthält.

Die europäische Musikkultur ist ein monumentaler Zeuge der in ihrem Umriß hier angedeuteten Musikentwicklung. Nicht nur bei den schöpferischen Menschen und den ausübenden Musikern, sondern auch in den breiten Schichten der Völker entwickelte sich durch diesen Jahrhunderte währenden Prozeß die Konzentration zum bewußten Be-

herrschen der fixierten Tonstufen und ihrer Beziehungen.
Jede zufällige Tonhöhe, die sich nicht mit unserem
bewußt aufgebauten Tonsystem deckt, wird als schlimme
Verfehlung gegen die reine Intonation der fixierten Tonstufen angesehen. Mit vollem Recht. Denn wir machen
dadurch einen Unterschied zwischen den Tönen, die zwar
existieren, die wir aber nicht bewußt beherrschen, und denjenigen, die wir bewußt beherrschen, weil wir ihre Existenz
erkannt haben.

Stellen wir aber das weitere Ziel auf, Töne, die bis jetzt nur
negativ behandelt wurden, durch die Feststellung, daß sie sich
nicht mit den fixierten decken, bewußt zu hören, so handelt
es sich grundsätzlich nur darum, den Begriff der Musikkultur
zu erweitern, indem wir die Töne, die wir bis jetzt über-
gangen haben, auch bewußt zu beherrschen suchen. Vergessen
wir nicht, daß die Menschheit ursprünglich auch die Halbtöne
nicht bewußt beherrscht hat und dies erst lernen mußte.

Von diesem Standpunkte aus ist jede Bestrebung nach dem bewußten Beherrschen beliebiger Töne identisch mit den bisherigen Kulturbestrebungen, also eine Fortsetzung von ihnen.

Selbstverständlich muß das Ergebnis verschieden sein. Es
ist anzunehmen, daß die größte Sehnsucht des menschlichen
Geistes, Naturbedingungen möglichst bewußt und im weitesten Umfange zu beherrschen, auch die Musikkultur dahin
bringen wird, alle Schwingungsintervalle, die das Ohr wahr-
nimmt (von 16 bis 40000 Schwingungen) der bewußten
Beherrschung zuzuführen. Bis jetzt beherrschen wir zwölf
Halbtöne, mit ihrer Transposition sieben Oktaven, d. h.
insgesamt 84 Töne.

Diese allgemeine Erwägung begründet objektiv auch das
Bestreben, zwischen zwei Töne, die den Umfang des Halb-
tones fixieren, noch einen Ton bewußt zu unterscheiden,
welcher in der gleichen relativen Entfernung von beiden
steht (unter Bezugnahme auf die Gegenüberstellung der
Wellenzahl).

Auf diesem Grundsatz baut das Vierteltonsystem auf und formuliert das allgemeine Postulat, im Umfange einer Oktave außer den 12 bekannten Tönen noch 12 andere zu unterscheiden, also 24 Töne. Die weitere Konsequenz führt zur Bildung neuer Tonskalen als Basis für neue Melodiebildung und genaues Fixieren der daraus entstehenden neuen harmonischen Beziehungen. (Ich verweise auf meine Vierteltonharmonielehre — Verlag U. E., Wien.) Grundsätzlich muß man folgendes betonen. Die harmonischen Beziehungen im Vierteltonsystem sind teilweise auf dem entgegengesetzten Prinzip aufgebaut, auf der Nichtverwandtschaft der Aliquottöne.

Aus dem bisherigen europäischen Schaffen kann man ein wichtiges, psychologisch begründetes Stilprinzip feststellen, nämlich die Variierung der melodischen Bewegung und ihre harmonische Umdeutung. Es ist naheliegend, daß durch eine größere Anzahl bewußt beherrschter Töne auch die Möglichkeit gegeben ist, neue Musikgedanken zu bringen und sie auf neue Art zu variieren. Das Tonmaterial des Vierteltonsystems ist sehr vielseitig, und jeder kann das herausholen, was er musikalisch zu denken imstande ist. Wer zu seinem Musikausdruck Dreiklänge braucht, kann sie traditionell und auch neu formen. Will sich der schöpferische Musiker in komplizierteren Klängen ausdrücken, so stehen ihm auch diese zur Verfügung. Ideell und sachlich ist das Vierteltonsystem die Ergänzung des Halbtonsystems.

Eine der wichtigsten Grundfragen ist folgende: wo ist der Hauptgrund für einen musikalischen Ausdruck, der sich der bisherigen Tonanordnung entzieht und eine neue schafft? Das einzige allgemeine Kriterium für die Berechtigung, Wahrhaftigkeit und Aufrichtigkeit des musikalischen Schaffens überhaupt, beruht darin, daß der schöpferische Musiker nur die Musik schreibt, die er sich vorstellen kann. Diese Forderung galt in der Vergangenheit und behält ihre Gültigkeit für die Gegenwart und die Zukunft. Wenn sich also ein Teil der heutigen schöpferischen Musiker nur diejenigen

Klänge klar vorstellen kann, die aus dem Halbtonsystem stammen, so sind diese Musiker im Ausdruck aufrichtig, indem sie nur die klaren Vorstellungen fixieren.

Es gibt in der jungen Musikergeneration aber auch Autoren, welche nicht die klare Vorstellung davon haben, was sie im Halbtonsystem schreiben. Sie schreiben manchmal komplizierte Klänge, die sie schwer intonieren könnten, wenn man es von ihnen fordern würde, um den Beweis zu erbringen, daß sie ohne Hilfe eines Musikinstrumentes aus innerer Klangvorstellung heraus geschrieben haben. Diese Autorengattung müßte aus der strengen Forderung innerer Vorstellungsfähigkeit heraus viel einfacher schreiben, wenn sie nur das schreiben würde, was sie sich wirklich vorstellt. Gegen sie kann man die Feststellung des konstruktivistischen Schaffens erheben, eines Schaffens, welches das Suchen und Zusammensetzen der Klänge, aber nicht das Denken darstellt.

Nicht die Neuheit, nicht die Kompliziertheit, sondern die Klarheit und Bestimmtheit der Klangvorstellungen müßte als Hauptkriterium des musikalischen Schaffens gelten.

Die Klärung dieser brennenden Fragen wäre im Interesse aller ehrlich Schaffenden erwünscht. Die Autoren der modernen Musik mögen sich selber um den Beweis kümmern, daß sie aus klarem musikalischem Denken heraus schaffen. Die Berechtigung meines musikalischen Schaffens beruht auf dem Bewußtsein, daß ich nur meine klaren Musikvorstellungen mitteile.

Selbstverständlich sind die neuen Intervalle und der neue Klang noch nicht das ganze Wesen eines neuen musikalischen Stils.

Der Ausbau eines neuen musikalischen Stils ist die wichtigste, schwerste Forderung für die junge europäische Musikergeneration.

Der romantische, im- und expressionistische Musikstil entstand durch Kombination der Bruchteile der klassischen

Formen, welche ihre Wurzeln in der englisch-niederländischen Musik des 15. Jahrhunderts und in der italienischen Reformbewegung des 16. Jahrhunderts (Peri, Caccini) haben. J. S. Bach und seine Zeitgenossen sind die letzten Vertreter der stilistisch reinen polyphonen Formen. Der Wiener Klassizismus ist aus der italienischen Reformbewegung herausgewachsen.

Bei Beethoven finden wir schon öfters Beispiele von Formkombinationen (Sonatenform mit Fugato, mit Rondo, Scherzo mit Fugato usw.).

Diese Stileigenschaften finden ihre volle Entwicklung in den oben angeführten Entwicklungsetappen. Es sind Erscheinungen, die auch die europäische Architektur in ihren Formen durchgemacht hat. Kombinationen von Stilbruchteilen, welche verschiedenen älteren reinen Stilen angehören, sind eine allgemeine Erscheinung.

Es sind also in der europäischen Musikentwicklung zwei Hauptmomente zu betrachten: das Schaffen der reinen Formen und die Kombination der schon geschaffenen reinen Formen und ihrer Bruchteile.

Da die schöpferische Tätigkeit der obengenannten Perioden fast alle Kombinationen der alten Formen erschöpft hat, bleibt der gegenwärtigen Generation und der zukünftigen nichts anderes übrig, als neue Formen zu schaffen, um sich die Gleichberechtigung und die schöpferische Freiheit zu erobern. Das bedeutet, in musikalischen Begriffen ausgedrückt:

1. Konsequenter Verzicht auf Übernahme und Kombination der schon bekannten Formen (der Sonate, des Rondos, Scherzos, der Fuge, des Kanons usw.).

2. Verzicht auf alle Details der älteren Zeit, also auf die periodische Melodik, thematische Arbeit, Wiederholung und Transposition der Motive und melodischen Periodizität, Verzicht auf sequenzierte Gradationen, einfach Verzicht auf alles, was schon als Formeinfall realisiert wurde.

3. Die allgemeinen Merkmale, d. h. den abstrakten Begriff der musikalischen Form sich zur Kenntnis zu bringen und neue Verkörperungen dieses abstrakten Begriffes zu schaffen. Also neue plastische Rhythmen fühlen und denken, in mannigfaltigsten Variationen die drei Grundcharaktere der melodischen Bewegung zu formen: den melodischen Aufstieg, das Schweben der Melodie und ihren Abstieg, eine unregelmäßige gegliederte Melodik schaffen, nicht kleine melodische Bruchteile zusammensetzen und wiederholen, sondern einen melodischen, immer vorwärts gedachten Fluß zu formen, d. h. Atempausen nach dem Einfall und nicht nach der Schablone zu machen.

Beim polyphonen Satz soll man nicht die melodischen Bestandteile einer Stimme zum Bilden der anderen übernehmen, wie es in der Polyphonie des Mittelalters der Fall war, d. h. man muß die traditionellen, schon realisierten Grundsätze des polyphonen Stils vermeiden. Dafür soll man nur die drei allgemeinen Bewegungsmöglichkeiten der Stimmführung beachten, das sind die Gegenbewegung, Parallel- und Seitenbewegung. Auf diesen drei Bewegungsformen soll der neue polyphone Bewegungsstil realisiert werden unter Vermeidung der traditionellen technischen Errungenschaften.

Das Prinzip der führenden Melodik soll wohl beachtet werden, aber die Nachahmung des traditionellen Charakters ist zu vermeiden, also nicht den Charakter der Fugen- und Sonatenthemen sowie anderer melodischer Formen nachahmen.

Die angedeuteten Richtlinien sind allgemeiner Natur. Es kann sie jeder auf seine Art, d. h. nach seinem individuellen und nationalen Temperament ausgestalten[1].

---

[1] Diese angeführten Grundsätze habe ich subjektiv bis jetzt in folgenden Kompositionen realisiert: im 2. und 3. Vierteltonquartett, im Sechsteltonquartett, in der Vierteltonchorsuite, in den zwei Suiten für Vierteltonklavier und einer größeren Komposition für Vierteltonklavier. In meinen früheren Werken kommen die neuen Stilgrundsätze, die mir damals noch nicht völlig bewußt waren, gemischt mit den traditionellen vor.

Im Schaffen der jungen europäischen Musikergeneration kann man folgende zwei Haupttendenzen feststellen: den Versuch, die reinen klassischen Formen neu zu beleben, und eine bis jetzt mehr gefühlte als bewußte Abkehr von den traditionellen Formen.

Es scheint, daß die zweite Richtung die ausschlaggebende werden wird, sobald sich die wirklich Schaffenden des fundamentalen Unterschiedes bewußt werden zwischen wirklicher Neuschöpfung und dem Sichstützen auf schon vorhandene, in diesem Sinne schon traditionell gewordene Leistungen.

Das allgemeine Kriterium für die Richtigkeit einer künstlerischen Leistung besteht darin, daß sich die Leistung mit der Absicht des Schöpfers deckt. Das Erschauen von Kunstwerken müßte also erst von der Erkenntnis der schöpferischen Absicht ausgehen. Zum Beispiel: wenn die Absicht des Präludiums darin besteht, erst nach und nach die einzelnen Teile des Fugenthemas zu exponieren und erst am Ende des Präludiums das Thema ganz erscheinen zu lassen und auf diese Weise den Übergang zur Fuge zu bilden, so müßte diese Erkenntnis der Beurteilung vorausgehen, d. h. eine Form ist nicht erfüllt, wenn ihr Formprinzip nicht erkennbar ist, vorausgesetzt, daß die Absicht des Schöpfers nicht darin bestand, sein Formprinzip zu verdecken. Also müßte dann diese Absicht erkannt werden. Man beachte die polyphonen Formen des 15. und 16. Jahrhunderts.

Die allgemeine Gültigkeit des Prinzips erstreckt sich selbstverständlich auch auf alle neugeschaffenen Formen der Gegenwart und Zukunft.

Die Übereinstimmung zwischen musikalischem Denken und seinem realisierten Ausdruck ist die Wahrhaftigkeit musikalischen Schaffens. Demnach ist das Musikschaffen eine Möglichkeit unter vielen anderen, Wahrheit auszudrücken.

Aus dem Sammelband „Von Neuer Musik", Köln 1925

JOSEF MATTHIAS HAUER

VOM WESEN DES MUSIKALISCHEN

In der atonalen Musik aber, die von der „Totalität" herkommt, spielen ausschließlich die Intervalle eine Rolle. Es
wird bei ihr der musikalische Charakter nicht mehr durch
Dur- und Molltonarten und durch charakteristische Instrumente (also durch eine Farbe), sondern eben durch die
Totalität der Intervalle und Klangfarben, die auf einem
gleichschwebend temperierten Instrument am besten und
reinsten zur Geltung kommt, ausgedrückt. In der atonalen
Musik gibt es keine Toniken, Dominanten, Subdominanten,
Stufen, Auflösungen, Konsonanzen, Dissonanzen mehr,
sondern nur die zwölf Intervalle der gleichschwebenden
Temperatur; ihre „Tonleiter" besteht also aus den zwölf
temperierten Halbtönen. In der atonalen Melodie ist sowohl
das rein Physische, Sinnliche, als auch das Triviale und Sentimentale soweit wie nur möglich ausgeschaltet und ihr
„Gesetz", ihr „Nomos" besteht darin, daß immer und immer
wieder alle zwölf Töne der Temperatur abgespielt werden
müssen. Zur Beruhigung derjenigen, die in der atonalen
Musik eine „Verarmung" erblicken, sei bloß erwähnt, daß
diese zwölf Töne 479001600 Melosmöglichkeiten bergen
(gegenüber 5040 mit sieben Tönen) und daß in jeder dieser
Möglichkeiten eine richtige und echte atonale Melodie steckt,
die herauszuschöpfen eben Aufgabe des Musikers ist. Dabei
sei aber wieder darauf hingewiesen, daß das intuitive Hören der
Intervalle, das rein melodische Hören die Voraussetzung des
Verständnisses der atonalen Musik ist. Zwischen dem intuitiven „Hören" der Intervalle aber und dem Hören der „natürlichen" Tonfortschreitungen ist ein großer Unterschied.
Uns Europäern ist diese Art des Schaffens und Hörens wohl
noch fremd, und es wird uns wahrlich nicht leicht, unsere

„Individualität" ganz in den Dienst einer „Sache" (diesmal der musikalischen Sache des Intervalls) zu stellen, in ihr förmlich aufzugehen. Beim Komponieren der atonalen Melodie besteht eben die „Genialität" des Einzelnen darin, einen „Fall" (wir in unserer „atonalen Schule" nennen ihn „Baustein") richtig zu „lösen". Das aber erfordert die Unterwerfung der ganzen „Persönlichkeit" um der „Sache" willen. Wir denken uns bei unsern Arbeiten, daß es wohl noch schwieriger ist, den Urgesetzen des Intervalls in seiner Geistigkeit gehorchend, das eigene „Affektleben", es beiseite schiebend, zu bezwingen, als sich in der persönlichen Rhythmik und „Handschrift" einer „Affektkunst" „auszuleben" und „auszutoben". Wir setzen daher bei jedem der 479001600 „Fälle" je eine einzige Möglichkeit der „richtigen" Lösung voraus, die aufzufinden und musikalisch zu realisieren eben Sache und Sinn des Komponierens ist.

Ob die Musiker aller Jahrhunderte die Intervalle (Klangfarben, Tonarten) bewußt oder unbewußt richtig gebrauchten, spielt bei der Beurteilung aller dieser Fragen eine untergeordnete Rolle.

Aus Josef Matthias Hauer, „Vom Wesen des Musikalischen", Wien 1920 mit Genehmigung des Musikverlages Robert Lienau, Berlin-Lichterfelde

PHILIPP JARNACH

DAS STILPROBLEM DER NEUEN
KLASSIZITÄT IM WERKE BUSONIS

Wenn im folgenden der Versuch aufgestellt wird, aus einer
Reihe tiefer Eindrücke, die ich in den letzten fünf Jahren
von Busonis Schöpfertum empfing, das ästhetische Ergebnis
zusammenzufassen, so muß ich vorausschicken, daß der
Rahmen dieser knappen Skizze eine Aussprache über einzelne Werke des Meisters nicht zuläßt; mir liegt zunächst
und vor allem daran, Geist und Ziele dieser Musik überhaupt, soweit mir offenbar, und ihre überragende Bedeutung inmitten der modernen Kunstgeschehnisse festzustellen.

Über einen gewissen Grad musikalischer Kultur hinaus wird
es dem Aufnehmenden schwer, sich die Fähigkeit voraussetzungslosen, unbefangenen Herantretens an das Kunstwerk
zu bewahren; selbst der Laie neigt dazu, alle bedeutsamen
Neuerscheinungen nach einigen wenigen Stichworten zu
registrieren und in Kategorien einzuteilen. Dabei werden die
äußeren — vielleicht zufälligen! — Eigentümlichkeiten der
Ausführung, klangliche Einzelheiten herausgegriffen und als
Stilmerkmale hingestellt, während deren Ursprung — ein
Ausdrucksproblem — verborgen bleibt. So gilt der Komponist Busoni manchenorts als ein kühner Innovator, als
Verfechter „modernster" Kunstnormen, der die Schranken
der Tradition längst durchbrochen, um sich neuen, rätsel-
haften Zielen zuzuwenden. Was diese Ziele indessen sein
sollten, wird selten näher untersucht. Die kritische Analyse
ist — von geringen Ausnahmen abgesehen — daran gewöhnt,
alles vom Gesichtspunkte des Bestehenden aus zu beurteilen;
dem Neuen, Unverhofften, versucht sie von der formalen
Seite beizukommen — auf umgekehrtem Wege den Schaffens-

vorgang zu rekonstruieren. Aber die Deutung versagt im Augenblick, wo die Form über den engen Begriff sinnfälliger Periodizität hinauswächst; auch sind ästhetische Schlußfolgerungen auf Grund der technischen Eigentümlichkeiten des Kunstwerkes nicht ohne weiteres einwandfrei, und in dieser Hinsicht entfalten die Theoretiker ganz umsonst die Schätze ihrer beredten Sachlichkeit. Da hört und liest man von „hemmungsloser Erweiterung der Zusammenklangsmöglichkeiten", „Aufhebung der Tonartlichkeit" und „Verzicht auf symmetrische Gliederung" ... Worte, jeder Bedeutung bar für denjenigen, der in der Kunst Schönheit und die Bestätigung jener zeitlosen Geistigkeit sucht, welche dem Leben Kraft und Sinn erhält.

Was wir Technik nennen, das Ergebnis einer langen, harten Auseinandersetzung mit der Materie, ist eine persönliche Angelegenheit des Künstlers, die sein Verhältnis zur Außenwelt nicht berührt. Busoni kennt keine starren Grundsätze; sein allseitiges Können hat jede Formel längst überwunden, und seine Satzkunst ist ebensowenig wie seine Harmonik an irgendein System gebunden: ihre Mittel wechseln mit der selbstgestellten Aufgabe. Ja, mir scheint sogar, daß der „Einfall" bei Busoni zunächst an keine bestimmte Klangvorstellung geknüpft ist; diese ergibt sich von selbst durch intensive Konzentration, als natürlicher, vollkommen adäquater Ausdruck einer zum Erlebnis gesteigerten Empfindung. Es geht schon deswegen nicht an, die Tatsachen des Einzelwerkes zu verallgemeinern; es sind jeweils durch das Wesen der Konzeption bedingte Kennzeichen einer Tonsprache, welche nicht ausschließen, sondern bereichern, und nirgends mehr sein will als ein klarer, strenger Ausgleich mit den Notwendigkeiten der Gestaltung.

Zwei große Perioden in der Geschichte der Musik, die vorklassische — polyphone — und die klassische — symphonische — liegen heute vor uns abgeschlossen. Aus der Verschmelzung

beider Prinzipien wird ein neuer Stil entstehen, der die Vor-
bedingungen einer monumentalen Entwicklung in sich vereinigt, „ein melodischer Stil", schreibt Paul Bekker, „der an
bildender Kraft dem der alten polyphonen Kunst gleich ist,
ohne ihn nachzuahmen, der ihm also nur der Art, dem
Prinzip nach verwandt ist, und nun, innerlich angeregt durch
den formalen Reichtum der polyphonen wie der harmonischen Kunst, eine neue Art formbildender Kraft aus sich
heraus gebiert. Dieser Stil bedingt eine auf kontrapunk-
tischer Grundlage beruhende Schreibweise, welche, unabhängig von der periodenmäßigen Einteilung, dem plastischen
Faktor homophoner Ausdrucksmöglichkeiten Rechnung
trägt, eine Schreibweise, in welcher die Harmonie nicht mehr
bestimmend und begrenzend auf den melodischen Strom
einwirkt, sondern umgekehrt die Melodie als Bewegungs-
energie, den akkordlichen Widerstand durch größere Spann-
kraft bricht und ihre Linie behauptet."

Das ganze bisherige Werk Busonis ist ein steter Aufstieg in
dieser Richtung; mit genialer Intuition erkannte er den Weg,
auf welchem eine Weiterentwicklung und eine Genesung
der Tonkunst nach den barocken Stilerscheinungen der Neu-
romantik möglich geworden war; diesen Weg hatte er schon
beschritten zu einer Zeit, da die Programmusik in vollster
Blüte stand und er mit seiner Erkenntnis einsam war. Heute
aber, wo das Problem sich gebieterisch ankündigt und zur
Lösung drängt, steht Busoni im Mittelpunkt der Forderung,
und sein Wirken ist Beweis zugleich und Verwirklichung
dessen, was als innerster Kern der Evolution jetzt erkannt
wird: Befreiung vom harmonisch-symmetrischen Dogma,
Rückkehr — oder vielmehr Vordringen — zum linearen Stil-
empfinden.

Im Gewebe dieser Musik hat der einzelne Klangkomplex
aufgehört, als Selbstzweck irgendeine Rolle zu spielen; nicht
der „abstrakte Klang", wie Leichtentritt in seiner trefflichen

Biographie meint[1], sondern die Überwindung des Klang-
sinnlichen zugunsten des melodischen Ausdrucks ist das
Ziel dieser vergeistigten Tonsprache[2]. Wie Busoni es allmählich erreichte, welch starke Einheitlichkeit trotz allem
scheinbar Sprunghaften und Experimentellen seine ganze
Entwicklung beherrscht, wird jeder gewahr, der auch seine
früheren Werke unter diesem Gesichtspunkt betrachtet. Ein
mächtiger Künstlerwille tut sich in ihnen kund, ein Wille,
der alle Hindernisse bezwang, welche ihm Erziehung und
Milieu entgegenstellten. Wieviel Energie, Selbstlosigkeit
und Mut dazu gehörte, kann man an der Tatsache ermessen,
daß der junge Busoni schon in seinen ersten Kammermusikwerken im Besitz der vollen Meisterschaft im herkömmlichen
Sinne war[3], und diese sichere Basis verließ, um sich auf ein
Gebiet zu begeben, das keineswegs Gelingen verbürgte.
Der Anstoß zur Wendung war ohne Zweifel eine instinktive
Reaktion gegen die Programmusik. Busoni sah deutlich, daß
eine Ästhetik, die das Begrifflich-Gegenständliche zum Ausgangspunkt der musikalischen Konzeption machen will und
bildhaft-dichterische Wirkungen durch symbolische Motivik
zu erreichen sucht, die Musik ihrer wahren Bestimmung ent-
fremdet und ihr Fesseln auferlegt, die der freien Entfaltung
ihrer eigensten Ausdrucksmöglichkeiten verderblich sind[4].
Die Lösung erblickte er zunächst in der Befreiung der Musik

---

[1] Hugo Leichtentritt: „Ferruccio Busoni" (Seite 86), Breitkopf & Härtel,
Leipzig 1916.

[2] Der späte Beethoven hatte bereits diesen Weg gewiesen. Paul Bekker
spricht von den drei großen B-dur-Fugen der op. 106, 123 und 133. Diese
sind die bedeutendsten, aber nicht einzigen Beispiele dieser Art; zu erwähnen wären u. a. noch der Schlußsatz der D-dur-Sonate für Violoncell
und Klavier und die letzte Variation im langsamen Teil des Quartetts op. 132.

[3] Ich nenne hier nur das d-moll-Streichquartett (1888), das den Vergleich
mit den damaligen Meisterwerken der Gattung — zum Beispiel Brahms' —
in jeder Hinsicht aushält.

[4] Siehe im „Entwurf einer neuen Ästhetik der Tonkunst" (Insel-Verlag,
Leipzig 1916) die Stellen, in denen Busoni seine Ablehnung der Programm-
musik begründet.

vom Literarischen; darüber hinaus mußten die Stilgrund-
lagen geschaffen werden, auf denen ein Weiterschreiten
möglich war, ohne der starren Systematik erschöpfter Formeln
zu verfallen.

An diese doppelte Aufgabe hat Busoni seine ganze Denker-
und Künstlerkraft gesetzt. Die Frage, ob er sie zu erfüllen
vermochte, dürfen wir heute mit freudiger Gewißheit be-
jahen. Keine der Errungenschaften früherer und jüngster
Vergangenheit hat er je als Gesetz anerkannt; aber er prüfte
sie alle und bediente sich ihrer mit ordnendem Bewußtsein.
Scheinbar mühelos hat dieser große Geist die Ketten her-
gebrachter Konvention von sich gestreift; seine von reiner
Empfindung und unversieglicher Phantasie getragene Kunst
ist klassisch im vollen, tiefen Sinn des Wortes; in ihr münden
die Ergebnisse einer großen Entwicklung, welche nicht un-
abänderliche Gesetze schuf, wohl aber unendliche Richtungen wies. Kein Formenschema beherrscht sie; aber eine
zu Geist gewordene Form, Form als Stil, als — Erlebnis.
Sie realisiert die Synthese dessen, was Busoni die neue
Klassizität nennt — mit diesem Wort das Wiedererwachen
eines Begriffes kennzeichnend, der über alle Erscheinungen
hinweg sich ewig durchsetzen wird.

Musikblätter des Anbruch 1921

KRISE DER NACHKRIEGSMUSIK

Durch die ganze Vielfalt der westeuropäischen Kunst-
strömungen am Ende des 19. und Anfang des 20. Jahrhunderts dringt deutlich eine Tendenz durch: die Abkehr
von der humanistischen Geisteshaltung der großen Meister
der Vergangenheit. Zuweilen tritt sie im Gewande des
Ästhetizismus hervor, in der Form einer Kunst, die sich von
großen Lebensproblemen abgrenzte. Einige Künstler empfanden als Höchstes das Festhalten flüchtiger Eindrücke
(Impressionismus). Sie haben den Umfang der Ausdrucksmittel ungewöhnlich bereichert und eine Reihe erstklassiger
Werke geschaffen, die in unser Kulturgut eingegangen sind.
Aber letzten Endes begaben sie sich in die Sackgasse des
reinen Ästhetizismus, in die Einsamkeit des „Turmes aus
Elfenbein"; sie verkündeten ein um die moralisch-ethische
Problematik unbekümmertes Kunstdogma. „Wozu das Gute
und das Böse? Allein des Elfenbeines Ton auf rötlich-
goldener Haut ist schön" (übersetzt aus dem Russischen),
schrieb einer der wunderbarsten Dichter des ausgehenden
19. Jahrhunderts, Paul Verlaine. An den Impressionismus
schließt sich unmittelbar die Kunst des Symbolismus an, die
mit unfaßbaren, unsagbaren, aus Andeutungen und Ahnungen geflochtenen Begriffen operiert und in die „ver-
borgenen Tiefen der Erscheinungen" einzudringen wähnt.
Auch diese Kunstrichtung brachte eine Reihe dichterischer
Meisterwerke hervor. Indessen war auch hier das hohe
humanistische Thema der großen Klassiker durch die Lyrik
flüchtiger Gefühle ersetzt. Die dritte Richtung schließlich,
der Expressionismus (und seine Kehrseite, der Naturalismus)
mit seiner häßlichen hyperbolischen Ausdrucksgestaltung,
dem gesteigerten Interesse an allem Pathologischen, ist eine

Kunst, gezeugt von der durch fiebrige Hast und mitleidlose
Nüchternheit des modernen Großstadtlebens verkrüppelten
Psyche. Mit dieser nervösen und unruhigen Kunst verband
sich zuweilen auf eine merkwürdige Art der Konstruktivismus, der das Primat der Form vor dem Inhalt behauptete und endgültig mit den humanistischen Tendenzen
der klassischen und romantischen Zeit brach (es ist bemerkenswert, daß eine der vielen Formen des Konstruktivismus,
der Neoklassizismus, dem Buchstaben nach die Tradition
der Klassiker wiederzuerwecken glaubt, während er in
Wirklichkeit deren Geist seiner fruchtbaren Wirkung beraubt).

Alle diese Richtungen drücken den Verflachungsprozeß der
Kunst aus, deren Vorboten in verkappter Form schon bei
den Spätromantikern zu finden sind. Unerbittlich zog die
Krise herauf, und nichts vermochte sich ihr entgegen-
zustellen. Die Kunst ging einer sehr schweren Zeit entgegen,
und weitsichtige Künstler empfanden das mit unbarmherziger
Deutlichkeit. Lesen Sie noch einmal die glühend anklagenden
Seiten in Romain Rollands „Au dessus de la mêlée"; sie
zeigen besser als alle ästhetischen Abhandlungen den ganzen
Abgrund der anwachsenden Kunstkrise des 19. Jahrhunderts.
Zu der Zeit, als die Wirkung der menschlichen Persönlichkeit
immer tiefer sank, als das humanistische Ideal in Rauch und
Feuer der Kriegsgewitter unterging, als die Kunst ihre frühere ethische Bedeutung einbüßte und aufhörte, Ausdrucksmittel großer Ideen, „Trost und Stütze"[1] der leidenden
Menschheit zu sein, in dieser Zeit waren es nur einzelne
Künstler, die mit Stolz die alten Fahnen weitertrugen und
den Kampf mit den Vorurteilen der neuen Zeit auf sich
nahmen. Gierig horchte man auf ihre Stimmen; sie wurden
zum Gewissen des alten Europa; doch lag es nicht in ihrer
Macht, den Auflösungsprozeß aufzuhalten. Ihre Werke
bleiben in der Geschichte als ein Denkmal edlen und auf-

[1] Ausdruck von Tschaikowsky

opferungsvollen Kampfes gegen die Mächte der Dunkelheit und der Reaktion bestehen. Tragisch ist das Schicksal dieser Künstler. Glühend strebten sie dem Licht zu und empfanden zu gleicher Zeit die Ausweglosigkeit der sich immer stärker verwirrenden Widersprüche. Ein solcher Künstler war Gustav Mahler, ein Mensch mit flammender und reiner Seele, der letzte der großen Symphoniker Westeuropas, der den majestätischen Geist der Kunst Beethovens auf neuer Basis wieder aufzurichten versucht hatte. Ein solcher Künstler ist Romain Rolland, der das tragische Epos „Jean-Christophe" geschrieben hat und aus dem Leben der großen Künstler der Vergangenheit die Kräfte zu einer neuen künstlerischen Tat zu schöpfen bestrebt war.

Die Merkmale der tiefen Krise traten mit besonderer Kraft in den nach dem ersten Weltkrieg geschriebenen Werken zutage. In jenen Jahren entstand eine zutiefst pessimistische Kunst, die Menschliches in Tierisches, Normales in Pathologisch-Verzerrtes auflöste. So entsteht das in seiner Art bewunderungswürdige Beispiel expressionistischer Kunst: das Musikdrama „Wozzeck" von Alban Berg. Die Tragödie des kleinen Mannes, des Pechvogels, wurde oft zum Gegenstand erhabener humanistischer Werke der klassischen Kunst: „Der Mantel" von Gogol, „Arme Leute" von Dostojewski. Bei Alban Berg aber läuft alles auf Detailanalyse und sorgsame Wiedergabe pathologischer Zustände hinaus. Das ist der Grund für die Hysterie, die Alogik der musikalischen Sprache, die so seltsam die äußerste Überspitztheit der Emotion mit weitgehender Präzision der Konstruktion verbindet[1]. Verzweiflung, ausweglose Grauen, das ist das Leitmotiv des sehr talentvollen Werkes von Alban Berg. Das ist der eine Pol der Nachkriegskunst. Der andere liegt in ge-

---

[1] Ein analoges Beispiel aus der Literatur ist das berühmte Buch „Ulysses" von James Joyce. Auch in ihm herrscht jene überfeinerte pathologische Psychoanalyse, die gleiche außerordentliche Virtuosität bei der Benutzung alogischer Wortkonstruktionen.

dankenloser Leichtigkeit, Oberflächlichkeit, Unterhaltung. Zwischen ihnen gibt es viele Ausdrucksvarianten der tiefen Krise.

Aus I. Martynow, Dmitri Schostakowitsch, Bruno Henschel & Sohn, Berlin 1947

SERGEJ PROKOFIEFF

AUS EINER AUTOBIOGRAPHIE

Der erfolgreiche Abschluß meines Musikstudiums im Konservatorium wurde von meiner Mutter mit einem Geschenk in Form einer Auslandsreise belohnt. Ich wählte London, wo damals Djaghilew mit großem Pomp eine russische Opern- und Ballettsaison veranstaltete. Die Saison war in der Tat interessant: Schaljapin sang, Richard Strauß dirigierte, es gab viel Neues. Djaghilew selbst, in Frack und Zylinder, mit Monokel und weißen Handschuhen, war großartig. Nouvel machte uns bekannt, und ich spielte das zweite Konzert. Der Maler Serte, der dem Konzert beiwohnte, rief in französischer Sprache aus: „Aber das ist doch ein wildes Tier!" — und entschuldigte sich vielmals, als er hörte, daß ich Französisch verstehe. Djaghilew erwog den sonderbaren Gedanken, ob man dieses Konzert nicht „aufführen" könne, d. h. daß ich es zusammen mit dem Orchester spiele, während auf der Bühne gleichzeitig eine Ballettpantomime ausgeführt wird. Zum Seitenthema des Finale schwebte ihm z. B. eine tänzerische Gestaltung in der Art des Lel[1] vor. Es war jedoch schwer, ein entsprechendes Sujet dafür zu finden, und man ließ diese Idee fallen. In jener Zeit trug ich mich mit dem Gedanken, Dostojewskis „Spieler" als Oper zu bearbeiten. Ich schilderte Djahgilew meinen Plan. Er erwiderte, daß die Oper im Absterben begriffen sei, während sich das Ballett im Aufblühen befinde; es wäre daher angebracht, ein Ballett zu schreiben. Nach mehreren Zusammenkünften und Unterredungen wurde beschlossen, daß ich mich nach meiner Rückkehr nach Petersburg mit irgendeinem Schriftsteller, z. B. mit Gorodetzky, in Verbindung setzen sollte, um mit

---

[1] Ein Hirte in alten russischen Sagen; siehe die Oper „Schneeflöckchen" von Rimsky-Korssakow.

diesem zusammen ein Ballett nach Motiven aus der russischen Sagenwelt oder aus der vorgeschichtlichen Zeit zusammenzustellen. In der Zeit zwischen diesen Verhandlungen hörte und sah ich viel Neues: „Daphnis und Chloe" von Ravel, den „Feuervogel" und „Petruschka" von Strawinsky. Die darin zum Vorschein kommende Lebhaftigkeit, die Findigkeit und die verschiedenartigen „Schnörkel" fanden mein ungeteiltes Interesse, aber ich konnte in diesen Werken keine prägnante Thematik erkennen. Die musikalische Substanz dieser Ballette war so „andersgeartet", daß ich sie ganz einfach nicht als solche empfand — eine Erscheinung, die bei Hörern, die zum erstenmal mit meiner Musik in Berührung kommen, wohl öfters auftreten muß. In London war alles so interessant, daß ich fast den hereinbrechenden europäischen Krieg übersehen hätte, und es war ein reiner Zufall, daß ich einige Tage vor Kriegsausbruch nach Petersburg zurückkehrte.

Vom Standpunkt der Mobilisation aus betraf mich der Krieg nicht, denn ich war der einzige Sohn einer Witwe, und diese Kategorie unterlag nicht der Einberufung. Während Gorodetzky damit beschäftigt war, ein Sujet aus skythischer Zeit zu ersinnen, arbeitete ich die „Sinfonietta" opus 5 für die Konzerte Silotis[1] um.

Ein mit Misanthrop gezeichneter Artikel in der „Musik" war nicht ohne Wirkung geblieben. „Ich kann Prokofieff nicht einladen, das zweite Konzert zu spielen", sagte Siloti, „denn dann müßte ich dirigieren, das aber geht über meine Kräfte. Der Musik Debussys entströmt ein Wohlgeruch, jene aber stinkt. Da aber alle so darauf drängen, kann ich den Komponisten einladen, die Sinfonietta zu dirigieren." — Ich beschloß, um mich nicht zu blamieren, die Sinfonietta einer gründlichen Neubearbeitung zu unterziehen.

Ungeachtet der Aphorismen Djaghilews übte die Oper weiterhin eine große Anziehungskraft auf mich aus. Da ich

[1] Bekannter russischer Dirigent und Pianist, Schüler von Liszt.

mich nicht durch eine umfangreichere Arbeit ablenken lassen durfte, schrieb ich längere Lieder, wie „Das garstige Entlein" und „Unterm Dach". Gorodetzky hatte mehrere gelungene skythische Motive ausfindig gemacht, aber die dramatische Handlung wollte ihm nicht recht von der Hand gehen. Erst nach mehreren Zusammenkünften brachten wir ein leidliches Sujet zustande, das wir „Ala und Lolly" betitelten. Sobald ich das Material erhielt, schrieb ich sofort die Musik dazu. Es drängte mich, etwas Größeres zu schaffen. Strawinskys „Sacre du Printemps" hatte ich schon im Konzert gehört, aber nicht verstanden. Es war leicht möglich, daß ich ähnliches auf meine Art suchte. Nurok und Nouvel kamen zu mir; sie hörten mich an und schwiegen sich aus, Nouvel aber schrieb an Djaghilew, daß Prokofieff irgendeine Ungereimtheit an Hand eines blödsinnigen Sujets verzapfe. Djaghilew forderte mich auf, nach Italien zu kommen, wo er sich damals befand. Er versprach mir, ein Konzert in Rom zu veranstalten und die Reisekosten zu bezahlen. Ich begab mich auf den Weg und fuhr über Rumänien, Bulgarien und Griechenland, die damals noch nicht in den Krieg eingetreten waren. Djaghilew hörte sich die unvollendeten Entwürfe des Balletts an, billigte jedoch weder die Musik noch das „allzu gekünstelte Sujet". „Es muß ein neues Ballett geschrieben werden" — entschied er. Am 7. März 1915 trat ich im Augusteum in Rom im zweiten Konzert auf, das Molinari dirigierte. Es war mein erstes Auftreten im Ausland. Das nicht sehr zahlreiche Publikum schied sich in „für" und „wider", es gab jedoch keine Exzesse, wie bei meinem ersten Konzert in Pawlowsk.

Trotz des Krieges bereitete sich Djaghilew für die neue Saison vor. Er besichtigte Museen, führte Verhandlungen mit den italienischen Futuristen und bestellte Strawinsky aus der Schweiz zu sich. Mit Strawinsky war ich schon früher, vor zwei Jahren, in Petersburg zusammengekommen. Er spielte damals auf dem Klavier die Einleitung zum „Feuervogel", die ohne Orchesterbegleitung sehr viel einbüßte. Ich sagte ihm, daß diese Einleitung keine Musik enthalte, sofern sie aber vorhanden ist, sei das Musik aus „Sadko". Strawinsky war beleidigt, und jetzt befürchtete Djaghilew, der ihn erwartete, daß das Zusammentreffen mit mir nicht sehr gut ablaufen werde. Strawinsky erwies mir jedoch sein Wohlwollen, lobte das zweite Konzert, und wir spielten für die Futuristen vierhändig „Petruschka". Unter ihnen tat sich besonders Marinetti hervor, der mit ungewöhnlicher Schnelligkeit französisch sprach und mit Tiraden um sich warf, so daß man Mühe hatte, seinen Gedanken zu folgen. Dies war für mich neu und ungewöhnlich, und ich empfand sogar ein Gefühl des Stolzes, daß ich mit einem so schrecklich „fortschrittlichen" Menschen verkehre, aber seine Theorien ließen mich unberührt. Über die Musikinstrumente, hauptsächlich über die geräuschvollen Instrumente, die uns die Futuristen vorführten, schrieb ich einen Artikel in der „Musik".

Nach der Abreise Strawinskys nahmen wir mit Djaghilew die von Strawinsky mitgebrachte russische Märchensammlung von Afanasjew vor, wobei wir auf eine Serie von Märchen vom Spaßvogel stießen (unter Spaßvogel war ein Mensch zu verstehen, der andere mit seinen Späßen zum besten hält). Zwei solcher Märchen genügten, um mit Leichtigkeit die Handlung für ein Ballett von sechs Bildern zusammenzustellen. Diesmal schloß Djaghilew mit mir einen regelrechten Vertrag über dreitausend Rubel ab. „Schreiben Sie jedoch eine Musik, die wirklich verdient russisch genannt zu werden" — sagte er. „Denn bei euch, in eurem faulen Petersburg, hat man schon verlernt, russisch zu komponieren." Djaghilew erwies sich nicht nur als Entrepreneur, sondern auch als feiner Kunstkenner. Er kannte sich sowohl auf dem Gebiete der Musik als auch in der Malerei und in der Tanzkunst gründlich aus. Seine Urteile waren scharf und paradox. Er rügte mich wegen meiner Vorliebe für die Musik anderer Komponisten: „In der Kunst müssen Sie zu hassen ver-

stehen, sonst verliert Ihre eigene Musik jegliche Eigenart."
„Das führt aber doch zur Beschränktheit", erwiderte ich. —
„Ein Geschütz schießt deshalb auf weite Entfernung, weil
es einen beschränkten Einschlagsraum hat" — parierte
Djaghilew.

Nach meiner Rückkehr nach Petrograd bemerkte ich, daß
meine Aktien merklich gestiegen waren, sogar Jürgenson[1]
„wurde aus einem Jupiter zur Venus", was ihn übrigens
nicht daran hinderte, mir für ein neues Ballett äußerst un-
günstige Bedingungen anzubieten, die ich denn auch ablehnte. Nach und nach begann ich, das thematische Material
für den „Chout" (Spaßvogel) zu bearbeiten, wobei ich mich
bemühte, es echt russisch zu gestalten. In meiner Kindheit
hörte ich in Sonzowka oft, wie die Mädel im Dorfe an den
Samstagabenden oder an Sonntagen uns mit ihren „Gesängen"
erfreuten. War nun Sonzowka ein Kreis, der arm an Liedern
war, oder ärgerte mich die Singweise dieser Dorfsängerinnen,
die ihre Stimmen nicht schonten — wie dem auch sei, ich
konnte in diesen „Gesängen" keine Schönheit des Volks-
liedes entdecken, und keine einzige dieser Melodien blieb in
meinem Gedächtnis haften. Ich bin jedoch geneigt anzunehmen, daß diese Lieder dennoch von meinem Unterbewußtsein aufgenommen wurden; diesem Umstand ist es
zu danken, daß ich die russische Materie mit großer Leichtigkeit meisterte. Es war, als ob ich die Unendlichkeit berührt
oder auf jungfräulichen Boden gesät hätte — und der un-
berührte Boden trug unerwartete Frucht. Im Laufe des
Sommers wurden alle sechs Bilder fertig. Mit Djaghilew
hatte ich verabredet, wieder nach Italien zu kommen, um
zusammen mit dem Ballettmeister ein entsprechendes Ballett
zu komponieren. Inzwischen hatte sich jedoch die Pforte
durch den Balkan geschlossen, und durch die Nordsee zu
fahren, war infolge der Minen mit Gefahren verbunden. Die
Hauptsache war jedoch, daß mich das Musikleben in Petro-

---

[1] Russischer Verleger.

grad viel mehr anzog, als die hoffnungsvollen Perspektiven im Auslande, die mir Djaghilew in den schönsten Farben zu schildern bemüht war — und ich übersandte ihm das Manuskript durch den Ballettmeister Grigorjew, der sich zu ihm nach Rom begab.

Gleichzeitig mit meinen Arbeiten am „Chout" unterzog ich die Entwürfe zu „Ala und Lolly" einer Durchsicht und kam zu dem Ergebnis, daß nach der Entfernung einiger uninteressanter Abschnitte eine Musik übrigblieb, die es nicht verdiente, unter den Scheffel gestellt zu werden. Es gelang mir, diese Musik so zu verteilen, daß daraus die vierteilige „Skythische Suite" wurde, deren Handlung ungefähr in derselben Reihenfolge aufgebaut war wie in dem nicht zustande gekommenen Ballett. Die Instrumentierung beherrschte ich bereits in genügendem Maße, um mich an ein großes Orchester zu wagen und meinen Ideen musikalische Gestalt zu verleihen. Mit großer Leichtigkeit gelang die Orchestrierung der beiden ersten Teile, während die beiden letzten mir viel mehr zu schaffen machten; dafür ist aber auch ihre Faktur interessanter. Für die abschließende Szene brauchte ich fast ebensoviel Zeit, wie für die halbe Suite. Siloti machte mir den Vorschlag, die „Skythische Suite" noch in dieser Saison zu dirigieren. Er machte mich auch mit Albert Coates[1] bekannt, der im Marjinski-Theater[2] allmählich den Platz Naprawniks einnahm, da dieser schon alt geworden war und fast nicht mehr dirigierte. Coates scheute vor der Aufführung neuer Werke nicht zurück und sagte: „Schreiben Sie Ihren ‚Spieler', wir werden ihn bringen." Eine günstigere Konjunktur konnte man sich kaum denken. Ich las den „Spieler", verfaßte das Libretto und nahm im Herbst 1915 die Komposition der Musik in Angriff (ich begann in der Mitte des ersten Aktes, bei den Worten „wohltätiger Vater").

In diesem Jahre lernte ich auch Rachmaninow kennen. Rach-

---

[1] Englischer Dirigent, in Moskau geboren.
[2] Die frühere kaiserliche Oper in Petersburg.

maninow war guter Laune, streckte mir seine große Pfote entgegen und unterhielt sich wohlwollend mit mir. Im Herbst gab er ein Konzert, das dem Gedenken Skrjabins gewidmet war, wobei er unter anderem die Fünfte Sonate spielte. Wenn Skrjabin diese Sonate spielte, entschwebte seine Musik in höhere Regionen, während bei Rachmaninow alle Töne ungewöhnlich präzis und fest auf der Erde standen. Unter den Skrjabinfreunden im Saal herrschte Aufregung. Der Tenor Altschewski, den man an den Rockschößen festhalten mußte, schrie: „Wartet, ich muß mich mit ihm auseinandersetzen." Ich war bemüht, einen objektiven Standpunkt einzunehmen, und entgegnete, daß wir wohl an die Interpretation des Schöpfers dieser Sonate gewöhnt seien, daß aber augenscheinlich auch eine andere Ausführung möglich sei. Als ich ins Künstlerzimmer ging, sagte ich aus meinen eigenen Gedanken heraus zu Rachmaninow: „Und trotzdem, Sergej Wassiljewitsch, haben Sie sehr gut gespielt." Rachmaninow lächelte gezwungen: „Und Sie glaubten wohl, daß ich schlecht spielen werde?" — und kehrte mir den Rücken, um sich einem anderen zuzuwenden. Damit hatten unsere guten Beziehungen ein Ende gefunden. Wahrscheinlich trug dazu auch wesentlich die Tatsache bei, daß Rachmaninow meine Musik ablehnte und sie eine gewisse Gereiztheit bei ihm hervorrief. Etwas später ereignete sich ein peinlicher Zwischenfall mit Medtner. Ich hatte erwartet, daß er im Konzert seine große C-dur-Sonate spielen werde, die mich interessierte. Statt dessen begnügte er sich mit einer der einfacheren Sonaten, die man auch ohne ihn mit Leichtigkeit hätte zu Hause meistern können. Ich brachte ihm gegenüber mein Bedauern darüber zum Ausdruck. „Und die Sonate, die ich spielte?" — „Ja, diese eignet sich mehr für den häuslichen Gebrauch." Auf Grund der Wiedergabe dieses Vorfalles durch Medtner verbreitete Rachmaninow später voller Entrüstung, daß Prokofieff die Sonaten in Sonaten schlechthin und in solche für den Hausgebrauch einteile.

Im Herbst 1915 dirigierte ich in den Konzerten Silotis die „Sinfonietta" in der Neubearbeitung und am 29. Januar 1916 die „Skythische Suite". Nach der Suite spielten sich Lärmszenen im Saale ab, ähnlich denjenigen wie nach meinem ersten Auftreten im zweiten Konzert in Pawlowsk; hier aber war das ganze musikalische Petrograd vertreten. Glasunow, den ich eigens zu dem Zweck aufgesucht hatte, um ihn zu dem Konzert einzuladen, geriet zum zweitenmal außer sich und — verließ den Saal acht Takte vor dem Schluß, da er den Sonnenaufgang nicht mehr mitanhören konnte. „Bei der Beurteilung des neuen Werks war der Direktor des Konservatoriums nicht gerade wählerisch in seinen Ausdrücken" — schrieben die Zeitungen. Der Paukenschläger zerriß mit seinen wuchtigen Hieben die Kesselpauke, und Siloti versprach mir, er werde mir das zerfetzte Leder als Andenken zusenden. Im Orchester selbst machten sich gewisse Anzeichen einer Obstruktion bemerkbar. „Nur deshalb, weil ich eine kranke Frau und drei Kinder habe, bin ich gezwungen, diese Hölle über mich ergehen zu lassen!" — sagte der Cellist, dem die hinter ihm sitzenden Posaunisten fürchterliche Akkorde in die Ohren bliesen. Siloti spazierte in ausgezeichneter Stimmung im Saale umher und wiederholte: „Auf die Schnauze, auf die Schnauze!" — was soviel heißen sollte, daß er mit Prokofieff zusammen dem Publikum einen Schlag ins Gesicht versetzt hätte. „Ein Skandal in der vornehmen Gesellschaft" — vermerkte nicht ohne eine gewisse Schadenfreude die Zeitschrift „Musik".

In der freien Zeit zwischen meinen Konzerten arbeitete ich ununterbrochen am „Spieler", und im März war die Musik der ersten drei Akte fertig. Beim vierten Akt geriet meine Arbeit bei der Szene mit dem Roulettespiel ins Stocken, weil ich sie nicht in den Gesamtplan einfügen konnte. Hier half mir B. N. Demtschinsky, der meine Gedanken durch einige Hinweise ergänzte, die ich in Dostojewskis Roman nicht finden konnte. Ermutigt durch das Interesse, das die

„Skythische Suite" hervorgerufen hatte, wählte ich für den „Spieler" eine Ausdrucksweise, die weitestgehend der linken Richtung Rechnung trug. „Unübersehbar sind seine Pläne, und es ist gar nicht einmal vorauszusehen, welche Formen sie annehmen werden" — mit diesen Worten ermunterte mich die „Musik". „Eine Katharsis panischen Gelächters über die Vergänglichkeit künstlerischen Ausdrucks", höhnte Karatygin[1]. „Ein ungezügeltes Werk", schrieb Igor Glebow[2], aber beim Setzen ging eine Type verloren und es ergab sich (in russischer Sprache) ein „unvernünftiges Werk". Eines Tages stürzte meine Mutter in das Zimmer, in dem ich den „Spieler" komponierte, und rief voller Verzweiflung aus: „Sag, bist du dir eigentlich dessen bewußt, was du auf dem Flügel herunterhämmerst?" Wir verzankten uns für zwei Tage. Tatsächlich war mein Suchen nach einer kraftvollen Ausdrucksweise nur in Augenblicken starker Gefühlswallungen oder bei spöttischen Ergüssen von Erfolg gekrönt. In der gleichen Zeit fand ich eine passende musikalische Ausdrucksform für die russische Gestalt des „Großmütterchens" (die Handlung spielt im Ausland — und plötzlich taucht die Großmutter aus Moskau auf). Daneben aber gab es zahlreiche, der Mode angepaßte Stellen, die nur ermüdeten und die gesanglichen Partien verwirrten, ohne die Handlung zu bereichern. Die Musik für den „Spieler" komponierte ich in 5½ Monaten. Im Frühjahr begann bei Teljakowski, dem Direktor der kaiserlichen Theater, die Prüfung des neuen Opernmaterials zwecks Aufstellung des Repertoires für das kommende Jahr. Da Coates wußte, daß der Kommission solch konservative Elemente wie Cui, Glasunow und andere angehörten, brachte er den „Spieler" absichtlich nicht vor. Nachdem aber die Kommission ihre Arbeit beendet hatte und die Mitglieder abgereist waren, erzählte er Teljakowski von meiner Oper. Man arrangierte eine nachträgliche Sitzung, an der die jungen

---

[1] Bekannter Musikkritiker.
[2] Pseudonym des Musikwissenschaftlers und Komponisten B. W. Asafieff.

Dirigenten des Marjinski-Theaters teilnahmen; als Autorität
wurde Siloti dazu geladen. Teljakowski geriet über die Musik
des „Spielers" in Bestürzung. Da sie aber von allen anderen
gelobt wurde, entschloß er sich, das Risiko einzugehen, und
unterzeichnete den Vertrag. Es folgte ein erfreulicher Vorschuß und die Drucklegung des Klavierauszuges in hundert
Exemplaren. Den ganzen Sommer 1916 verbrachte ich mit
der Instrumentation, wobei ich täglich an 10 Seiten Partitur
schrieb; bei unkomplizierten Abschnitten kam ich sogar auf
18 Seiten. Meine Mutter richtete an Tscherepnin gelegentlich
die Frage, wieviel er an einem Tage orchestriere. „Zuweilen
nur einen Akkord" — antwortete er, wodurch er mit der
Sorgfalt seines Arbeitens zu imponieren versuchte. „Mein
Sohn schafft 18 Seiten am Tage!" — ließ sich meine Mutter
voll Stolz vernehmen.

In der Zeit zwischen bedeutenderen Arbeiten komponierte
ich weiterhin Klaviermusik und Lieder. Hierher gehören in
erster Linie die „Pièces sarcastiques" (1912—14). Nurok und
Nouvel fanden jedoch, daß diese Bezeichnung nicht gut
klinge, und gaben mir den Rat, sie in „Sarcasmes" umzu-
ändern. Die Sarkasmen selbst gefielen dem Publikum jener
Zeit sehr gut, vielleicht deswegen, weil in ihnen stärker als
in anderen Arbeiten jene Periode des Suchens nach einer
neuen Sprache zum Ausdruck kam. Tscherepnin sagte: „Das
ganze Leben lang kämpfte Nurok für eine neue Musik, nun
hat ihm Gott auf seine alten Tage Prokofieff gesandt." Ich
bewahre noch den Leitspruch eines dieser „Sarkasmen" (des
fünften) auf: „Manchmal machen wir uns in boshafter Weise
über jemand oder über etwas lustig. Aber wenn wir die Sache
genauer betrachten, sehen wir, wie kläglich und unglücklich
das von uns Verspottete ist; dann wird uns ganz sonderbar
zumute, das Lachen klingt in unseren Ohren, aber jetzt ver-
höhnt es uns selbst." Die übrigen „Sarkasmen" hatten keinen
Leitspruch. Die Romanzen opus 23 wiesen verwandte Züge
mit den „Sarkasmen" auf; es waren dies: das sehr umfang-

reiche Lied „Unterm Dach", „Das graue Gewand", „Der Zauberer". Es gab aber auch lyrische Themen: „In meinem Garten" und „Vertraue mir". Übrigens entdeckte Karatygin auch in den „Sarkasmen" (im dritten) lyrische Momente. Es ist interessant, daß „Unterm Dach" das einzige war, das Karatygin nicht verstand. Und, obwohl ich jede einzelne Regung der Seele und des Gefühls aufs sorgfältigste in der Musik herausgearbeitet hatte, sagte Karatygin: „Meiner Ansicht nach singt die Stimme Worte mit einem ganz bestimmten Sinn, während das Klavier als Begleitung ein Scherzo spielt, das in gar keiner Beziehung zu diesen Worten steht."

Eine gewisse „Verfeinerung der Sitten" ist in den „Flüchtigen Visionen" opus 22 zu erkennen, einer Serie von zwanzig musikalischen Miniaturen, die nach und nach im Laufe von zwei Jahren (1915—17) entstanden waren. Als erste schrieb ich Nummer 5, als letzte Nummer 19; die Reihenfolge in der Sammlung ist nicht durch die Reihenfolge ihres Entstehens, sondern durch künstlerische Erwägungen bestimmt. Den Namen verdanke ich einem Gedicht Balmonts:

> In jeder Flüchtigkeit sehe ich Welten
> Voll schillernden Spiels,
> Die als unstet mir gelten.

Eine noch größere Mäßigung trat in den Romanzen opus 27 zutage, die im November 1918, also nach Fertigstellung des „Spielers", geschrieben wurden. Nach diesen Liedern glaubten viele zum erstenmal daran, daß ich auch Lyrik komponieren könne. Im Gegensatz zu den Romanzen opus 23 ging ihre Komposition sehr schnell vonstatten, das ganze Opus war in fünf bis sechs Tagen geschrieben. Sie wurden als opus 27 katalogisiert, woraus ersichtlich ist, daß das Violinkonzert opus 19, das dritte Klavierkonzert opus 26 und die „Klassische Symphonie" opus 25 schon begonnen waren, aber größere szenische Arbeiten verhinderten, daß ich mich auf sie konzentrierte.

Gegen Ende des Jahres 1916 erfolgte mein Übergang vom Verlag Jürgenson zum Verlag Kussewitzky[1]. Diesen konnte die Jury des Russischen Musikverlages mit ihren sich gegenseitig aufhebenden Ansichten nicht zufriedenstellen. Er nutzte den Umstand aus, daß der Verleger Gutheil österreichischer Staatsangehöriger war und nach der Kriegserklärung eiligst seine Geschäfte liquidieren mußte, und erwarb seinen Verlag. Er beschloß, von jetzt ab ohne Jury zu handeln. Meine Angelegenheiten mit Jürgenson gingen nicht sehr glatt, und es drohte ein Konflikt wegen des Druckes der Partituren, derentwegen Jürgenson gewisse Befürchtungen hegte. Kussewitzky aber setzte für jede Kategorie von Kompositionen ein bestimmtes Honorar fest und erklärte sich einverstanden, alles zu drucken. Daher wechselte ich zu Gutheil (die Firmenbezeichnung blieb bestehen) hinüber, wo zuallererst meine Romanzen opus 9, 23 und 27 und die „Flüchtigen Visionen" erschienen.

Am 25. Dezember 1916 sollte Kussewitzky die „Skythische Suite" in Moskau aufführen, aber kurz vor dem Konzert wurde eine ganze Reihe seiner Orchestermusiker zum Heeresdienst einberufen. Die „Skythische Suite" erforderte viel Personal, und es fehlte an Musikern. Kussewitzky entschloß sich daher, sie auf die nächste Saison zu verschieben, und ersetzte sie durch etwas Einfacheres. Nichtsdestoweniger erschien am anderen Tage in dem Moskauer Blatt „Neuigkeiten der Saison" ein Artikel von Sabanjejew[2], in dem er über meine Suite herzog, wobei er das Wort „Barbarei" auf alle möglichen Arten abwandelte. Er wußte nichts von der Programmänderung, da er nicht zu dem Konzert kam; die Rezension aber hatte er schon vorher geschrieben. Sabanjejew war ein gebildeter Musiker und ein mittelmäßiger Komponist. Meine Musik konnte er nicht ertragen und hatte sie mehrfach in der Presse angegriffen; er konstatierte, daß sich in meinem Innern wie

---

[1] Der berühmte Dirigent, jetzt in USA.
[2] Bekannt durch seine Schriften über Skrjabin.

bei Petruschka an Stelle einer Seele Sägemehl befinde. Einst hatte mir Djershanowsky vorgeschlagen, für die Zeitschrift „Musik" eine Rezension über die Kompositionen Sabanjejews zu schreiben. Ich schrieb sie, wobei ich mit Vergnügen auf die Fehler hinwies („das ist keine Musik, sondern es kriechen Spinnen umher"), aber Djershanowsky wurde schwankend und brachte die Rezension nicht. So mißlang die Vergeltung, aber mein Feind hatte sich nun selbst sein Grab gegraben! Am interessantesten war jedoch, daß Sabanjejew, ohne die „Skythische Suite" gehört und die Partitur gesehen zu haben, von seiner Agentur sehr präzise Informationen über sie hatte und, wenn er das Werk gehört haben würde, wahrscheinlich kein Wort seines Artikels geändert hätte. Nun mußte er aus einigen Zeitungen ausscheiden und hatte sich überhaupt für lange Zeit seinen Ruf verdorben.

An Stelle der „Abende für neuzeitliche Musik", die in Auflösung begriffen waren, entstand ein neues Organ, die Zeitschrift „Der musikalische Zeitgenosse", die ebenfalls Konzerte moderner Musik veranstaltete. An ihrer Spitze standen die fortschrittlich gesinnten Suwtschinsky und Igor Glebow sowie die konservativ eingestellten A. Rimsky-Korssakow (der Sohn des Komponisten), Julja Weißberg und andere. Die ständigen Zwistigkeiten über die Musik Strawinskys, Mjaskowskis und meine eigene führten zu einer Spaltung unter den Mitarbeitern der Zeitung. Aber Suwtschinsky und Igor Glebow faßten mich anders auf als die „Zeitgenossen": während Nurok und Nouvel für das Ungestüme und die neuen Harmonien Interesse zeigten, wurde hier der Nachdruck vielmehr auf die Romanzen opus 27 gelegt. Am 18. Februar 1917 veranstaltete der „Musikalische Zeitgenosse" mein erstes Kammerkonzert in Moskau. Unter den Geladenen waren auch Rachmaninow und Medtner. Medtner ereiferte sich die ganze Zeit hindurch und sagte: „Wenn das Musik ist, dann bin ich kein Musiker." Rachmaninow hingegen saß wie ein Steinbild, und das Moskauer Publikum, bei dem ich im allgemeinen eine gute Aufnahme fand, geriet von Zeit zu Zeit in peinliche Verlegenheit, wenn es auf seinen Abgott schaute. Ungefähr zur selben Zeit fand mein erster Klavierabend in Saratow statt, ferner ein kleiner literarisch-musikalischer Abend in Petrograd, auf der Gemäldeausstellung in der Wohnung der Frau Dobytschina, wo außerdem Gorki aus seinen Werken las und Heifetz zum letztenmal vor seiner Abreise nach Amerika spielte. Gorki zeigte großes Interesse für die „Sarkasmen" und „Das garstige Entlein". Damals erschien auch ein scharfer Artikel von Amfiteatrow[1], in dem er mir Ungezogenheit vorwarf und die Neigung, dem Publikum die Zunge zu zeigen. Er schrieb: „Solange das Talent wie junges Bier im Faß brodelt und gärt, schäumt es, in ein Seidel gefüllt, auf und treibt seine weiße Blume hoch und immer höher empor ... So hoch, daß manchmal — unter dem übergehenden Schaum — sich nur ein winziger Bierrest findet, kaum genug für einen Schluck, zuweilen aber ist auch gar nichts vorhanden ... Aber — ach! — die Jugend, als Laster, verliert der Mensch mit jeder Minute seines Lebens, aber als Tugend ist sie niemals mehr wiederzugewinnen."

Die Februarrevolution erlebte ich in Petrograd. Sowohl ich als auch die Kreise, in denen ich verkehrte, begrüßten sie mit Freuden. Während der revolutionären Geschehnisse selbst befand ich mich in den Straßen Petrograds und mußte mich von Zeit zu Zeit hinter Mauervorsprüngen verstecken, wenn die Schießerei zu arg wurde. Die neunzehnte der „Flüchtigen Visionen", die ich ungefähr zu jener Zeit schrieb, gibt zum Teil meine Eindrücke wieder, die mehr die Erregtheit der Menge als den inneren Gehalt der Revolution erfaßten.

Im Marjinski-Theater war, an Stelle des zurückgetretenen Teljakowski, Siloti zum Direktor ernannt worden, aber er konnte mit Sängern und mit einem Orchester, die ganz und gar keine Lust hatten, sich in dem undurchsichtigen La-

---

[1] Russischer Schriftsteller

byrinth des „Spielers" zurechtzufinden, nichts anfangen. Die
Aufführung mußte daher verschoben werden. Den Sommer
1917 verbrachte ich in völliger Einsamkeit in der Nähe von
Petrograd; ich las Kant und arbeitete viel. Den Flügel hatte
ich absichtlich nicht aufs Land mitgenommen, weil ich versuchen wollte, ohne ihn zu komponieren. Bisher hatte ich
gewöhnlich am Flügel geschrieben, aber ich mußte feststellen, daß das ohne Flügel komponierte thematische Material häufig von besserer Qualität ist. Auf den Flügel übertragen, scheint es im ersten Augenblick etwas sonderbar,
aber nach mehrmaligem Durchspielen stellt es sich heraus,
daß es genau so und nicht anders gemacht werden mußte.
Ich trug mich mit dem Gedanken, ein ganzes symphonisches
Werk ohne Flügel zu komponieren. Bei einem solchen
müßten auch die Farbtöne des Orchesters klarer und sauberer
sein. So entstand der Plan einer Symphonie im Haydnschen
Stil, weil mir Haydns Technik nach meinen Arbeiten in der
Klasse Tscherepnins irgendwie besonders klargeworden
war und es unter so vertrauten Verhältnissen leichter war,
sich ohne Klavier in die gefährliche Flut zu stürzen. Es
schien mir, daß Haydn, wenn er jetzt noch lebte, seine eigene
Art der Komposition beibehalten und gleichzeitig etwas von
dem Neuen übernommen hätte. Solch eine Symphonie nun
wollte ich komponieren: eine Symphonie im klassischen
Stil. Als sie anfing, reale Formen anzunehmen, nannte ich sie
„Klassische Symphonie": erstens ist es so einfacher; zweitens
aus Übermut, um die Gänse zu ärgern und in der stillen
Hoffnung, daß ich letzten Endes dabei gewinne, wenn die
Symphonie sich im Laufe der Zeit wirklich als klassisch erweisen sollte.
Während meiner Spaziergänge auf den Feldern komponierte
ich die Symphonie, während ich gleichzeitig das Violinkonzert opus 19 instrumentierte. Das erste Thema dieses
Konzerts war zu Anfang des Jahres 1915 komponiert
worden, und ich habe es später oft bedauert, daß mich andere

Arbeiten daran hinderten, zu den „träumerischen Motiven
des Violinkonzertino" zurückzukehren. Bis zum Sommer
1917 wurde die Musik langsam fertig, und das Konzertino
wuchs sich zu einem Konzert aus: im Sommer 1917 beendete ich die Partitur. Von der „Klassischen Symphonie"
wurde vor allem anderen die Gavotte komponiert. Dann,
noch im Jahre 1916, das thematische Material für den ersten
und zweiten Satz. Aber für den Sommer 1917 blieb noch viel
Arbeit übrig. Im Finale strich ich die erste Version mit allem
thematischen Material und verfaßte es neu; wobei ich mir
unter anderem die Aufgabe stellte, Moll-Akkorde möglichst
zu vermeiden.

Als die Musik der „Klassischen Symphonie" beendet und die
Orchestrierung bereits vorgeschritten war, tauchte in mir der
Gedanke auf, eine „Russische Symphonie", auch en minia-
ture, zu komponieren und sie Djaghilew für seine Be-
mühungen um meinen russischen Stil zu widmen. Aber
durch den Wunsch, irgend etwas Großes, Kosmisches zu
schaffen, zerschlug sich diese Idee. Die revolutionären Ereignisse, die Rußland aufwühlten, beherrschten unbewußt
meine Gedankenvorgänge und drängten nach Gestaltung
und Ausdruck. Ich wußte nicht, in welcher Form ich das tun
sollte, und meine Bestrebungen wandten sich, in einer eigentümlichen Wendung, den Sujets des Altertums zu. Der Umstand, daß die Gedanken und Gefühle jener Zeit viele Jahrtausende überdauert hatten, fesselte meine Phantasie. Ein
solches Geschick war der Chaldäischen Beschwörungsformel
beschieden, die in Keilschrift an den Mauern des arkadischen
Tempels eingemeißelt, von Winkler entziffert und von
Balmont in Verse gebracht worden war. Die Kantate „Es
sind ihrer Sieben" für Chor und großes Orchester beschloß
ich in drei Etappen zu schreiben. Die erste Etappe: ohne
Klavier zu arbeiten und ein allgemeines Skelett aufzubauen,
das heißt die ganze Deklamation durchzudenken, Höhepunkte und Tiefpunkte zu bestimmen, den Ausdruck für

jede Stelle festzulegen und Bruchstücke der Melodien sowie der Harmonien, des Akkompagnements und des Orchesterklanges zu skizzieren. In einem Werk ohne Text war das gewiß verschwommen, aber in diesem Falle gestattete es das Vorhandensein des Textes, den ganzen Inhalt Takt für Takt aufzuteilen, und zwar mit solcher Genauigkeit, daß diese Verteilung als endgültig angesehen werden konnte. Die zweite Etappe: detaillierte Arbeit an der Musik, am Flügel, nach dem festgesetzten Skelett — das Skelett bedeckt sich mit Fleisch. Die dritte Etappe, wieder ohne Flügel: die Instrumentierung. Mit der ersten Etappe wurde ich im September im Laufe einer Woche fertig; ich arbeitete mit Begeisterung und schuf manche Stellen in meiner Vorstellung mit so wuchtiger Klarheit, daß es mir den Atem verschlug und ich in den Wald gehen mußte, um zur Ruhe zu kommen. Jedoch das Skelett war fertig, und abgesehen davon, daß es sehr wenig Musik enthielt, hatte ich den Eindruck, daß die Hauptsache geleistet war.

Es folgte nun eine Unterbrechung. Unsere Westfront war ins Wanken geraten; man erzählte, daß Petrograd von den Deutschen besetzt werden würde. Meine Mutter, die sich zur Kur im Kaukasus aufhielt, entschied sich dafür, auch über den Herbst dort zu bleiben. Ich begab mich zu ihr, nachdem ich vorher einen Koffer mit meinen Manuskripten nach Moskau geschafft hatte, wo er im Keller des Verlags Gutheil aufbewahrt wurde. In Jessentuki und nachher in Kislowodsk nahm ich die zweite Etappe meiner Arbeit „Es sind ihrer Sieben" in Angriff, aber sie war mit größeren Schwierigkeiten verbunden: zuweilen gelang die Harmonie nicht; manchmal schien es, als wollte die Musik nicht zustande kommen, und es blieb bei der Idee. Zu gleicher Zeit arbeitete ich eine Konservatoriumssonate in die vierte Sonate opus 29 um. Die dritte Sonate hatte ich schon im Frühjahr umgearbeitet; ihre ganze Technik hatte ich mehr aufs Klavier eingestellt, sie „eleganter" gemacht und auch in der Ausarbeitung und in den Reprisen einiges geändert, der Gesamtplan blieb jedoch unverändert. In der vierten Sonate, deren Plan gleichzeitig mit der dritten entstand, war mehr Neues, besonders im Andante, das einer Symphonie aus dem Jahre 1908 entnommen war, und im Finale, das im Konservatorium nicht vollendet wurde. Aus Petrograd erreichten uns allerhand verworrene Nachrichten über die Oktober-Revolution und über die Bildung einer „Leninregierung", wie die Sowjetregierung in den örtlichen Zeitungen genannt wurde. Die Nachrichten waren erregend, aber derart widerspruchsvoll und verstümmelt, daß man sich absolut kein Bild machen konnte. Das kam daher, daß Kislowodsk von Weißen überflutet war, die sich mit allen Mitteln bemühten, die Ereignisse in ihrem Licht darzustellen. Ich entschloß mich, nach Petrograd zu fahren, obwohl es gänzlich unklar war, ob mein von Siloti geplantes Violinkonzert und die Klavierabende mit der dritten und vierten Sonate und den „Flüchtigen Visionen" zustande kommen würden. Dann kam aber ein Zug mit zerschlagenen Fensterscheiben, aus dem sich die vor Furcht zitternde Bourgeoisie ergoß. „Sie sind verrückt geworden!" — sagte man mir. „In Moskau und Petrograd wird geschossen. Sie kommen überhaupt nicht dorthin." Es war klar: wenn man auch bis in die Hauptstädte gelangen könnte, von Konzerten konnte keine Rede sein. Bald darauf bildete sich bei Rostow die Kaledin[1]-front, und jegliche Nachrichtenübermittlung aus Petrograd war unterbrochen. Ich saß in Kislowodsk — es war ein Sack geworden, aus dem man nicht herauskonnte — und schrieb die Partitur zu „Es sind ihrer Sieben".

Nachdem ich die Partitur „Es sind ihrer Sieben" beendet hatte, war ich ohne Arbeit und langweilte mich.

Im März 1918 brach die Kaledinfront zusammen, und ich machte mich auf den Weg. Der Zug brauchte acht Tage, um bis Moskau zu kommen. Hin und wieder wurde noch ge-

---

[1] Weißrussischer General

schossen, aber im allgemeinen ging die Reise glatt vonstatten. In der Tasche hatte ich für alle Fälle einen Geleit-
brief des Kislowodsker Sowjets der Arbeiterdeputierten. In
Moskau war Kussewitzky ganz gern bereit, einen Vorschuß
von 6000 Rubel auf die „Skythische Suite", den „Chout"
und den „Spieler" zu geben. Es war eine großzügige Geste,
aber auch ein rein kaufmännischer Kalkül: der Rubel ent-
wertete sich schnell, an die Kerenski-Banknoten glaubte
niemand, meine Arbeiten hingegen konnten ihren Wert
behalten. Während die Angelegenheit mit dem Vorschuß
geregelt wurde, hatte ich mehrere interessante Zusammenkünfte mit Majakowsky und Leuten seines Kreises —
Burljok, Wassilij Kamensky und anderen. Mit Majakowsky
war ich schon vor einem Jahr bekannt geworden — nach
seinem Auftreten in Petrograd, das einen starken Eindruck
auf mich gemacht hatte. Diese Bekanntschaft vertiefte sich
jetzt, ich spielte viel für ihn, und er las mir seine Gedichte
vor. Zum Abschied schenkte er mir seinen „Krieg und
Frieden" mit der Inschrift „Dem Vorsitzenden der Musiksektion des Erdballs — von dem Vorsitzenden der Poesiesektion des Erdballs. Für Prokofieff von Majakowsky".

Aus „Stimmen", 1. Jahrg., Berlin 1948

ARNOLD SCHÖNBERG

AUS DER „HARMONIELEHRE"

Ich habe gezeigt, daß das System des terzenweisen Aufbaus
(der Akkorde) einen Bruch hat, und habe die Zusammenfassung der nicht einreihbaren Akkorde unter dem Titel
„harmoniefremde Töne" entlarvt als den schlecht maskierten
Versuch, das Loch im System durch einen stattlichen Haufen
ungesichteten Abfallmaterials zu verstopfen, einen Haufen,
so groß, daß weder das Loch noch das System selbst groß
genug ist, ihn einzulassen. Wenn nun hier von Quartenakkorden die Rede ist, so bedeutet das keineswegs den Vorschlag, das alte System des terzenweisen durch eines des
quartenweisen Aufbaus zu ersetzen. Die Quartenakkorde
treten, wie wahrscheinlich alles, was später als technisches
Mittel allgemein gebräuchlich wird, bei ihrem ersten Erscheinen in der Musik als impressionistisches Ausdrucksmittel auf. Das Neue und Ungewohnte eines neuen Zu-
sammenklangs schreibt der wirkliche Künstler nur aus
solchen Ursachen: er muß Neues, Unerhörtes ausdrücken,
das ihn bewegt. Für die Nachkommen, die daran weiter-
arbeiten, stellt es sich bloß als neuer Klang, als technisches
Mittel dar. Aber es ist weit mehr als das: ein neuer Klang ist
ein unwillkürlich gefundenes Symbol, das den neuen Menschen ankündigt, der sich da ausspricht. Der Künstler, der
Mut hat, überläßt sich ganz seinen Neigungen. Und nur wer
sich seinen Neigungen überläßt, hat Mut, und nur wer den
Mut hat, ist Künstler.
Besonders auffallend zeigt sich das bei Debussy. Mit so
großer Kraft setzt sein Impressionismus auch die Quartenakkorde hin, daß sie untrennbar verbunden scheinen mit dem
Neuen, das er sagt, und mit Recht als sein geistiges Eigentum
gelten können, obwohl sich nachweisen läßt, daß vor und

gleichzeitig mit ihm Ähnliches geschrieben wurde. Vielleicht trägt auch hierzu bei, daß sie Naturstimmungen ausdrücken. Denn, als ob die Natur rede, klingt es allerdings. Und daß gegen deren Sprache alles andere zurücktritt, leuchtet ein. Es ist möglich, ja es ist sogar wahrscheinlich, daß auch andere außer mir diese Akkorde geschrieben haben. Vielleicht Mahler, Strauß oder Pfitzner. Aber ich weiß es nicht. Keineswegs will ich mir hier eine Priorität sichern. Daran liegt mir zu wenig, denn ich weiß zu genau, daß es darauf nicht ankommt.

Außer mir haben meine Schüler Dr. Anton von Webern und Alban Berg solche Klänge geschrieben. Aber auch der Ungar Béla Bartók und der Wiener Franz Schreker, die beide mehr einen ähnlichen Weg gehen wie Debussy, Dukas und vielleicht auch Puccini, sind wohl nicht weit davon entfernt. So sehr es also scheint, als ob die Neigung der Begabtesten unserer jungen Komponisten dahinginge, derartige Akkorde zu verwenden, wäre es wenig wertvoll, schon heute ein System zu geben, weil der geringe Abstand von diesen Ereignissen für unser Auge noch verwirrend wirkt. Aber der quartenweise Aufbau ermöglicht, wie gesagt, die Unterbringung aller Phänomene. Die Liste derjenigen, die heute (1921) solche Mittel verwenden, müßte sehr lang geraten. Es kann mir jedoch nicht einfallen, den Wert meines Buches herabzusetzen, indem ich, an Tagesereignisse anknüpfend, ihm Aktualität gebe. Auch macht mir Quantität und Qualität der Mitstreiter nicht durchaus Vergnügen. Für sie gibt es natürlicherweise wieder eine „neue Richtung", und sie nennen sich „Atonalisten". Davon muß ich mich jedoch abwenden, denn ich bin Musiker und habe mit Atonalem nichts zu tun. Atonal könnte bloß bezeichnen, was dem Wesen des Tons durchaus nicht entspricht. Alles, was aus einer Tonreihe hervorgeht, bildet die Tonalität. Ein Musikstück wird stets mindestens insoweit tonal sein müssen, als von Ton zu Ton eine Beziehung bestehen muß, vermöge welcher die Töne, neben- oder übereinandergesetzt, eine als solche auffaßbare Folge ergeben. Das ist also ein Unsinn. Ausgenommen sei hier der Wiener Josef Hauer, dessen Theorien auch dort, wo ich Übertreibungen finde, tief und originell sind, dessen Kompositionen auch dort, wo sie mir mehr „Exempel" denn als Kompositionen erscheinen, schöpferische Begabung verraten, dessen Haltung ihn aber durch Mut und Selbstaufopferung in jeder Hinsicht achtenswert macht. Traurig ist nur, daß die Vorstellung: „Heute darf man alles schreiben", so viele junge Leute davon abhält, erst etwas Anständiges zu lernen, die Werke der Klassiker zu verstehen, Kultur zu erwerben. Denn: alles durfte man auch früher schreiben, nur: gut war es nicht. Nur Meister dürfen niemals alles schreiben, sondern müssen das Notwendige tun: ihre Aufgabe erfüllen. Auf die sich vorzubereiten mit allem Fleiß, unter tausend Zweifeln, ob man ausreicht, mit tausend Skrupeln, ob man recht verstanden, was eine höhere Macht aufträgt: das ist denen vorbehalten, die den Mut und die Inbrunst haben, die Konsequenzen zu tragen, wie die Last, die ihnen gegen ihren Willen aufgebürdet wurde. Das ist weit entfernt von dem Mutwillen einer Richtung. Und — kühner.

Aus Arnold Schönberg, Harmonielehre, 1922

FRANZ SCHREKER

MEINE MUSIKDRAMATISCHE IDEE

Meine musikdramatische Idee?

Ich habe eigentlich keine. Ich schreibe planlos. Was mir einfällt, ist da. Nur — ich komme von der Musik her. Meine Einfälle haben wenig „Literarisches". Geheimnisvoll-Seelisches ringt nach musikalischem Ausdruck. Um dieses rankt sich eine äußere Handlung, die unwillkürlich schon in ihrer Entstehung musikalische Form und Gliederung in sich trägt. Mit der Vollendung der Dichtung steht in großen Umrissen der musikalische Bau des Werkes vor mir. So kommt es, daß der Text in den seltensten Fällen irgendwelchen Änderungen unterworfen ist.

Was ich erstrebe?

Ich weiß es nicht genau, aber es dünkt mich, die Oper oder das Musikdrama in einer Art Reinkultur. Eine Überbrückung des leidigen Zwiespalts, der das Problematische der Kunstform „Oper" überhaupt ausmacht. Eine Art „Verismus", wenn man will, indem ich versuche, die Dichtung in eine „Sphäre" zu rücken, die die Musik braucht. Wer meine Dichtungen liest, wird zuweilen jene Klarheit vermissen, die, für mein Gefühl oft allzusehr, das Wesen oder die Wirkung des „guten" Theaterstückes begründet. Wer sich aber die Mühe nehmen will, die Dichtung in Verbindung mit den motivischen und thematischen musikalischen Beziehungen auf sich wirken zu lassen, wird zumeist des Rätsels Lösung finden. Dies bedingt freilich wiederholtes Hören des Werkes, oder aber ein Sichvertiefen an der Hand eines Klavierauszuges, vielleicht aber auch eine Zeit, in der uns die Sprache der Töne verständlich sein wird, wie die des gesprochenen Wortes. Man darf dabei nicht an die Leitmotivtechnik Wagners denken, wenn ich auch zugebe, daß sie grundlegend für alles musikalische Schaffen auf dem Gebiete der Oper nach Wagner war. Gefühle — und nur für solche erkenne ich die Berechtigung des Leitmotivs — sind wandelbar. Jedes Liebesempfinden beruht (Stendhal) auf Kristallbildung. Welche Kunst aber wäre befähigter, dieses geheimnisvolle Werden, dieses Sichwandeln unter im Unterbewußtsein schlummernden, triebhaften Einflüssen vollkommener zum Ausdruck zu bringen als eben die Musik? Motive werden zu Themen, Themen weiten sich zum musikalischen Klangbau. Klänge — welch arg mißbrauchtes, vielgeschmähtes Wort! Nur ein Klang — nur Klänge! Wüßten die Nörgler, welche Ausdrucksmöglichkeiten, welch unerhörter Stimmungszauber ein Klang, ein Akkord in sich bergen kann! Schon als Knabe liebte ich es, mir einen jener „Wagnerschen" Akkorde am Klavier anzuschlagen und lauschte versunken seinem Verhallen. Wundersame Visionen wurden mir da, glühende Bilder aus musikalischen Zauberreichen. Und eine starke Sehnsucht! Der reine Klang, ohne jede motivische Beigabe, ist, mit Vorsicht gebraucht, eines der wesentlichsten musikdramatischen Ausdrucksmittel, ein Stimmungsbehelf ohnegleichen, der mehr und mehr auch von Dichtern des Wortes (Gerhart Hauptmann, Paul Claudel u. a.) in entscheidenden Augenblicken des Dramas verlangt wird. Ihn übertrifft an Wirkung vielleicht nur — die Stille. Jenes unheimliche Schweigen, in dem laut wird, in dem wir innerlich hören, was weder Wort noch Ton zum Ausdruck bringen kann: das Sichloslösen von allem Irdischen — das Grauen. — Der Weg zur Vollendung ist weit. Ein Menschenleben eigentlich zu kurz. Darum knüpfen wir an Vergangenes an und machen uns die Erfahrungen der großen Meister zunutze.

Was ich letzten Endes für mein Schaffen erstrebe?

Volle Deutlichmachung der Beziehungen der Musik zum Drama durch Vereinfachung des Stils, durch Plastik des Ausdrucks in Wort und Ton, also: restlose Verschmelzung der beiden Hauptfaktoren des musikalischen Dramas unter weitgehender Heranziehung des malerischen Elements. Letzteres keineswegs als bloßes Relief für die Handlung gedacht, sondern in manchen Fällen selbstherrlich in diese eingreifend. Ich verweise auf den Einfluß des nächtlichen Waldzaubers, I. Akt „Ferner Klang", auf die Entwicklung des Dramas, auf das Erglühen und Verdämmern der Erscheinung des Schlosses im „Spielwerk", auf die Enthüllung des Bildes mit der Totenhand am Schlusse des II. Aktes der „Gezeichneten". Tanz und Pantomime möchte ich in natürlich sich ergebenden Fällen nicht missen.

Endlich: höchste Kunst und Feinheit in Behandlung des Orchesters; Eindämmung seiner Gewaltherrschaft über die Singstimmen zugunsten der Verständlichkeit des Wortes; eine Art Entmaterialisierung des Orchesters zur Beherrschung subtiler Stimmungen. Nichts wirkt störender als z. B. eine Celesta, die sich mir als solche aufdrängt, eine Klarinette oder Oboe, in unedlem Wettstreit mit der Singstimme vergewaltigt, „deckt" diese unter Umständen mehr als das Wogen des gesamten Klangkörpers. Womit ich aber keineswegs der sogenannten „dicken" Instrumentation das Wort reden will. Ich verneine nur den allzu deutlichen, differenzierbaren Klang und möchte im Dienste der Oper nur ein Instrument anerkennen: das Orchester selbst.

Musikblätter des Anbruch 1919

ERWIN STEIN

NEUE FORMPRINZIPIEN

In Schönbergs neuesten Werken sind formbildende Prinzipien durchgeführt, deren Bedeutung für die Zukunft der
musikalischen Komposition noch nicht abzusehen ist. Ihre
Beschreibung sei in diesem Aufsatz versucht. Es wird aber
zum besseren Verständnis beitragen, wenn erst die Krise
geschildert wird, in der sich die Kompositionstechnik heute
befindet.

Die alten Tonarten sind für die moderne Komposition tot.
Die Entwicklung der Harmonik im Laufe des letzten Jahrhunderts hat ihnen allmählich ihren Sinn geraubt. Es würde
zu weit führen, hier alle formalen Elemente anführen zu
wollen, welche zu ihrer Auflösung beigetragen haben.
Jedenfalls mußte die Mehrdeutigkeit der Akkorde, die auf
ihr beruhende Möglichkeit zu modulieren, namentlich aber
Gebilde wie der verminderte Septakkord, die gleichzeitig
mehreren weitverwandten Tonarten angehören, die Grenzen
der Tonalität immer mehr verwischen. Jede neue harmonische „kühne Wendung" unserer Meister hat zu dem
Zersetzungsprozeß beigetragen.

Die Tonarten waren ein großartiges formbildendes Kunst-
mittel. Sie boten die differenziertesten Möglichkeiten, formalen Bedürfnissen Rechnung zu tragen, wie z. B. Gegensätze oder Zusammenhänge herzustellen. Ihr wichtigstes
Prinzip war die Herrschaft eines Tones als Grundton. Von
ihm ging man aus, und zu ihm kehrte man zurück. Eine
gewisse Geschlossenheit der Form war dadurch von vornherein gewährleistet. Innerhalb der Tonart hatte jeder Ton,
jeder Akkord seine abgestufte Wertigkeit, die Tonarten
untereinander standen in bestimmten Gewichtsverhältnissen;
da aber viele Akkorde mehreren Tonarten angehören konnten,

schien die Fülle der Beziehungsmöglichkeiten unerschöpflich.
Dazu kam, daß die beiden Tongeschlechter, Dur und Moll,
sowie jede einzelne Tonart ihren eigenen bestimmten Charakter besaßen. Auf Grund eines so durchorganisierten
Kunstmittels, in einem so geordneten Staatswesen konnte
eine grandiose Form wie die Symphonie entstehen.

Die immer neuen Verbindungen, die zwischen den entferntesten Tonarten hergestellt wurden, mußten aber die
Berechtigung der Herrschaft eines Zentrums immer mehr in
Frage stellen. Gegenüber der starken harmonischen Wirkung
aneinandergereihter alterierter Akkorde war die subtile
Differenziertheit der tonalen Beziehungen ein zu schwaches
Mittel. Die fortwährende Inzucht aller Akkorde und Tonarten verwischte die Unterschiede der Verwandtschaft, und
statt 24 Tonarten ist nur eine Reihe von 12 Tönen übrig-
geblieben.

Harmonisch bedeutete das zunächst eine ungeheure Bereicherung. Da von den 12 Tönen nunmehr keiner der
Grundton, keiner der wichtigste ist, können jene Gebilde
unbedenklich ihren Trieben nachgehen, die es zwar zum
Teil auch schon unter der Herrschaft der Tonalität gab, die
sich aber dort deren Bedürfnissen unterordnen mußten: die
dissonanten Akkorde. Früher hatten sie dafür gesorgt, daß
es in der Tonart etwas interessanter und aufregender zuging.
Jetzt sind sie die Herren. Da sie viel zahlreicher und weniger
verbraucht sind als die Konsonanzen, ist es kein Wunder,
daß die Komponisten sich heute so gern mit ihnen befassen.
(Der ästhetische Einwand, der gegen sie gemacht zu werden
pflegt, ist nicht stichhaltig, das hat Schönberg in seiner
Harmonielehre nachgewiesen: Konsonanz und Dissonanz
sind nur relative Begriffe. Dagegen hilft es auch nichts, wenn
man sie ins Griechische übersetzt und Kakophonien heißt.)
Während die alte Harmonielehre nur wenige Dutzende von
Akkorden, auf die verschiedenen Stufen bezogen einige
Hunderte, kannte, sind nunmehr alle Zusammenklänge, auch

solche aus allen 12 Tönen möglich geworden. So gibt es 55
ihrer Konstitution nach verschiedene dreistimmige Akkorde,
165 Vierklänge, 330 Fünfklänge, je 462 Sechs- und Siebenklänge, und wieder 330 Acht-, 154 Neun-, 55 Zehn-, 11
Elfklänge und einen Zwölfklang, insgesamt über 2000, auf
die 12 Tonstufen übertragen über 4000 Akkorde. Dazu
kommen die Möglichkeiten der Satzweise, der Lagen und
Stimmengruppierung, welche gerade bei diesen Zusammenklängen von entscheidender Bedeutung sind. Dies alles eröffnet die Perspektive auf neue differenzierteste harmonische
Formwirkung. Ein ordnendes Prinzip ist aber noch nicht
gefunden. Es ist auch wenig wahrscheinlich, daß ein solches
von der harmonischen Theorie ausgehen wird. Sondern vom
Melodischen und von der Praxis. Auf demselben Weg ist ja
auch die Dissonanz zur Herrschaft gelangt — als Stimm-
führungsereignis (vgl. Schönberg, Harmonielehre).
Die Auflösung der Tonalität hat alle formbildenden Prinzipien der Musik erschüttert. Denn auf alle hatte sie Einfluß
genommen, selbst auf Rhythmus, Dynamik und Klangfarbe.
(Es sei nur an das Bedürfnis erinnert, die Kadenz rhythmisch,
dynamisch und klanglich reicher zu gestalten.) Um so ab-
hängiger mußte das Melodische von ihr sein, die thematische
Arbeit, die motivische Entwicklung, die melodische Variation. Konstruktive Bedeutung hatte in erster Linie das
Harmonische — also das Tonale — und das Rhythmische. Die
Melodie war die Fassade. Allerdings, die schöne Fassade,
die mit der ganzen Form organisch aufs innigste verknüpft
war, keine Stukkatur. Sie beruhte aber auf der Harmonie,
umschrieb meist deren Töne und konnte nur in beschränktem
Maße ihren eigenen Trieben nachgehen — auch die melodische Variation hatte zugrunde liegende Harmonien zur
Voraussetzung. Vielleicht sind die alten Themen darum so
oft aus den Tönen des Dreiklangs gebildet, weil dadurch
eine Interessengemeinschaft der beiden Formelemente Harmonie und Melodie gewährleistet war. Aber auch dort, wo

die Melodie selbständiger geführt wurde, war die Sicherheit und Übersichtlichkeit der harmonischen Verhältnisse Voraussetzung für die kunstvolle Form. Die Bereicherung der Harmonik führte nun zunächst zu einer Vereinfachung der melodischen und rhythmischen Formbildung; Wiederholungen und Sequenzen sollten komplizierte harmonische Wendungen für das Ohr faßlicher machen. Weiterhin aber hemmte die wachsende Unsicherheit des harmonischen Terrains allmählich jene architektonischen Möglichkeiten der Musik, welche auf der Tonalität beruhen. Bis ein anderes konstruktives Prinzip in den Vordergrund trat: das kontrapunktische.

Die Krise der musikalischen Form, die wir heute durchmachen, erinnert an die Übergangszeit von dem polyphonen Stil Bachs zu dem homophonen der Klassiker. Nur ist es umgekehrt, wir kehren zu einem polyphonen Stil zurück. Und die Situation ist schwieriger. Die Tonalität war eines der stärksten, die Form organisierenden Mittel. Ein Ersatz für sie ist noch nicht gefunden. Die neuen Tonkombinationen haben die Kraft, neue große Formen zu erzeugen, noch nicht bewähren können. Sie sind erst zu kurze Zeit in Gebrauch, ihre Funktionsmöglichkeiten und Wertverhältnisse sind noch nicht ausprobiert. So kam es auf dem Gebiet der Form zu einer Reihe von Übergangserscheinungen. Zu den interessantesten von ihnen gehören jene Stücke aphoristischen Charakters, denen es ihre Kürze erlaubt, dem Formproblem recht eigentlich aus dem Wege zu gehen. Sie gestatten eine äußerst konzentrierte Darstellung des musikalischen Gedankens. Harmonie und Melodie haben weiter keine architektonischen Verpflichtungen, sie sind nur musikalischer Ausdruck. Die Kürze ermöglicht den Überblick, wenn auch Wiederholungen und jede Symmetrie fehlen. Eine Form haben diese Stücke natürlich trotzdem; sie beruht auf der Geschlossenheit des dargestellten Gedankens. Ein anderer Versuch ist die sogenannte Polytonalität: das gleichzeitige

Musizieren in mehreren Tonarten. Damit ist trotz Fest-
haltens an der Tonalität dem Bedürfnis nach der Dissonanz
Rechnung getragen.

Aussichtsreicher muß es erscheinen, wenn die neuen Mittel
auf die alten Formtypen angewendet werden. Ob sie auf die
Dauer dem Stil entsprechen, ist vielleicht fraglich. Doch
ist dem Formbedürfnis für den Anfang Genüge geleistet,
und weiter mag das Formgefühl helfen. Die mannigfachen
Funktionen der Tonalität müssen allerdings unerfüllt
bleiben. Statt dessen wird da und dort dieses oder jenes
andere formale Prinzip eine ähnliche, wenn auch weniger
einheitliche Wirkung ausüben, z. B. statt des Gegensatzes
der Tonart den des Charakters oder Tempos, statt der Rückkehr zur Tonika die Wiederholung eines anderen charakteristischen Akkords. Die Satzweise wird wohl polyphon sein
müssen. Nicht nur entspricht es unserem harmonischen
Formgefühl den dissonanten Akkorden gegenüber so am
besten. Ohne die konstruktive Kraft der Polyphonie wird
nach Verzicht auf die Tonalität eine größere Form kaum erfüllt werden können. Formale Geschlossenheit und Zusammenhang werden in erster Linie durch die motivische
Arbeit erzielt. Nur ist jetzt weniger das rhythmische als das
melodische Motiv von Bedeutung. Die Melodie entsteht
meist nicht mehr wie früher durch melodische Variation
rhythmischer, sondern durch rhythmische Variation melodischer Motive. Das war schon in der Musik der letzten Jahrzehnte vorgebildet. Die gewonnene Freiheit vom Zwang des
Harmonischen legt der melodischen Gestalt die Verpflichtung
auf, ihren Charakter zu wahren. Ist doch auch die Treue der
Intervallverhältnisse von jeher Bedingung in den kontrapunktischen Formen.

Wie gesagt, es ist fraglich, ob die alten Formtypen den Bedingungen der Zwölftonreihe entsprechen. Was auf dem
übersichtlichen Terrain der Tonalität möglich war, wird mit
den neuen Mitteln nicht durchwegs erfüllt werden können.

Dazu sind sie im Verhältnis zu den Mitteln der Tonalität zu stark und zu schwach, zu stark in ihrer klanglichen Wirkung, zu schwach in ihrer konstruktiven — vorläufig wenigstens. Wir kennen bis jetzt nur wenige Eigenschaften und Bedürfnisse der Zwölftonreihe, sie ergeben sich teils aus deren Konstitution, teils lassen sie sich aus der Art ableiten, wie sie bisher verwendet wurde. An ihrer Konstitution ist die Gleichförmigkeit das Auffallendste. Die Oktave ist in 12 gleiche Teile geteilt, in 12 Halbtöne, und kann daher auch in die Hälfte (verminderte Quint), in drei Drittel (übermäßiger Dreiklang), vier Viertel (verminderter Septakkord) und sechs Sechstel (Ganztonskala) geteilt werden. Man findet hier die bekanntesten Zerstörer der Tonalität wieder, vom Tritonus bis zur Ganztonskala. Die Gleichförmigkeit weist auf eine Gleichberechtigung der Töne, keiner ist der Hauptton, keiner ist von vornherein wichtiger als der andere. Dem entspricht auch ihre Verwendung im Kunstwerk. Die Anordnung in der Melodie ist eine solche, daß kein Ton vorherrscht, wenn gelegentlich auch kadenzartige Wendungen vorkommen. Im harmonischen oder kontrapunktischen Zusammenklang wird die Konsonanz nur selten verwendet. Das dürfte nicht bloß eine Reaktionserscheinung gegen die ältere Musik sein, sondern daher kommen, daß die Konsonanz an die Tonarten erinnert und auf sie bezogen leicht ein Ton als Grundton wirken kann — was nicht gemeint ist. Wiederholungen von Tonfolgen, womöglich selbst solche von Tönen, werden vermieden. Sie scheinen den Bedürfnissen der Zwölftonreihe nicht zu entsprechen. Und da im Kunstwerk die formbildenden Mittel einander organisch bedingen, wirkt sich das auch ins Rhythmische aus: auch da sind Wiederholungen selten, und rhythmische Symmetrie fehlt fast ganz. So erkennen wir an der Zwölftonreihe bis jetzt nur Eigenschaften und Bedürfnisse, die für ihre konstruktive Wirksamkeit negativ bewertet werden müssen. Betrachten wir aber nochmals, wie die Tonarten zu ihrer formalen Bedeutung gekommen sind. Auch ihnen lag ein melodisches Prinzip zugrunde: die Tonleiter — oder besser, jene Töne, welche die Tonleiter bilden konnten. Die Durchkombinierung ihrer Bestandteile hat zu dem geführt, was wir Tonalität nennen. Ob sie gleichzeitig, als Akkorde, oder nacheinander, als Melodie, in Beziehung traten, ihre konstruktive Wirkung beruhte auf den feststehenden verschiedenen Wertverhältnissen der Töne zueinander — und das ist ein melodisches Prinzip. Könnte nicht die Reihe der 12 Töne dieselbe Funktion erfüllen? Dem steht die Homogenität der Zwölftonreihe entgegen. Keiner soll der Grundton sein. Und gerade die Differenziertheit der Intervalle war an der Dur- und Mollskala das Fruchtbare. Man denke nur an die Bedeutung des Leittons für die Entwicklung der Musik.

Aber auf einem anderen Weg kann Ähnliches versucht werden — und hier gehen wir zu Schönbergs neuen Formprinzipien über.

Wenn die Zwölftonreihe formbildend wirken soll, wird sie differenziert werden müssen. Das ist nur möglich, wenn ihr nach irgendeiner Richtung eine Beschränkung auferlegt wird. Eine solche war vorhanden, als in der Tonart zwar auch schon alle Töne der chromatischen Skala vorkommen konnten — aber bezogen auf einen Grundton. Eine andere, neue Möglichkeit ist, von Fall zu Fall für ein Tonstück ein bestimmtes Anordnungsprinzip der 12 Töne festzusetzen und die so gewonnene Reihe zum Träger der Konstruktion werden zu lassen. Diese Tonfolgen werden meist etwas Ähnliches sein wie melodische Motive. Auch deren formbildende Kraft beruht in der Beschränkung auf eine Auswahl und auf eine bestimmte Reihenfolge von Tönen. Die Begrenztheit ermöglicht die Form. Wenn nun nicht die Zwölftonreihe selbst, sondern aus ihr gebildete Tonfolgen oder Motive die Basis bilden, ist damit jene Differenziertheit gewonnen, deren Mangel die chromatische Skala formal so unfruchtbar erscheinen ließ. Wie früher die Tonart, so liegt dann einem Stück eine bestimmte Tonfolge zugrunde. Sie verleiht den einzelnen Tönen ihre Bedeutung und ihre Wertverhältnisse zueinander. Dabei wäre es sehr gut möglich, daß wie früher leiterfremde, hier „motivfremde" Töne verwendet werden (z. B. wenn die Folge aus weniger als 12 Tönen besteht). Sie könnten dann ebenfalls auf das Motiv bezogen werden. So erfüllt dieses auch die Funktionen der alten Tonika. Es entspricht einem natürlichen musikalischen Formbedürfnis, daß sich die motivfremden Töne der Zwölftonreihe bald zu einem oder mehreren Gegenmotiven gruppieren. Aber auch durch Transpositionen des Motivs können ursprünglich nicht in ihm enthaltene Töne gewonnen werden. Davon später.

Für die Form bleibt das Bedeutsamste die Einführung einer Tonfolge, einer Grundgestalt, wie sie Schönberg nennt, als Träger eines Stückes. Dadurch werden Wiederholungen jeder Art von neuem organisch, nicht nur solche des Motivs, sondern auch rhythmisch-symmetrische. Es scheint, daß die Musik auf deren formbildende Kraft nicht verzichten kann, größere Formen wenigstens ohne sie nicht möglich sind. Die Grundgestalt besteht aus mehreren Tönen, deren melodische Struktur, d. h. deren Intervallverhältnisse für das ganze Stück bindend sind. Der Rhythmus aber ist frei. Da er zur musikalischen Charakteristik mindestens ebensoviel beiträgt wie die Melodie, gibt es dadurch allein unzählige Möglichkeiten der Variation.

Ferner aber spielen einige typische Umbildungen des melodischen Motivs in diesen Stücken eine grundlegende Rolle, welche seine Physiognomie zwar stark verändern, aber seine Struktur aufrechterhalten: die Umkehrung, der Krebs und die Umkehrung des Krebses. Die Umkehrung eines Motivs nennt man die genaue Übertragung seiner Intervallschritte in die entgegengesetzte Richtung, statt aufwärts abwärts, statt abwärts aufwärts; unter „Krebs" ist eine rückläufige Reihenfolge der Töne zu verstehen, vom letzten Ton des

Motivs angefangen nach vorne bis zum ersten. Diese Umbildungen haben jederzeit in polyphoner Musik eine Rolle gespielt. Sie scheinen also deren Bedürfnissen zu entsprechen. Aber auch bei der Analyse klassischer Melodien finden wir nicht nur die Umkehrung, sondern auch den Krebs als eine häufige Form der Motivvariation. Schönberg erklärte ihr Wesen einmal bei einem Vortrag in drastischer Weise. Er nahm einen Hut, drehte ihn nach allen Seiten und sagte: „Sehen Sie, das ist ein Hut, ob ich ihn nun von oben, von unten, von vorne, von hinten, von links, von rechts anschaue, es ist und bleibt ein Hut, auch wenn er von oben anders aussieht als von unten." So sehen auch Umkehrung und Krebs anders aus als die Grundform – aber sie sind dasselbe Motiv. Damit sind schon vier Formen der Grundgestalt gewonnen.

Das melodische Motiv entstammt der Zwölftonreihe. Es wird also deren Bedürfnissen Rechnung tragen: auch in ihm wird kein Ton als der wichtigste erscheinen. Wendungen, die an die alten Tonarten erinnern, werden vermieden, weil sie sich leicht auf einen bestimmten Grundton zu beziehen scheinen. Tonwiederholungen sind im allgemeinen selten. Denn die Zwölftonreihe soll ausgedrückt und darum sollen möglichst viele ihrer Töne verwendet werden. Womöglich alle zwölf. Aber sie müssen nicht in einem Motiv vereinigt sein, sondern können sich auf mehrere verteilen.

Die Grundgestalt verleiht der Zwölftonreihe eine gewisse Gliederung, sie differenziert ihre gleichförmige Gestalt und ordnet ihre Reihenfolge. Die einzelnen Töne erhalten dadurch wieder bestimmte Funktionen – ihre bestimmte Stellung im Motiv und ihre bestimmten Wertverhältnisse zueinander. Derlei hat man früher als harmonische Erscheinungen bezeichnet. Vom kontrapunktischen Standpunkt aus müssen sie aber als melodische gewertet werden. Worauf denn sollte das Melodische beruhen, wenn nicht auf dem Verhältnis der Töne zueinander? Doch nicht auf dem Rhythmischen, das nur ein zweiter Faktor in der Melodie als Kunstform ist. Auf der Harmonie? Das war allerdings im homophonen Stil der Fall. Gemeinhin nennt man auch „melodisch" oder eine „ins Ohr gehende Melodie", was genauer besehen nur eine Umschreibung bekannter Akkorde ist. (Hier liegt eine Verwechslung vor. Die bekannte harmonische Wendung erleichtert die Faßlichkeit. Diese Melodien gefallen, nicht weil sie schön, sondern weil sie leicht zu verstehen und zu merken sind.) Im polyphonen Stil ist es umgekehrt: die harmonischen Ereignisse, die Akkorde, entstehen durch die Melodie. Aber nicht nur als Zusammentreffen von Stimmen: die für den musikalischen Gedanken wichtigen Töne können ebensogut in die Vertikale wie in die Horizontale gelegt werden. Das läßt sich auch auf die Tonalität anwenden: die für die Tonart charakteristischen Intervallverhältnisse, jene, die sie am deutlichsten ausdrücken, können gleichzeitig erklingen; was entsteht, sind die leitereigenen Akkorde. Und die verschiedenen Funktionen der Stufen (Dominante usw.) und Fundamentschritte beruhen ja auch auf melodischen Voraussetzungen. So gesehen, können alle harmonischen Erscheinungen der Tonalität auf melodischen Ursprung bezogen werden. Der Gegensatz ist überbrückt, ob harmonisch oder melodisch, ist nur eine Frage der Betrachtungsweise.

Das wird von Schönberg als eines der wichtigsten Prinzipien des polyphonen Stils bezeichnet: der musikalische Gedanke erscheint nicht nur in der Horizontalen ausgedrückt, sondern auch gleichzeitig in der Vertikalen, nicht nur in der Zeitfolge — und daher rhythmisch gegliedert —, sondern auch ohne Rücksicht auf diese, im Raum, als Klangkomplex — d. h. als Akkord. Das finden wir besonders deutlich beim Kanon und bei der Engführung, in denen die Durchdringung des Nacheinander und Gleichzeitig gewissermaßen ad oculos demonstriert wird. Der akkordliche Zusammenklang von Tönen einer Melodie interessiert uns dabei am meisten. Denn dieses Prinzip wendet Schönberg in weitestem Ausmaß auf seine Grundgestalten an. Es können ihre Töne, alle oder zum Teil oder in Gruppen — je nach ihrem Reichtum an Tönen — auch als Akkorde auftreten. So haben wir zu den vier melodischen Formen, die sich aus Umkehrung und Krebs ergeben, noch eine große Anzahl harmonische gewonnen. Auch aus der Umkehrung können natürlich Akkorde gebildet werden; sie haben eine gewisse Verwandtschaft mit denen der Grundgestalt. Der Krebs hingegen gibt keine neue Form, denn er enthält nur dieselben Töne wie jene. Als Nebenresultat finden wir eine bedeutsame Möglichkeit, wie Harmonien zu konstruktiver Bedeutung kommen — zwar nicht im Sinne der alten Harmonielehre, aber auf dem Umweg über das melodische Motiv.

Die Grundgestalt soll mit ihren verschiedenen Formen, mit anderen Motiven, deren Umbildungen und eventuell auch Transpositionen allerlei Kombinationen eingehen können. Die Umkehrung, der Krebs und die Akkorde müssen für sich und miteinander im Satz vereinigt brauchbare Formen ergeben. Wenn mehrere Motive vorkommen, sollen sie sich gewissermaßen „komplementär" — wie es Schönberg nennt — zueinander verhalten, so daß sie zusammen die Zwölftonreihe bilden und trotz verschiedener melodischer Gestalt womöglich irgendeinen gemeinsamen Zug aufweisen, der Beziehungsreichtum zwischen ihnen ermöglicht. Nicht jede Tonfolge wird sich demnach zu einer „Grundgestalt" eignen. Sie wird entsprechend gebaut sein müssen. Es ist ähnlich wie bei der Fuge, deren Thema ja auch gewisse Bedingungen erfüllen mußte. Polyphone Formen sind eben polyphon erfunden.

Die Grundgestalt ist das Gesetz für das betreffende Stück. Sie ist nicht das Thema, sondern nur das Material für ein solches. Recht eigentlich, der ursprünglichen Bedeutung des Wortes entsprechend, kann man sie als Motiv bezeichnen. Denn sie ist der Bewegungsantrieb für alles melodische und harmonische Geschehen. Nur ist zu beachten, daß sie keine

bestimmte rhythmische, sondern nur eine bestimmte melodische Gestalt hat — weshalb sie im Vorstehenden als
„melodisches Motiv" bezeichnet wurde —, und daß sie kein
kleinster Bestandteil ist, sondern selbst noch weitere Motive,
rhythmische und melodische, absetzen kann. Auch sind ihre
Möglichkeiten der Variation zahlreicher und vielfältiger als
sonst bei einem solchen. Außer Umkehrung, Krebs sowie
den verschiedenen Zusammenklängen als Akkorden, außer
der rhythmischen Gestaltung und deren Veränderungen
sowie der Abspaltung kleinerer Motive spielt noch eine
Reihe von anderen Umbildungen eine große Rolle. Zu den
wichtigsten gehört die Umkehrung der Intervallschritte. Das
Tonverhältnis c—e z. B. kann einmal als große Terz, das
andere Mal als kleine Sext, das dritte Mal als Dezimensprung,
ein Quartschritt aufwärts als Quintschritt abwärts, eine große
None als Ganztonschritt ausgeführt werden. Denn nur die
Tonverhältnisse sind bindend, nicht ihre Richtung. So bildet
dieselbe Tonfolge die verschiedensten Melodien. Im weiteren Verlauf des Stückes kann die Grundgestalt in immer
kleinere Teile zerlegt werden und mit ihren anderen Teilen,
deren Umbildungen oder anderen Motiven alle möglichen
Kombinationen eingehen. Sie kann auch durch Einschaltung
von Tönen eine Erweiterung erfahren, so etwa, daß mehrere
Motive miteinander verschränkt eine neue Melodie bilden.
Oder: die ersten Noten einer sich von einer anderen Stufe
aus wiederholenden Figuration — die natürlich auch motivisch
ist — ergeben zusammen die Grundgestalt — wie bei einem
Akrostichon. Häufig ist auch die Verteilung auf mehrere
Stimmen, namentlich wenn die motivische Tonreihe eine
größere Ausdehnung hat.
Die Grundgestalten erscheinen fortwährend und überall.
Durchaus überflüssig — und auch ganz unmöglich — ist es
dabei, daß sie als solche vom Ohr in allen Kombinationen
verfolgt werden können. Wo sie thematische Bedeutung
haben, treten sie entsprechend hervor. Wo sie in anderem

Sinne konstruktiv wirken, etwa als Harmonien, brauchen sie nicht anders aufgefaßt zu werden als in diesem. Der Zusammenhang wird gespürt, auch wenn er nicht verstanden wird, dafür bürgt die Einheitlichkeit des verwendeten Mittels. Es hat die Aufgabe, Geschlossenheit der Form zu erzielen, nicht mehr, nicht weniger.

In Schönbergs früheren Werken finden wir manche der neuen formbildenden Mittel, welche er in seinen jüngsten konsequent durchgeführt hat, schon weitgehend vorgebildet. Das Festhalten an der melodischen Gestalt bei ihrer rhythmischen Umbildung zu neuen Charakteren spielt schon im d-moll-Quartett, opus 7, eine große Rolle. In der Kammersymphonie tritt das aus fünf übereinandergetürmten Quarten bestehende Hauptthema bald als Melodie, bald als sechsstimmiger Akkord auf; beide Formen sind für die Architektonik des Werkes von größter Bedeutung, wenn auch nicht im Sinne einer „Grundgestalt". An diesen erinnert eher die Motivgruppe, die das Thema des Variationssatzes („Litanei") aus dem fis-moll-Quartett bildet (opus 10). Die Melodie, welche mit der zweiten Geige einsetzt, erfährt manche der Schicksale einer solchen, abgesehen von ihren zahlreichen rhythmischen Gestaltungen. In Takt 21—24 erscheint sie in Figuren aufgelöst und um einige Töne erweitert, kombiniert mit dem Motiv der ersten Geige, in Takt 29—31 als Akrostichon (1. und 2. Geige), in Takt 41 und 42 und an späteren Stellen akkordlich im Tremolo. Dies spielt sich alles noch innerhalb einer Tonart ab. Eine aus der Zwölftonreihe gewonnene Grundgestalt finden wir in der Passacaglia des „Pierrot Lunaire" („Nacht"). Das aus den drei Tönen e—g—es bestehende Hauptmotiv ist der Träger des ganzen Stückes. Es kommt in dieser aus 25 Takten bestehenden Komposition mit seinen Transpositionen und Umbildungen weit über hundertmal vor (ohne monoton zu werden — das weiß, wer das Stück kennt). In den ersten drei Takten erscheint es gleichzeitig in der Horizontalen und

Vertikalen dargestellt – gleichsam die konzentrierte Essenz alles Kommenden. Dann wird es mit einer Fortsetzung, die das restliche motivische Material abgibt, als Kanon exponiert. Die anderen Motive sind also als Kontrapunkt zum Hauptthema von diesem bedingt, so daß die Grundgestalt in allem Geschehen wirksam bleibt. Weiterhin wird sie in Figuren aufgelöst und zusammengeballt, durch Wendung ihrer großen Terz in eine kleine Sext einmal in einen aufsteigenden Gang verwandelt (Takt 17), auch die Umkehrung des Krebses wird verwendet, bis zum Schluß wieder der polyphone Klangkomplex des Anfangs erscheint.

In Schönbergs letzten Werken sind die neuen Formprinzipien im Sinne eines strengen Stiles für die Komposition mit 12 Tönen durchgeführt, in den „Fünf Klavierstücken, op. 23" der „Serenade für sieben Instrumente" und der „Suite für Klavier". Manche, die zuletzt komponierten Sätze, enthalten keinen Ton, der nicht organisch einer Grundgestalt angehörte. Die Gesetze, welche die melodischen Motive für das betreffende Stück stellen, sind jedesmal andere. Sie gehen aus der Anordnung und Anzahl der Töne und Tonfolgen hervor. (Man denkt an Hans Sachsens Lehre: „Ihr stellt die Regel selbst und folgt ihr dann.") Zahl und Ordnung der Töne sind für die melodischen und harmonischen Verhältnisse bestimmend, die Anzahl der vorkommenden Tonfolgen für die Satzweise.

Das erste der Fünf Klavierstücke ist im wesentlichen eine dreistimmige Invention. Eine weitausgesponnene dreiteilige Melodie, in strengem Satz (natürlich im modernen Sinne streng) und durchaus motivisch (dies im alten Sinne) erfunden, bildet ihren ersten Abschnitt. Wie einen Mittelteil einführend, beginnt dann eine zweistimmige leise Staccato-Figur. Zu ihr tritt das Thema des Anfangs durch vier Oktaven aufsteigend. Die Melodie, welche zu Beginn die Baßstimme gebildet hatte, übernimmt die Fortsetzung, immer begleitet von der zweistimmigen Figur, deren Verwandtschaft mit dem Grundmotiv (Terzschritt) offenbar wird. Was folgt, mutet wie eine Reihe von Variationen über die ersten Takte des Stückes an. Der dreistimmige Satz bleibt im allgemeinen bewahrt, auch die Töne sind dieselben. Der Rhythmus aber wird so verändert, daß immer andere Töne zusammentreffen, immer neue Zusammenklänge entstehen; die Stimmen werden ganz oder teilweise vertauscht, ursprünglich aufeinanderfolgende Töne erklingen gleichzeitig, zweistimmig, kurz, es wird eine Anzahl jener Umbildungen vorgenommen, die wir von den „Grundgestalten" her kennen. Schließlich erscheint auch der Krebs der ehemaligen Oberstimme, während eine andere ihre Fortsetzung in gerader Richtung bringt. Der Schluß ist aus den Tönen des Anfangs gebildet.

Das zweite Stück enthält in seinen ersten sechs Takten die Exposition des motivischen Materials. Das Hauptthema ist ein in drei Ansätzen aufwärts stürmender Gang. Am Höhepunkt setzt der zweite Gedanke in vollgriffigem Klaviersatz ein. In einem Überleitungstakt führt der aus dem Hauptmotiv gebildete Lauf auf eine Haltung, einen sechsstimmigen Akkord, der sich aus den ersten drei Tönen des Stückes und dem Anfang des zweiten Gedankens zusammensetzt. Dann beginnt eine Art Durchführung. Die Harmonien des zweiten Themas erscheinen in eine Melodie aufgelöst im Baß, seine Figuren sind als Akkorde gefaßt. Das Hauptmotiv wird zu einer zweistimmigen Staccato-Passage „moduliert" (wird auf andere Stufen versetzt), steigert sich, dann setzt in wenige Akkorde zusammengedrängt wieder der zweite Gedanke ein. Nochmals das Hauptthema als Akkordpassage, diesmal in seiner ganzen Ausdehnung. Eine Coda bringt das Anfangsmotiv umgekehrt und verbreitert in der Engführung. Im letzten Takt sind seine Töne auf zwei verschiedene Stimmen verteilt.

Die beiden besprochenen Stücke unterscheiden sich wesentlich von den folgenden, zu denen sie gewissermaßen Vorstudien sind. Die Gedanken wurden hier erst zu einem geschlossenen Satz entwickelt, bevor die weitgehenden Veränderungen mit ihnen vorgenommen werden. Darum ist die formale Wirkung etwa die eines Themas mit Variationen. Dort aber sind die aufgestellten Grundgestalten von Anfang an nicht nur das thematische, sondern in jeder Hinsicht das konstruktive Material des ganzen Stückes. Seine Form ist eine homogenere. Sie hat in gewisser Beziehung eine Ähnlichkeit mit der der Fuge. In beiden Fällen wird der musikalische Gedanke in sozusagen offener Form hinausgestellt. Sehr auffallend ist das namentlich bei dem dritten Stück[1]. Das aus fünf Tönen bestehende Thema, mit dem es beginnt, schaut fast wie das einer Fuge aus. Man sieht ihm bei einiger Erfahrung in kontrapunktischen Dingen sofort an, daß es allerlei Kunststücke ausführen kann. Auch sein zweiter Einsatz — auf der Quint — gleicht einem „Comes". Was folgt, ist allerdings anders. Unmöglich, alle die zahllosen Kombinationen, welche die Grundgestalt — das „Fugenthema" — eingeht, zu beschreiben. Alle Stimmen und alle Harmonien sind aus ihm gebildet. Das ist nicht so zu verstehen, als ob sich das eine Motiv mit Umkehrung, Krebs und Transpositionen, als Stimme oder in Akkorde zusammengefaßt, wiederholen würde. Es kommt wohl auch häufig in thematischer Bedeutung vor, sonst aber durchkreuzen und verschränken sich die verschiedenen Formen der Grundgestalt derart, daß scheinbar ganz freie Melodien und Harmonien entstehen: ihre Beziehungen zu jener sind nicht immer leicht erkennbar. Es gibt fast keinen Ton in dem Stück, der nicht gleichzeitig Bestandteil mehrerer Formen der Grundgestalt, also mehrdeutig wäre. In den ersten beiden Takten kommt sie in zwölf Tönen allein fünfmal vor, dreimal thematisch und zweimal in Akkorde verschränkt. Gleich am Anfang,

[1] Es war an Hand dieses Stückes, kurz nach dessen Komposition, daß dem Verfasser von Schönberg die ersten Mitteilungen über die neuen Formprinzipien gemacht wurden.

mit dem zweiten Ton, setzt der Krebs ihrer Umkehrung ein. In späteren Partien ist sie noch öfter enthalten. Zu ihren einfacheren Formen gehören beispielsweise das Auftreten als Figur in verschiedenen Gestaltungen (Takt 16, bei „ruhig", bis 17), ihre Verschränkung in einer Baßstimme (Takt 18—19) sowie die Verwendung im Akrostichon (Takt 20—21). Die Formen, die sich aus der Grundgestalt, ihrer Umkehrung und deren Transpositionen auf die Quint ergeben, enthalten nicht alle Töne, c und g fehlen. Diese beiden werden durch weitere Versetzungen des Motivs auf andere Stufen gewonnen. Am Schluß, der ein Spiel mit den vier — sagen wir tonischen Akkorden — aufnimmt, erhalten die beiden Töne, welche die Ergänzung auf die Zwölftonreihe bedeuten, eine fast motivische Rolle.

Fast ebenso kompliziert ist das vierte Stück. Drei Gestalten aus je sechs Tönen liegen ihm zugrunde. Die erste tritt als Melodie auf, die zweite als Akkord, die dritte kombiniert beides. Sie sind nahe miteinander verwandt, alle drei basieren auf einem Terzen- (resp. Sexten-) Motiv. Überhaupt scheint hier die motivische Arbeit durchsichtiger als in dem dritten Stück. Nichtsdestoweniger finden sich ebenso weitgehende Umbildungen, Kreuzungen und Durchschneidungen der Gestalten wie dort. Bei Takt 24 beginnt eine Art Reprise. Aber wie anders sieht sie aus als der Anfang! Obwohl genau dieselben Töne dastehen. (Man vergleiche Takt 1—5 mit Takt 24—28.) — In der Coda wird wieder in einem Spiel mit den „tonischen" Akkorden der Beziehungsreichtum der Grundgestalten zueinander in konzentriertester Form gezeigt.

Das fünfte Stück ist ein Walzer. Seine Grundgestalt besteht aus den 12 Tönen der vollständigen Reihe in festgesetzter Ordnung: cis—a—h—g—as—ges—b—d—e—es—c—f. Diese Tonfolge wird immer wieder durchlaufen, in stetigem Kreislauf von vorne beginnend, sobald sie zu Ende ist. Zunächst erscheint sie als Walzermelodie, in der Vertikalen, in drei Motive rhythmisch gegliedert. Die Begleitung bringt dieselbe Folge, aber bei einem anderen Ton beginnend und zum Teil in Akkorde zusammengefaßt. Weiterhin sind die Töne meist so auf die verschiedenen Stimmen verteilt, daß sie der Reihe nach erklingen (oder einige gleichzeitig), ohne Rücksicht darauf, ob dadurch etwa der eine der Haupt-, der nächste einer Nebenstimme, der dritte und vierte Akkorden zufallen. Dadurch ist der Melodie größte Bewegungsfreiheit gewahrt, wenn nur die fehlenden Töne unterdessen in der Begleitung ergänzt werden (siehe Takt 29—30). Thematisch ist die Reihe also nicht bindend, doch werden einige ihrer Glieder als Hauptmotive durchgeführt. Rhythmische Wiederholungen und symmetrische Gliederung finden sich — dem leichteren Charakter des Stückes gemäß — häufiger als in früheren Werken Schönbergs.

Eine noch größere Rolle spielen diese einfacheren formbildenden Mittel aus ähnlichen Gründen in der „Serenade" (in der es sogar Wiederholungszeichen gibt). Sie besteht aus sieben Sätzen für Geige, Bratsche, Violoncell, Klarinette, Baßklarinette, Mandoline und Gitarre; im vierten tritt eine Gesangstimme dazu (Baß). Der erste Satz ist ein Marsch, seine Form entsprechend übersichtlich. Er beginnt mit einem Baßthema in der Bratsche, das nach acht Takten auf zwei Stimmen verteilt wird, so zwar, daß die untere einen richtigen, wenn auch rhythmisch etwas unregelmäßigen Marschbaß, die obere die nachschlagende Begleitung abgibt. Darüber erscheint, dreistimmig gesetzt, die eigentliche Marschmelodie. Beide, Baß- und Hauptthema, werden umgekehrt und die ganze Gruppe verkürzt wiederholt. Eine Art Trio schließt sich an, in dem die Motive in freierer Weise durchgeführt werden; in seinem Verlauf erscheinen die beiden Hauptthemen quasi als Reprise wieder. Es folgt eine längere Coda.

Der zweite Satz, ein Menuett, ist ganz eigenartig darin, wie er die neuen Prinzipien auf eine alte Formtype in alter Weise anwendet. Der Bau der achttaktigen Melodie durch Variation einiger Motive läßt sich geradezu mit Mozart vergleichen.

Ihre Wiederholung hält die melodische Linie, mit einigen Variationen, fest, bringt sie aber zum Teil in ganz anderen Rhythmen. Im Mittelteil sind einzelne Phrasen des Themas im Sinne von Grundgestalten durchgeführt, wenn auch nicht so weitgehend wie in den Klavierstücken. Die Reprise (im Cello, Takt 34) vertauscht die beiden ersten rhythmischen Motive in der Weise, daß eines die Töne des andern übernimmt. Nach einem äußerst kunstvollen Trio, dessen Grundmotiv zuerst als Begleitungsfigur in der Bratsche erscheint (man vergleiche damit die Klarinettenstimme im Takt 71), wird das ganze Menuett wiederholt. Eine Coda bringt motivische Elemente beider Teile und schließt mit dem Hauptmotiv des Menuetts.

Der dritte ist ein Variationensatz von ungemein zartem Charakter. Sein Thema besteht aus einer Folge von vierzehn Tönen (alle außer dem h kommen vor) als Vordersatz und deren Krebs als Nachsatz, die rhythmischen Motive behalten aber die gerade Richtung bei. Die erste Variation bringt im Baß die Umkehrung des Themas und deren Krebs, dazu den wiederholt angeschlagenen Ton a in der Gitarre (welcher der Umkehrung fehlt, wie dem Thema das h; diese beiden Töne nehmen weiterhin eine bevorzugte Stellung ein). Darüber liegt wie im Kanon, aber in ganz anderem Rhythmus, dieselbe Umkehrung als Melodie der Klarinette. Der Nachsatz enthält das Thema samt Krebs in Haupt- und Nebenstimmen; dazu der kritische Ton h. In der zweiten Variation (6/8-Takt) treten die verschiedenen Gestalten des Themas in mehreren Stimmen und auch als Akkorde auf. Führend ist meist die Grundform. Kürzere Motive erscheinen in der dritten Variation. Sie entstehen dadurch, daß die Töne des Themas auf mehrere Stimmen aufgeteilt sind. Das Hauptmotiv besteht aus dem 1., 2., 6., 7. und 8., die Mandoline bringt dazu den 3., 4., 5. und 9. Ton; gleichzeitig die Bratsche in ähnlicher Weise einige Töne der Umkehrung (das spätere Motiv des Nachsatzes), welche von der Geige wieder auf die

Reihe ergänzt werden. Der nächste Takt kehrt die ganze Gruppe um. Dieses Prinzip der Tonverteilung und Motivergänzung beherrscht die Variation, geht aber in der folgenden, der vierten, noch viel weiter. Eine ganz neue Melodie erscheint in der Klarinette. Und doch stammt sie aus dem Thema, der Vordersatz aus Krebs und Grundform, der Nachsatz aus Umkehrung und deren Krebs. Nur sind in deren Reihe immer zwei Töne ausgelassen (einmal, bei der Umkehrung des Krebses, drei). Das Violoncell imitiert die Melodie in der Umkehrung. Die anderen Stimmen bringen den Rest des Themas als Ergänzung, auch aber mit verteilten Tönen, in Motiven, welche für die nächste Variation bedeutsam werden. Es zeigt sich dabei, daß eines von ihnen das Hauptmotiv der vorigen Variation war und ein anderes sogar der Krebs des Anfangs der Klarinettenmelodie ist; daher zugleich die Umkehrung des Nachsatzes und der Krebs der Umkehrung der Cellostimme! Die fünfte Variation nimmt wieder die Grundformen des Themas auf. Während die eine Stimme seine erste Hälfte spielt, bringt die andere gleichzeitig die zweite als Krebs, so daß die Reihe gewissermaßen wie umgebogen erscheint. Diese Kombination wird auch von der Umkehrung gebildet. Zwischendurch melden sich jene Motive, welche in der vierten Variation als „Rest" geblieben waren; sie treten immer so auf, daß sie sich gemeinsam zum Thema ergänzen. Schließlich leiten nochmals alle vier vollständigen Grundgestalten, die beiden Krebse als Klarinettenläufe, die beiden geraden Formen als Spiccatofiguren, in die Coda über. Diese beginnt mit dem Motiv der dritten Variation, bringt aber auch einige andere, die teils nach dem Prinzip der Tonverteilung gebildet, teils Bruchstücke des Themas selbst sind. Der Schluß ist duettierend gehalten, erst zwischen den beiden Klarinetten, dann zwischen Geige und Bratsche, mit kleinen Varianten von Thementeilen und schließlich den beiden Krebsen. Dazu immer noch da und dort ein paar Töne des Themas.

Der vierte Satz enthält ein Sonett von Petrarca. Er beruht auf einer Reihe von 12 Tönen — ähnlich wie der Walzer aus den Klavierstücken. Doch hat diesmal die Tonfolge keinerlei thematische Bedeutung. Sie ist nur Material. Von der Gesangstimme wird sie im ganzen dreizehnmal wiederholt (zuletzt nicht vollständig), immer in derselben Reihenfolge. Aber nicht etwa wie die Strophen eines Liedes. Die rhythmische und motivische Gliederung ist fast jedesmal grundverschieden, die Zäsuren fast immer an einer anderen Stelle; eine Phrase schließt mit dem vorletzten Ton der Reihe, eine andere mit dem ersten, so daß die nächste mit dem letzten resp. zweiten Ton beginnen muß. Dazu sind die Melodieschritte infolge von Oktavversetzungen kaum zweimal die gleichen. All das bewirkt, daß die Reihen im Verlaufe ihrer Wiederholungen keine Wiederholungen einer Melodie zu sein scheinen. Die Instrumente bringen in der Einleitung die Tonfolge in Gestalt einiger charakteristischer Motive; sie werden diesmal als rhythmische Motive beibehalten und melodisch variiert; im weiteren Verlauf mit einigen noch hinzutretenden durchgeführt. Sonst — harmonisch möchte man sagen — ist es die Aufgabe der Begleitung, den „Rest" zu bringen, d. h. die Phrase oder die Töne der Gesangstimme auch im Vertikalen auf die vollständige Reihe zu ergänzen. Dabei kommen natürlich Tonfolgen in ein oder dem anderen Instrument vor, welche ihr entnommen sind, aber im Gegensatz zu den früher besprochenen Stücken nicht als melodische Hauptmotive.

„Tanzszene" nennt sich der lustige fünfte Satz. Damit ist sowohl die Rhythmik wie der lockere Bau charakterisiert. Der erste Teil ist sehr reich an Gestalten. Das Hauptmotiv führt in drei Ansätzen eine Reihe von anderen Motiven ein, von denen die beiden ersten, in Mandoline und Klarinette, für die spätere Entwicklung am bedeutsamsten sind. So erscheint gleich als Fortsetzung das der Mandoline im Violoncell, das der Klarinette rhythmisch frei variiert in der Geige. Der

Schlußsatz besteht aus der Vergrößerung des Haupt- und der Verkleinerung des zweiten Motivs. Die rhythmische Umbildung verleiht diesen beiden Gestalten die Wirkung der Kadenz. Eine Partie mit Überleitungscharakter führt zu einem sehr humoristischen Trio, aus einer Anzahl lose aneinandergereihter Perioden bestehend. Es folgt eine Art Durchführung der Überleitung und des ersten Teiles, an welche sich eine freie Reprise der Motive des Anfangs, schon mit ausgesprochenem Coda-Charakter, anschließt. Ihr Verlauf bringt eine getragene Melodie der ersten Geige, die aus dem Klarinetten- und weiter aus dem Hauptmotiv gebildet ist. Dazu erscheint das köstliche Thema des Trios als Kontrapunkt. Eine Stretta beschließt das Stück.

Der sechste Satz ist ein „Lied ohne Worte", Adagio, von größter Innigkeit im Ausdruck, aber schlicht in der Form: ein dreiteiliges Lied.

Das Finale schlägt zunächst den Marsch des Anfangs an, da und dort aber drängen sich Motive der anderen Sätze vor. Schönberg bezeichnete dies einmal bei einer Probe als „Beratung der Instrumente, was denn zum Schluß der Serenade gespielt werden soll". Sie scheinen sich die Themen jedoch nicht gut gemerkt zu haben, denn der Rhythmus der Motive weist zwar deutlich auf den betreffenden Satz, ihre Melodie ist aber meist dem Thema des dritten, den Variationen entnommen. Das wird besonders heiter, wenn die Gitarre höchst kunstvoll zweistimmig das Menuett beginnen will und statt dessen einen Kanon aus Umkehrung und Krebs des Variationenthemas spielt. Auch das Sonett, das Trio des Menuetts und selbst die Motive des Marsches erscheinen auf jene Melodie, so daß der erste Teil des Finales fast als sechste Variation des dritten Satzes angesprochen werden kann. In Takt 23 will die Geige scheinbar den Mittelteil der Tanzszene vorschlagen, es wird aber das „Lied ohne Worte" daraus. Dieselbe Absicht gelingt später der Bratsche mit ihren Flageolettönen etwas besser. Schließlich aber einigt man sich, und der Marsch des ersten Satzes wird vorgetragen, nur kurz vor Schluß von sechs Adagiotakten mit einer Reminiszenz an das „Lied ohne Worte" unterbrochen[1].

Im ganzen Werk ist trotz der kühnsten Kombinationen und kontrapunktischen Kunststücke der leichte Serenaden-charakter festgehalten. Es ist in ihm bewiesen, daß auch mit den melodischen und harmonischen Mitteln der Zwölfton-reihe Geschlossenheit und Elastizität der Form erzielt werden kann, so gut wie mittels der Tonalität. Die neuen Mittel sind nicht in allen Sätzen in derselben Weise durchgeführt, am strengsten wohl in den Variationen und dem Sonett, wo nicht *eine* freiere Stimme, nicht *ein* freier Ton vorkommt. Überall aber finden wir die formalen Bindungen durch die melodische Gestalt des Grundmotivs.

Einen ganz strengen, vielleicht den strengsten Stil, den Schönberg bis jetzt geschrieben hat, finden wir in der Klavier-suite. Sie besteht aus sechs Sätzen: Präludium, Gavotte, Musette, Intermezzo, Menuett und Gigue. Alle beruhen auf denselben drei Grundgestalten aus vier Tönen, die zu-sammen die Zwölftonreihe ergeben: e–f–g–des, ges–es–as–d und h–c–a–b. Von ihnen wird die Umkehrung ge-bildet: b–a–g–des, as–ces–ges–c, es–d–f–e und die beiden Krebse. (Der Krebs der dritten Grundgestalt ergibt übrigens b–a–c–h!) Außerdem erscheinen die Grundgestalten und ihre Umbildungen noch in einer quasi-Dominantform auf der verminderten Quint (der Mitte der Zwölftonreihe). Andere Transpositionen gibt es hier nicht. Aus den somit vor-handenen 24 Formen besteht alles, was in den sechs Sätzen

---

[1] Die vorstehenden analytischen Besprechungen sind skizzenhaft gehalten und erheben keinerlei Anspruch auf Vollständigkeit. Es ist in ihnen nur das Wichtigste von dem mitgeteilt, was dem Autor dieser Studie bei Durchsicht und mehrmaligem Anhören der Werke in formaler Hinsicht aufgefallen ist. Möglicherweise wurde dabei manches Wesentliche überhört und übersehen. Bei der Fülle der Ereignisse wäre es nicht wunderzunehmen. Eine Würdigung der musikalischen Qualitäten der Werke außer den for-malen wurde gar nicht versucht.

an melodischen und harmonischen Ereignissen vorkommt. Die einzelnen Motive können als vertikale Tonfolge, als zwei zweistimmige Akkorde oder, was am Klavier ein bequemer Griff ist, als dreistimmige mit nach- oder vorschlagendem Ton auftreten, aber auch vierstimmig sind sie nicht selten. Zu Beginn jedes Stückes werden die drei Gestalten in ihrer Grundform exponiert, im weiteren Verlauf jedoch oft die Reihenfolge ihrer Töne vollständig geändert. Die drei Grundgestalten erscheinen fast immer als Gruppe, so zwar, daß sie einander zur Zwölftonreihe ergänzen. Dabei kann ihre Anordnung in der Horizontalen die melodische Fortsetzung des ersten Motivs, in der Vertikalen die Bewegung von Stimmen oder Akkorden bewirken. Natürlich kommen diese drei Gattungen auch gemischt vor und sind in allen drei Fällen Verschränkungen möglich. Dasselbe gilt von der Bewegung der Gruppen, die sowohl einander folgen als auch gleichzeitig erklingen können. In rhythmischer Hinsicht sind die einzelnen Motive und Gruppen mitunter als Phrasen voneinander getrennt, mitunter gehen sie ineinander über. Verwischung der Konturen wird auch dadurch erzielt, daß einzelne Töne zwei Gruppen gleichzeitig angehören. Ein spezieller Fall dieser Art ist der Orgelpunkt der Musette. Er erscheint auf dem Ton g, welcher der ersten Grundgestalt in allen ihren Formen angehört, so daß dieser für die weitere Entwicklung nur noch drei Töne verbleiben. Rhythmisch ist das in dem Sinne ausgenützt, daß einem Motiv — einem rhythmischen Motiv — von vier Tönen, als welches die übrigen Grundgestalten erscheinen, ein zweites aus drei Tönen gegenübergestellt wird. Im Intermezzo ist abwechselnd aus den einzelnen Motiven eine sich wiederholende akkordliche Begleitungsfigur gebildet, zu der die anderen als Hauptstimme treten.

Ganz unabhängig von den Grundgestalten geht die Entwicklung der rhythmischen Motive vor sich. Daß die Stücke zum Teil einen ausgeprägten Charakter zum Vorwurf haben, bedingt eine gewisse Symmetrie und Geschlossenheit auch in dieser Hinsicht. Es gibt hier sowohl Periodenbau durch die Entwicklung rhythmischer Motive als auch Sequenzierungen. Die letzteren entstehen nicht durch Transposition der Grundgestalten selbst; sondern irgendein melodisches oder akkordliches Tonverhältnis wird auf eine andere Stufe versetzt, und die anderen Stimmen bringen den „Rest". Derartigen Sequenzen kommt der Umstand zugute, daß manche Intervalle mehreren Grundgestalten gemeinsam sind, z. B. die verminderte Quint (resp. übermäßige Quart) der ersten und zweiten.

Alle die in diesen Stücken und auch den anderen Werken vorkommenden Arten der Tonverteilung und Satzweise aufzuzählen, ist ganz unmöglich. Nur einige besonders charakteristische Beispiele wurden herausgegriffen. Im ganzen zeigt sich deutlich, daß die Durchführung der Grundgestalten in erster Linie ähnliche Funktionen erfüllt, wie sie früher die Tonalität ausgeübt hatte. Ein Koordinatensystem ist gewissermaßen mit ihnen geschaffen, auf welches alle melodischen und harmonischen Ereignisse bezogen werden können. Das erleichtert die Faßlichkeit der musikalischen Gedanken — oder ermöglicht sie vielleicht erst. Die thematische Bedeutung der Grundmotive spielt daneben eine untergeordnete Rolle und kann auch, wie in dem Sonett der Serenade und in manchen Sätzen der Suite, ganz verschwinden.

Welche der verschiedenen Typen von Grundgestalten sich für die Zukunft am fruchtbarsten erweisen und welche anderen noch gefunden werden, läßt sich nicht voraussehen. Vielleicht aber können wir doch aus unseren Beobachtungen irgendeinen Schluß darauf ziehen, nach welchen Gesichtspunkten die Aufstellung neuer Formtypen erfolgen könnte. Rekapitulieren wir also.

Die Durchführung der Grundgestalten kann in einem strengen oder freieren Stil stattfinden. Im strengen kommen alle Töne nur als Bestandteile von jenen vor; wenn einzelne Töne „motivfremd" sind, erhalten sie auch sozusagen motivische Bedeutung (z. B. im Variationensatz der Serenade: h und a). Zum „freien Stil" gehört die Mehrzahl der Serenadensätze. Die bekannten Umbildungen der Grundmotive gibt es auch hier, daneben aber freiere Variationen und Stimmen. Bei jenen Sätzen, die im strengen Stil geschrieben sind, finden wir nun folgende Fälle:

I. Das Stück hat eine oder mehrere Grundgestalten.

II. Die Grundgestalt enthält genau alle 12 Töne oder weniger oder mehr.

III. Die Grundgestalt bleibt immer auf denselben Tönen (Walzer, Variationensatz, Sonett) oder wird auch transponiert
   a) auf eine bestimmte Stufe (Suite),
   b) auf beliebige Stufen (3. Klavierstück).

Für die Versetzung auf andere Stufen sind zwei formale Gründe maßgebend: das Gewinnen fehlender Töne und das Bedürfnis nach Abwechslung. Der erste Grund folgt aus dem zweiten. Notwendig sind also Transpositionen vor allem bei tonarmen Motiven. Grundgestalten, welche aus einer längeren Tonreihe bestehen, werden in jeder Hinsicht weniger Veränderungen erfahren müssen als kurze. Dasselbe Bedürfnis — Abwechslung — ist auch erreicht, wenn mehrere kurze Motive vorkommen, anderseits ist deren Verwendungsmöglichkeit vielleicht sogar eine reichere, weil sie sich dem Ohr leichter einprägen, besser gemerkt werden. Die Anzahl der Grundgestalten und ihrer Töne ist also formal das Bestimmendste für das einzelne Stück. Auch in dieser Hinsicht haben jene Gesetzeskraft. Es wäre demnach ganz gut möglich, daß die Aufstellung neuer Formtypen auf der Basis „Anzahl der Grundgestalten und ihrer Töne" vor sich gehen würde. Vielleicht auch liegt hier die Wurzel unserer künftigen „Tonarten und Tongeschlechter".

Gegen die neuen Formprinzipien wird sicherlich ein Einwand erhoben werden: „das ist ja alles konstruiert". Gewiß, es ist konstruiert, aber nicht von der Theorie, sondern von der Praxis, nicht im Kopf, sondern in Tönen konstruiert. Zeigt uns doch ein Menschenwerk, das nicht konstruiert wäre! Oder meint man, daß die Fuge oder Sonatenform gewachsen sind wie die Lilien auf dem Felde? Daß Beethoven die neunte Symphonie „eingefallen" ist wie einem Feuilletonisten ein schlechter Witz? Schaut euch doch seine Skizzenbücher an! Der geniale Konstrukteur erfindet.

Der Einwand ist keiner. Aber eine andere Frage kann gestellt werden: sind die neuen Formprinzipien für die musikalische Erfindung keine Fessel? — Die bequemste Antwort wäre es, auf den Variationensatz der Serenade zu verweisen. Erfahrungsgemäß aber kommt man nicht weiter damit, wenn man einmal anfängt, von der Schönheit eines Kunstwerkes zu reden. — Gewiß, der Zwang der Form ist hart. Jeder Meister noch hat ihn gesprengt, um sich selbst — einen neuen zu schaffen. Die Anarchie, die seit der Auflösung der Tonalität in der musikalischen Form herrscht, erfordert einen um so härteren. Es ist vielleicht kein Unglück, wenn das Komponieren dann nicht mehr „so leicht" ist.

„Aber die Musik ist doch Ausdruck." Gewiß, unter vielem anderen ist sie auch das, aber nicht, weil sie es sein soll, sondern weil sie es sein muß, weil jede menschliche Äußerung Ausdruck ist. Aber Ausdruck dessen, der sich ausdrückt. Ausdrucksvoll sein wollen hilft nichts, man muß ausdrucksvoll sein. Dann kann man sogar ausdrucksvolle Fugen konstruieren (siehe Johann Sebastian Bach). Ausdruck — wohlgemerkt — ist Form. Und was man so gemeinhin in der Musik „ausdrucksvoll" nennt, ist jene Form, die in adäquater Weise einen tiefen Sinn wiedergibt. Ihn können wir nicht anders fassen denn als Ausdruck.

Die neuen Formprinzipien sind strenge Gesetze. Und doch lassen sie zahllose Kombinationen zu, welche der Phantasie des Komponisten freien Spielraum zur Betätigung gewähren. Die Beschränkung ist nur eine solche, die durch Einheitlichkeit der formalen Mittel Einheitlichkeit der Kunstwirkung erzielt. Die Form erfüllt nämlich zwei Funktionen: als Ausdruck und als Eindruck. Der musikalische Gedanke kann nur als Form dargestellt, ausgedrückt, aber auch nur als Form wahrgenommen werden, Eindruck machen. Gewiß ist jede Form Zwang, aber auch keine Freiheit gibt es ohne sie. Zwang und Freiheit, überall ist die Mischung von beiden notwendig, wo Organisches sich entwickeln soll.

Aus dem Sammelband „Von Neuer Musik", Köln 1925

IGOR STRAWINSKY

BRIEFFRAGMENT

. . . ich habe es stets und jedem gegenüber abgelehnt, mich
öffentlich über die Musik anderer wie auch über meine eigene
zu äußern. Ich übergehe die Frage der Musik anderer, die
uns im Augenblick nicht interessiert, und gebe Ihnen hier
die Gründe für meine Weigerung, über meine eigene Musik
zu sprechen.

Ich bin immer der Ansicht gewesen, daß es nur ein Mittel
gibt, durch das ein Komponist legalerweise sein Publikum
überzeugen sollte, nämlich seine Musik allein, und nicht etwa
seine Musik versehen mit Erklärungen, so nützlich diese ihm
auch erscheinen mögen; und wenn ihm das heute noch nicht
gelingt, so ist es doch nicht ausgeschlossen, daß er eines Tages
dorthin gelangen wird. Die Geschichte der Musik (wie der
Kunst überhaupt) liefert uns dafür sprechende Beweise. Ich
selbst habe öfters Gelegenheit gehabt, für meine eigenen
Werke das Zutreffende dieser Behauptung festzustellen. Ich
könnte hier z. B. an den nur allzu bekannten Fall „Sacre du
Printemps" erinnern. Es ist also, meine ich, unnötig, die
Zeit, die das Publikum braucht, um sich an eine neue Sprache,
an neue Ausdrucksmittel zu gewöhnen, gewaltsam verkürzen
zu wollen. Dieser Prozeß (die Gewöhnung), der sich voll-
ziehen muß im breiten Publikum, das Musik nie wirklich
aufnehmen wird, bevor sie ihm nicht zur Gewohnheit geworden ist (Ergebnis: keinerlei Frische des musikalischen
Eindrucks und die unvermeidliche Gefahr, an seine Stelle
wegen der Leere, die dieser Mangel des Eindrucks hinterläßt, moralische Normen zu setzen), dieser Prozeß, so wieder-
hole ich, könnte in keinem Fall durch Erklärungen, mit
denen man diese Musik für das Publikum schmackhaft
machen will, ersetzt werden. Man würde damit nichts

gewinnen, denn es ist unmöglich, das Ohr mit Hilfe eines Kommentars aufnahmefähiger zu machen. Solche Kommentare sind für den Hörer nicht nur kein Gewinn, sie würden sogar den Leuten, deren Gehör neuen Eindrücken aufgeschlossen ist, jeden direkten Zugang zu dieser Musik versperren. Voraussetzung ist, daß das Ohr bereit ist, ohne alle Gewöhnung oder Erklärung aufzunehmen, und nur dann wird der Erfolg fruchtbar sein . . .

Musikblätter des Anbruch 1920

ERINNERUNGEN

Die Kriegsnachrichten bewegten mich mehr, sie erregten mein patriotisches Gefühl, und ich war traurig, so fern meiner Heimat zu sein. Nur die Freude, die es mir machte, mich in die Lektüre der russischen Volkspoesie zu versenken, brachte mir damals hin und wieder Vergessen.

Diese Verse hatten etwas Verführerisches für mich, nicht so sehr durch den anekdotischen Inhalt, der häufig derb ist, auch nicht durch ihre Bilder oder ihre Metaphern, trotz der bezaubernden Frische, die diese haben, sondern vielmehr durch die Verknüpfung der Worte und Silben, die Kadenz, die dabei entsteht und die unsere Empfindung fast ebenso anrührt wie Musik. Denn ich bin der Ansicht, daß die Musik ihrem Wesen nach unfähig ist, irgend etwas „auszudrücken", was es auch sein möge: ein Gefühl, eine Haltung, einen psychologischen Zustand, ein Naturphänomen oder was sonst. Der „Ausdruck" ist nie eine immanente Eigenschaft der Musik gewesen, und auf keine Weise ist ihre Daseinsberechtigung vom „Ausdruck" abhängig. Wenn, wie es fast immer der Fall ist, die Musik etwas auszudrücken scheint, so ist dies Illusion und nicht Wirklichkeit. Es ist nichts als eine äußerliche Zutat, eine Eigenschaft, die wir der Musik leihen gemäß altem, stillschweigend übernommenem Herkommen, und mit der wir sie versehen wie mit einer Etikette, einer Formel — kurz, es ist ein Kleid, das wir aus Gewohnheit oder mangelnder Einsicht allmählich mit dem Wesen verwechseln, dem wir es übergezogen haben.

Die Musik ist der einzige Bereich, in dem der Mensch die Gegenwart realisiert. Durch die Unvollkommenheit unserer Natur unterliegen wir dem Ablauf der Zeit, den Kategorien der Zukunft und der Vergangenheit, ohne jemals die Gegenwart „wirklich" machen zu können, also die Zeit stillstehen zu lassen.

Das Phänomen der Musik ist uns zu dem einzigen Zweck gegeben, eine Ordnung zwischen den Dingen herzustellen, und hierbei vor allem eine Ordnung zu setzen zwischen dem Menschen und der Zeit. Um realisiert zu werden, erfordert diese Ordnung einzig und allein und mit gebieterischer Notwendigkeit eine Konstruktion. Wenn die Konstruktion vorhanden und die Ordnung erreicht ist, ist alles gesagt. Es wäre vergebens, dann noch etwas anderes zu suchen, etwas anderes zu erwarten. Und eben diese Konstruktion, diese erreichte Ordnung ist es, die uns auf eine ganz besondere Weise bewegt, auf eine Weise, die nichts gemein hat mit unseren üblichen Empfindungen, mit den Reaktionen, die die Eindrücke des täglichen Lebens hervorrufen. Man könnte die Empfindung, die die Musik weckt, am besten umschreiben, wenn man sie jener gleichsetzt, die in uns entsteht, wenn wir das Spiel architektonischer Formen betrachten. Goethe wußte das, als er die Architektur eine verstummte Tonkunst nannte.

Aus „Erinnerungen", Atlantis-Verlag 1937

DAS VERHÄLTNIS ZUM HEUTIGEN MUSIKSCHAFFEN

I

Wer einen neun Meter entfernten Gegenstand im Februar um vier Uhr nachmittags photographiert, stellt die Kamera nicht ein, als wolle er einen drei Meter entfernten Gegenstand im Mai um ein Uhr mittags aufnehmen. Die dem Objekt nicht angepaßte Einstellung ergäbe ein entstelltes Bild.

Mit ihrer dem Gewohnten angepaßten Einstellung machten sich die Zeitgenossen lange ein entstelltes Bild von der neueren Entwicklung der Musik. Heute merkt man zuweilen, daß die Musikwelt im ganzen ein Stück weiter gekommen ist seit der Revolutionszeit, in der noch alle Schlagworte durcheinander wirbelten. „Revolutionär": für den Hüter des bürgerlichen Traditionskomplexes das Licht eines Unsterns, dessen Spektrum sich aus Bolschewismus, Futurismus, Kakophonie, Freier Liebe, Atonalität, Betriebsrat und Linearem Kontrapunkt zusammensetzte. Auf der sogenannten linken Seite der Kunst gab es hinwiederum ein gewisses dilettantisches (d. h. von künstlerischem Verantwortungsgefühl freies) Mitläufertum, das einzelne neuere Gesichtspunkte zu Schlagworten degradierte und deren einseitige Nutzanwendung an die Stelle ausbalancierter Gestaltung setzte. Konnte das Durcheinander von Echt und Unecht den unvorbereiteten Ohrenzeugen anfangs beirren, auf die Dauer hat es der Würdigung der neuen Musik nicht ernstlich geschadet: heute hat sie das Cachet des Bürgerschrecks abgestreift, sie wird von den Ausübenden nicht mehr gemieden.

Als Scherchen 1919 in Berlin die Konzerte der „Neuen

Musikgesellschaft" und 1920 die Zeitschrift „Melos" ins
Leben rief, bedeutete das noch ein Schwimmen gegen den
Strom. Im Spätherbst 1918, als ich dem aus Rußland Zurück-
gekehrten zuerst begegnete und ihn auch mit Erdmann bekannt machte, in jener Zeit begann, von einem kleinen Kreise
Berliner Musiker und idealistischer Musikfreunde aus, dem
es Herzenssache war, der nachdrückliche, dauernde Werbe-
dienst für die ihrer Art und Gesinnung nach von der herrschenden abweichende, noch aufstrebende, selbst in ihren
milderen Übergangsformen noch revolutionär wirkende
Musik. Scherchen führte Schönberg und andere wieder und
wieder auf, Erdmann desgleichen. Der Stein kam ins Rollen;
es folgten weitere Ausstrahlungen der gleichen Idee, die
immer mehr an Boden gewann. Von dem fortschrittlichen
Willen der Berliner Hauptversammlung des „Allgemeinen
Deutschen Musikvereins" 1919 wurden Prof. Dr. Schünemann und ich in den Musikausschuß gewählt: auf dem
nächsten Tonkünstlerfest, Weimar 1920, kamen Schönberg
(Fünf Orchesterstücke) und Erdmann heraus, auf dem Tonkünstlerfest zu Nürnberg im Juni 1921 Křenek. Danach,
ebenfalls noch 1921, begann die Pflege neuer Kammermusik
in Donaueschingen, 1922 reiften die Salzburger Pläne internationaler Feste neuer Musik. Auch abgesehen von den
Sammelzentren des Neuen: es wächst die Zahl der Künstler
von Qualität, denen die Aufführung nachschönbergischer
Musik Überzeugungssache ist.
Nun sollten auch Kenntnis und Verständnis schon ein wenig
stabil und stichhaltig geworden sein, müßte man aus der
günstigen äußeren Lage folgern? So schnell wachsen die
Bäume der Komponisten nicht in den Himmel der Zeitgenossen. Gewisse Fehler der Betrachtungsweise kehren
regelmäßig wieder. Der Komponist findet das zunächst begreiflich und gewöhnt sich eine Gleichgültigkeit gegen das
Echo seines Schaffens an, die zur Ungerechtigkeit gegen die
Zeitgenossen wird. Viele Menschen, die einer Sache noch

unsicher und ratlos gegenüberstehen, würden ihr wohl näherkommen wollen und können, wofern man ihnen gewisse Hemmungen in ihrer Betrachtungsweise aufzeigt und entkräftet. Irrende gibt es auf beiden Seiten: Gegner mit mangelhafter Information und Anhänger mit überspitzten Tendenzen. Auf beiden Seiten sprechen, vielfach, auch außerfachliche Imponderabilien mit, die den Blick trüben; meist politischer Art. Was vor fünf Jahren der sagenhafte Musikbolschewismus war, ist heute die Frage „national oder international" — eine schädigende, unproduktive Voreingenommenheit, die dem Künstler, in dem alles ohne Voreingenommenheit nur von selbst wachsen kann, nichts zu bedeuten vermag. Wer der neuen Musik fremd gegenübersteht, lehnt sie nicht selten ab mit der Begründung, sie sei undeutsch. (Da verschiedene an der vielerorts vor sich gehenden Entwicklung beteiligt sind.) Wer die neue Entwicklung bejaht, wird finden, diese Ablehnung als undeutsch sei ein schlechter Dienst für die deutsche Sache, und jemand sei ein ungeschickter Sachwalter der Deutschen, der das Verdienst allein den anderen zuschanzt. Wenn ein solcher Zeitgenosse die ihm unsympathischen neueren eigenen Wege eines deutschen Komponisten ablehnt mit der Motivierung, hier läge jüngste internationale Beeinflussung vor — die tatsächlich bei der Entstehung des Werkes zeitlich noch gar nicht bestanden haben kann —, so fehlt auch die humoristische Pointe nicht.

Seine außersachlichen Anhänger liebt der Komponist weniger als seine Gegner, denn es gibt, wie Oscar Wilde sagt, keine perfidere Art, einer Sache zu schaden, als indem man sie mit fehlerhaften Gründen verteidigt. Ich meine jene, die, ohne Sinn für technische Qualität und geistiges Format, das Neue oder Fremde nur als Sensation, als Dernier cri suchen und gern für eine fesselnde Leistung halten, auch wenn es innerhalb seines Kulturkreises konventionelle Durchschnittsware ist; jene Kunstjünger, deren Komponistenehrgeiz in der Ab-

lehnung alles Dagewesenen und in der Anbetung der Vokabel „Radikalismus" sich auswirkt, und deren Geschmacks-
urteil die Abwesenheit gestaltender Kraft als Originalität
interpretiert. — Die durch Überangebot des Musikbetriebs
wohl erklärbare, doch darum nicht erfreulichere Blasiertheit
ist der Nährboden der äußerlichen Uraufführungsbeflissen-
heit, die ein ungeeignetes Surrogat, ja ein Hindernis leben-
diger neuer musikalischer Kulturgemeinschaft ist. Das Verhältnis der Zeitgenossen zu neuer Musik kann über den Zustand oberflächlicher Neugier nicht hinauskommen, wenn sie
sich daran gewöhnen, ein Werk nur einmal und nicht wieder
zu hören, und wenn konzertierenden Künstlern der äußere
Anblick der Vokabel „Uraufführung" auf ihrem Konzert-
programm (aus Rücksicht auf die Presse) zuweilen wichtiger
ist als die Sache. Der Presse, die früher durch hartnäckige
Forderung neuer Werke die Stagnation des Musiklebens
wirksam bekämpft hat, winkt hier eine neue Aufgabe: dieser
äußeren Rücksichtnahme entgegenzuwirken in Wort und
auch in Tat, d. h. den Besuch eines Konzerts nicht von der
Ankündigung einer Uraufführung abhängig zu machen.
Die Musikwelt wie auch der Komponist selbst haben ein
Interesse daran, daß der erste Taufakt sich in besonders ge-
eignetem Rahmen, vor dem entsprechenden Hörerkreis voll-
ziehe und daß das stetige Konzertleben der weiteren Annäherung und Vertiefung des Verhältnisses der Hörer zu den
neueren Werken der Tonkunst diene.

2

Wenn jemand zur heutigen Musik aus mangelnder Information nicht das richtige Verhältnis hat, kann man von ihm
nicht erwarten, daß er sich zu ihr bekenne. Ich höre den Einwurf: „Information? Kunstgenuß darf nicht von Anleitungen
abhängig sein." Gut; für den Unbefangenen, Voraussetzungslosen — den es nicht gibt. Kunstgenuß ist in Wirklichkeit

meist von der Anleitung der letzten Gewohnheit abhängig; in der Ausschaltung dieser Abhängigkeit besteht das Wesentliche der „Information". Wer in dem ihm Unüberschaubaren — was nicht verwunderlich — Gut und Schlecht nicht unterscheidet, sieht vages Tasten auch dort, wo technische Qualität vorliegt, und nennt unsere Zeit unfruchtbar. Er wirft der heutigen Musik etwa vor, daß sie nur scheußliche Akkordgebilde ersinne und die Melodie als veraltet über Bord geworfen habe; während sie in Wirklichkeit eher umgekehrt vorgeht. Das wohl jedem musikalischen Zeitgenossen eigene Unterscheidungsvermögen für ältere Werke verschiedener Perioden sollte ihm für seinen heutigen Umblick die Nutzanwendung nahelegen, daß veränderte Technik vom Betrachter einen veränderten Blick verlangt.

Daß die Herrschaft der Harmonik — die ihre im voraus getroffenen Dispositionen der Linienführung nur quasi zur Exekutive überwies — als konstruktives Prinzip allmählich ausgeschaltet wurde, um der primären Aktivität und vorurteilslosen Eigenbewegung der Stimmen Platz zu machen, ist nicht willkürliches, bewußtes Zurückgreifen auf vorklassische Stile. Als ein natürlicher, notwendiger hat sich dieser Weg dadurch erwiesen, daß er von einer Anzahl heute lebender Komponisten, instinktiv und seiner Konsequenzen noch unbewußt, betreten und unbeirrt weitergeschritten wurde. Die allmählich zunehmende Durchlöcherung, Unterhöhlung, Zerrüttung der Harmonik durch unbotmäßige Einzelstimmen läßt sich bei ihnen fortschreitend verfolgen. Schönbergs vielleicht einzigartig konzentrierte Entwicklungsenergie, durch Ausschaltung der Musizierfreude erkauft, hat extraktmäßig knapp den konsequenten Weg zur Krisis geführt. Solange am Begriff des vom Dreiklangsystem aus verstandenen alterierten Tones und an der modulatorischen Kadenzierung festgehalten wurde, entwickelte sich durch das Differenzierungsbedürfnis jene bis zur Grenze harmoniemäßiger Auffaßbarkeit gesteigerte Häufung und

Ineinanderpressung von Modulation und Alteration, jene
Hypertrophie des Vertikalen, deren Fortsetzung ins gleichsam Mikroskopische geführt hätte, und die somit einen be-
freienden Durchbruch geradezu automatisch erzwang: die
Aufhebung der alten, nicht mehr lebensfähigen, durch unablässige Differenzierung kraftlos gewordenen Vertikal-Orien-
tierung. Man greift zunächst zum Gegensatz: die horizontalen Kurven leben sich aus mit einer von vertikalen Hemmungen unbelasteten Triebkraft; der Träger des harmonisch-
vertikalen Baugerüsts, der Baß, verliert seine patriarcha-
lischen Fundamentsrechte; die harmonischen Füllstimmen
werden überflüssig; der linear-heterophone Stil macht nicht
mehr Schritt für Schritt Station auf einem neuen harmonischen Zentrum und gewinnt aus dieser Befreiung vom
Kothurn unablässigen Kadenzierens jene neubelebende Triebkraft, die, außertechnisch und außertheoretisch betrachtet,
unmittelbar als Ausdruck neuen Lebensgefühls empfunden
werden darf. Eine neue, junge, idealistische Lauterkeit ist am
Werke und dokumentiert sich in dem, was sie tut, wie in dem,
was sie unterläßt: von quantitativer Überladung, Über-
sättigung, Überreife und von einer vielfach in ihrem Farben-
reichtum erstickten, kraftlosen Linienführung und rhythmischer Untätigkeit fort zu reinlicher Mehrstimmigkeit neuer
kraftvoller Linien, der vielfach auch Studien neuer Ein-
stimmigkeit vorausgingen.

Hier könnte ein Mißverständnis aufkommen: als ob Ausschaltung des Harmonie-Bauprinzips gleichbedeutend wäre
mit Ausschaltung des Harmoniegefühls; das wäre un-
lebendige Abstraktion. Bereits das erste Intervall, mit dem
die zweite Stimme der ersten gegenübertritt, ist nicht Zufall,
Willkür oder beliebig zu verschieben; es ist unwillkürliche
Ausstrahlung eines latenten Harmoniegefühls im weitesten
Sinne, eines Intervall-Spannungsgefühls, wie auch bereits der
melodische Schritt der Einzelstimme. Daß der für den Total-
eindruck nicht wegzudenkende vertikale Zusammenklang zu-

gleich mit seiner funktionellen Vorherrschaft und materiellen Engbegrenztheit auch seine sozusagen körperliche Realität für das sinnliche und geistige Ohr einbüßen könnte, ist eine unhaltbare Interpretation des Wortes „linear" — das eben hierdurch zum unhaltbaren Schlagwort wird. Wenn der Komponist „zufällig" vier Stimmen zu dem Vertikalschnitt h es' as' d" geführt hat, wird sein Harmoniegefühl sich dagegen sträuben, es durch e zu ersetzen oder as durch a oder g, weil er hier gerade diese Intervallspannung braucht. Dieses Müssen, das ich als Harmoniegefühl bezeichnet habe, widerlegt die Zufallstheorie. (Zufallsschnitte im Durchgang sind älteren Datums.) Es wird mit der Zufallstheorie in der Kunst wohl ebenso bestellt sein wie im Leben: Zufall nennen wir dasjenige, dessen Gesetzmäßigkeit uns noch unbekannt ist. Auch der Umstand, daß selbst in grundsätzlich atonalen Werken hier und · dort eine Art Tonzentrum, eine Art Repercussa, ein Gefühl des Auflösens in eine letzte Einheit unverkennbar ist (was, als Folge der Schattierungs- und Abstufungs-Notwendigkeit, der natürlichen Abwandlung des Materials entspricht), erlaubt die Folgerung, daß ein neuer Theoretiker der Zukunft die neue wissenschaftliche Grundlegung des Tonreichs schreiben müsse, die sich jedes anmaßenden Knebelungsversuches enthält, und vor deren umfassender Blickweite die Schlagworte unserer Zeit „tonal" und „atonal" als eingleisiger Eigensinn erscheinen werden[1].

3

Als ich vor etwa dreizehn Jahren mit dem Musikleben und den Meinungen anderer Fühlung zu nehmen begann, regte sich in mir instinktiv eine partielle Opposition gegen den

[1] Als ich diesen Gedanken einer neuen, bisher noch nicht stichhaltig versuchten tonlichen Weltordnung, in der Teile der alten nur einen kleinen Innenkreis bilden, im Februar 1920 im ersten Heft des ersten Melos-Jahrgangs andeutete, wurde er mißverstanden.

neuromantischen Zeitgeist, in dem ich wurzelte. Das musikalische Schaffen, in seinem Totalquerschnitt, schien mir zu
einseitig als Dienerin des Stofflichen, der Inhaltsmitteilung,
des Ausdrückenwollens, der seelischen Tagebuch-Offenbarung
sich zu gebärden. Nicht als ob mir diese Bedürfnisse fremd
wären. Doch das neudeutsche Schlagwort vom „formbildenden Inhalt" schien mir über seine legitime Geltung
hinaus dahin mißdeutet zu werden, daß ein poetischer Inhalt,
wofern er nur zum Ausdruck komme, das Unterlassen musikalischen Bauens rechtfertige. Das Positive sah ich in der
Ausdrucksbereicherung und geistigen Neubelebung der in
formalistischer Epigonenschablone zu erstarren drohenden
Tonkunst; das Negative in der Vernachlässigung einer
wesentlichen Aufgabe des Schaffenden: der organischen
Material-Arbeit, deren Sublimierung erst die Eigenvoll-
kommenheit des Musikorganismus begründet und das Werk
gleichsam als einen selbständigen, freischwebenden Welt-
körper in eine göttliche Sphäre hebt. Mit einem Wort: der
Gedanke einer neuen Klassik beschäftigte mich. (Noch etwas
zu früh, wie die Entwicklung zeigt: noch war das Gewinnen
neuer Mittel mitten im Gange, das wir vielleicht heute als
einstweilen abgeschlossen betrachten können.) Ich schrieb
1913 in einem Aufsatze: „Die Zeit, als man noch ernsthaft
diskutieren konnte, ob Kunst Form oder Ausdruck sei, muß
vorüber sein. Wenn wir die Forderung einer musikorganisch-
notwendigen Form erheben, die ihre Bedingungen in sich
selbst trägt und sich nicht darauf beschränkt, Reproduktion
eines natürlichen oder psychischen Vorgangs zu sein, so ist
hier unter Form auch nicht eine äußere Form suggestiven
Arrangements zu verstehen, sondern eine innere Form: die
in sich selbst beruhende Form des musikalischen Organismus."
Wer heute, ein Dezennium später, den musikalischen Zeitgeist prüft, käme nicht in Versuchung, ähnliche Bedenken
und Wünsche in die vorderste Reihe zu stellen. Was mir da-

mals als Erfordernis erschien, wird heute durchaus betont, stellenweise sogar einseitig überspitzt. Die heutige Zeit-Gesinnung, der vorangehenden entgegengesetzt, ist anti-romantisch, auf die spezifische Qualität einer neuen komposi-torischen Technik hinzielend. Die psychologistisch-stoffliche Kunstanschauung war von der Frage ausgegangen: was will ich ausdrücken? und hatte zu fortgesetzter Vermehrung und Differenzierung der Mittel geführt, dann aber auch die Über-schätzung des Mittels an sich, die Anbetung der Quantität und des Komforts nach sich gezogen. Demgegenüber hat heute das Absolute, die Gestaltung und Eigenform der Ton-sprache, ihre Rechte wieder mit Nachdruck geltend gemacht, was sich z. B. in der ostentativen Pflege des reinen, ein-farbigen, völlig unsensationellen, lauteren Kammermusik-satzes kundgibt — um nur ein Symptom zu nennen, das selbstverständlich nur ein (erfreuliches) Symptom, nicht ein-seitiges Ziel ist.

Die Nachteile, die dem musikalischen Gestalten durch ein einseitiges Interesse an der Stimmungs- und Erlebnis-Mit-teilung, durch ein Nachzeichnen eindeutig-ablesbarer Aus-drucks-Vorlagen erwachsen, sind erkannt und außer Kraft ge-setzt; eher besteht stellenweise die entgegengesetzte Gefahr einer mit seelischer Indifferenz gepaarten kompositions-technischen Fachsimpelei. (Natürlich nicht erst heute; jeder-zeit wirken sich alle Eigenschaften des Geistes aus, teils stärker, teils schwächer. Heute wird es jedoch zuweilen pro-grammatisch betont.) Sprach man einige Zeit vorher nie von Technik, nur vom „Inhalt", und sah die Musik als Dol-metscherin von Naturhaftem (Geschautem, Gefühltem) — so wird man heute übermäßig zünftig, hält das Technische allein für der Rede wert und verdächtigt außerfachliche In-spiration oder dichterischen Geist. Charakteristisch für unsere Zeit, wenn auch hier im Einzelfall durch besondere Gründe gerechtfertigt, ist es, daß ein Komponist einer ausgezeich-neten mehrstimmigen Vokalkomposition nicht ein Gedicht

zugrunde legt, sondern eine Kombination einiger kurzer
inhaltloser Silben, die sich in fortgesetzter Abwechslung
wiederholen. Dies ist das Gegenstück zu dem lange ge-
pflegten Brauch, im Liede oder in der Oper: die Musik auf
den Ausdruck einzelner Worte, nein Wörter, anzulegen und
statt musikalischen Entwickelns eine Art gehobenen Rezi-
tativs zu geben; eine Methode weniger der Inspiration als der
Vernunft, doch unvernünftig genug, den musikalischen Genuß erst zu einer sekundären Folgeerscheinung eines in erster
Linie wichtigen minuziösen Textverständnisses zu machen.
Aus Protest gegen diese Selbsterniedrigung der Musik fordern einige Musiker, die Musik solle die Dichtung brüs-
kieren, etwa einen lebhaften dramatischen Vorgang mit
langsamer Musik begleiten, um sich selbst treu zu bleiben
und nicht Äußerlich-Rationalistisches an Stelle innerlicher
Inspiration zu setzen. Um seines Kornes Wahrheit willen ist
die Überspitzung dieses Gedankens bedauerlich, da eine so
programmatisch-bewußte Anschauung mit Inspiration wenig
zu tun hat und meist nur ein vor das Natürliche ganz verstandesmäßig hingesetztes negatives Vorzeichen ist. Auch
die Tatsache, daß eindeutige Ausdrucksabsicht den im Banne
eines „Inhalts" stehenden Komponisten leicht auf konventionelle (der Verständlichkeit entgegenkommende) Ausdrucksweise hinsteuern lasse, wird dahin verkehrt, daß
schlechthin seelischer Ausdruck, Gefühlsgehalt der Musik
nur auf Konvention beruhe.

Daß Überbetontes später unterschätzt werden muß, wie auch
umgekehrt, ist eine Binsenwahrheit, das physikalische
Pendelgesetz im Geistigen. Da die historische Entwicklung
von einem Extrem ins andere umschlägt, könnte sich den
Zentralpunkt des künstlerischen Schaffens jeder, dem sein
Instinkt ihn nicht eingibt, mühelos ableiten. Doch das
scheint leichter gesagt als getan. Tatsächlich bleiben die
Menschen (offenbar aus Prädisposition zum Aberglauben)
stets geneigt, einseitig an ein einziges Allheilmittel zu glauben,

um bei dessen notwendigem Versagen nicht ihre eigenen Scheuklappen dafür verantwortlich zu machen, sondern das überschätzte Mittel empört von sich zu weisen (selbst als legitime Komponente) und nun die entgegengesetzte Einseitigkeit zu propagieren; so kommen sie vom Irrtum nicht zur Wahrheit, sondern zum entgegengesetzten Irrtum.

Als mir vor Jahren in der Romantik eine Gefahr zu liegen schien — Unfreiheit und Sentimentalität gegenüber dem Stoff als Gestaltungshindernis —, habe ich mich in diesem Sinne ausgesprochen; heute, da man auch ihren positiven Eigenschaften bereits unrecht tut, möchte ich sie eher in Schutz nehmen. Die Neigung des Menschen, eines nicht ohne Lästerung des anderen zu loben (vielleicht um das durch das Lob verminderte Selbstgefühl wieder auszubalancieren), geht parallel der leidigen Konfrontierungs- und Rubrizierungs-Sucht. Wer auf Eindrücke mit begrifflicher Rubrizierung reagiert und lebendige, aus vielen Komponenten bestehende Organismen als Begriffe behandelt, kommt dazu, aus äußerlichen Merkmalen unhaltbare Qualitätsurteile abzuleiten und graduelle Abstufung in prinzipielle Gegensätze umzufälschen.

Die Überwindung des Stofflichen möge nicht auf der anderen Seite in lieblose Geringschätzung überschlagen; artistisches Spiel der Technik, sublimes Vergnügen des souveränen Geistes — es sind nur einzelne Provinzen im Reiche der Kunst. Ist aber alles Zeugen nicht zuerst Liebe, Andacht und Überschwang, Schöpferdrang, Urgefühl, Naturwunder?

Kunst beschreibt nicht die sie nährenden Lebens-Impulse; sie verzehrt sie im Gestalten eines auf sich gestellten, eigenwüchsigen Formgebildes. Der Baum im Walde ist nicht ein Abbild der ihn nährenden Säfte; aber diese Säfte, die ihn zu seiner Form emportreiben, sind darum nicht minder wesentlich. Die Impulse des Schaffens — nicht die äußeren Anlässe, sondern die latenten seelischen Säfte und Kräfte — sind uns nicht etwa stets, sondern nur in seltenen Fällen als konkrete

Empfindungen bewußt; das mindert nicht ihre Wirksamkeit. Bereits der abstrakte Antrieb, diese oder jene Form zu gestalten, ist zugleich Äußerung einer gewissen geistig-seelischen Spannung. Was uns im Schaffen bewußt wird, ist nur ein Bruchteil eines großen Gesamtkomplexes, nicht bei allen der gleiche, und oft gar nicht der persönlich schwerstwiegende. Wenn heute jemand aus der Triebkraft musikalischer Keime absichtslos eine abstrakte Form gestalten will und glaubt, daß diese nun auch keinen anderen Wert darstelle als den kunsttechnischen, so wäre dieser falsche Stolz ein trostloses Eingeständnis, ist aber gottlob Selbsttäuschung. Den wie auch immer intendierten Werken des Künstlers entströmt implizite, auch ohne sein Wissen und Zutun, wie durch einen wundersamen chemischen Prozeß, sein Lebensgefühl, seine Seele, sein Temperament, seine Erotik, sein Charakter, sein Geist, und ist für das geistige Format des Künstlers wie für das künstlerische Erlebnis des Genießenden wesentlich und mitentscheidend. Wo freilich ein Seelisch-Geistiges, eine Ausdrucksabsicht im Detail hervortreten will, schwächt sie die Ganzheit und ihre Ausdruckskraft in dem Augenblick, da sie den technischen Organismus stört. Nicht teelöffelweise, nicht sentimental (d. h. in Empfindungen kleinen Formats) ist ein Werk als Seelenausdruck, als Geistiges zu schaffen, zu empfangen, zu deuten; sondern in seiner organischen Totalität. Eindeutiger Ausdruck im kleinen bleibt endlich und rational; ihre Tiefe und Größe enthüllt die Kunst ganz erst dem, der ihren Geist als ein Unendliches und Irrationales zu verehren vermag.

„Melos", Zeitschrift für Musik 1924

BÉLA BARTÓK
4. Satz der Suite opus 14

BÉLA BARTÓK
Bulgarischer Rhythmus aus Mikrokosmos Band IV, Nr. 113

404

[1 min.]

FERRUCCIO BUSONI
Schluß der „Sonatina Seconda"

Die Versetzungszeichen gelten nur für die Note, vor der sie stehen.

Der Abdruck erfolgt mit Genehmigung der Firma Breitkopf & Härtel in Wiesbaden

JOSEF MATTHIAS HAUER
Nr. 10 aus „Atonale Musik" Band II

Die Versetzungszeichen gelten nur für die Note, vor der sie stehen.

Mit Genehmigung des Musikverlags Robert Lienau, Berlin-Lichterfelde, aufgenommen aus Josef Matthias Hauer, Atonale Musik, Band II

PAUL HINDEMITH
„Nachtstück" aus der Klaviersuite opus 26

Mit Genehmigung des Verlags B. Schrott's Söhne, Mainz

PAUL HINDEMITH
„Stillung Mariä mit dem Auferstandenen"
aus dem Marienleben (Rilke)

412

Mit Genehmigung des Verlags B. Schott's Söhne, Mainz

DARIUS MILHAUD
„Les Crocus" aus Catalogue de Fleurs

414

ERIK SATIE
„Seul à la maison" aus Véritables Préludes Flasques (pour un Chien)

17 Août 1912

Publié avec l'autorisation des Éditions Max Eschig, Paris
Editeurs-Propriétaires de l'œuvre

ARNOLD SCHÖNBERG

Fragment aus „Erwartung" (Marie Pappenheim)

Mit Genehmigung der Universal-Edition AG., Wien

ARNOLD SCHÖNBERG
Nr. 6 der „Klavierstücke opus 19"

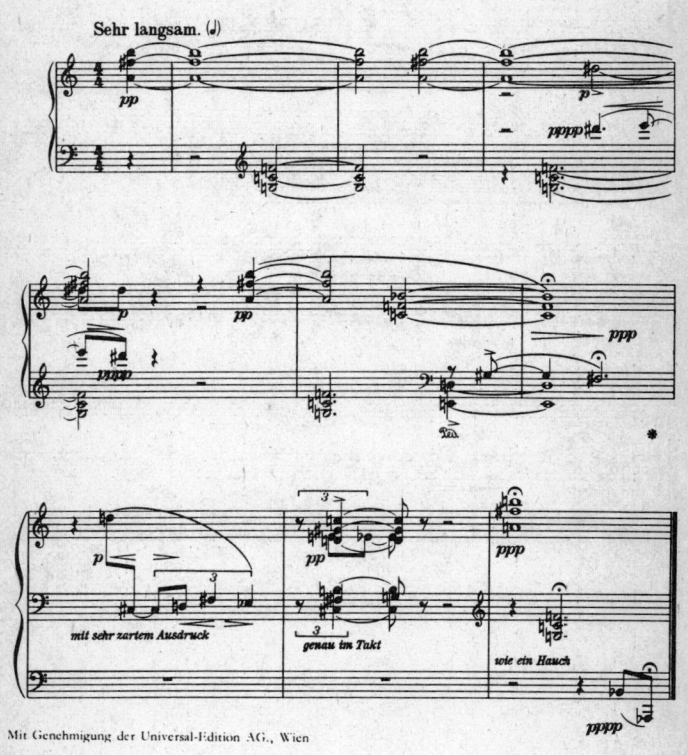

Mit Genehmigung der Universal-Edition AG., Wien

ARNOLD SCHÖNBERG
„Tot" aus 3 Lieder für tiefe Stimme
(Jakob Haringer)

420

Mit Genehmigung von Bomart Music Publications Long Island City, N. Y.

IGOR STRAWINSKY
„L'Oncle Armand" aus Pribaoutki Nr. 1

422

IGOR STRAWINSKY
Sonate pour piano (1924), Einleitung des II. Satzes

424

LITERATURNACHWEIS
(Auswahl)

ZEITSCHRIFTEN

Anbruch, Musikblätter des. Wien 1919—1938
Der Auftakt. Herausgeber Dr. Erich Steinhard. Prag 1920—1939
Die Musik, Berlin 1901—1933 (dann unbrauchbar)
La Rassegna Musicale. Herausgeber Guido M. Gatti. Turin und Rom seit 1920
La Revue Musicale. Gegründet 1920 von Henri Prunières, Paris
Melos. Gegründet 1920 von Hermann Scherchen, jetziger Herausgeber Dr. Heinrich Strobel. (Von 1934—1947 nicht erschienen)
Modern Music. Herausgeber Minna Ledermann. New York 1925—1947
Stimmen. Herausgeber H. H. Stuckenschmidt und Josef Rufer. Berlin 1947—1950
The Chesterian, London seit 1919

ANTHOLOGIEN UND LEXIKA

Baker's Biographical Dictionary of Musicians. Fourth Edition, revised and enlarged. New York 1940
Blaue Reiter, Der. München 1912
Music Today, Journal of the International Society for Contemporary Music, edited by Rollo H. Myers. London 1949
Neue Musik, 25 Jahre. Jahrbuch 1926 der Universal-Edition. Herausgegeben von Hans Heisheimer und Paul Stefan. Wien 1926
Riemanns Musiklexikon, Hugo. Elfte Auflage, bearbeitet von Alfred Einstein. Berlin 1929
Schönberg, Arnold. (Beiträge von Alban Berg, Paris v. Gütersloh, Karl Horwitz, Heinrich Jalowetz, Wassilij Kandinsky, Paul Königer, Karl Linke, Robert Neumann, Erwin Stein, Anton v. Webern, Egon Wellesz.) München 1912
Slonimsky, Nicolas. Music since 1900. Third Edition, revised and enlarged. New York 1949
The International Cyclopedia of Music and Musicians. Edited by Oscar Thompson. New York 1939
Von neuer Musik. Beiträge zur Erkenntnis der neuzeitlichen Tonkunst. Köln 1925

SCHRIFTEN ZUR NEUEN MUSIK

Theodor W. Adorno, Philosophie der neuen Musik. Tübingen 1949

A. L. Bacharach, British Music of our Time. Harmondsworth Middlesex 1946

Paul Bekker, Kritische Zeitbilder. Berlin 1921

Paul Bekker, Neue Musik. Stuttgart und Berlin 1923

André Coeuroy, Panorama de la Musique Contemporaine. Paris 1928

Aaron Copland, Unsere neue Musik. München 1947

René Dumesnil, La Musique Contemporaine en France. Paris 1949

David Ewen, The Book of Modern Composers. New York 1943

Karoline Kallenbach-Greller, Die geistigen und tonalen Grundlagen der Musik. Leipzig 1930

Ernst Křenek, Music here and now. New York 1939

Ernst Křenek, Selbstdarstellung. Zürich 1950

Hans Mersmann, Die moderne Musik seit der Romantik (in: Handbuch der Musikwissenschaft, herausgegeben von Dr. Ernst Bücken). Wildpark-Potsdam 1927

Paul Stefan, Neue Musik und Wien. Leipzig-Wien-Zürich 1921

Virgil Thomson, Musikgeschehen in Amerika. München-Berlin 1949

Adolf Weißmann, Die Musik in der Weltkrise. Stuttgart und Berlin 1922

Adolf Weißmann, Die Entgötterung der Musik. Stuttgart und Leipzig und Berlin 1928

Kurt Westphal, Die moderne Musik. Leipzig 1928

Karl H. Wörner, Musik der Gegenwart. Mainz 1949

MONOGRAPHIEN ÜBER DIE KOMPONISTEN

Werner Danckert, Claude Debussy. Berlin 1950

Edward J. Dent, Ferruccio Busoni. London 1933

Herbert Fleischer, Strawinsky. Berlin 1931

Rudolf St. Hoffmann, Franz Schreker. Leipzig-Wien-Zürich 1921

Minna Ledermann (Editor), Strawinsky in the Theatre (with an Introduction by Minna Ledermann). New York 1949

René Leibowitz, Schoenberg et son Ecole. Paris 1947

I. Martynow, Dimitrij Schostakowitsch. Berlin 1947

Serge Moreux, Béla Bartók. Zürich 1950

Daniel Muller, Leoš Janáček. Paris 1930

Dika Newlin, Bruckner-Mahler-Schoenberg. New York 1947

Edwin v. d. Nüll, Béla Bartók. Halle 1930

Gisella Selden-Goth, Ferruccio Busoni. Leipzig-Wien-Zürich 1922
Heinrich Strobel, Paul Hindemith. Dritte Auflage. Mainz 1948
Heinrich Strobel, Claude Debussy. Zürich 1940
H. H. Stuckenschmidt, Arnold Schönberg. Zürich 1951
Pierre-Daniel Templier, Erik Satie. Paris 1932

MANIFESTE, BRIEFE UND MEMOIREN

George Antheil, Bad Boy of Music. New York 1945
Ferruccio Busoni, Briefe an seine Frau. Erlenbach-Zürich-Leipzig
1935
Jean Cocteau, Le Coq et l'Arlequin. Paris 1918
Jean Cocteau, Le Rappel à l'Ordre. Paris 1926
H. W. Heinsheimer, Menagerie in F sharp. New York 1947
Oscar Levant, A Smattering of Ignorance. New York 1940

SCHRIFTEN DER KOMPONISTEN

Ferruccio Busoni, Entwurf einer neuen Ästhetik der Tonkunst.
Leipzig 1906
Ferruccio Busoni, Von der Einheit der Musik. Berlin 1923
Claude Debussy, Musik und Musiker. Potsdam 1948
Arnold Schönberg, Style and Idea. New York 1950
Igor Strawinsky, Chronique de ma Vie. Paris 1935
Igor Strawinsky, Musikalische Poetik. Mainz 1949
Leon Vallas, Achille Claude Debussy. Wildpark-Potsdam 1949
Eric Walter White, Strawinsky. Hamburg 1949
Egon Wellesz, Arnold Schönberg. Leipzig-Wien-Zürich 1921

SCHRIFTEN ZUR THEORIE DER MUSIK

Herbert Eimert, Lehrbuch der Zwölftontechnik. Wiesbaden 1950
Josef Hauer, Vom Wesen des Musikalischen. Ein Lehrbuch der
atonalen Musik. Berlin-Lichterfelde 1920
Paul Hindemith, Unterweisung im Tonsatz. Neue erweiterte
Ausgabe. Mainz 1940
Ernst Kurth, Romantische Harmonik und ihre Krise in Wagners
Tristan. Berlin 1920
René Leibowitz, Introduction à la Musique de Douze Sons.
Paris 1949
Arnold Schönberg, Harmonielehre. Dritte Auflage. Wien 1922
Arnold Schönberg, Models for Beginners in Composition. New
York 1943

PERSONENREGISTER

SACHREGISTER

INHALT

Alphabetisches Gesamtverzeichnis der suhrkamp taschenbücher